In der heutigen westlichen Welt gilt Freundschaft unter Frauen als Selbstverständlichkeit. Doch ein Blick zurück zeigt: noch vor einigen Jahrhunderten waren »Freundinnen« so gut wie unbekannt, Freundschaften unter Frauen waren verpönt. In der Antike galten Frauen als das schwache Geschlecht, nur Männer seien intellektuell und emotional fähig, wirklich tiefgehende Freundschaften zu entwickeln und zu pflegen. Und auch heute noch gibt es Kulturen, in denen Frauen keine eigenständigen Freundschaften pflegen dürfen.

Anhand zahlreicher Quellen werfen Marilyn Yalom und ihre Co-Autorin Theresa Donovan Brown einen höchst informativen und unterhaltsamen Blick auf die Entwicklung und das Verständnis von Frauenfreundschaft im Wandel der Zeit: von der Bibel und den Römern bis zur Aufklärung, von der Frauenbewegung der 6oer Jahre bis zu *Sex and the City*.

MARILYN YALOM ist Senior Scholar am Clayman Institute for Gender Research an der Stanford University. Sie hat zahlreiche Sachbücher veröffentlicht und lebt mit ihrem Ehemann, dem Buchautor und Psychoanalytiker Irvin D. Yalom, in Palo Alto, Kalifornien.

THERESA DONOVAN BROWN ist preisgekrönte Autorin von sowohl Sachbüchern als auch Belletristik zum Thema Freundinnen. Sie hat Creative Writing an der Stanford University studiert und einen MBA von der Haas School of Business der Berkeley University.

MARILYN YALOM
Theresa Donovan Brown

Freundinnen

Eine Kulturgeschichte

*Aus dem amerikanischen Englisch
von Liselotte Prugger*

btb

Die amerikanische Originalausgabe erschien 2015 unter dem
Titel »The Social Sex« bei HarperCollins, New York.

Sollte diese Publikation Links auf Webseiten Dritter enthalten,
so übernehmen wir für deren Inhalte keine Haftung,
da wir uns diese nicht zu eigen machen, sondern lediglich auf
deren Stand zum Zeitpunkt der Erstveröffentlichung verweisen.

Verlagsgruppe Random House FSC® N001967

1. Auflage
Genehmigte Taschenbuchausgabe Februar 2019
btb Verlag in der Verlagsgruppe Random House GmbH,
Neumarkter Straße 28, 81673 München
Copyright © 2015 by Marilyn Yalom und Theresa Donovan Brown
Copyright © der deutschsprachigen Ausgabe 2017 by btb Verlag
in der Verlagsgruppe Random House GmbH
Covergestaltung: semper smile, München
nach einem Entwurf von Nina LoSchiavo unter Verwendung
eines Fotos von © H. Armstrong Roberts/Getty Images
Druck und Einband: GGP Media GmbH, Pößneck
MK · Herstellung: sc
Printed in Germany
ISBN 978-3-442-71761-3

www.btb-verlag.de
www.facebook.com/btbverlag

Für Irv und Paul

Inhalt

TEIL III
Persönlicher Kontakt im 21. Jahrhundert

Vorwort

Dieses Buch verdankt sein Entstehen dem Verlust von Diane Middlebrook, einer Frau, die mir sehr nahestand. Als Diane im Dezember 2007 starb, verlor ich eine Freundin, die mehr als drei Jahrzehnte lang meine Kollegin und Vertraute war – und Schriftstellerin wie ich. Erst in den Monaten nach ihrem Tod wurde mir schmerzlich bewusst, wie wertvoll und unersetzlich mir ihre Freundschaft gewesen war. Andere, die Diane kannten, teilten diese Wahrnehmung. Als ich miterlebte, wie entschlossen Diane gegen ihren Tumor ankämpfte, der sie schließlich besiegte, als ich sah, welche Stütze das Schreiben ihr bis ganz zum Schluss war, konnte ich mir nichts Besseres vorstellen, um ihr Andenken zu ehren, als ein Buch über Frauenfreundschaften zu schreiben.

In Amerika nehmen wir es als selbstverständlich hin, dass Frauen ihre Freunde selbst wählen und so viel Zeit mit ihnen verbringen können, wie sie wollen. Unbekümmert gehen wir davon aus, dass das ganz »normal« sei. Doch in vielen Teilen der Welt müssen Mädchen und Frauen noch heute ihre Väter, Mütter, Ehemänner, Brüder oder ältere Schwestern um Erlaubnis fragen, wenn sie sich mit ihren Freundinnen treffen wollen – sofern sie überhaupt Freundinnen haben dürfen. Selbst in Amerika unterstehen Freundschaften oft der elterlichen oder ehelichen Kontrolle. Zumindest ist es so, dass Eltern versuchen, ihre Kinder zu denjenigen Kindern zu lenken, die sie als »geeignet« betrachten, und eine Eheschließung bedeutet oft, dass die frischgebackene Ehefrau weniger Zeit für ihre alleinstehenden Freunde hat. Auch bei uns wird die Freiheit einer Frau, ihre Freunde selbst auszuwählen und Zeit mit ihnen zu verbringen, von familiären, wirtschaftlichen und kulturellen Erwägungen eingeschränkt.

Das Thema Freundschaft ist weniger glamourös als das Thema Liebe, das nach wie vor die Hauptrolle im Leben und in der Literatur beansprucht, von der Welt der Publizistik ganz zu schweigen. Auch ich bekenne mich schuldig, meinen Beitrag zu der Flut von Büchern geleistet zu haben, die sich um die Liebe drehen (wie etwa mit *Wie die Franzosen die Liebe erfanden*), ohne ihre nahe Verwandte einzubeziehen. In den vielen Monaten meiner Zusammenarbeit mit Theresa Donovan Brown haben wir die Schnittstellen zwischen Liebe und Freundschaft untersucht und oft feststellen müssen, wie schwierig es ist, eindeutige Unterscheidungen zu treffen. Was ist Freundschaft? Und wie sehr unterscheidet sie sich wirklich von Liebe?

Theresa und ich, Freundinnen und zugleich Kolleginnen, sind uns durchaus bewusst, dass wir von einer besonderen Warte aus schreiben. Was wir über Frauen als Freundinnen zu sagen haben, ist zweifellos von unserer eigenen Lebenssituation beeinflusst. Wenngleich wir hoffen, dass wir unseren Blick über den Tellerrand unserer begrenzten nordkalifornischen Enklave hinaus richten und die Erfahrungen vieler anderer Frauen anderswo miteinbeziehen können. Heutzutage ist Freundschaft das Geburtsrecht aller Amerikanerinnen und für viele von ihnen der wohl kostbarste Bereich ihres Privatlebens. Wenn wir einen Blick zurück in die Geschichte werfen, so ist es höchst spannend zu sehen, wie Freundschaft sich als echte Alternative für Frauen entwickelt hat. So wertvoll und wichtig diese Beziehungen für jeden von uns sind – nicht nur für Frauen, sondern für alle, denen Frauen am Herzen liegen oder die auf Frauen setzen –, so warnt die Geschichte der Freundschaft unter Frauen uns doch davor, diese als selbstverständlich zu betrachten.

Marilyn Yalom

Einleitung

Haben Frauen mehr Freunde oder Männer? In den Vereinigten Staaten sind es aller Wahrscheinlichkeit nach die Frauen. Der Volksmund sagt, dass Frauen üblicherweise geselliger, offener, empathischer, fürsorglicher, kollegialer und »freundlicher« sind als Männer. Die Medien verstärken dieses Stereotyp mit Filmen, Fernsehserien und Frauenromanen, in denen die engen Beziehungen thematisiert werden, die viele Mädchen und Frauen im Laufe ihres Lebens eingehen. Darüber hinaus haben einige wissenschaftliche Studien aufgezeigt, dass Frauen tiefere, intimere Freundschaften entwickeln als Männer und dass Freundschaften zwischen Frauen sowohl für ihre eigene seelische Gesundheit als auch aus evolutionärer Sicht für das Überleben ihres Nachwuchses von entscheidender Bedeutung sind.[1] Wenn bei verheirateten Paaren die Frau zuerst stirbt, vereinsamt der Mann häufig, wird depressiv oder physisch krank, während im umgekehrten Fall die zurückbleibende Frau oft von ihren Freunden aufgefangen wird.[2] Heutzutage werden gute Freunde – ob Frauen oder Männer – für das Wohlbefinden amerikanischer Frauen jeden Alters als unverzichtbar angesehen.

Der Unterschied zwischen männlichen und weiblichen Freundschaftsmustern ist seit mindestens 25 Jahren ein heißes Thema sowohl in der Populärkultur als auch in der Wissenschaft.[3] Die meisten wissenschaftlichen Studien kommen zu dem Schluss, dass Unterschiede zwischen Männerfreundschaften und Frauenfreundschaften bestehen. Ein Sozialwissenschaftler definierte es so: »Wenn Männer sich treffen, pflegen sie eine ›shoulder-to-shoulder‹-Beziehung – wir machen etwas gemeinsam –, während Frauen eher zu ›face-to-face‹-Beziehungen tendieren.«[4] Viele Frauen vertrauen sich einander an, während Männer einfach nur gern zusammen abhängen. Nicht selten sind die sozialen Beziehungen unter Männern von Konkurrenzdenken geprägt, und das hindert sie daran, ihren Freunden Schwächen und Sorgen zu offenbaren. So beschränken Männer vertrauliche Unterhaltungen häufig ausschließlich auf ihre Partnerinnen, Ehefrauen oder platonischen Freundinnen. Damit können sie nach außen hin ein unabhängiges und selbstständiges Bild von sich vermitteln – klassische »männliche« Eigenschaften.

Andererseits wird einer auch noch so erfolgreichen Frau ohne enge Freunde nachgesagt, ihr mangele es an dem emotionalen Kapital, das lange mit dem weiblichen Geschlecht in Verbindung gebracht wurde. Von heranwachsenden Mädchen und Frauen um die 20 wird angenommen, dass sie sich emotional auf ihre Freundinnen verlassen, wenn es um Empathie und Feedback geht. Während junge Frauen in den Anfängen einer Ehe sich vielleicht von zeitraubenden Freundschaften zurückziehen, scheinen sie später wieder Freundinnen zu finden, wenn sie welche brauchen: Sie halten Ausschau nach Kolleginnen und Mentorinnen, wenn sie über die Anforderungen des Arbeitsplatzes diskutieren; sie kommunizieren mit anderen Müttern, wenn sie ihre Kinder großziehen; sie vertrauen einander persönliche Geheimnisse an, wenn sie die Wechseljahre oder eine Scheidung durchmachen, und sie stützen einander, wenn sie an Krebs oder anderen Krankheiten leiden oder wenn ein Ehepartner gestorben ist. Wie oft haben wir Frauen sagen hören: »Ohne meine Freundinnen hätte ich es nie geschafft.«

Diese besondere Rolle von Frauen als Freundinnen hätte die Menschen in grauer Vorzeit überrascht. Fast alle Dokumente über Freundschaften in den ersten 2000 Jahren der Geschichte des Abendlandes – von 600 v. Chr. bis 1600 n. Chr. – betreffen Männer. Natürlich wurden fast alle diese Dokumente von Männern für Männer geschrieben. Aber hinter dem Augenmerk auf Männerfreundschaften steht weit mehr als die Frage einer geschlechterbezogenen Autoren- und Leserschaft. Männliche Autoren erhoben die Freundschaft zu einem männlichen Unternehmen, notwendig nicht nur für das private Wohlbefinden, sondern auch für die staatsbürgerliche und militärische Solidarität. Wenn ein antiker griechischer Philosoph die Freundschaft als edelste Form menschlicher Beziehung beschwor, fand er Frauen nicht der Erwähnung wert, denn sie waren keine Staatsbürger, keine Soldaten, und sie hatten keinen Anteil am öffentlichen Leben. Abgesondert im häuslichen Bereich griechischer Wohnstätten mochten Frauen zwar untereinander Freundschaften gepflegt haben, aber was hätte das schon zum öffentlichen Wohl beigetragen?

Darüber hinaus galten Frauen ganz allgemein als »schwächer« als Männer, und einer negativen Sicht auf Frauenfreundschaften zufolge, die noch lange nach den Griechen und Römern fortbestand, waren sie von ihrer Konstitution her für ernsthafte Freundschaft ungeeignet. Ihre Rivalitäten, ihre Eifersüchteleien und ihr Mangel an unverbrüchlicher Loyalität sollten den Frauen noch Jahrhunderte später um die Ohren fliegen. So warf noch Mitte des 19. Jahrhunderts die britische *Saturday Review* die Frage auf, ob Frauen überhaupt zu Freundschaften innerhalb ihres eigenen Geschlechts fähig seien.[5] Die überaus produktive kalifornische Autorin Gertrude

Atherton vertrat 1902 die Auffassung, dass »die perfekte Freundschaft zweier Männer die tiefste und höchste Empfindung ist, zu der der endliche Geist fähig ist; Frauen verpassen das Beste im Leben.«[6] Und C. S. Lewis, der Autor der *Chroniken von Narnia*, schrieb 1960, dass die Anwesenheit von Frauen in Männerzirkeln zur »modernen Herabwürdigung der Freundschaft« beitrage; solche Frauen sollten ihrem »endlosen Geschwätz« überlassen und daran gehindert werden, den gehobenen Austausch männlicher Geister zu beschmutzen.[7] Und heute fokussieren Filme und TV-Shows auf niederträchtige Cliquen gehässiger Teenager und die sexuellen Rivalitäten junger Frauen und folgen damit einer Tradition von Stereotypen, die seit langem den Wert von Frauen als Freundinnen infrage stellen.

Es gibt zahlreiche Belege für Freundschaften unter der griechischen und römischen Bürgerschaft, unter Klerikern und Kreuzfahrern des Mittelalters und Humanisten der Renaissance. Obschon durch Raum, Zeit, Sprache und Kultur getrennt, benutzten sie eine Vielzahl von Genres, wie Briefe, Traktate, Memoiren und Erzählungen, um extensiv über die Vorzüge von Männerfreundschaften zu schreiben. So behandelt zum Beispiel das mitreißende französische *Rolandslied* (um 1100) die heroische Freundschaft zwischen Roland und Olivier auf dem Schlachtfeld. Damit folgt es einer literarischen Tradition, die bis 2000 Jahre zurückreicht zu den Figuren von Achilles und Patroklus in Homers *Ilias* und sogar noch weiter zur babylonischen Geschichte von Gilgamesch und Enkidu. Im Gegensatz dazu waren Frauenfreundschaften in der klassischen oder mittelalterlichen Literatur kein Thema, einmal abgesehen von den seltenen Fällen, die sich üblicherweise um eine heterosexuelle Liebesaffäre rankten, bei der eine Frau die Rolle der Vertrauten einer anderen übernahm.

Im Mittelalter entsprangen in der stillen Zurückgezogenheit christlicher Klöster enge Freundschaften unter den Mönchen, die zusammen lebten, arbeiteten und beteten. Ehrwürdige Führer und zukünftige Heilige wie Anselm von Canterbury (1033–1109) und Bernard von Clairvaux (1090–1153) schrieben zahlreiche Briefe, die tiefe Zuneigung zu anderen Männern des Klerus ausdrückten, ob sie nun hochrangige Persönlichkeiten waren wie Äbte, Prioren oder Bischöfe oder nur einfache Mitbrüder. Aber um 1109, als Anselm starb, tauchten vergleichbare Briefe von Frauen auf, die in Nonnenklöstern lebten. Die Briefe der Hildegard von Bingen (1098–1179), auf Lateinisch geschrieben wie diejenigen des Heiligen Anselm, bezeugen die engen Freundschaften, die Frauen in den Klöstern verbanden. Hildegards starke Persönlichkeit bahnt sich in den vielen Episteln Weg, die sie an Frauen schickte, welche sie kannte und liebte. Heute umfasst ihre Korrespondenz ebenso wie die des Heiligen Anselm drei Bände. Aber trotz der zahlreichen Freundinnen, die ihre Briefe erhielten und beantworteten, war Freundschaft in der Öffentlichkeit nach wie vor entschieden männlich geprägt.

Ein klassisches Beispiel dafür, dass Männer die Freundschaft für eine ausschließlich männliche Domäne hielten, liefert der berühmte italienische Humanist Leon Battista Alberti (1404–1472) mit seinem Traktat »Vom Hauswesen«, in dem er eine Szene beschreibt, die ein reicher florentinischer Händler kurz nach seiner Hochzeit erzählt: »Da fielen wir auf die Knie, sie und ich, und beteten zu Gott, … dass Er uns die Gnade erweise, in Frieden und Harmonie zusammenzuleben… und er möge mir Reichtum, viele Freunde und Ehre schenken, ihr aber tadellosen Ruf, Ehrbarkeit und die Gabe, eine tüchtige Hausfrau zu sein.« Ob Alberti die Worte des Händlers allen Ernstes so verstanden haben wollte oder nicht: Jedenfalls spiegelte er die Sehnsüchte italienischer Ehemänner wider, für die eine Freundschaft mit anderen Männern im Alltagsleben eine herausragende Stellung einnahm – was im Umkehrschluss für Frauen nicht galt, die angewiesen waren, ihre Aktivitäten auf ihre Familien und den Haushalt zu beschränken.[8]

Im 16. Jahrhundert beschrieb der französische Schriftsteller Michel de Montaigne (1533–1592) das typische Beispiel einer Männerfreundschaft. Seine relativ kurze, aber leidenschaftliche Beziehung zu Étienne de La Boétie, die in einem der bekanntesten Essays Montaignes – *Von der Freundschaft* – Unsterblichkeit erlangte, baute auf den Figuren der griechischen und lateinischen Literatur auf, die beide Männer gemeinsam studiert hatten. In dem Versuch, ihren klassischen Idealen gerecht zu werden, strebten sie eine Verbindung an, die keinen geringeren Anspruch hatte, als Aristoteles' Vorstellung von »einer Seele in zwei Körpern« Genüge zu tun. Nach seinem allzu frühen Tod fand La Boétie als ständige Präsenz und unerschöpfliche Quelle der Inspiration Eingang in Montaignes Werken. Als Montaigne sich die Frage stellte, warum er La Boétie liebte, beschwor seine Antwort das Mysterium ihrer gegenseitigen Anziehungskraft herauf: »Weil er's war, weil ich's war.«

Montaignes öffentliche Äußerungen zu Frauen als Freundinnen waren, typisch für frühere Epochen, durch und durch negativ. Er schrieb, dass »das schöne Geschlecht gewöhnlicherweise nicht hinlänglichen Stoff zur Unterhaltung besitzt ... dabei scheinen ihre Seelen nicht fest genug zu sein, um den Druck eines so scharf geschürzten und dauerhaften Knotens auszuhalten.«[9] Ironischerweise ging Montaigne am Ende seines Lebens die engste Freundschaft seit La Boéties Tod aus- gerechnet mit einer Frau ein – mit der jungen Marie de Gournay, die ihn bei der Redaktion der letzten Ausgabe seiner *Essays* unterstützte und sich ausschließlich seinen literarischen und persönlichen Bedürfnissen widmete.

Angesichts dieser langen Geschichte der Glorifizierung von Männerfreundschaften stellt sich die Frage: Wie kommt es, dass Frauen das Erscheinungsbild der Freundschaft ebenfalls für sich beanspruchen konnten? Sicher ist, dass Frauen in der Vergangenheit immer irgendeine Art von Beziehung zu anderen Frauen pflegten, auch wenn dies nicht dokumentiert wurde. Aber ab wann wurde die Freundschaft zwischen Frauen in der breiten Öffentlichkeit wahrgenommen und als wertvolles Element ihres Lebens zelebriert? Mit Ausnahme der Nonnen des Mittelalters hinterließen Frauen in Europa erst ab dem 15. Jahrhundert schriftliche Aufzeichnungen über ihre Haltung zur Freundschaft. Sobald die lateinische Sprache von den diversen Landessprachen verdrängt wurde, nahmen Frauen den Federkiel entspannter zur Hand und schrieben immer öfter an ihre Freundinnen. Manche verfassten auch Essays und Romane, und so haben wir seit dem Roman *Buch von der Stadt der Frauen* von Christine de Pizan, der um 1405 auf Französisch geschrieben wurde, einen Beleg für Frauenfreundschaften aus Sicht der Frauen. In Italien schrieb Moderata Fonte (1555–1592) einen Minidialog über die Freundschaft, basierend auf dem Argument, dass »Frauen mit anderen Frauen leichter Freundschaften schließen als mit Männern« und dass solche Freundschaften von längerer Dauer sind.[10]

Zu der Zeit, als Fonte 1592 starb, war eine neue Ära für Frauenfreundschaften angebrochen – nicht nur auf dem Kontinent in Frankreich und Italien, sondern auch auf der anderen Seite des Kanals in England. Dort erlangten viele Frauen der Ober- und Mittelschicht neue Freiheiten, unter anderem auch, Freundschaften mit anderen Frauen zu schließen. Shakespeares Theaterstücke spiegeln die von Frauen neu entdeckten Allianzen wider, vorwiegend zu dem Zweck geschmiedet, einander vor törichten Männern zu beschützen (wie beispielsweise Beatrice und Hero in *Viel Lärm um nichts* und Portia und Nerissa im *Kaufmann von Venedig*).

In der Folge gestanden die Salons, gegründet von französischen *Précieuses* und englischen Blaustrümpfen des 18. Jahrhunderts den Frauen in den gesellschaftlich höchst angesehenen Freundschaftszirkeln ihrer Zeit Bürgerrechte zu. Unabhängig davon, ob es sich um getrennt- oder gemischtgeschlechtliche Salons handelte, ermunterten sie ihre Mitglieder, sich nach potenziellen Freunden umzusehen, mit denen sie sich in der Abgeschiedenheit ihrer Privatgemächer treffen konnten. Zum Ende des 18. Jahrhunderts waren Freundschaften mit anderen Frauen zu einem geachteten, zeitaufwendigen Teil des weiblichen Alltags geworden – auf Platz zwei nach der Fürsorge für die Familie. Allerdings muss man sagen, dass dieses Modell hauptsächlich auf vermögende Frauen zugeschnitten war; die bäuerliche Bevölkerung konnte schon froh sein, wenn sie genügend Zeit fand, ihre Familie, die Tiere und die Landwirtschaft zu versorgen; und Frauen der Arbeiterklasse konnten die Nettigkeiten, die von einer Freundschaft unter Bessergestellten erwartet wurden, nicht erbringen. Arbeiterinnen mussten die Pflege ihrer Freundschaften auf Notfälle beschränken, wenn eine Freundin der anderen etwa bei der Niederkunft, bei Krankheiten oder in einem Todesfall beistand. Doch bei den privilegierteren Frauen war die Einladung von Freundinnen in die Privathäuser ein Hinweis auf ihre gesellschaftliche Stellung. Diese Entwicklung war nicht auf Europa beschränkt. Zur Zeit der Amerikanischen Revolution hatten sich die Rituale der Freundschaft in allen 13 Kolonien etabliert. Freundinnen aus derselben Gegend statteten einander regelmäßig Besuche ab; lagen ihre Häuser weit voneinander entfernt, überbrückten Briefe die Distanz. Die bemerkenswerte Korrespondenz zwischen Abigail Adams und Mercy Otis Warren bietet uns ein detailliertes Bild einer Freundschaft zwischen zwei beispielhaften amerikanischen Frauen.[11] Beide bezeichneten sich als Ehefrauen von Staatsbediensteten und als Mütter mehrerer Kinder mit zahlreichen Verantwortlichkeiten im Haushalt; ungeachtet dessen opferten sie beträchtliche Zeit dafür, ihre Freundschaft – vorwiegend brieflich – am Leben zu erhalten, da sie weit entfernt voneinander lebten – Abigail in Braintree, Massachusetts, und Mercy in Plymouth.

Wenn die Zeit um 1600 in Europa den Beginn einer eher zögerlichen gesellschaftlichen Anerkennung des Anspruchs von Frauen auf Freundschaft markierte, so war 1800 der Wendepunkt, der das Erscheinungsbild der Freundschaft sowohl in Europa als auch in den Vereinigten Staaten veränderte. Freundschaft wurde zunehmend als weibliches und nicht nur männliches Unterfangen angesehen. Man kann sogar behaupten, dass der Freundschaftsbegriff besonders in der anglo-amerikanischen Welt feminisiert wurde. Frauen und Mädchen begannen einander Liebesbriefe zu schreiben, die sich nicht so sehr von der Sprache heterosexuellen Verlangens unterschieden. Worte wie *Liebste*, *Liebling*, *Schatz*, *Herz*, *Liebe* und *Hingabe* flossen wie selbstverständlich aus den Federn viktorianischer Mädchen und Frauen, wenn sie leidenschaftlich miteinander korrespondierten. Die Schaffung zahlreicher Vereine, basierend auf religiösen, ethnischen, politischen und kulturellen Interessen, bot Frauen aus der Mittel- und Oberschicht eine Möglichkeit, sich in sozialen Gruppen zusammenzufinden, die zahllose neue Freundschaften hervorbrachten. Die Errichtung von Mädchenschulen, Seminaren und Colleges (wie etwa Mount Holyoke, Vassar und Wellesley im Nordosten der

Vereinigten Staaten; Randolph-Macon, Mary Baldwin und Agnes Scott im Süden und Mills an der Westküste) wurden Brutstätten für lebenslange Freundschaften.

Mit dem 19. und beginnenden 20. Jahrhundert hatte sich die Auffassung, Freundschaft sei ausschließlich oder zumindest vorwiegend eine männliche Domäne, größtenteils ins Gegenteil verkehrt. Frauen wurden als fürsorglicher, sanfter und liebevoller als Männer empfunden und folglich als für Freundschaften besser geeignet gesehen. Die Freundschaft als solche wurde mit dem weiblichen Charaktermerkmal der emotionalen Vertrautheit gekennzeichnet und war nicht länger ein Synonym für heroische oder staatsbürgerliche Kameradschaft – obgleich Männer immer wieder den Versuch starteten, die Hegemonie früherer männlicher Beziehungsformen wieder aufleben zu lassen. Frauenfreundschaften, einst von Männern verunglimpft und auch von den Frauen selbst oft als nicht viel mehr als ein Abfallprodukt familiärer Beziehungen erlebt, wurden nun hoch geschätzt. In den letzten 150 Jahren hat die Zahl von Frauenfreundschaften ständig zugenommen.

Eine Suche auf der Google-Ngram-Seite, welche die Häufigkeit des Auftretens bestimmter Wörter und Sätze in 5,2 Millionen digitalisierten Büchern in einem Zeitrahmen zwischen 1500 und 2008 erforscht, zeigt in der zweiten Hälfte des 19. Jahrhunderts einen sprunghaften Anstieg des Begriffs »women friendships«, nachdem die Kurve dreieinhalb Jahrhunderte lang flach verlaufen war.[12]

Das vorliegende Buch über Freundschaft, das einen Zeitraum von mehr als zwei Jahrtausenden umspannt, erhebt keinen Anspruch auf Vollständigkeit. Aber unser Ansatz zielt darauf ab, ein vertrautes Thema auf radikal neue Art und Weise zu präsentieren. Wir werden die Entwicklung von Frauen als Freundinnen in bestimmten Zeitrahmen und in bestimmten

Kulturen betrachten, denn wir glauben, dass Freundschaften ohne Berücksichtigung des Milieus, in dem sie stattfinden, nicht verstanden werden können. Deutsche Nonnen des Mittelalters, die »Gossips« in den Dörfern Englands des 16. Jahrhunderts, Aristokratinnen im Frankreich des 17. Jahrhunderts, Frauen in der Kolonialzeit des frühen Amerikas, Arbeitermädchen während der industriellen Revolution, Pionierinnen an der Westgrenze Amerikas, Feministinnen des 20. Jahrhunderts und Berufstätige des 21. Jahrhunderts – jede dieser Gruppierungen wird gestützt von den gesellschaftlichen Strukturen, die sie umgeben.

Wenn wir Freundschaft historisch betrachten, können wir vielleicht begreifen, weshalb diese wichtigen menschlichen Beziehungen – Frauenfreundschaften – einstmals an den Rand gedrängt wurden und weshalb sie heute schließlich die Vorherrschaft errungen haben. Warum ist uns das so wichtig? Weil die Vergangenheit Prolog ist. Weil wir Bewohner dieses übervölkerten, konfliktbeladenen Planeten lernen müssen, mit allen verfügbaren Beziehungsinstrumenten umzugehen. Das weibliche Freundschaftsmodell hat es schon immer gegeben, nur leider haben die einstigen Verwalter unserer gemeinsamen Geschichte das gerne unter den Tisch gekehrt. Damit ist jetzt Schluss. Die Kraft und oft auch die Weisheit dessen, was Frauen in Freundschaften suchen und finden, könnte zukünftige Generationen zu einem würdevollen und hoffnungsvollen Leben in friedlicher Koexistenz hinführen.

TEIL I

Als das Erscheinungsbild der Freundschaft
männlich war

EINS

Auf der Suche nach Freundschaft in der Bibel

»Von deinem Freund und deines Vaters Freund lass nicht ab.«
— SPRÜCHE 27:10

»Niemand hat größere Liebe denn die, dass er sein Leben lässt
für seine Freunde.«
— JOHANNES 15:13

In der hebräischen Bibel und im Neuen Testament sind die meisten Geschichten über Freundschaft reine Männer-domänen, aber oft können wir, verborgen in der Erzählung, doch eine unverkennbar weibliche Note erahnen. Zu einer Zeit, als Männer ein Monopol auf das Schreiben hatten und sich wenig dafür interessierten, was Frauen untereinander so trieben, überrascht es, dass wir überhaupt Aufzeichnungen von Frauenfreundschaften haben. Während die allseits bekannten Geschichten über Männerfreundschaften hervorstechen und uns vertrauter sind, erhellen einige wenige Porträts über weibliche Bindungen unser Verständnis für Freundschaften unter biblischen Völkern.

DAS BUCH HIOB

Im Buch Hiob ist die zentrale Figur ein angesehener Mann, der ein rechtschaffenes Leben führt. Doch Gott, angestachelt von Satan, beschließt, Hiob seines ganzen Besitzes zu berauben und dessen Kinder abzuschlachten. Und als sei das noch nicht genug, überzieht er Hiob von Kopf bis Fuß mit Geschwüren. Warum Gott das tut, irritiert Leser seit fast 3000 Jahren. Als Hiob dasitzt und mit seinem Schicksal hadert, besuchen ihn drei Freunde, trösten ihn und nehmen sich seines Kummers an: »Und saßen mit ihm auf der Erde sieben Tage und sieben Nächte.«[13] Eine ganze Woche lang spricht keiner von ihnen. Schließlich bricht Hiob das Schweigen mit einer berühmten (und durchaus verständlichen), von Selbstmitleid geprägten Schimpftirade, in der er den Tag seiner Geburt verflucht. Dann beginnt eine dramatische Interaktion, in welcher jeder Freund sich abwechselnd mit Hiob auseinandersetzt, versucht, ihm das Geständnis abzuringen, gesündigt zu haben, und ihm rät, Gottes Strafe ohne Wenn und Aber anzunehmen. Aber der von Schmerz gepeinigte Hiob beharrt weiterhin auf seiner Unschuld und wirft dabei elementare Fragen über das Wesen von Gut und Böse und göttlicher Gerechtigkeit auf.

Obwohl seine Freunde glauben, alles getan zu haben, um ihn ihres Mitgefühls zu versichern, schmäht Hiob sie als »leidige Tröster«, die seine Lage nicht wirklich nachvollziehen können: »Ich könnte auch wohl reden wie ihr. Wäre eure Seele an meiner statt.« Und das ist die Krux mit der Freundschaft, wie sie nicht nur von Hiob, sondern von Freunden in allen Jahrhunderten erlebt wird: Können wir uns wirklich in jemand anderen hineinversetzen? Können wir wirklich in die »Seele« eines anderen hineinschauen? Wie sollen wir uns verhalten, wenn unser Freund gequält, depressiv, ja selbstmordgefährdet ist? Hiob sagt, dass er seinen Freund nicht kritisieren würde, dass er nicht »Worte gegen euch zusammenbringen und mein Haupt also über euch schütteln« würde. »Ich wollte euch stärken mit dem Munde und mit meinen Lippen trösten« (Hiob 16:2–5). Im Zustand der Bedrängnis ist das, was ein

Mensch braucht, liebevolle Zuwendung – jemand, der ihm die Hand hält, seine Sorgen nachempfindet und weder Kritik noch Schuldzuweisungen äußert.

Als Gott ihm höchstpersönlich erscheint, gesteht Hiob seinen Unverstand und unterwirft sich dem Urteil Gottes, des Herrschers. Seine Freunde spielen eine bedeutende Rolle bei Hiobs psychologischer Entwicklung, auch wenn sie nur Resonanzkörper für seine Beteuerungen sind. Sie sind da, als Hiobs Glück sich wieder zum Guten wendet, als Gott ihm seinen früheren, glücklichen Zustand wieder zurückgibt. Wir können davon ausgehen, dass sie sich als gute Freunde mit ihm darüber freuen.

DAVID UND JONATHAN

Die Geschichte Davids geht wie die Geschichte Hiobs auf die Zeit der Erzväter zurück, etwa um 1000 v. Chr. Wie im ersten und zweiten Buch Samuel beschrieben, liefert die erhabene Männerfreundschaft zwischen David und Jonathan ein Paradigma reiner Liebe, in welcher sich »das Herz Jonathans mit dem Herzen Davids« verband (1 Samuel 18:1). Als Jonathans Vater Saul seinen Dienern befiehlt, David zu töten, tritt Samuel für David ein und bewahrt ihn vor dem Tod. Saul will David vernichten, da er und nicht sein eigener Sohn dazu bestimmt ist, König von Israel zu werden. Aber Jonathan geht es nur um das Leben seines Freundes, und er sagt zu David: »Gehe hin mit Frieden! Was wir beide geschworen haben im Namen des HERRN und gesagt: Der HERR sei zwischen mir und dir, zwischen meinem Samen und deinem Samen, das bleibe ewiglich« (1 Samuel 20:42). In der Folge schmieden Jonathan und David eine Allianz aus brüderlicher Liebe und Loyalität, die sich auch auf ihre Nachkommen erstrecken wird.

Frauen als platonische Seelenverwandte, vergleichbar in etwa mit Jonathan und David, tauchen in der hebräischen Bibel nicht auf. Am nächsten kommen wir einer solchen Zuneigung zwischen Frauen in der Geschichte von Ruth und ihrer Schwiegermutter Naomi. Als Ruth Witwe wird, beschließt sie, Naomi zu folgen, statt zu ihrem eigenen Volk, den Moabitern, zurückzukehren. Sie spricht die berühmt gewordenen Worte: »Wo du hingehst, da will ich auch hingehen; wo du bleibst, da bleibe ich auch. Dein Volk ist mein Volk, und dein Gott ist mein Gott« (Ruth 1:16–17). Obwohl diese Frauen einer treu ergebenen Beziehung zueinander als fähig geschildert werden, kommt ihre Freundschaft über einen Mann zustande, der die Beziehung herstellt, in diesem Fall über Naomis Sohn, der zugleich Ruths Ehemann ist. Aber welche Motive auch immer Ruth zu ihrer Wahl veranlasst haben mögen: Ihre Bindung zu Naomi wirkt echt. Hier gibt es eine Frau, die sich zu einer ihr in Freundschaft verbundenen anderen Frau bekennt, und das trägt eheähnliche Züge. Es überrascht nicht, dass »Wo du hingehst …« heutzutage zu den Gelübden gehört, die Paare – ob heterosexuell oder gleichgeschlechtlich – bei ihrer Hochzeit ablegen.

FRAUEN IN MEHRFACHEHEN

An anderer Stelle der hebräischen Bibel ist der Ehemann oftmals eher eine Quelle für Reibereien als für Harmonie zwischen den Frauen. Denken Sie an die Geschichte von Abrahams Frau Sarah und ihrer Magd Hagar (Gen. 16). Da Sarah unfruchtbar ist, bittet sie Abraham, ihr ein Kind zu schenken, das Hagar austragen soll – lange vor den technologischen

Fortschritten des 20. Jahrhunderts hatten die Hebräer schon ihre eigene Form von Leihmutterschaft. Hagar bringt Ismael zur Welt, doch die eifersüchtige Sarah jagt sie anschließend fort. Später empfängt Sarah dank Gottes Intervention tatsächlich noch einen eigenen Sohn, Isaak, doch damit ist die Rivalität zwischen den Müttern nicht beigelegt. Sie setzt sich mit den Söhnen Isaak und Ismael fort, die jeweils ein eigenes Volk gründen. Isaak setzt Abrahams hebräische Linie fort, während Ismael als Stammvater der arabischen Welt gilt.

Die Geschichte von Sarah und Hagar passt zur stereotypischen Darstellung von Frauen als Rivalinnen um die männliche Gunst, die bis zum heutigen Tage andauert. Eben diese Rivalität wird auch zwischen Leah und Rachel geschildert, zwei Schwestern, die Jakob (einem Enkel von Sarah und Abraham) als Ehefrauen zugeführt wurden. Jakob schuftet sieben Jahre lang, um Rachel zu heiraten, wird aber durch eine List verleitet, deren ältere Schwester Leah zur Frau zu nehmen. Dann muss er sieben weitere Jahre ackern, bis er endlich die Frau bekommt, die er von vornherein haben wollte. Nach vierzehn Jahren harter Arbeit steht er schließlich mit zwei Frauen da, Leah und Rachel, die aus unterschiedlichen Gründen eifersüchtig aufeinander sind.

Leah beneidet Rachel darum, dass Jakob Rachel mehr liebt als sie, und Rachel beneidet Leah darum, dass sie ihm Kinder geboren hat, während Rachel unfruchtbar geblieben ist. An dieser Stelle entspinnt sich zwischen den beiden Frauen ein Wettbewerb um das Kinderkriegen. Rachel präsentiert zunächst einen Sohn, der von ihrer Dienerin ausgetragen wurde, und später noch einen eigenen. Leah bringt mehr Söhne auf die Welt als Rachel, und als sie nicht mehr gebärfähig ist, weist sie ihre Dienerin an, Jakob weitere Kinder zu schenken. Alles in allem wird er Vater eines Ministammes von zahlreichen

Söhnen und einer Tochter, Dinah. Statt Frauen als Schwestern und Freundinnen zu porträtieren, die einander bei der Niederkunft und beim Stillen zur Seite stehen, wie es sicherlich geschehen ist, beschreibt der biblische Autor sie vielmehr als eifersüchtige Rivalinnen um die Gunst des Ehemannes und als Konkurrentinnen beim Kinderkriegen. Wo liegt hier die historische Wahrheit?

Die hebräische Bibel präsentiert Geschichten über Geburten im Zusammenhang mit dem Kontinuum eines Stammes oder eines Volkes. So wichtig war die Vorstellung, das hebräische Volk vor dem Aussterben zu bewahren, dass man kein Problem damit hatte, wenn der Ehemann einer kinderlosen Frau mit den Dienerinnen seiner Frau mit deren Zustimmung oder sogar auf ihr Drängen hin für Nachkommen sorgte. Aber wenn wir zum Neuen Testament kommen, gewinnen individuelle Aktionen und Interaktionen allmählich Vorrang vor Stammesinteressen. Daher begegnen wir Beziehungen zwischen Nichtfamilienmitgliedern und Mitgliedern unterschiedlicher Stämme häufiger im Neuen Testament als im Alten Testament. Die Schilderungen von Jesus und den Aposteln im Evangelium liefern uns den Archetyp heutiger Männerfreundschaften.

JESUS UND SEINE JÜNGER

Die Apostel haben zum Teil sehr unterschiedliche Persönlichkeiten – Petrus, der unerschütterliche Führer, manchmal schwerfällig und feige und dann wieder brillant und grundsolide; Thomas, der störrische Pragmatiker; Matthäus, der Berechnende; Johannes, den Jesus am meisten liebte (wenn man Johannes' eigenen Worten Glauben schenkt); Judas, der Bedürftige. Viele dieser Figuren haben Vorgeschichten, die ihrer Individualität unabhängig von Stammes- oder familiären Verbindungen zusätzlich Gewicht verleihen. Die meisten von ihnen werden als ganz normale Menschen beschrieben – Fischer, ein Steuereintreiber, ein aus der Art geschlagener Sohn eines wohlhabenden Vaters. Die Freundschaften, die wir überall im Evangelium erleben, sind mit zwei Ausnahmen, auf die wir noch zurückkommen werden, Männerbeziehungen. Die männlichen Verfasser des Neuen Testaments hatten keine Skrupel, Frauen in ihren Erzählungen in einigen wenigen Nebensätzen abzuhandeln. Selbst die Jungfrau Maria wird in einer bemerkenswerten Szene von ihrem damals berühmten Sohn ignoriert, der einem erwählten Gefährten eindeutig den Vorrang gegenüber der Familie gibt:

Als er noch zu dem Volk redete, siehe, da standen seine Mutter und seine Brüder draußen, die wollten mit ihm reden.

Da sprach einer zu ihm: Siehe, deine Mutter und deine Brüder stehen draußen und wollen mit dir reden.

Er antwortete aber und sprach zu dem, der es ihm ansagte: Wer ist meine Mutter und wer sind meine Brüder? Und er reckte die Hand aus über seine Jünger und sprach: Siehe da, das ist meine Mutter und das sind meine Brüder! Denn wer den Willen tut meines Vaters im Himmel, der ist mir Bruder, Schwester und Mutter.

(Matthäus 12: 46–50)

Ungeachtet der signifikanten Unterschiede zwischen dem Neuen und dem Alten Testament verändert sich in den beiden Büchern im Hinblick auf Frauen relativ wenig. Was wir hören, sind Erwähnungen von Frauen, die das Wirken Jesu unterstützten, und von Frauen, die auch nach seinem Tod seine Anhängerinnen in der noch jungen Kirche blieben. Diese Frauen stellten finanzielle Mittel zur Verfügung, sorgten für Essen, Unterkunft und Orte der Begegnung, aber kaum eine von ihnen wurde auch nur der kleinsten persönlichen Entwicklung oder einer Schilderung ihrer Freundschaften für wert befunden.

Eine Geschichte gibt es allerdings im Neuen Testament, die sich tatsächlich um eine Frauenfreundschaft rankt. Es ist die wunderbare Geschichte der Heimsuchung Mariä, als die junge Maria zu Beginn ihrer Schwangerschaft ihre Verwandte Elisabeth besucht, die nach langer Unfruchtbarkeit schließlich doch noch schwanger geworden ist. Wenn es um Schwangerschaft geht, kann man Frauen das Rampenlicht schließlich nur schwerlich verwehren.

In den kurzen, wortkargen Abschnitten der Bibel, in denen das Treffen der beiden werdenden Mütter von Johannes dem Täufer und Jesus erwähnt wird, hält sich der Verfasser der Heiligen Schrift stramm an sein Manuskript und bekräftigt den selbstgefälligen Dünkel der jungfräulichen Mutter Jesu. Elisabeths Schwangerschaft im fortgeschrittenen Alter ist so ungewöhnlich, dass Gabriel, der Erzengel der Verkündigung, sie Maria gegenüber als Beweis anführt, dass Gott allmächtig ist und folglich auch Maria schwängern kann, ohne dass sie ihre Jungfräulichkeit verliert.

Man kann davon ausgehen, dass Marias Besuch bei Elisabeth von Marias Familie gutgeheißen wurde, zumal sie mit dem Problem einer verlobten Jungfrau zu kämpfen hatten, die plötzlich schwanger war. Josef von Nazareths gutes Recht wäre es gewesen, Maria zu verstoßen und ihre Familie öffentlich der Schande preiszugeben. Aber Josef entschied sich – aus welchen Gründen auch immer – für Maria und das Kind. Kaum hatte Maria empfangen, ging sie »eilends« (Lukas 1:39) in das

Hügelland von Judäa, wo Elisabeth und ihr Mann Zacharias lebten.

Als Maria dort eintraf und »als Elisabeth den Gruß Marias hörte, hüpfte das Kind in ihrem Leibe« (Lukas 1:41). Dieser Vorfall wird mit der Freude interpretiert, die Johannes der Täufer in der Gebärmutter empfand, als er des göttlichen Embryos Jesu gewahr wurde. Elisabeth und Maria sagen nichts darüber, wie es sich für die beiden anfühlt, die Unpässlichkeiten und Ängste der Schwangerschaft miteinander zu teilen, eine von ihnen bereits im sechsten Monat und die andere vielleicht noch von der morgendlichen Übelkeit geplagt, die im Frühstadium so häufig auftritt. Lukas berichtet, dass Maria drei Monate bei Elisabeth blieb, was bedeutet, dass sie bei Elisabeths Niederkunft anwesend gewesen sein muss.

Die Geschichte von Elisabeth und Maria dauert fort. Seit mehreren Jahrhunderten untermauert sie einen der wesentlichsten Glaubenssätze der Christenheit: Die Jungfrauengeburt des von Gott geschaffenen Menschen. In der Geschichte der Heimsuchung konzentriert Lukas sich auf das männliche ungeborene Leben, doch dicht unter der Oberfläche vibriert die elementare Macht des Zusammentreffens der beiden schwangeren Frauen. Die Stärke der Geschichte liegt in einer Kraft, auf die alle reagieren: in der Bindung zweier Frauen, die einander als Freundinnen lieben. Und seit undenkbaren Zeiten stehen Schwangerschaft und Niederkunft ganz oben auf der Liste der Situationen, in denen eine Frau die Freundschaft einer anderen Frau braucht und auch zugestanden bekommt.

Diese wichtige Geschichte geizt mit Einzelheiten. Fest steht, dass beide Frauen Hilfe brauchten. Wir wissen nicht, wie alt Elisabeth war und ab welchem Alter eine Frau in biblischen Zeiten definitiv als unfruchtbar galt. Was wir aber wissen, ist, dass es bei Schwangerschaften immer Komplikationen geben kann, und das gilt insbesondere für ältere Mütter. Auf der anderen Seite legen die gesellschaftlichen Gepflogenheiten der damaligen Zeit die Vermutung nahe, dass Maria, eine Jungfrau, tatsächlich sehr jung war – wahrscheinlich zwölf bis fünfzehn Jahre alt. Angesichts ihrer Mission können wir uns leicht ausrechnen, dass dieses Mädchen Angst hatte. Wir können uns vorstellen, wie viel Geborgenheit diese Frauen einander gegeben haben: einerseits Maria mit der physischen Kraft und der lebensbejahenden Aura der Jugend und als Gegenpol Elisabeth mit der praktischen und emotionalen Erfahrung einer reifen Frau.

MARIA MAGDALENA

Im Neuen Testament gibt es noch eine weitere besonders hervorgehobene Maria. Es ist Maria Magdalena, und über sie wissen wir sogar noch weniger als über die Mutter Jesu. Die wenigen Sätze, die sich in den vier Evangelien auf »die Magdalena« beziehen, lassen nur durchblicken, welchen Platz sie im Wirken Jesu einnahm. Sie und zwei andere namentlich erwähnte Frauen (Johanna und Susanna), die zu seinen Jüngerinnen zählten, »dienten« ihm »mit ihrer Habe« – was bedeutet, dass sie ihn materiell unterstützt haben (Lukas 8:3). Einmal, als Maria von einer geheimnisvollen Krankheit befallen wird, kann Jesus böse Geister aus ihrem Körper vertreiben. Seite an Seite mit Maria und der Schwester seiner Mutter, Maria von Cleophas, ist Maria Magdalena bei der Kreuzigung anwesend (Johannes 19:25), und am dritten Tag nach der Kreuzigung entdeckt sie die leere Grabkammer, in die Jesu Leichnam gelegt worden war. In der Tat ist sie die Einzige, die in allen vier Evangelien übereinstimmend als die Erste genannt wird, die das Verschwinden seines Leichnams entdeckte und glaubt, dass er wiederauferstanden ist (Matthäus 28:1–10, Markus 16:1–11, Lukas 24:1–11, Johannes 20:11–18). Sowohl bei Markus als auch bei Johannes ist Maria Magdalena diejenige, die den ungläubigen Aposteln Jesu die Nachricht von seiner Wiederauferstehung überbringt.

Wegen Maria Magdalenas Beteiligung an Schlüsselmomenten der Kreuzigung und der Wiederauferstehung vermuten einige Wissenschaftler und fantasiebegabte Schriftsteller, dass sie mehr war als nur eine Randfigur im Leben von Jesus – nicht nur seine eifrige Schülerin, sondern möglicherweise auch seine Geliebte oder Ehefrau. Untermauert wird diese These im nicht kanonischen Evangelium von Maria Magdalena, das in einer koptischen Übersetzung aus dem Griechischen überliefert ist und ausdrücklich erwähnt, dass Jesus Maria Magdalena mehr liebte als jede andere Frau.[14] Die Person der Maria Magdalena hat die Arbeit von Religionswissenschaftlern inspiriert, die sich mit dem Neuen Testament befassen, allen voran Elaine Pagels[15], von Schriftstellern wie Dan Brown im *Da Vinci Code* oder dem Komponisten Mark Adamo in seiner wunderbaren Oper *The Gospel of Mary Magdalene*. Für Maria Magdalena als Ehefrau Christi spräche, dass man sich fragen kann, warum Maria, Marias Schwester und Maria Magdalena die einzigen Frauen bei Jesus am Kreuz sind und warum Maria und Maria Magdalena sich gemeinsam zur Grabkammer aufmachen, um seinen Leichnam zu holen. Diese gemeinsamen Verrichtungen hätten seiner Mutter und seiner Frau zugestanden. Genauso wie wir weiter oben über die Freundschaft zwischen Elisabeth und Maria während ihrer Schwangerschaften spekuliert haben, fällt es ebenfalls nicht schwer, sich eine Freundschaft zwischen diesen beiden Marias vorzustellen – die eine die Mutter von Jesus, die andere seine Jüngerin und möglicherweise Frau. Es bedarf keiner großen Fantasie sich vorzustellen, wie sie gemeinsam trauern und versuchen, einander unter dem Kreuz zu trösten.

Und in diesem Sinne können wir uns auch Freundschaften zwischen Maria Magdalena, Johanna, der Ehefrau Chusas, und Susanna vorstellen, wenn wir die Geschichte bis in die Zeit zurückverfolgen, in der Jesus gewirkt hat. Alle drei haben nachweislich zu Jesus' Lebensunterhalt beigetragen. Was haben sie wohl an ihren Herdstätten miteinander gesprochen, als sie das Brot und den Wein vorbereiteten, die später in der Eucharistie ritualisiert wurden? Wie gelang es den Gefährtinnen, als Trio zusammen mit den anderen Jüngern zu reisen, die Jesus folgten? Es war ein Novum, dass Jesus auch Frauen als seine Jünger akzeptierte. Mit Sicherheit schlossen die Frauen Freundschaften untereinander und vielleicht auch mit den Männern. Wir können die Skizzenhaftigkeit ihrer Beschreibungen in den Evangelien nur bedauern, in Anbetracht der Ehrerbietung, die den zwölf männlichen Jüngern erwiesen wurde, die der Welt das erste Modell einer christlichen Bruderschaft lieferten. Es sollten 1000 weitere Jahre ins Land gehen, bis Beispiele christlicher Schwesternschaft von Frauen dokumentiert wurden, die in die Fußstapfen Maria Magdalenas traten.

ZWEI

Philosophen und Kleriker

»Freundschaft ist eine Seele in zwei Körpern.
Vollkommene Freundschaft ist die Freundschaft von Männern,
die gut und gleichermaßen tugendhaft sind.«
— ARISTOTELES, *NIKOMACHISCHE ETHIK*, 335–332 V. CHR.

»Der nimmt doch wohl die Sonne aus der Welt, der die Freundschaft
aus dem Leben nimmt.
Eine solche Freundschaft macht nämlich ein Glück noch glänzender, das
Unglück aber, indem sie es teilt und damit halbiert, leichter.«
— CICERO, *DE AMICITIA*

»Freundschaft ist die Quelle der größten Glückseligkeit, und ohne Freunde
werden selbst die angenehmsten Verrichtungen ermüdend.«
— THOMAS VON AQUIN, *SUMMA THEOLOGICA*, 1265–74

Die griechisch-römische Welt, die sich vom sechsten Jahrhundert vor Christus bis zum vierten Jahrhundert nach Christus erstreckte, basierte auf Freundschaft unter Männern. Männliche Bürger verbrachten die meiste Zeit in Gesellschaft anderer Männer, sei es im Gymnasium, auf dem Marktplatz, im Senat oder bei einem privaten Festmahl. Ihr Alltagsleben war in ein System der Gegenseitigkeit eingebunden, in dem Freunde gebraucht wurden, um einander Dienste zu erweisen, und wenn nötig, sogar materielle Hilfe. Der lateinische Begriff *manus manum lavat*, üblicherweise mit »eine Hand wäscht die andere« übersetzt, gründet auf der griechisch-römischen

Auffassung, dass von Freunden erwartet wurde, einander zu unterstützen und Gefälligkeiten zu erwidern – was insbesondere für die politische Bühne galt. Kurz gesagt, handelten die Griechen und die Römer nach dem Prinzip, Freunden zu helfen und Feinden zu schaden. In Kriegszeiten schliefen Männer zusammen in Zelten und standen Seite an Seite in der bitteren Kälte, um ihr Volk gegen feindliche Mächte zu verteidigen. Frauen waren natürlich von all diesen Aktivitäten ausgeschlossen. Welche Art von Freundschaft sie auch immer untereinander gepflegt haben mögen: Auf die allgemeine Definition der Freundschaft hatte es keine Auswirkung.

Philosophen schrieben langatmige Traktate über die Bedeutung von Freundschaft, die Standardlektüre für spätere Generationen wurden. So fanden die Äußerungen von Aristoteles und Cicero über die Freundschaft Nachhall bei den frühen Kirchenvätern, Klerikern des Mittelalters, Humanisten der Renaissance, Denkern des 18. Jahrhunderts – bis zu Intellektuellen des 21. Jahrhunderts.[16]

Ein herausragender Gelehrter, der über Freundschaft in der klassischen Welt geschrieben hat, definiert sie als »eine wechselseitig intime, loyale und liebevolle Verbindung zwischen zwei oder einigen wenigen Personen«, die nicht in erster Linie auf Familien- oder Volkszugehörigkeiten gründet.[17] Eine andere Wissenschaftlerin definiert die klassische Freundschaft als eine persönliche und informelle Beziehung, die auf Gegenseitigkeit, Wahlfreiheit und wenigstens der Illusion von Gleichberechtigung beruht.[18] Mit diesen Hauptkriterien im Hinterkopf debattierten griechische Männer die möglichen Konstellationen von Freundschaft bei Trinkgelagen, sogenannten Symposien, in langatmigen Abhandlungen und in Briefen sowie in privaten Gesprächen. Die alten Griechen sprachen über Freundschaft unter Männern mit dem ernsten

Eifer, den wir uns heutzutage für unsere Diskussionen über Beziehungen zwischen Partnern, Eheleuten oder Familienmitgliedern reservieren.

ARISTOTELES

Klassische Philosophen präsentierten Freundschaft nicht nur als einen angenehmen Selbstzweck, sondern auch als ein Mittel zum guten Leben, worunter sie ein tugendhaftes Leben verstehen: Freundschaft sollte einer Person helfen, ein moralisch besserer Mensch zu werden. Aristoteles (384–322 v. Chr.) legte diese idealisierte Vision in seiner *Nikomachischen Ethik* dar, welche drei Arten von Freundschaften aufzeigt: Die erste und am niedrigsten angesiedelte gründet auf Nützlichkeit; die zweite auf Vergnügen; und die dritte, die höchste, auf Tugendhaftigkeit. In der ersten und zweiten Kategorie werden Freunde nur insoweit geliebt, als sie einander nützlich oder angenehm sind: »Dergleichen Freundschaften lösen sich bald auf … Wenn sie nämlich nicht mehr angenehm oder nützlich sind, hört die Freundschaft zu ihnen auf.« Im Gegensatz dazu hat wahre Freundschaft, basierend auf einem tugendhaften Charakter, das Potenzial, beständig zu sein.

Für Aristoteles kann wahre Freundschaft nur erlangt werden, wenn zwei Menschen durch gegenseitige Zuneigung verbunden sind, denen das Wohlbefinden des anderen mehr am Herzen liegt als das eigene. Idealerweise besteht eine solche Ähnlichkeit von Herz und Geist, dass gute Freunde zu »einer Seele in zwei Körpern« werden. Dieses Konzept der Freundschaft, welche das Beste repräsentierte, was Aristoteles sich vorstellen konnte, kommt nach heutigen Maßstäben überaus pathetisch und beinahe esoterisch daher. Wie viele Freunde würden heutzutage wohl die vollkommene Verschmelzung wollen, die »eine Seele in zwei Körpern« impliziert? Und während es durchaus üblich ist, dass zwei Menschen durch Zuneigung miteinander verbunden sind, stellt sich die Frage, wie viele Freunde das Wohlbefinden des anderen wohl über ihr eigenes stellen? Eine solche Definition könnte auch heute noch als Ideal für Ehe und Familie und auch für Freundschaft herhalten.

Und auch wenn wir geteilter Meinung darüber sein mögen, wie erstrebenswert manche Vorstellungen von Aristoteles heute sind: Eine Überlegung sind sie allemal wert. Man achte auf die Unterscheidung, die er zwischen Liebe (*eros*) und Freundschaft (*philia*) trifft. Da Eros hauptsächlich von der physischen Anziehungskraft und von leidenschaftlichen Emotionen geprägt ist, kann er – glaubt man Aristoteles – nicht zu dauerhaften Bindungen führen, was sich schon daran zeigt, wie schnell junge Leute sich verlieben und wieder »entlieben«. Doch Aristoteles' Abgrenzung der Freundschaft von erotischer Liebe ist nicht immer unumstößlich. In Anbetracht der toleranten Einstellung zu sexuellen Beziehungen zwischen Männern und Jungen, die im antiken Griechenland gang und gäbe waren, ist er gezwungen einzuräumen, dass einige Liebespaare tatsächlich Freunde werden können. Auch wenn die meisten dieser Freundschaften sich in Luft auflösen, sobald der Junge die Blüte der Jugend hinter sich lässt.

Gleichgeschlechtliche Liebe und Freundschaft im antiken Griechenland sind aktuell Gegenstand vieler wissenschaftlicher Untersuchungen, und das ruft uns in Erinnerung, dass die schwulen und lesbischen Beziehungen von heute nicht mit denen der Vergangenheit gleichzusetzen sind. Solche Beziehungen, die wir heute als gleichwertige Partnerschaften ansehen, waren im alten Griechenland alles andere als das. Damals waren gleichgeschlechtliche erotische Beziehungen in erster

Linie asymmetrisch, wobei ein älterer Mann die Verantwortung und Fürsorge für einen jüngeren übernahm. Der Liebende, sagt Aristoteles' Lehrer Plato im *Phaidros*, erlebt leidenschaftliches Verlangen oder Eros, wohingegen vom jüngeren Geliebten freundliche Zuneigung *(philia)* für die empfangene Fürsorge erwartet wird.

Aristoteles hat sich eindeutiger zur Anzahl der Freunde, die jemand haben kann oder haben sollte, geäußert: »Mit vielen befreundet zu sein ist in der Weise der vollkommenen Freundschaft nicht möglich, wie man auch nicht viele zugleich lieben kann.« Heutzutage ist es Auslegungssache, wie wählerisch man sein sollte, um Freunde zu finden – und sie zu behalten. Was hielte Aristoteles wohl von Facebook-Freunden, die sehr persönliche Nachrichten und Gedanken mit einer großen Anzahl von Leuten austauschen, mit denen sie oft überhaupt nur per Internet Kontakt haben?

Es ist offensichtlich, dass Aristoteles bei seinen Betrachtungen zur Freundschaft nur an Männer denkt, von einigen wenigen Ausnahmen abgesehen. Er räumt ein, dass Väter und Mütter eine Art »Freundschaft« für ihre Kinder empfinden. »Weiber(n) dagegen und dergleichen Männer(n)« gesteht er einen Hang zu, mit Mitleidenden ihren Kummer zu teilen. Im Gegensatz dazu scheuen sich »männlichen Naturen«, den Freunden ihre Gefühle zu offenbaren, damit sie ihnen keinen Kummer bereiten. Bis zum heutigen Tage gehört die Ansicht, dass richtige Männer nicht weinen, zum festen Repertoire westlicher Tradition.

Überraschenderweise ist unter Aristoteles' auf Männer bezogene Behauptungen auch die folgende Aussage zu finden: »Die Freundschaft zwischen Mann und Frau scheint auf der Natur zu beruhen.« Er argumentiert, dass ein Ehemann und eine Ehefrau nicht nur zu dem Zweck zusammenleben, Kinder zu zeugen, sondern auch, um einander zu helfen, »indem jedes das Seinige zum Gemeinsamen beiträgt«. Das Thema Freundschaft zwischen Ehemann und Ehefrau wird in den folgenden Jahrhunderten eine immer größere Rolle spielen, je mehr Frauen beginnen, sich für die gesellschaftliche Gleichberechtigung mit den Männern starkzumachen.

Was Aristoteles zur Freundschaft zwischen Eheleuten schrieb, ist im Amerika des 21. Jahrhunderts von besonderer Relevanz. Heute ist es vielfach so, dass Eheleute einander als beste Freunde betrachten, selbst wenn beide außerhalb des Familienverbundes enge Freunde haben. Ein Mann, der seine Freundschaften auf Arbeitskollegen und auf seine Frau als beste Freundin eingrenzt, scheint auf weitere Freunde verzichten zu können Diese Einstellung hätte Aristoteles überrascht, da er ja davon überzeugt war, dass Männer für ihr persönliches Wohlbefinden männliche Freunde brauchen und dass die Gesellschaft durch Männerbeziehungen zusammengehalten wird.

Von den verschiedenen Arbeiten der griechischen Philosophen zur Freundschaft sind die von Aristoteles die umfassendsten und am besten erschlossenen, und wenn wir hin und wieder das Wort »Männer« durch »Männer und Frauen« austauschen, können wir eine Diskussion anstoßen, die beide Geschlechter miteinbezieht. Aber auch ohne diesen Trick gibt es Formulierungen aus Aristoteles' Feder, die heutzutage sowohl auf Männer wie auf Frauen zutreffen. Nehmen Sie sich nochmals seine Worte am Anfang dieses Kapitels vor und fügen dann als zusätzlichen Denkanstoß hinzu: »Denn der Freund ist ein zweites Selbst.«[19]

Epikur (341–270 v. Chr.), Aristoteles' jüngerer Zeitgenosse, stellte Freundschaft *(philia)* ebenfalls über alle anderen Beziehungen. Obgleich seine Schriften zum überwiegenden Teil nur als Fragmente überlebt haben, sticht das Thema Freundschaft bei jeder Rekonstruktion seiner gesamten Philosophie heraus, und er sagt über die Freundschaft, dass »von allen Werten, die die Weisheit für ein glückliches Lebens bereitstelle, keiner größer, reicher und angenehmer sei als dieser«[20]. Zu seiner Zeit war Epikur durchaus umstritten, und sein missverstandener Ruf als vergnügungssüchtiger Immoralist war nicht dazu angetan, seinen posthumen Ruhm zu mehren. Heute verwenden wir den Begriff *epikureisch* für Menschen, die sich unterschiedlichen Formen sinnlichen Genießens hingeben, angefangen von gutem Wein bis hin zu sexuellem Vergnügen. Doch damit wird Epikur unrecht getan. Seine Philosophie, basierend darauf, physischen und seelischen Schmerz zu vermeiden, wandte sich gegen Ausschweifungen jeglicher Art und betonte stattdessen die Suche nach persönlichem Glück, Gelassenheit und nach den Freuden der Kameradschaft.

Epikur setzte seine Philosophie im sogenannten *Garten* in die Praxis um – auf einem freien Platz am westlichen Eingang zum antiken Athen –, wo er sich aus reinem Vergnügen an der Konversation regelmäßig mit Freunden und Schülern traf. Erstaunlicherweise waren auch Frauen darunter. Vermutlich waren es keine »ehrbaren« Ehefrauen aus der Bürgerschicht, und es mögen sogar Prostituierte und Sklavinnen darunter gewesen sein; aber wer immer sie auch waren, sie wurden auf den Zusammenkünften willkommen geheißen, wo man einfache Speisen anbot und zum Hauptgang philosophische Diskussionen servierte. Bei diesen Treffen waren sie den

Männern vermutlich gleichgestellt, wenn über so aufregende Fragen diskutiert wurde wie etwa, ob es ein Leben nach dem Tod gibt (woran Epikur nicht glaubte) und ob man für einen Freund lieber sterben sollte, als ihn zu verraten (woran Epikur glaubte).

Doch während Epikur Freunde einer solch altruistischen Handlung für fähig erklärte, hatte er keine Hemmungen einzugestehen, dass Freundschaften oft auf Eigennutz und persönlichen Bedürfnissen gründeten. Er ging sogar so weit zu sagen: »Jede Freundschaft ist um ihrer selbst willen zu pflegen. Sie entstand aber, weil sie nützlich war.«[21] Sie können sich vorstellen, wie Aristoteles auf diese utilitaristische Sichtweise reagiert hätte, die seiner eigenen Kernaussage zuwiderläuft, dass wahre Freundschaft vielmehr auf Tugendhaftigkeit als auf Nützlichkeit oder Vergnügen basiert. Dennoch lebten Aristoteles und Epikur in einer Zeit, in der »geleistete Hilfestellung« der Maßstab für Freundschaft war, zumindest für griechische Männer der Oberschicht. Wir wissen zu wenig über das Leben der Männer in den unteren Schichten und noch weniger über das Leben der Sklaven, um beurteilen zu können, ob dieses System der Gegenseitigkeit sich nach unten fortsetzte oder ob es auch für Frauen galt.

Aristoteles hätte auch Epikurs Sichtweise widersprochen, dass man lieber viele als nur wenige gute Freunde haben sollte. Epikur gab seinen Anhängern tatsächlich den Rat, so viele Freunde wie nur möglich zu pflegen – man könne ja nie wissen, wann man sie braucht –, allerdings unter dem Vorbehalt, dass jemand, der »in allem den Nutzen sucht«, kein echter Freund sein könne.[22]

Epikur verstand die Philosophie als praktische Anleitung für das Leben. Heutzutage wäre er vielleicht Psychotherapeut, Coach oder Berater. Spräche er heute zu uns, würde er uns mahnen: *Geh sorgsam mit deinen Freunden um. Sie werden deine Freuden teilen, dich in deinem Kummer trösten und dir helfen, den Seelenfrieden zu erlangen, der das eigentliche Ziel der Philosophie und das größte Glück des Lebens ist.*

CICERO

Fast drei Jahrhunderte trennen Aristoteles und Epikur von dem römischen Redner, Staatsmann und Philosophen Cicero (106–143 v. Chr.). In seinem Werk über die Freundschaft, *De Amicitia*, beschwor Cicero den Geist Gaius Laelius' als seinen Sprecher. Laelius, ein gefeierter römischer Staatsmann des vorangegangenen Jahrhunderts, war eng mit Scipio Africanus befreundet, dem berühmten Helden der Streitkräfte. Diese beiden legendären Männer verkörperten für Cicero den Inbegriff von Freundschaft, da ihre Beziehung nicht nur zum persönlichen Glück der beiden Männer beitrug, sondern auch zum Wohle der Bürger.

In seinem Traktat ersinnt Cicero einen Dialog zwischen Laelius und zwei anderen Rednern, die überwiegend als Jasager fungieren. Laelius erklärt ihnen, dass Freundschaft das Beste sei, was das Leben zu bieten habe, noch wichtiger als Gesundheit, Wohlstand, Macht, Ehre oder Vergnügen, denn diese seien allesamt unstabil und abhängig von launischem Glück. Er mahnt sie, die Freundschaft über alle menschlichen Anliegen zu stellen, denn »nichts ist nämlich unserer Natur so gemäß, so passend zu unseren Lebensverhältnissen, sei es im Glück oder im Unglück«. Er verweist auf seine eigene lange, befriedigende Freundschaft mit Scipio und zieht den Schluss: »Aber dennoch finde ich in der Erinnerung an unsere Freundschaft solchen Genuss, dass mir mein Leben glücklich erscheint, weil ich es mit Scipio leben durfte, mit dem ich die

Sorge für den Staat und für das persönliche Leben teilte, mit dem mich nicht nur die gemeinsame Zeit als Hausgenossen und als Kriegskameraden verband, sondern auch das, was das ganze Wesen der Freundschaft ausmacht: vollkommene Übereinstimmung in Zielsetzungen, geistigen Interessen und politischen Ansichten.« Die Beschreibung von Hausgenossen und Kriegskameraden, vereint in ihren Ansichten und Taten, stellt das höchste Freundschaftsideal bei den antiken Römern dar.

Offensichtlich waren Frauen in diesem Szenario nicht vorgesehen. Zur Zeit Ciceros waren römische Frauen mit Sicherheit freier als die Frauen in Griechenland. Während verheiratete Griechinnen in den für Frauen bestimmten Bereich ihrer Häuser verbannt wurden und sicherlich nicht an Symposien teilnahmen, pflegten die Ehefrauen römischer Bürger sowohl Frauenfreundschaften als auch die Gesellschaft beider Geschlechter. Dennoch erinnerte uns Plutarch (46–120 n. Chr.), der sowohl in Griechenland als auch in Rom gelebt hat, lange nach Ciceros Tod daran, dass Freundschaften von Frauen von ihren Ehemännern oft Fesseln auferlegt wurden. In seinem Werk *Moralische Abhandlungen* ging er so weit zu sagen: »Eine Frau muß keine eignen Freunde haben, sondern sich deren, die ihr Mann hat, gemeinschaftlich bedienen.«[23] Aus unserer westlichen Sicht ist das ein Ausflug in die antike Geschichte, aber auch heute gibt es noch Gebiete auf der Erde, in denen die Frau in die Familie ihres Ehemannes einheiratet und man von ihr erwartet, nicht nur auf ihre eigene Familie zu verzichten, sondern auch auf ihre Jugendfreunde.

Doch kehren wir zurück zu Cicero und seinen Gedanken zur Freundschaft: Sein Sprachrohr Laelius ist sich mit Aristoteles einig, dass Tugend die Basis für wahre und vollkommene Freundschaft ist. Laelius führt konkrete Beispiele an, wie tugendhafte Freunde in bestimmten Situationen handeln sollten.

Besonders im öffentlichen Leben, wo Freundschaften von der Gier nach Macht und Geld manchmal auf eine harte Probe gestellt werden, dürfen wir unsere Freunde nicht darum bitten, etwas moralisch Verwerfliches zu tun: »Es ist also keine Entschuldigung für ein Vergehen, wenn man es einem Freund zuliebe begeht.« Tugendhafte Freunde – und das sind die einzigen, die Cicero schätzt – müssen von dem Vorsatz geleitet sein, dass wir unsere Freunde nur um das bitten, was ehrenhaft ist.

Innerhalb der von der Tugend gesetzten Grenzen wird Freunden freie Hand über ihre persönlichen Interaktionen zugestanden. »Unter Freunden soll … in allen Angelegenheiten, Plänen und Vorhaben ausnahmslos Gemeinsamkeit herrschen.« Sie sollten einander helfen, wenn einer der beiden in Not ist. Freundschaften vertiefen sich mit der Zeit und durch schwierige Umstände, was in dem klassischen Sprichwort zum Ausdruck kommt, »dass man viele Scheffel Salz miteinander essen muss, bis die Freundschaft ihre Bewährungsprobe bestanden hat«.

Laelius/Cicero gibt sogar praktische Ratschläge für die Beendigung einer gescheiterten Freundschaft. Wenn es notwendig ist, mit einem Freund zu brechen, »so muss man dafür sorgen, dass die Freundschaft eher allmählich erloschen als jäh erstickt zu sein scheint«, damit es kein böses Blut gibt oder Freundschaft sich etwa in bittere Feindschaft verkehrt. »Doch muss man … der alten Freundschaft noch … die Ehre geben«, selbst wenn sie sich erschöpft hat.[24]

Cicero war sich wie Epikur zweifellos bewusst, dass Freundschaft in seiner Zeit auf einem System wechselseitiger Gefälligkeiten basierte, was dem Ideal einer selbstlosen Beziehung zu widersprechen scheint. In seinen privaten Briefen setzt Cicero gelegentlich selbst eloquent die Sprache der Freundschaft als Vorspiel zu einer Bitte um Hilfe ein.[25] Ungeachtet dessen hielt

Cicero an seiner Vision von einer idealistischen Freundschaft fest und gab diese an diejenigen weiter, die *De Amicitia* seit mehr als zwei Jahrtausenden lesen – bis heute. Das Werk hatte im Mittelalter großen Einfluss, als Theologen den Versuch starteten, die ciceronische Sicht auf die Freundschaft in einen christlichen Kontext zu bringen. In der Renaissance wurde *De Amicitia* noch immer gelesen, als der Lehrplan für junge Männer oft das Auswendiglernen ganzer Passagen daraus vorsah. Selbst als christliche Werte die antiken Moralvorstellungen verdrängten und freundschaftliche Beziehungen der Beziehung zu Gott untergeordnet wurden, konnten Laelius und Scipio Africanus – ebenso wie die früheren griechischen Beispiele Achilles und Patroklus sowie Orestes und Pylades – als Prototypen für die Art von enger Kameradschaft gedeutet werden, wie sie Jesus und seine Jünger pflegten.[26]

DER HEILIGE AUGUSTINUS

Zu den frühesten Christen, die über Freundschaft schrieben, gehörte Augustinus (354–430). Geboren in Nordafrika wurde er an der Universität von Karthago ausgebildet, wandte sich den Manichäern – einer christlichen Sekte – zu und führte ein Leben, das er später als ein Leben der Irrungen und Sünde bezeichnen sollte, bis er nach Mailand umzog und 386 zum Christentum konvertierte. In seinen autobiografischen *Confessiones*, verfasst um 394, berichtet Augustinus von dem akuten Schmerz, den er beim Tod eines geliebten Freundes empfand. Er richtet seine Worte an Gott: »Du nahmst ihn hinweg aus diesem Leben, da unsere Freundschaft kaum ein Jahr gewährt hatte, sie, die mir so süß war über alle Wonnen meines Lebens.« Nachdem Augustinus die Freuden der Freundschaft genossen hatte – zusammen mit seinem Freund zu reden, zu lachen, zu scherzen und zu lesen–, war er tief bestürzt über den Verlust.

Er trauerte um den Tod seines Freundes auf eine Art und Weise, die wir eher mit Liebenden oder Eheleuten in Verbindung bringen, wenn sie einen Lebenspartner verloren haben. Heute würden wir sagen, dass er unter Depression litt: »Überall suchten ihn meine Augen, aber ich fand ihn nicht; ich hasste alles, weil ich ihn nicht hatte.« Als ihm nach dem Tod seines Freundes bewusst wurde, dass seine Seele und die seines Freundes nach Aristoteles' Worten »eine Seele in zwei Körpern« geworden waren, fand Augustinus es unerträglich, nur »als ein halber Mensch« zu leben.[27]

Was Augustinus' Vorstellung von Freundschaft von der seiner griechischen und römischen Vorgänger unterscheidet, war der christliche Mantel, den er ihr überstülpte. So lernte er die Taufe anzuerkennen, die sein Freund, ohne bei vollem Bewusstsein zu sein, empfangen hatte, als er dem Tode nah war. Kurze Zeit nach der Taufe kam sein Freund wieder zu Kräften und, erfüllt von einem christlichen Geist, tadelte er Augustinus – damals noch ungläubig – dafür, dass er sich über die Taufe lustig machte. Viel später, nachdem Augustinus selbst getauft worden war, gelangte er zu der Auffassung, dass eine Freundschaft, so tief sie auch sein mochte, vergänglich sei, wäre sie nicht in der Liebe Gottes eingebunden. Augustinus schrieb Gott zu, was griechische und römische Denker der Tugend zuschrieben. So wie die Tugend in der klassischen Philosophie das notwendige Verbindungsglied zwischen zwei Freunden verkörperte, so war die Liebe Gottes für Augustinus das allumfassende Licht, das eine wahre Freundschaft durchdrang. Dieses primäre Augenmerk auf Gott, das Vorrang vor allen zwischenmenschlichen Beziehungen genießt, ist das Markenzeichen des Christentums.

Im Mittelalter wies der große katholische Theologe und Philosoph Thomas von Aquin (1225–1274) der Freundschaft eine herausragende Stellung in seiner religiösen Doktrin zu. Zurückblickend auf Augustinus und insbesondere auf Aristoteles begann er den Abschnitt über Liebe in seiner monumentalen *Summa theologica* mit der Frage, ob die christliche Tugend der Barmherzigkeit auch als Freundschaft verstanden werden könne. Nachdem er zunächst Einwände gegen seine These vorbringt – Aquins übliche Methode der Argumentation –, gelangt er schließlich zu seiner Kernthese, entdeckt in Jesu Abschiedsworten an seine Jünger: »Ich sage hinfort nicht, dass ihr Knechte seid … Euch aber habe ich gesagt, dass ihr Freunde seid« (Johannes 15:15). Wenn Jesus seine geliebten Gefährten als Freunde betrachtete, dann sollten Christen, die ihrem Herrn nacheifern wollen, ähnlich handeln und ihre Freunde über alle anderen menschlichen Beziehungen stellen.

Und Aquin folgt abermals Aristoteles, wenn er zwischen Freundschaft und Liebe unterscheidet. Er argumentiert, dass Letztere darauf basiert, etwas für sich selbst zu begehren, wohingegen Erstere sich auf das Gute bezieht, das jemand für einen anderen begehrt. Obgleich sowohl Freundschaft als auch erotische Liebe als Formen von Liebe betrachtet werden können, besitzt nur die Freundschaft das Merkmal eines gegenseitigen Wohlwollens, was sie Aquin zufolge über die erotische Liebe erhebt.

Aquin ist ebenso wie sein spirituelles Vorbild Augustinus überzeugt davon, dass man zunächst eine Freundschaft mit Jesus erleben und die Liebe Gottes erfahren muss; erst durch die Liebe Gottes kann man den Geist verinnerlichen, der wahrer Freundschaft innewohnen muss. »Eine Freundschaft« mit

Gott und danach mit anderen Menschen »aufzubauen«, fasst nach den Worten eines hochrangigen Vertreters der katholischen Kirche des 21. Jahrhunderts die *Summa theologica* in wenigen Worten zusammen.[28]

Diejenigen, die mit philosophischer Argumentation und theologischer Debatte nicht vertraut sind, werden Thomas von Aquins Texte schwierig, trocken und akademisch empfinden. Ihm fehlt sowohl der persönliche Stil Augustinus' als auch die bodenständige Praxisnähe Ciceros. Und doch gelingt ihm gelegentlich ein unkomplizierter Satz, der seine menschliche Seite enthüllt und ihn einem zeitgenössischen Leser gewogen macht. »Freundschaft«, schreibt er, »ist die Quelle der größten Freuden, und ohne Freunde werden selbst die angenehmsten Beschäftigungen mühsam.«

KLÖSTERLICHE FREUNDSCHAFTEN: DAS BEISPIEL DES HEILIGEN ANSELM

Obgleich die meisten Kleriker des Mittelalters in städtischen oder ländlichen Gemeinden lebten, vor den Gläubigen predigten und mit Gemeindemitgliedern beider Geschlechter Umgang pflegten, entschieden sich einige von ihnen, der säkularen Welt zu entsagen und in Klöstern zu leben. Bereits im dritten und vierten Jahrhundert wurden in Ägypten christliche Klöster und Konvente gegründet, gefolgt von ähnlichen Einrichtungen in Europa, die zu mächtigen Institutionen heranwuchsen. Vom sechsten Jahrhundert an bildete die *Regula Benedicti*, verfasst von Benedikt von Nursia (ca. 480–547), das Regelwerk für die meisten europäischen Klosterbrüder und -schwestern. Benedikt schrieb für seine Abtei Monte Cassino Richtlinien für ein ordnungsgemäß geführtes Kloster, in dem alle Bewohner gemeinsam lebten, aßen, schliefen, beteten und arbeiteten. Da das Hauptaugenmerk auf gemeinschaftlichen Aktivitäten lag, wurden individuelle oder »spezielle« Freundschaften nicht gern gesehen, da sie für das Wohl der Allgemeinheit einen Störfaktor bedeuteten. Namentlich Benedikts zweite Regel warnte den Abt ausdrücklich davor, »einen mehr als einen anderen« zu lieben.

Im Gegensatz zu klassischen Philosophen, insbesondere im antiken Griechenland, verdammten christliche Denker sexuelle Liebe zwischen Männern. Doch das hinderte einige christliche Männer nicht daran, sich zueinander hingezogen zu fühlen und sich wie Liebende zu gebärden. Lesen Sie die Worte Anselms (1033/34–1109), die er an zwei seiner Mitbrüder schrieb, als diese in der Abtei Le Bec in der Normandie eintrafen, um ihm einen Besuch abzustatten, nachdem er bereits eine Reise nach England angetreten hatte: »Als ich hörte, dass Sie einen so weiten Weg gekommen sind, um mich persönlich zu treffen, kann ich nicht beschreiben, welch unendliche Freude mein Herz durchflutete... Teuerste Geliebte, meine Augen verlangen danach, Ihr Antlitz zu sehen, und meine Arme strecken sich jetzt schon nach Ihnen aus, um Sie an mich zu drücken. Mein Mund verzehrt sich nach Ihren Küssen.«[29] Oder beachten Sie die folgenden Worte in seinem Brief an den Mönch Maurice: »Obwohl ich dich immer öfter um mich haben möchte, je mehr ich dich liebe, so liebe ich dich sogar noch mehr, gerade weil ich dich nicht haben kann.«[30] Und dann noch an seinen Mitbruder Gundulf, nachdem dieser das Kloster Le Bec verlassen hatte, in dem sie beide gelebt hatten: »Meine Liebe folgt dir, wohin du auch gehst; und wo immer ich sein mag, umfängt dich meine Sehnsucht.«[31]

Das sind wohl kaum die Worte, die wir von einem asketischen Mönch erwarten würden. Aus dem Kontext genommen scheinen sie homoerotisches Verlangen zu vermitteln; wenn man sie jedoch in Zusammenhang mit Anselms gesamter Korrespondenz betrachtet, ist ein Muster einer Zuneigung zu erkennen, das sich stets der Sorge um das Wohlbefinden der anderen Person und der klösterlichen Gemeinschaft insgesamt unterordnet, der sie angehörten. Brian McGuire, der Verfasser eines voluminösen Wälzers über Freundschaften unter Mönchen im Mittelalter, drückt es so aus: »Er sah Freundschaft als einen Weg zur Bereicherung des klösterlichen Lebens an, was für Anselm dem besten und oft einzigen Weg gleichkam, der ins Paradies führte.«[32] McGuire zeichnete in diesen Briefen die Sprache der Liebe bis zu einer »Wiedergeburt der Freundschaft« in der zweiten Hälfte des 11. Jahrhunderts nach, die ihren Ursprung in bestimmten französischen und deutschen Domschulen, vor allem in Chartres, Reims, Beauvais, Worms und Hildesheim, hatte.[33] Auf der Grundlage des Studiums der lateinischen Grammatik und klassischer Dichter wie Aristoteles und Cicero würdigte der Lehrplan dieser Schulen die Freundschaft als edle und natürliche Institution, die in das christliche Leben eingebaut werden konnte und sollte. Säkulare wie auch religiöse Studenten übten das Schreiben von Briefen mithilfe von Anleitungen, die sie die richtige Rhetorik lehrten, um Freundschaft in Worte zu fassen, sei es für eine eher formularhafte Begrüßung oder eine leidenschaftliche Liebeserklärung. Sammlungen von Briefen aus dieser Periode, verfasst von Studenten und ihren Meistern sowie von verschiedenen Kirchenleuten, verstauben seit tausend Jahren in den deutschen und französischen Archiven.

Wir dürfen nicht vergessen, dass all diese Briefe dazu bestimmt waren, laut vorgelesen zu werden, zunächst vom Adressaten selbst und dann von vielen anderen, die Zugang zu Abschriften hatten. Anselm schrieb halb öffentliche Briefe an seine Freunde, um einerseits seine persönlichen Gefühle für einzelne Männer zu äußern und andererseits ein idealisiertes Bild brüderlicher Liebe zu vermitteln.

In seiner Zeit als Prior und später als Abt des Klosters in Le Bec ermunterte Anselm seine Mönche, persönliche Freundschaften zu knüpfen. Als er 1093 dann Erzbischof von Canterbury wurde, weitete er diese Vision auf den gesamten Klerus aus. (Nach 1066, als Wilhelm der Eroberer in England einfiel, bekleideten Kleriker aus Frankreich hohe Positionen auf der anderen Seite des Kanals; die lateinische Sprache einte sie mit ihren englischen Brüdern.) Anselms Briefe sind Zeugnisse einer neu erwachten Wertschätzung der Freundschaft in den klösterlichen Gemeinschaften. Während frühere mönchische Gruppen vor den Gefahren der Freundschaft gewarnt hatten, war sie Anselm durchaus willkommen, solange die Liebe eines Mitbruders zu einem anderen nicht der Liebe im Weg stand, die er für alle anderen Brüder in der Gemeinschaft empfand. Obwohl er auf neue Art und mit einer neuen Sprache eloquent vom Wert persönlicher Gefühle schwärmte, ordnete er solche Gefühle immer dem allgemeinen Streben nach der Liebe zu Gott und allen Menschen unter.

Heute ist Anselm nicht so berühmt wie sein spiritueller Nachfahre Franz von Assisi. Wenn wir an Liebe denken, fällt uns wegen seiner allumfassenden Liebe zu jeglichen Lebewesen zuerst Franz von Assisi ein. Die Stadt San Francisco, die seinen Namen trägt, wird oft die Stadt der Liebe genannt; in ihr lebt ein buntes Völkergemisch, das mit einem bemerkenswerten Grad an Toleranz und Harmonie zusammenlebt. Die Stadt Anselmo, 20 Meilen von San Francisco entfernt, kann ebenfalls für sich in Anspruch nehmen, eine Gemeinde der Liebe zu Ehren ihres Namenspatrons zu sein, der das Gesicht der Freundschaft in der Kirchengeschichte signifikant verändert hat.

Anselm und andere, die in seine Fußstapfen traten – wie Bernhard von Clairvaux, Aelred von Rievaulx, Johannes von Salisbury und Petrus von Blois, die alle im 12. Jahrhundert lebten –, erreichten, dass persönliche Freundschaften zwischen Kirchenmännern wieder salonfähig wurden. In Anbetracht dessen, dass Kirchenmänner weder Ehefrauen noch Mätressen haben durften (obgleich es bei vielen ein offenes Geheimnis war, dass sie Konkubinen hatten), gestanden die kirchlichen Sittenregeln ihnen zu, ihre Zuneigung zueinander mit bemerkenswerter Offenheit zu äußern. Die Briefe, die sie hinterließen, weisen auf ein dichtes Netzwerk von Freunden hin, angefangen von Päpsten, Erzbischöfen, Bischöfen, Kardinälen, Äbten und Prioren bis hinunter zu den niedrigsten Hierarchiestufen von Pfarrern und Mönchen. Ob sie schrieben, um ein Eingreifen der Kirche zu erbitten, eine theologische Frage zu erörtern oder persönliche Nachrichten zu überbringen: Immer suchten sie wechselseitig nach emotionaler und intellektueller Zuwendung. Wie schon bei den Jüngern Jesu, wurde Freundschaft wieder zu einem hoch geschätzten Gut. Im Bestreben, den frühesten Christen nachzueifern, hüllten sich die Mönche des Mittelalters in den Mantel liebender Brüder, wenn sie gemeinsam arbeiteten, beteten und ihre Mahlzeiten einnahmen. Etwaige Differenzen und Rivalitäten untereinander ordneten sie immer ihrem primären Ziel unter, »harmonisch im Haus zu leben und mit einem Herzen und einer Seele Gott zu suchen«[34], wie der heilige Augustinus es formuliert hatte. Wie wir im folgenden Kapitel sehen werden, bauten auch Nonnen auf Freundschaften mit ihren Geschlechtsgenossinnen, um sich in einer Gemeinschaft christlicher Frauen dem Dienst an Gott zu widmen.

TEIL II

Als die Geschichte
Frauenfreundschaften entdeckte

DREI

Prämoderne Nonnen

»... hegte ich eine vollkommene Liebe zu einer adligen Nonne,
(...) die sich mir (...) in Liebe und Freundschaft verbunden hatte,
und in meinem Leiden mit mir litt, bis ich dieses Buch vollendet hatte.«
— HILDEGARD VON BINGEN, CA. 1170–80

»Die Schwestern sollen einander nicht umarmen oder im Gesicht
oder an den Händen berühren lassen. Die Schwestern sollten keine
speziellen Freundschaften haben, sondern alle in ihre Liebe zueinander
miteinbeziehen, so wie Christus es seinen Jüngern befahl.«
— TERESA OF ÁVILA, *BUCH DER GRÜNDUNGEN*, 1581

D ie Geschichte zeigt, dass fast alle Mädchen und Frauen
im Familienverbund lebten; zuerst gemeinsam mit ihren
Eltern und Geschwistern und dann mit ihren Ehemännern
und Kindern. In polygamen Gesellschaften lebten Kinder oft
gemeinsam mit mehreren Müttern, Ehefrauen und Neben-
frauen. Frauenfreundschaften wurden und werden auch heute
noch vorwiegend mit Familienmitgliedern geschlossen –
Schwestern, Cousinen, Tanten und Schwägerinnen –, und
nicht außerhalb des Familienkreises.

Eine neue Möglichkeit eröffnete sich, als einige frühe christliche Gemeinden einen Teil des Klosters für Nonnen reser-
vierten. In diesen nach Geschlechtern getrennten Enklaven
zogen sich Nonnen ebenso wie ihre männlichen Pendants von
der weltlichen Gesellschaft zurück und verschrieben sich der

Keuschheit, Armut und Gehorsamkeit. Hier stellte sich nicht die Frage nach der Gründung einer Familie, da Nonnen und Mönche Gelübde zur sexuellen Enthaltsamkeit ablegten.

Wie eine Historikerin bemerkte, die sich intensiv mit katholischen Nonnen befasst hat, hatte die Geschlechtertrennung den Vorteil, »Frauen an die großen Freuden und die tiefe Befriedigung von Freundschaften mit ihresgleichen heranzuführen«.[35] Nachdem die Nonnen die Profess abgelegt hatten, konnten sie die freundschaftlichen Bande, die sie andernfalls in einem weltlichen Leben geknüpft hätten, fast nur noch mit ihren Mitschwestern eingehen.

Bis zum vierten Jahrhundert gab es in Ägypten und in Teilen Europas bereits vereinzelt Klöster mit eigenen Bereichen für Frauen und auch reine Frauenklöster. Der heilige Augustinus ermunterte die Nonnen in einem ehemals von seiner Schwester geleiteten Kloster zwar, einander zu lieben, misstraute aber Freundschaften, die möglicherweise zu sexueller Intimität führen könnten. Daher wies er die Nonnen an, die öffentlichen Bäder nur zu dritt oder in größeren Gruppen aufzusuchen, und wenn eine Schwester das Kloster aus welchen Gründen auch immer verlassen musste, wurde sie angewiesen, eine von der Priorin und nicht von ihr selbst ausgewählte Begleiterin mitzunehmen. Diese früh entstandene Furcht vor homoerotischen Freundschaften setzte sich noch Jahrhunderte später in der Geschichte christlicher Klöster und Konvente fort.[36]

Als Benedikt von Nursia im sechsten Jahrhundert das Kloster Monte Cassino gründete, eröffnete seine Schwester Scholastica in der Nähe einen Konvent mit einer Gruppe von Anhängerinnen. In den folgenden Jahrhunderten breiteten sich Benediktinerklöster für Männer mit Ordensgemeinschaften für Frauen von Italien nach Frankreich, Deutschland und England aus. Andere im 12. und 13. Jahrhundert gegründete religiöse Orden – die Zisterzienser unter Bernhard, die Franziskaner und die Klarissinnen unter Franziskus und die Dominikaner unter Dominik – schufen ebenfalls separate Unterkünfte für Nonnen.

Viele dieser Nonnenklöster akzeptierten nur Frauen aus der Oberschicht und unter der Voraussetzung, dass sie eine stattliche »Mitgift« ablieferten. Solche Konvente, die nur die Wohlgeborenen ansprachen, hatten eindeutig Snob-Appeal; die Familien wussten, dass ihre Töchter sich nur mit Leuten aus ihrer Gesellschaftsschicht zusammentun und standesgemäße Aufgaben erledigen würden wie Lesen, Schreiben, Singen und Sticken. Hausarbeit und handwerkliche Tätigkeiten wurden entweder unbezahlten Laienschwestern oder bezahlten Laiendienstboten überlassen, die aus einfachen Verhältnissen stammten. Die Laienschwestern mussten nicht zwingend die Profess ablegen und blieben tendenziell auf Küche und Dienstleistungsbereich beschränkt. Nur die verschleierten oder »Chor«-Nonnen aus wohlhabenden, adeligen Familien wurden mit Verwaltungsarbeiten des Konvents betraut und konnten es zur Schatzmeisterin, zur Lehrerin für Novizinnen, zur Priorin und Äbtissin bringen. Und so setzte sich das säkulare Klassensystem auch in den Nonnenklöstern fort.[37]

Was wissen wir über Frauenfreundschaften in diesen Einrichtungen? Da von Nonnen des Mittelalters erwartet wurde, die lateinische Liturgie lesen und rezitieren zu können und einige von ihnen sowohl Latein als auch ihre Landessprache schreiben konnten, hinterließen sie beträchtliche Mengen von Briefen, Memoiren und theologischen Traktaten. Im Mittelalter war diese Alphabetisierungsrate unter Frauen höchst ungewöhnlich; die Furcht vor gebildeten Frauen war in der Tat so groß, dass im 13. und 14. Jahrhundert von Männern in Frankreich und Italien verfasste Ratgeber ausdrücklich darauf hinwiesen, dass Frauen nur dann lesen oder schreiben lernen sollten, »wenn sie Nonnen werden«.[38] Zusätzlich zu den von Nonnen hinterlassenen Schriften sind von Männern verfasste Berichte über das Leben von Nonnen in Klöstern erhalten, etwa von ortsansässigen Priestern, die die Messen lasen und den Frauen die Beichte abnahmen, von Bischöfen und Erzbischöfen, die alljährlich Visitationen durchführten, und von anderen Kirchenoberen, die beauftragt waren, die weiblichen Ordensgemeinschaften zu betreuen. Aus diesen Dokumenten können wir das komplexe Beziehungsgefüge nachvollziehen, das die Klosterfrauen miteinander verband.

HILDEGARD VON BINGEN

Die brillante, kreative, leidenschaftliche Hildegard von Bingen hinterließ uns spannende Fragmente über die Zeit und die Wirkungsorte ihres Lebens und des Lebens ihrer Mitschwestern. Hildegard, um 1098 geboren, war das zehnte Kind einer Familie der nicht adeligen Oberschicht aus der Region Rheinhessen. Als sie acht Jahre alt war, brachte ihre Familie sie als Oblatin dar und übergab sie der Obhut der acht Jahre älteren Jutta von Sponheim, einer jungen Adeligen, die bereits zwei Jahre zuvor die Jungfrauenweihe empfangen hatte. 1112 legte Jutta ihre Ordensgelübde als Anachoretin ab in der Absicht, bei den Mönchen im Benediktinerkloster von Disibodenberg in Klausur zu leben; noch im selben Jahr folgte ihr die 14-jährige Hildegard.[39]

Das Leben in Klausur bedeutete, dass weder Jutta noch Hildegard ihre Zellen verlassen durften, ausgenommen zum Besuch der Kapelle. Wahrscheinlich wurden ihnen Mahlzeiten und andere lebenswichtige Dinge durch ein vergittertes Fenster oder eine vergitterte Tür gereicht. Die Beschreibung von Juttas Leben, *Vita Jutta*, mit Hildegards Hilfe vom Mönch Volmar verfasst, liefert kaum verwertbare Einzelheiten. Gesichert ist nur, dass Hildegard und Jutta aufeinander angewiesen waren und eine Freundschaft unter extremen Umständen knüpften.

Jutta, die Ältere der beiden, unterwies Hildegard in den Grundzügen des religiösen Lebens und dem Singen der Psalmen. Gemeinsam absolvierten sie den Tagesablauf der Benediktiner mit Gebet, Arbeit, Studium, Mahlzeiten und Schlaf. Von Jutta lernte Hildegard genügend Latein, um lesen und schreiben zu können; wenngleich sie später bedauerte, über diese Grundlagen hinaus keinen weiteren Unterricht genossen zu haben. Die beiden Frauen halfen einander bei den Näharbeiten für die Kirche. Bestimmt unterstützten sie einander bei der Körperhygiene, wie der Menstruation und ihren täglichen Ausscheidungen. Natürlich werden diese Unaussprechlichkeiten in keinem der schriftlichen Dokumente erwähnt.

Was allerdings darin erwähnt wird, sind Hildegards häufige Unpässlichkeiten und die Visionen, die schon früh in ihrem Leben einsetzten. Diese Visionen, zu jener Zeit als möglicher Hinweis auf eine von Gott auserwählte Mystikerin gesehen, tauchen irgendwann in ihren bemerkenswerten Schriften und in ihrer Musik auf, während sie sie als Mädchen und junge Frau noch für sich behalten hat: Man konnte nie sicher sein, ob Visionen das Werk Gottes oder des Teufels waren. Die Schmerzen, die sie ihr bereiteten, konnte sie jedoch nicht für sich behalten – Schmerzen, die wir heutzutage mit Migräne assoziieren. Jutta, so können wir uns vorstellen, saß vermutlich während dieser Attacken an Hildegards Bett, legte Tücher über ihre Augen und betete für sie. Und wenn Hildegard wieder auf den Beinen war, assistierte sie ihrer Lehrerin und Freundin, eine Tätigkeit, die in den Jahren noch zunahm, als Juttas Ruf als heilige Frau andere Aristokratinnen anzog, die am Klosterleben teilhaben wollten. Mit der Zeit hatte Jutta eine kleine Gemeinschaft von Frauen um sich und Hildegard geschart, woraus sich am Ende ein Nonnenkloster entwickelte, in dem Jutta die Position der *Magistra*, des Oberhaupts der Gemeinschaft, innehatte.

Jutta starb 1136 im Alter von 45 Jahren. Sie hatte 24 Jahre lang in Disibodenberg in Klausur gelebt. Hildegard und zwei andere Frauen bereiteten nach uralten Ritualen ihre Beerdigung vor, wuschen ihren Körper und richteten ihre Gliedmaßen aus. Jutta wurde auf dem Klostergelände begraben und später vor den Altar in die Kapelle umgebettet.

Im gleichen Jahr wurde Hildegard zur Nachfolgerin ihrer Mentorin ernannt; die Position der Magistra verlieh ihr eine beachtliche Autorität, obgleich sie weiterhin dem Abt Cuno untergeordnet war. Sie begann ihre Amtszeit damit, Kirchenmusik und Lieder für die Nonnen zu schreiben. (Ein Teil dieser Musik hat überlebt und wird noch heute von Musikgruppen für mittelalterliche Musik aufgeführt.) Wir können davon ausgehen, dass sie die Nonnen bei den Proben für den täglichen liturgischen Gottesdienst, dem Officium divinum, in die Tücken der Notenschrift und der Stimmen einwies. Und es fällt leicht, sich das Zusammengehörigkeitsgefühl vorzustellen, das sich unter den Nonnen beim gemeinsamen Singen einstellte.

Die 18 Frauen, die um 1140 in einer solchen Atmosphäre in Disibodenberg lebten, hatten viel gemeinsam. Alle stammten von adeligen Familien ab und hatten entsprechend ihrer Rolle als Bräute Christi eine Mitgift abgeliefert. Alle hatten sich freiwillig entschieden oder wurden von ihren Familien gezwungen, der säkularen Welt zu entsagen und die benediktinischen Gelübde der Keuschheit, Armut und des Gehorsams abzulegen. Was das Armutsgelübde anging, waren anscheinend nicht alle geneigt, auf ihre kostbaren Kleider und ihre langen Haare zu verzichten, was zwar den adeligen Frauen in Disibodenberg zugestanden wurde, nicht aber den Frauen der Unterschicht in anderen Nonnenklöstern, die sich mehrmals im Jahr den Kopf scheren lassen mussten. An Feiertagen ließ Hildegard zu, dass ihre jungfräulichen Nonnen ihr Haar lose fallen ließen, mit einem Krönchen schmückten und knöchellange, weiße Gewänder trugen, wenn sie die Psalmen sangen. Solche Szenarien entstammten ihren inneren Visionen, die sie mithilfe des Mönchs Volmar zu dokumentieren begonnen hatte, der über 30 Jahre lang ihr spiritueller Berater, Sekretär und Freund war. Die Kunde von Hildegards Visionen und theologischen Schriften überbrachte Abt Cuno schon bald seinem Vorgesetzten, dem Erzbischof von Mainz. Und dieser entsandte seinerseits eine Delegation zur Untersuchung der Vorfälle. War diese Hildegard tatsächlich eine Seherin oder vielleicht doch eine Schwindlerin? Die Delegation, zufrieden, dass offenbar alles mit rechten Dingen zuging, schickte ihren Bericht an den Papst, der ebenfalls zu der Überzeugung kam, dass sie tatsächlich eine von Gott ausgewählte Mystikerin war.

Mit Rückendeckung des Papstes und mit Billigung ihres Abtes überzeugte Hildegard um 1150 die Obrigkeit davon, eine neue Einrichtung speziell für Nonnen zu gründen. Dass es Hildegard gelang, ein neues Kloster auf den Ruinen eines alten Klosters auf einem fernen Hügel namens Rupertsberg zu erbauen, ist nur eine ihrer vielen erstaunlichen Errungenschaften. Dort lenkte sie weiterhin das Leben ihrer weiblichen Schutzbefohlenen, darunter ihrer Favoritin Richardis von Stade. Dieses Beispiel einer »speziellen« Freundschaft ist in Hildegards Briefen und in den Antworten ihrer Adressaten gut dokumentiert. Es zeigt, welch tiefer Empfindungen eine

Nonne zu einer anderen fähig war, auch wenn die *Regula Benedicti* persönliche Freundschaften explizit missbilligte.

HILDEGARD UND RICHARDIS

Richardis von Stade, die Tochter einer Adelsfamilie und mit Jutta von Sponheim verwandt, war mehr als 20 Jahre jünger als Hildegard. Sie empfing von ihrer Magistra nicht nur religiöse Instruktionen, sondern half auch bei der Vorbereitung von Hildegards erstem Manuskript *Scivias*. Und so beschrieb Hildegard ihre Gefühle für die junge Frau: »Denn als ich das Buch Scivias schrieb, hegte ich eine vollkommene Liebe zu einer adligen Nonne, (...) die sich mir (...) in Liebe und Freundschaft verbunden hatte und in meinem Leiden mit mir litt, bis ich dieses Buch vollendet hatte.«[40]

Hildegards »Liebe und Freundschaft« mit Richardis war problematisch, denn Richardis war deutlich jünger und rangniedriger als Hildegard. Aber wie wir hier und auch anderswo feststellen werden, sind im Gegensatz zu Aristoteles' Meinung gleiches Alter und gleicher Stand nicht immer die Voraussetzung für Freundschaft. Hildegard betrachtete Richardis als ihre »Tochter« und weigerte sich, die Rolle einer lenkenden »Mutter« aufzugeben, auch dann nicht, als Richardis zur Äbtissin eines Benediktinerklosters in Bassum gewählt wurde. Dass ihr ihre geliebte Freundin entrissen wurde, konnte Hildegard nicht ertragen. Sie überzog Richardis' Mutter, Erzbischöfe und selbst den Papst mit einer Flut herzergreifender Briefe, um Richardis' Verbleib in Rupertsberg durchzusetzen. Sie beschrieb ihre Not in einem Brief an Richardis' Bruder, den Erzbischof von Bremen: »Jetzt höre mich, da ich unter Tränen und Drangsal zu deinen Füßen hingestreckt liege. Denn meine Seele ist sehr betrübt, weil ein gewisser schrecklicher Mensch meinen und meiner Schwestern und Freunde Rat und Wunsch bezüglich unserer geliebten Tochter Richardis mißachtet und sie nach seinem verwegenen Vorhaben aus unserem Kloster entführt hat.«[41]

Und wie stand Richardis zu alldem? Wir wissen es nicht. Aber es hat den Anschein, dass sie aus freiem Willen in ihr neues Kloster wechselte, und sie war vermutlich tief getroffen, als sie um 1151 herum Hildegards klagenden Brief erhielt, in dem diese unter anderem schrieb:

Tochter, höre mich, deine Mutter, die zu dir im Geiste spricht: Schmerz steigt auf. Der Schmerz tötet das große Zutrauen und den Trost, den ich an einem Menschen besaß. ... Und nochmals sage ich: Weh mir, Mutter, weh mir! Warum hast du, Tochter, ... mich zurückgelassen? ... Ich habe den Adel deiner Sitten, die Weisheit und Keuschheit, deine Seele und dein ganzes Leben geliebt ...
Nun sollen alle mit mir klagen, die Schmerz erleiden, der meinem Schmerz gleicht, die aus Gottesliebe solche Liebe im Herzen und in ihrem Gemüt zu einem Menschen trugen, wie ich sie dir gegenüber hegte. Er wurde ihnen in einem Augenblick entrissen, wie auch du mir abwendig gemacht wurdest.[42]

Gewiss ist das die Sprache einer gekränkten Freundin, ja sogar einer verzweifelten Geliebten. Fast ständig sind wir bei unserer Untersuchung auf Beispiele von Frauen gestoßen, die andere Frauen leidenschaftlich und mit Zärtlichkeiten und Küssen sogar physisch liebten, wenn auch nicht unbedingt sexuell. Solche Freundschaften nennen wir »liebende Freundschaften«. Auch wenn Hildegard Richardis unbedingt innerhalb der Mauern von Rupertsberg hatte halten wollen, sollte es nicht sein. Richardis lebte zwei Jahre im Kloster von Bassum, bis sie erkrankte und starb. Richardis' Bruder, der Erzbischof von Bremen, hatte die traurige und schwierige Pflicht, Hildegard vom Tod seiner Schwester zu unterrichten. Reuevoll verschaffte er Hildegard die Genugtuung zu erfahren, dass Richardis bei ihrer Letzten Ölung unter Tränen den Wunsch geäußert hatte, wenigstens besuchsweise nach Rupertsberg zurückzukehren. Und demütig fügte er hinzu: »Ich bitte dich also – wenn ich dessen würdig bin – ... Doch Gott, der Vergelter alles Guten, möge dir jetzt und künftig ganz nach deinem Wunsch vergelten, was du allein ihr von allen und vor allen Verwandten und Freunden Gutes erwiesen hast.«[43]

Diese bewegende Geschichte zeugt von der Tiefe der Gefühle, die trotz erheblicher Alters- und Standesunterschiede zwischen einer Nonne und einer anderen bestehen konnten. Sie demonstriert, dass sich in strengen Klöstern enge Freundschaften entwickeln konnten, selbst wenn den Nonnen davon abgeraten wurde: Denn es bestand stets die Befürchtung, eine solche Bindung würde von der Hingabe zu Gott ablenken. Und obendrein könnten zwei Freundinnen das für ein harmonisches Klosterleben unverzichtbare Zusammengehörigkeitsgefühl unterminieren, wenn sie offen mit ihrer speziellen Freundschaft umgingen. Und noch schlimmer: Hochemotionale Freundschaften könnten fleischliche Sünden nach sich ziehen. Die Kirche wetterte seit ihrem Bestehen gegen homoerotische Beziehungen. Zu den von Augustinus und Benedikt geäußerten Bedenken legte beispielsweise Caesarius von Arles (470–542) den frischgebackenen Nonnen in seiner Gemeinde dringend ans Herz, »unpassende Vertrautheit« mit anderen zu unterlassen. »Niemand«, so verkündete er, »soll eine heimliche Vertrautheit oder Kameradschaft jeglicher Art pflegen.« Es sei besser, eine Aura von Distanz um sich herum zu wahren, als den fleischlichen Versuchungen zu verfallen, die eine emotionale Verbundenheit provoziert.[44]

Die meisten Nonnen mussten sich auf Freundschaften innerhalb der Klostermauern beschränken. Doch hin und wieder konnten sie sich mit Familienmitgliedern und anderen Bekannten austauschen, wenn diese zu Besuch kamen, selbst wenn sie durch ein Gitter getrennt waren, wie es heutzutage bei Besuchen von Häftlingen in Hochsicherheitsgefängnissen üblich ist. Und einige Nonnen schlossen brieflich Freundschaften mit Frauen in anderen Klöstern.

HILDEGARD UND ELISABETH VON SCHÖNAU

Dies war der Fall bei Hildegard von Bingen und ihrer jüngeren, gleichrangigen Mitschwester Elisabeth von Schönau (1129–64), Magistra des Nonnenkonvents der Benediktinerabtei Schönau. Die Briefe, die sie von einer zur anderen Abtei austauschten, handelten von mystischen Erfahrungen, Glaubensauslegungen, Worten der Zuneigung und verschiedenen Anliegen, die sich aus ihren ähnlichen Positionen ergaben.

Wie Hildegard war auch Elisabeth in sehr jungen Jahren als Schülerin ins Kloster eingetreten und blieb für den Rest ihres Lebens dort. Anders als Hildegard, deren Visionen in ihrer Kindheit begonnen hatten, datierten die ihren aus einer Zeit, als sie bereits erwachsen war. Etwa 1152, im Alter von 23 Jahren, begannen ihre ekstatischen Trancezustände, von denen sie Hildegard in ihren Briefen berichtete. In diesen aufrüttelnden Momenten kümmerten sich ihre Mitschwestern aufopferungsvoll um sie, und einige von ihnen halfen ihr anschließend, ihre Visionen zu Papier zu bringen. Bald darauf brachte Elisabeths Bruder Egbert die Aufzeichnungen in Umlauf, und Elisabeth wurde berühmt.[45]

Elisabeth hatte bereits die ambivalenten Auswirkungen ihrer Berühmtheit kennengelernt, als sie zum ersten Mal an Hildegard schrieb und sie um Rat bat. Sie beklagte, dass gefälschte Briefe unter ihrem Namen aufgetaucht seien und ihr Ruf durch Klatsch und Gerüchte besudelt werde. Elisabeth nahm an, dass Hildegard, Mystikerin wie sie, ihr Dilemma verstehen würde. Hildegard antwortete mitfühlend und mit mütterlichem Rat. Wenn jemand von Gott auserwählt sei, wovon beide überzeugt waren, müsse man Demut bewahren und auf Gott vertrauen. Hildegards Glaube war unerschütterlich, obgleich innere Konflikte auch ihr nicht fremd waren, was sie Elisabeth gegenüber offen äußerte. »Aber auch ich, die im Kleinmut meines Herzens darniederliege, werde sehr häufig von ängstlicher Furcht gequält. Zuweilen erklinge ich ein wenig wie ein schwacher Posaunenton vom Lebendigen Licht. Daher helfe mir Gott, daß ich in seinem Dienst ausharre.«[46] Die beiden Frauen betrachteten einander als Vertraute, denen sie ihre privaten Ängste anvertrauen konnten. Wozu hat man Freunde, wenn man ihnen nicht ohne Furcht vor negativen Konsequenzen seine Sorgen anvertrauen kann?

Das Klosterleben förderte das, was wir heutzutage Mentoring nennen. Von älteren Nonnen wurde erwartet, die jüngeren Nonnen bei ihrer Eingewöhnung an ein Leben als Inkluse zu unterstützen und ihnen zu helfen, würdige Bräute Christi zu werden. Genauso, wie Jutta Hildegard unterwiesen hatte, so stand Hildegard auch Richardis zur Seite und nun aus der Ferne sogar Elisabeth. Angesichts des Schicksals der Nonnen, in der klösterlichen Gemeinschaft getrennt von ihren Familien und der säkularen Gesellschaft zu leben, vertrauten die jüngeren auf die älteren, dass diese sie in die religiösen Gebräuche einführten, die für die Ordensgemeinschaft und letztendlich für ihr Seelenheil notwendig waren. Die älteren Nonnen nahmen diese Pflichten sehr ernst. Und wenn die jüngeren Nonnen nach einiger Zeit im Kloster integriert waren und zu ihren

Lehrmeisterinnen aufgeschlossen hatten, konnten die älteren und jüngeren Nonnen tatsächlich Freundinnen werden.

Selbst wenn eine Nonne vom Kloster ihrer Jugend in ein anderes wechselte, war es oft noch so, dass sie ihrer früheren Mutter Oberin verbunden blieb und deren Rat suchte. Dies war der Fall bei Adelheid, die wie ihre Verwandte Richardis von Stade Widerspruch von Hildegard erntete, als sie Äbtissin in einem anderen Kloster werden wollte. Von ihrem neuen Posten schrieb sie an Hildegard und bat sie, die Bande ihrer »früheren Freundschaft« zu erneuern und für sie und ihre Schäfchen zu beten. Ihre Sprache ist sanft und vertraut: »Daher sollst du auch oft meiner gedenken, denn es stimmt, daß ich mit dir in Liebe und inniger Ergebenheit freundschaftlich verbunden bin. Ich möchte also nicht, daß die Blüte der ehemaligen Erziehung in deinem Herzen verdorrt, die einst zwischen mir und dir erblühte, als du mich liebevoll erzogen hast.«[47] Hildegards Antwort auf Adelheids emotionsgeladene Epistel ist nicht überliefert, doch ein späterer Brief deutet an, dass Adelheid und Hildegard über einen Zeitraum von 20 Jahren miteinander korrespondierten und die ältere Frau der jüngeren während dieser Zeit immer noch Ratschläge erteilte und sie unterstützte.

Andere Äbtissinnen, Priorinnen und Gruppen von Nonnen, ob sie Hildegard nun persönlich kannten oder nicht, baten brieflich um ihren Segen und ihren Rat. Eine Äbtissin schrieb in tiefster Verzweiflung an Hildegard, sie fühle sich ihr »durch die innerliche Zuneigung der Liebe« verpflichtet.[48] Eine besorgte Priorin wollte wissen, was sie gegen ihre widerspenstigen Schutzbefohlenen unternehmen sollte, da, wie sie es formulierte, »mir aufgetragen ist, die Verkehrtheiten meiner Schwestern zu korrigieren, während ich manche Gefahren, die mich – wenn auch geringfügig – überall verfolgen, nicht abzuwenden vermag«. Hildegard riet der Priorin, sich nach Möglichkeit weiterhin »unter den Töchtern Gottes« abzumühen. Nonnen in Führungspositionen gab sie stets den Rat, ihre administrativen Pflichten wie bisher zu erfüllen, statt sie aufzugeben.[49]

Die Äbtissin Sophia von Kitzingen kündigte in einem Brief an Hildegard ihren Besuch in Begleitung einer anderen Nonne an. Und so beschrieb sie ihre Begleiterin: »Ich bringe mit mir eine edle Gefährtin herbei, d. h. eine liebenswerte Nonne, eine angenehme Schwester von den Vollkommensten, die mir der himmlische Vater im Geist gezeugt hat, und wünsche nicht weniger als mir deine Bekanntschaft, ehrwürdige und allen Lobes würdige Tochter.«[50] Diesem Stolz der Äbtissin auf ihre hochgelobte Freundin wie auch ihrem Wunsch, diese Freundschaft unter Hildegards wohlwollenden Augen zu präsentieren, haftet etwas so rührend Menschliches – und zugleich Zeitloses – an. Zweifellos glaubte die Äbtissin Sophia, sich selbst durch ihre Freundschaft mit einer so bewundernswerten Person aufwerten zu können. Aber Hand aufs Herz: Bevor wir uns über diesen Versuch einer Selbstbestätigung per Assoziation lustig machen: Wer von uns kann heute schon guten Gewissens behaupten, sich aus ähnlichen Gründen noch nie des Namens eines berühmten Freundes bedient zu haben?

Aus diesen Briefen und vielen weiteren wird klar, dass die Nonnen untereinander Unterstützung, Zuneigung und Freundschaft suchten. Wie Anselm von Canterbury, dessen Briefe zu Hildegards Lebzeiten bereits im Umlauf waren, scheuten sie nicht vor Worten wie *Liebe*, *Herz* und *Hingebung* zurück, wenn sie ihren Gefühlen freien Lauf ließen. Und es ist ebenfalls klar, dass ältere, bereits etablierte Nonnen wie Hildegard mit einer ungestümen Mischung aus Liebe und Respekt behandelt wurden. Es oblag berühmten heiligen Frauen, nicht nur ihren direkt anvertrauten Nonnen Rat und Trost zu spenden, sondern auch denjenigen, die in größerer Entfernung lebten und spirituelle Unterweisung suchten.

MECHTHILD VON HACKEBORN UND GERTRUD DIE GROSSE

Hundert Jahre nach der Blütezeit des Klosters Rupertsberg unter Hildegard erlangte ein anderes deutsches Kloster Berühmtheit durch dessen heilige Nonnen und deren Gelehrsamkeit. In seiner Hochphase im 13. Jahrhundert brachte das Benediktinerkloster der Heiligen Maria in Helfta im nördlichen Sachsen die visionäre Mechthild von Hackeborn (ca. 1240–1298) hervor, Freundin und Mentorin von Gertrud der Großen, einer weiteren Mystikerin. Dank ihrer Schriften können wir einen Blick auf deren enge Freundschaft werfen, in der die ältere Nonne die jüngere unterrichtete und beide gemeinsam ihre Mitschwestern beflügelten.

Mechthild von Hackeborn begann ihr Klosterleben schon im Alter von sieben Jahren. Sie hatte ihre Mutter begleitet, als diese ihre 16-jährige Schwester Gertrud von Hackeborn im unweit von ihrem Wohnort gelegenen Kloster besuchte. (Verwechseln Sie Gertrud von Hackeborn bitte nicht mit Gertrud der Großen, wie so oft im Laufe der Jahrhunderte geschehen.) Die folgenden zehn Jahre wurde Mechthild von Hackeborn gemeinsam mit anderen Kindern unter der Obhut ihrer Schwester Gertrud erzogen, die 1251 Äbtissin des Klosters wurde. Als die Gemeinschaft 1258 von Rodersdorf nach Helfta umzog, ging Mechthild mit.

Mechthild unterrichtete Kinder in der Klosterschule in Helfta und gab den Nonnen Musikunterricht. Sie war für ihre herausragende Singstimme und als Dirigentin des Chors bekannt, was ihr die inoffizielle Bezeichnung *Donna Cantrix* einbrachte. Mechthilds jüngere Zeitgenossin Gertrud die Große nannte sie die »Nachtigall Christi«.[51]

Fast 40 Jahre lang lebte Mechthild in Gesellschaft der beiden Gertruds, half ihrer Mitschwester, der Äbtissin, bei der Klosterverwaltung und war spirituelle Beraterin ihrer jüngeren Freundin Gertrud der Großen. Mechthild und Gertrud sangen die Liturgie mit den anderen Nonnen und lasen privat gemeinsam in der Heiligen Schrift. Gemeinsam erledigten sie die täglichen Verrichtungen im Klosterhaushalt, wozu auch Spinnen und Sticken gehörte. Sie kümmerten sich regelmäßig um die Kranken und assistierten den Ärzten beim Aderlass.

1291, als Mechthild von Hackeborn die 50 überschritten hatte und bei schlechter Gesundheit war, vertraute sie Gertrud ihre Offenbarungen an und erlaubte ihr und einer anderen Nonne schließlich, diese aufzuzeichnen. Ohne die Hilfe ihrer Mitschwestern hätten Mechthilds Offenbarungen nie ihren Weg in die *Revelationes Gertrudianae et Mechtildianae* gefunden. In diesem und in vielen anderen Fällen oblag es den Nonnen, die Verkündigungen ihrer visionären Gefährtinnen zu dokumentieren.[52]

300 Jahre nachdem Mechthilds Visionen auf Pergament gebannt worden waren, wurden auch die Visionen der Karmelitin Maria Magdalena von Pazzi (1566–1607) von ihren Mitschwestern kollektiv aufgezeichnet. Ihre Freundinnen im Kloster hielten die Worte fest, die sie in ekstatischer Trance artikulierte. Dann verglichen sie ihre Texte und editierten sie nach Maria Magdalenas Tod, um sie zu veröffentlichen.[53] Diese Zusammenarbeit bei der Rekonstruktion der Visionen einer Frau kann als sehr früher Vorläufer der kollektiven Projekte gesehen werden, die feministische Wissenschaftlerinnen im späten 20. Jahrhundert unternahmen, um Erfahrungen von Frauen für die Geschichte zu bewahren.

Die Lebensgeschichte der Isabel de Jesús (1584–1648) wäre der Nachwelt ebenfalls verloren gegangen, hätte eine Freundin sie nicht ebenfalls niedergeschrieben, zumal Isabel selbst Analphabetin war. In einer spanischen Bauersfamilie auf die Welt gekommen verbrachte sie ihre Kinderjahre damit, Viehherden zu hüten und mystische Visionen zu erleben. Später heiratete sie einen älteren Mann; nachdem er sie bereits als junge Frau zur Witwe machte, zog sie sich als Laienschwester in ein Kloster zurück. Dort diktierte sie ihre Lebensgeschichte und ihre Visionen einer gebildeten Chorschwester, Inés del Santissimo Sacramento, die aus einer wohlhabenden Familie der Oberschicht stammte. Die beiden Frauen halfen sich gegenseitig: Die eine übernahm die Rolle der Erzieherin und der Transkription, und die andere kümmerte sich um ihre Mentorin, als sie krank war. Später, als Inés Äbtissin des Klosters wurde, erlangte Isabel den höheren Status einer Chornonne. Ausnahmsweise wurde die Grenzlinie zwischen den Gesellschaftsschichten einmal außer Kraft gesetzt, zum Vorteil zweier Nonnen höchst unterschiedlicher sozialer Herkunft.[54]

Bedeutet das etwa, dass alle oder zumindest die meisten Nonnen immer gute Freundinnen waren, ohne dass es Feindschaft und Unstimmigkeiten gegeben hätte? Ganz und gar nicht. Unabhängig von Zeit und Ort sind Zerwürfnisse in der klösterlichen Gemeinschaft keine Ausnahme. Berichte über Streitereien zwischen den Nonnen, die in körperlicher Gewalt und sogar versuchtem Mord gipfelten, zeigen einige der Fallstricke, die sich hinter der Aura von Heiligkeit verbergen können.[55] Wenn mehrere Menschen zusammenleben – seien sie auch noch so spirituell durchdrungen –, bleiben Meinungsverschiedenheiten, Rivalitäten, Vetternwirtschaft, Eifersüchteleien und Wutausbrüche nicht aus, die den Frieden der Gemeinschaft stören.

Zu den vielen Anschuldigungen, die gegen mittelalterliche Klöster erhoben wurden, gehörte der Vorwurf, sexuelle Beziehungen zwischen Nonnen und den Priestern zu dulden, die in den Klöstern Visitationen durchführten. Gelegentlich gab die Geburt eines Kindes diesen Anschuldigungen Nahrung, wie im Fall einer französischen Nonne im Priorat Saint-Aubin, die drei Kinder gebar; von mindestens einem war bekannt, dass es von einem Priester gezeugt wurde. Erzbischof Eudes Rigaud hielt diese Vorkommnisse zwischen 1248 und 1269 in seinem Register fest. Darin wetterte er gegen die Nonnen in diesem Kloster, die logen, um sich nicht gegenseitig zu belasten.[56] Da uns die Stellungnahmen der Nonnen zu diesen Vorkommnissen fehlen, können wir nur mutmaßen, aus welchem Grund und wie sie sich zusammentaten, um ihrer Mitschwester bei ihren Schwangerschaften und Geburten beizustehen. Anscheinend standen sie ihr loyal zur Seite, obwohl sie in Ungnade gefallen war. Vielleicht identifizierten sich einige von ihnen unbewusst mit dieser sexuell aktiven Frau, beneideten sie um ihre Erfahrung oder fühlten mit ihr mit. Vielleicht förderten die Geburten ihre eigenen mütterlichen Instinkte zutage, wenn sie das Neugeborene im Arm hielten. Obwohl sie wussten, dass Geschlechtsverkehr für eine Nonne oder einen Mönch eine Todsünde war, stellten sie sich dem erzürnten Bischof offenbar in einem Akt weiblicher Solidarität entgegen.

Zur Zeit der Renaissance waren einige Klöster für ihre lockeren Sitten berüchtigt. Für die Historikerin Judith Brown waren die Dokumente, die über die heterosexuellen Affären von Nonnen im frühen, modernen Italien berichteten, so vertraut, dass sie sie als »allgemein üblich« bezeichnete; überrascht war sie dann aber doch, als sie herausfand, dass eine umfassende kirchliche Untersuchung zwischen 1619 und 1623 einen Bericht über eine sexuelle Beziehung der Äbtissin eines Klosters mit einer jüngeren Nonne enthielt.[57]

Benedetta Carlini, im Großherzogtum Toskana in bescheidenen Verhältnissen geboren, wurde bereits mit neun Jahren einer Gruppe glaubenstreuer Frauen in der Stadt Pescia anvertraut. Mit 30 Jahren wurde sie von den anderen Nonnen zur Äbtissin der Gruppe gewählt, die damals bereits als Theatinerkonvent anerkannt war. Zu diesem Zeitpunkt hatte sie ihre ersten Christusvisionen erlebt, die schließlich sowohl ihren Ruhm als auch ihren Niedergang einleiteten. Wenn die Visionen sie überkamen, fiel sie wie andere Mystikerinnen vor ihr in Trance und litt starke körperliche Schmerzen. Nur schien es ihr nicht genug, bei den anderen Nonnen und sogar bei den Leuten in der Stadt als Visionärin zu gelten, weshalb Benedetta eine öffentliche Prunkzeremonie inszenierte, in deren Mittelpunkt ihre mystische Vermählung mit Jesus Christus in der Klosterkapelle stand – was an die Vermählung der Heiligen Katharina von Siena mehrere Jahrhunderte zuvor gemahnte. Dies war der Tropfen, der bei den Kirchenoberen schließlich das Fass zum Überlaufen brachte, und sie entschlossen sich zu einer Untersuchung.

Was sie herausfanden, übertraf ihre schlimmsten Befürchtungen: Benedettas Visionen, die sie beschrieb, waren nicht nur gespickt mit dubiosen Behauptungen; darüber hinaus hatte sie auch noch eine jüngere Nonne, Schwester Bartolomea Crivelli, dazu verleitet, sich zu ihr ins Bett zu legen und »unzüchtige Handlungen« mit ihr zu begehen. Der Zeugenaussage Schwester Bartolomeas zufolge küsste die Äbtissin sie »wie ein Mann« und flüsterte ihr Liebesschwüre ins Ohr. »Und sie bewegte sich so heftig auf ihr, dass beide die Beherrschung verloren. Und so hielt sie Bartolomea manchmal eine, manchmal zwei und manchmal drei Stunden mit Gewalt fest.«[58] Nach Benedettas eigener Einlassung hatten sie und Bartolomea zwei Jahre lang ein Liebesverhältnis.

Wir haben diese Geschichte nicht deshalb aufgegriffen, weil sie typisch wäre (wie einige Lästermäuler des 18. Jahrhunderts uns glauben machen wollen), sondern weil sie einen Fall beleuchtet, in welchem eine Freundschaft auf das Territorium sexueller Beziehungen überwechselt. Einige Frauenfreundschaften steuerten im Lauf der Jahrhunderte in diese Richtung, insbesondere dort, wo Frauen freiwillig oder durch Zwang in gleichgeschlechtlichen Gemeinschaften isoliert waren.

Den Kirchenmännern, die diese beiden Frauen befragten, fehlte jegliches Verständnis für die Gefühle, die beide Nonnen füreinander hegten. Obwohl Hunderte Fälle von Affären zwischen Priestern und Nonnen und Homosexualität unter Geistlichen vor Kirchengerichten verhandelt wurden, hatten sie sich nie zuvor mit der Technik sexueller Befriedigung zwischen Frauen auseinandergesetzt. Schlussendlich beurteilten sie die Beziehung zwischen Benedetta und Bartolomea als Werk des Teufels, mit dem beide Frauen unter einer Decke steckten. Es erwies sich als deutlich vorteilhafter, ihre »unzüchtigen Handlungen« der Besessenheit von Dämonen zuzuschreiben statt ihrem freien Willen, denn sonst hätte die Todesstrafe verhängt werden können. Am Ende kam Bartolomea glimpflich davon, während Benedetta Carlini für ihre folgenden 35 Lebensjahre im Kloster von den anderen Nonnen isoliert wurde.

Eine so vollkommene Abschottung war selten. Die Gelegenheit, eine nennenswerte Freundschaft zu knüpfen, war in Europa von Kloster zu Kloster unterschiedlich gegeben und abhängig vom jeweiligen Land, der Zeit, den Kirchenbehörden und der Persönlichkeit der amtierenden Äbtissin oder Priorin. So durften im Spanien des 13. Jahrhunderts Nonnen trotz eines kirchlichen Verbots Schach spielen. Das wissen wir aus dem großartigen *Book of Games* von König Alfonso X. aus dem Jahr 1283, in dem ein Bild einer älteren Nonne an einem Schachbrett zu sehen ist, die einer Novizin auf der anderen Seite des Brettes die Spielregeln erklärt.

Einige Nonnen machten eine Spezialausbildung als Krankenschwester. Sie arbeiteten außerhalb der Klostermauern in einem Team, wie etwa im Pariser Krankenhaus Hôtel Dieu. Ein Manuskript aus dem 15. Jahrhundert mit dem Titel *Livre de la vie active des réligieuses de l'Hôtel Dieu* berichtet über ihren Aufgabenbereich und enthält eine detaillierte Illustration von vier Nonnen in schwarzer Tracht, die bettlägerige Patienten pflegen, während jüngere Schülerinnen ihnen über die Schultern schauen und lernen. Und abermals fragen wir uns, welche Art von Freundschaften diese Frauen wohl geknüpft haben mochten, wenn sie von ihrem Dormitorium an die Krankenbetten gingen. Die gemeinsame Arbeit und der gemeinsame Schlafsaal bot den Nonnen vermutlich Gelegenheit, abgesehen von ihren gemeinsamen Anliegen (ein kranker Patient, die betreuenden Ärzte), auch ihre privaten Geschichten auszutauschen.

TERESA VON ÁVILA

Die persönliche Geschichte der Teresa von Ávila, wie sie sie in *Das Buch meines Lebens* erzählt, deutet darauf hin, dass sie eine außergewöhnliche Gabe hatte, Freundschaften zu knüpfen. Sie war tatsächlich so sympathisch und kommunikativ, dass sie über weite Strecken ihres Lebens als Nonne zwischen ihrer Bindung zu ihren Freundinnen und ihrer Bindung zu Gott hin- und hergerissen war. Mit ihren eigenen Worten: »So verbrachte ich … von den achtundzwanzig Jahren, die es jetzt her sind, seit ich mit dem inneren Beten begann, mehr als achtzehn in diesem Kampf und dieser Zerreißprobe, mit Gott und der Welt zu leben.«[59]

Teresa verbrachte ihre ersten zwanzig Jahre als Nonne im Karmel von der Menschwerdung (*Santa María de la Encarnación*) in Ávila. Dann hatte sie 1562 eine Vision, die in ihr den Wunsch weckte, die Ordensregeln der Karmeliten zu perfektionieren, woraufhin sie und mehrere ihrer Freundinnen den reformierten Orden der Unbeschuhten Karmeliten im Konvent von San José in Ávila gründeten. Dort führten sie eine strikte Klausur ein und beschränkten sich auf nur wenige Kontakte mit Verwandten und Bekannten von außerhalb, um sich verstärkt auf das Gebet und ihr Seelenleben zu konzentrieren.

Im gleichen Jahr verfasste sie auf Geheiß ihres Beichtvaters *Das Buch meines Lebens*, mit dem sie ihre Visionen und ihre Praxis des »inneren Betens« einer größeren Leserschaft näherbringen wollte. Das Buch wurde tatsächlich über ihre kleine Gemeinde hinaus bekannt und von Priestern, Theologen, Laien und sogar vom Bischof von Ávila gelesen. Hätten ihre Visionen ihr einen Blick in die Zukunft gestattet, hätte sie feststellen können, dass ihr Buch im 21. Jahrhundert immer noch und nicht nur in Ávila, sondern überall auf dem Globus gelesen wird.

Teresa schrieb ein zweites Buch mit dem Titel *Wohnungen der inneren Burg*, in dem sie bestimmte Aspekte des inneren Betens für andere Karmelitinnen darlegt, da, wie sie es formulierte, »Frauen die Sprache anderer Frauen besser verstünden«.[60] Sie selbst wusste bestimmt, wie man mit anderen Frauen sprechen musste: klar und mitfühlend.

Was sie selbst betraf, war Teresa eine vollendete Gesprächspartnerin, von Natur aus extrovertiert und von Kindheit an für Freundschaften wie geschaffen. In ihrem Werk *Das Buch meines Lebens* bezieht Teresa sich immer wieder auf zahlreiche namentlich genannte oder ungenannte Freundinnen, die ihr unter die Arme gegriffen haben, wenn sie in Not war. Etwa die ältere Nonne im Karmel von der Menschwerdung, die sie zu einem für seine Heilkraft berühmten Ort begleitete, als Teresa schwer krank war. Mit Theresas Worten: »Als nun der Zeitpunkt für die Kur kam … brachten mich mein Vater, meine Schwester und jene Mitschwester, meine Freundin, die mitgekommen war, weil sie mich sehr gern hatte, mit viel Vorsicht um mein Wohlbefinden dorthin.«[61]

Dann gab es die »hochadelige Witwe«, bekannt als Doña Guiomar de Ulloa, die Teresa viele Tage lang beherbergte, als sie nach dem Weggang ihres ersten Beichtvaters, eines Jesuiten, in eine schwere Krise geriet. Doña Guiomar hatte von ihrem Ehemann ein kleines Vermögen geerbt, das sie für karitative Zwecke ausgab und mit dem sie Teresa bei der Gründung ihres neuen Konvents von San José unter die Arme griff. Angespornt von Teresa probierte die wohlhabende Witwe das Leben einer Karmelitin in San José aus, war aber nicht stark genug, um durchzuhalten.

Auch mit einem ihrer Beichtväter freundete Teresa sich an, der am Ende jedoch öfter bei ihr die Beichte ablegte als sie bei ihm. Mit Teresas Worten: »Aufgrund der großen Zuneigung, die er zu mir empfand, begann er mir sein Unglück darzulegen. Und das war nicht gering, denn seit fast sieben Jahren lebte er in einem sehr gefährlichen Zustand der Anhänglichkeit und des Umgangs mit einer Frau aus demselben Ort, und bei allem hielt er Messe.« Teresa räumte ein, dass auch sie »ihn sehr gern mochte« und fürchtete, dass ihre häufigen Gespräche seine Liebe sogar noch vergrößerten. Zurückblickend auf ihre Gespräche vertrat Teresa ähnlich wie Cicero die Ansicht, dass man an einer Freundschaft nicht festhalten sollte, wenn sie einen dazu verleitet, unrecht zu tun. Mit ihren Worten: »Einem solchen Unsinn verfällt man in der Welt… halten es aber für Tugend, eine solche Freundschaft nicht aufzugeben, obwohl sie gegen Ihn [Gott] geht.« Schließlich brach der Kirchenmann mit der betreffenden Frau, nur um ein Jahr nachdem Teresa ihn kennengelert hatte zu sterben. Ihre Geschichte fasst sie so zusammen: »Ich glaubte nie, dass die große Zuneigung, die er hegte, falsch war, wenngleich sie reiner hätte sein können.«[62] Obgleich Teresa diese Beziehung als Freundschaft bezeichnet, enthält sie die Merkmale einer beginnenden Liebesbeziehung – der zu widerstehen sie stark genug war. Teresas »Freundschaft« mit dem priesterlichen Frauenhelden war der Vorbote für moderne asexuelle, wenngleich enge Beziehungen, die Frauen mit Männern knüpfen. In früheren Zeiten betrachtete die Gesellschaft solche Beziehungen üblicherweise mit Stirnrunzeln, doch selbst heute kann die Bezeichnung »nur gute Freunde« Risiken bergen.

Schließlich erreichte Teresa nach Jahren systematischen Betens einen Seelenzustand, der es ihr erlaubte, ihre Freundschaft mit Menschen mit ihrer Hingabe zu Gott in Einklang zu bringen. So erklärt sie selbst: »Denn seitdem war ich nie wieder fähig, eine feste Freundschaft zu schließen oder Trost oder besondere Zuneigung zu empfinden, außer zu Personen, von denen ich erkenne, daß sie zu Gott empfinden und ihm zu dienen bemüht sind.«[63] Wie ihr spiritueller Mentor Augustinus, dessen *Confessiones* so großen Anklang bei ihr fanden wie nur wenige andere Werke, kam sie zu dem Schluss, Freundschaft nur dann als bedeutsam und dauerhaft zu betrachten, wenn sie eingebunden war in die Liebe Gottes.

Und wie viele ihrer männlichen Vorgänger hütete Teresa sich vor engen Beziehungen, die körperlich intim werden könnten. Sie warnte sogar vor Berührungen als Geste der Zuneigung, wie sie bei Frauen üblich sind. »Die Schwestern sollen einander nicht umarmen oder im Gesicht oder an den Händen berühren lassen.« Stattdessen wurde den Schwestern vorgeschrieben, »alle in ihre Liebe zueinander miteinzubeziehen, so wie Christus es seinen Jüngern oft befahl«.[64]

In Teresas späteren Jahren bei den Karmelitinnen zählten Ana de San Bartolomé, María de San José und Ana de Jesús zu ihren engsten Freundinnen. Die Erstere war eine kastilische Bäuerin, die in einem der zahlreichen von Teresa gegründeten Klöster schreiben lernte; später wurde sie Teresas persönliche Assistentin, Sekretärin, Vertraute und Krankenschwester. Unter Teresas Anleitung erlebte auch Ana bald religiöse Visionen, die sie in ihrem Glauben stärkten. Nach dem Tod ihrer »spirituellen Mutter« schrieb Ana die *Defensa de la herencia teresiana* in Anerkennung der einzigartigen Verdienste Teresas um die katholische Kirche und, nicht unbeabsichtigt, auch mit Hinweis auf ihre eigene Position als Teresas spirituelle Erbin.[65]

Die anderen beiden Gefährtinnen Teresas stammten aus vornehmeren Familien. María de San José war vor ihrer Profess Kammerzofe bei einer Aristokratin gewesen, und Ana de Jesús stammte aus einer Familie des niederen Adels. Beide halfen Teresa, den Orden der Unbeschuhten Karmelitinnen zunächst in Spanien und dann auch im Ausland zu verbreiten: María in Sevilla und Lissabon und Ana in Salamanca und Frankreich. Diese Teresa treu ergebenen und der Kirchenreform verpflichteten Frauen – und andere – lebten ein Modell von Freundschaft, die ein höheres Ziel hatte als sie selbst.

BEGINEN

In ganz Europa entstanden in dieser Zeit religiöse Gemeinschaften von Frauen, für die eine Abschottung im Kloster nicht infrage kam. Unter diesen Gemeinschaften waren wohl die Beginen die bekanntesten: alleinstehende oder verwitwete Frauen, die zusammenlebten, um spirituelle Ziele zu verfolgen. Die Bewegung nahm ihren Anfang in den Beneluxländern und breitete sich schließlich nach Deutschland und Frankreich aus. Beginen lebten gemeinsam in einem Haus, dem *Beginenhof*, in dem jede Frau ihre eigene Wohnung oder ihr eigenes Zimmer hatte. Sie fühlten sich der Keuschheit, der Armut, der Wohltätigkeit und dem Gebet verpflichtet, auch wenn jede Gruppe ihre eigenen Richtlinien aufstellte. Anders als Nonnen in Klöstern, die überwiegend adliger Herkunft waren, kamen die Beginen aus allen Gesellschaftsschichten und bestritten ihren bescheidenen Lebensunterhalt mit Krankenpflege oder mit Arbeit in der Textilindustrie. Freiwillige Armut und ein Bekenntnis zur Seelenrettung waren das Markenzeichen dieser frommen Frauen, denen die Kirche allerdings mit Argwohn begegnete, da sie nicht an die Regeln eines anerkannten Ordens gebunden waren. Nachdem 1215 das vierte Laterankonzil die Gründung neuer religiöser Orden verbot, waren die Beginen fortgesetzter Feindseligkeit seitens der Kirche ausgesetzt, und eine von ihnen, Marguerite Porete, Verfasserin von *Le Miroir des simples âmes anéanties* (Der Spiegel der einfachen Seelen: Mystik der Freiheit) wurde 1310 in Paris unter dem Vorwand der Ketzerei sogar auf dem Scheiterhaufen verbrannt.[66]

Da viele dieser Frauen lesen und schreiben konnten und Briefe, Gedichte oder Traktate hinterließen, können wir diverse Einblicke in ihr Leben gewinnen. Einige von ihnen hatten sich den Beginen angeschlossen, weil ihnen die beiden anderen Optionen jener Zeit – Heirat oder Kloster – verwehrt waren: Um zu heiraten oder in ein Kloster einzutreten, war im Mittelalter normalerweise eine beachtliche Mitgift fällig. Die Gesellschaft des Mittelalters erlaubte es Frauen nicht, in aller Öffentlichkeit zusammenzuleben, aber die Gemeinschaft der Beginen eröffnete befreundeten Frauen eine Möglichkeit dazu. Einige, sofern sie die Wahl hatten, entschieden sich für ein gemeinschaftliches Leben mit anderen Frauen, statt in einer Ehe oder in einem Kloster eingesperrt zu sein. Ein deutscher Gelehrter schrieb diesen unabhängigen Geistern sogar die Bildung der ersten Frauenbewegung in der Geschichte Europas zu.[67] Insbesondere in Frankreich standen einige Beginengemeinschaften unter dem Schutz des Klerus, mächtiger Schirmherren oder sogar der französischen Krone. Normalerweise vertrauten die Beginen aber nur auf sich selbst, wenn sie Gemeinschaften gründeten, um sich der Liebe Gottes und ihrer Mitgeschöpfe zu verschreiben.

Ähnlich wie die Beginen verbündeten sich europaweit Frauen aus spirituellen Gründen, ohne der säkularen Welt zu entsagen. In verschiedenen Ländern waren sie unter unterschiedlichen Namen bekannt: *Tertiäre* in Italien, *Beatas* in Spanien. Die Freundschaften, die in diesen nicht abgeschotteten, religiösen Haushalten entstanden, galten denjenigen Frauen als Ersatzfamilie, die nicht heiraten konnten oder wollten. Einige Beginenhöfe gibt es noch heute in Belgien und in den Niederlanden.

SOR JUANA

Im späten 17. Jahrhundert waren Klöster nicht nur in der europäischen Gesellschaft fest verankert, sondern auch in den spanischen Kolonien der Neuen Welt. Dort spiegelten sich die sozialen Unterschiede, die eine Gesellschaft im Allgemeinen kennzeichneten, auch in den Klöstern wider. Nonnen aus der Oberschicht Spaniens wurden, begleitet von Mitgiften, Bediensteten und sogar Sklaven, in die Klöster geschickt. Während die Klöster den Novizinnen aus wohlhabenden Familien wenigstens eine Grundausbildung boten, wurde den Laienschwestern und erst recht den Sklaven diese Möglichkeit verweigert. Dazu kam noch, dass Klöster oft nur eine bestimmte Volkszugehörigkeit und Blutlinie aufnahmen: Es gab Klöster für reinblütige, in Spanien geborene Spanier; für *criollas*, reinrassige, in den Kolonien geborene Spanier; für *mestizas*, Mischlinge mit spanischem und indianischem Blut; und für Mischlinge indianischer oder schwarzer Abstammung.

Eine Mexikanerin, die die Widersprüche der Klassenzugehörigkeit in Neuspanien, aber auch die damit verbundenen Chancen verkörperte, war Sor Juana Inés de la Cruz (1648/51–1695). Juana begann ihre außergewöhnliche Laufbahn als uneheliche Tochter einer Criolla-Mutter und eines unbekannten, angeblich baskischen Vaters. Sie wuchs auf einem Bauernhof außerhalb von Mexico City auf und lernte nach dem passenderweise *amiga* genannten System lesen und schreiben. Dieses System ermunterte ortsansässige Frauen, die Kinder auf dem Land mit den Grundlagen des Lesens und Schreibens vertraut zu machen. Juana erwies sich als eifrige Schülerin, und als sie nach Mexico City zu Verwandten geschickt wurde, entwickelte sie sich zu einem Wunderkind. Durch Vermittlung einer Tante mütterlicherseits kam sie als Kammerzofe der Vizekönigin Leonor Carreto an den Hof des Vizekönigs.

Hier schloss sie die erste ihrer zwei großen Freundschaften mit höhergestellten Frauen, die ihre intellektuelle Gabe, ihr Talent als Schriftstellerin, ihren wachen Geist und nicht zuletzt ihre außergewöhnliche Schönheit erkannten. Über ihre Freundschaft mit der Vizekönigin schrieb der mexikanische Dichter Octavio Paz: »Ein Verhältnis von Höhergestellter zu Untergebener, von Beschützerin zu Beschützter, in dem aber auch die Anerkennung des Wertes einer außergewöhnlichen jungen Frau mitspielte.« Ihre »Geistesfreundschaft« und die gemeinsame Leidenschaft für die Künste erinnerte Paz an berühmte Männerfreundschaften.[68]

Nach vier Jahren im Haushalt des Vizekönigs und der Vizekönigin beschloss Juana, Nonne zu werden. Aus welchem Grund sie im Alter von neunzehn Jahren diese Entscheidung traf, ist bis heute ungeklärt, da sie sich allem Anschein nach nie religiös berufen fühlte. Aber da sie die Freiheit haben wollte zu studieren und zu schreiben, war ein Kloster die beste Lösung für sie. Was wir aber wissen, ist, dass sie ihre Profess zunächst in einem strengen Karmelitinnenkloster ablegte; doch später trat sie in das deutlich weniger strenge, aber angesehene Kloster von San Jerónimo ein, das ausschließlich *criollas* beherbergte. Hier schrieb sie die literarischen Werke, die sie berühmt machten, vor allem den religiösen Roman *El divino Narciso*.

Auch nachdem sie ihre Gelübde abgelegt hatte, hielt Sor Juana engen Kontakt zu einer der Frauen, mit denen sie sich am Hof angefreundet hatte, María Luisa de Laguna, Gräfin von Paredes. Als neue Vizekönigin wurde María Luisa Juanas heiß geliebte Freundin und Förderin sowie Gegenstand zahlreicher leidenschaftlicher und geistreicher Gedichte. Angesichts von Juanas wachsendem Ruf als Schriftstellerin und dank der toleranten Regeln ihres Klosters empfing sie eine große Anzahl angesehener Besucher wie María Luisa und deren Hofdamen. Begegnungen mit Außenstehenden waren normalerweise nur getrennt durch Holzgitterstäbe erlaubt, welche die Klosterinsassen vom Rest der Welt abschirmten, doch für illustre Besucher galten vermutlich Ausnahmen: solche Besucher wurden in eigens dafür vorgesehenen Räumen, den *locatorios*, empfangen. Darüber hinaus weiß man, dass der Vizekönig und die Vizekönigin die Kapelle im Kloster besuchten und sich hinterher noch die Zeit nahmen, mit ihrem Schützling zu plaudern.

Nach acht Jahren in Mexiko kehrte María Luisa nach Spanien zurück und machte sich dafür stark, dass *El divino Narciso* am spanischen Königshof aufgeführt wurde. Sie überwachte auch die Veröffentlichung der ersten gesammelten Werke Sor Juanas, *Inundación Castálida* (1690). Eine derartige Werbekampagne für die Schriften einer Klosterfrau, die auf der anderen Seite des Erdballs im tiefsten Hinterland einer wilden Kolonie lebte, erscheint uns heute fast übernatürlich. María Luisa erwies sich als außergewöhnlich loyale Freundin dieser bemerkenswerten Frau, die sie jenseits der endlosen Weiten des Atlantiks in der Neuen Welt zurückgelassen hatte.

Von den 216 Gedichten, die in Sor Juanas *Obras completas* zusammengefasst sind, ist fast ein Viertel den »Marqueses de La Laguna« gewidmet, also María Luisa und ihrem Mann. Diese Gedichte vermitteln erstaunliche Einblicke in Juanas Gefühle für ihre aristokratische Freundin. Ja, man könnte sogar sagen, dass sie den Konventionen früherer Poeten folgen, die Loblieder auf ihre Geliebten oder Förderer sangen: Sor Juana zögert nicht, die Gräfin *Filis* zu nennen, einen Begriff für das geliebte Wesen, den spanische und französische Poeten des 17. Jahrhunderts immer wieder verwendeten. Aber in den nächsten Zeilen des Gedichts, die auf die genaueren Umstände der Beziehung zwischen Juana und María Luisa eingehen, betrachtet die Poetin deren gleiches Geschlecht als ebenso unwesentlich für ihre andauernde Liebe wie die geografische Distanz zwischen ihnen.

> Dass du eine Frau bist, dass du fort bist:
> nichts kann meine Liebe zu dir hemmen,
> denn du weißt wohl, dass Seelen
> Entfernung wie Geschlecht nicht kennen.[69]

Vielleicht ist das eines der ersten Gedichte überhaupt, in dem im spanischen Original das Wort *sexo* als Etikett für Geschlecht im Zusammenhang mit zwei Frauen verwendet wurde. Achten Sie darauf, wie das unverblümte Wort *sexo* nach den ätherischen *almas* (Seelen) aufschrecken lässt. Hier und an anderen Stellen springt uns Juanas von Herzen kommende Liebe zu María Luisa ins Auge. Dennoch stellt sie klar, dass ihre Gefühle »eine reine Flamme« der Bewunderung entfachen und weit entfernt sind von fleischlichen Qualen.

Wenn Octavio Paz Juanas Gefühle für die Gräfin interpretiert, spricht er von einer »neoplatonischen« Freundschaft zwischen gleichgeschlechtlichen Menschen, die zwar leidenschaftlich, aber keusch ist. Ihre Beziehung passt zu den Bedürfnissen der beiden Frauen, die eine jungfräuliche Nonne, die andere Ehefrau und Mutter. Jede fand in der anderen ein Ventil für die Emotionen, die sowohl im religiösen als auch im Eheleben nicht restlos befriedigt wurden.

Anscheinend war María Luise klug, lebhaft und mit einer leidenschaftlichen Liebe zur Literatur ausgestattet. In Sor Juana hatte sie eine verwandte Seele gefunden und tat daher alles, was in ihrer Macht stand, um die Freundschaft während ihrer acht Jahre in Mexiko aufrechtzuerhalten; und als sie dann nach Spanien zurückkehrte, führte sie diese Freundschaft brieflich fort. Leider sind Sor Juanas Briefe an María Luisa nicht erhalten, weshalb wir uns abermals an ihre Gedichte halten müssen, um Informationen über ihre andauernde Beziehung zu bekommen. In einem Gedicht bittet Juana um Verzeihung, nicht geschrieben zu haben; dann beteuert sie abermals ihre Zuneigung und spricht vom »Segen deiner Liebe«, was darauf hindeutet, dass ihre Gefühle für die Gräfin erwidert wurden.[70] Die Geschichte der Sor Juana und die anderer Nonnen vor ihr zeigt uns, dass Emotionen, die wir üblicherweise mit romantischer Liebe assoziieren, auch in einer liebenden Freundschaft zu Hause sein können.

2013 fand am Oregon Shakespeare Festival die Premiere des Theaterstücks *The Tenth Muse* von Tanya Saracho statt. Die Handlung beginnt damit, dass drei junge Novizinnen zwanzig Jahre nach dem Tod Sor Juanas im Kloster San Jerónimo in Erscheinung treten. In einem Schrank entdecken sie zufällig ein von Sor Juana verfasstes freches Theaterstück, und sie beschließen, es aufzuführen. Dieses Theaterstück im Theaterstück führt zu dramatischen Konsequenzen für die drei jungen Frauen, die sich angesichts der Kräfte, die sie gefügig machen wollen, schwesterlich zusammenschließen. Es liegt nahe, dass ihr gemeinsames Eintreten füreinander von Sor Juana Inés de la Cruz inspiriert wurde, deren Theaterstücke zu Lebzeiten tatsächlich im Kloster San Jerónimo aufgeführt wurden und deren Leben als Nonne und Schriftstellerin so sehr von ihrer Freundschaft mit anderen Frauen gekennzeichnet war.

SCHWESTERLICHKEIT UNTER GLEICHGESINNTEN SEELEN

Die obigen Beispiele von Freundschaften unter Nonnen, vom 12. bis in das 17. Jahrhundert, sind natürlich nur eine kleine Auswahl aus der Fülle von Beziehungen, die diese Frauen eingegangen sind. Aber sie zeigen uns doch, dass Nonnen wie fast alle Menschen das Bedürfnis nach mitfühlenden Freundinnen hatten (und noch haben), die ihre Leiden und Freuden mit ihnen teilen. Unsere Auswahl besteht in erster Linie aus Nonnen, die als Äbtissinnen, Mystikerinnen und Schriftstellerinnen Berühmtheit erlangten – Frauen, die Zugang zu Bildung und sozialen Kontakten hatten. Ungeachtet ihrer individuellen Lebenssituationen suchten sie Kontakt zu den Frauen, die mit ihnen in der Abgeschiedenheit des Klosters lebten – und manchmal sogar jenseits der Klostermauern.

Ohne den Druck oder den expliziten Zwang ihrer Familien hätten viele Nonnen sich vielleicht nicht für das Kloster entschieden. Denn es war weit billiger, eine Tochter in ein Kloster zu schicken, als sie mit einer großen Mitgift einem passenden Ehemann zuzuführen. Und wenn diese halbherzigen oder sogar rebellischen Nonnen hörten, wie sich die Tore des Konvents hinter ihnen schlossen, erleichterte die Freundschaft und die Anleitung anderer Frauen ihnen vermutlich die Eingewöhnung ins Klosterleben.

Für Frauen, die sich aus einer tiefen religiösen Überzeugung heraus für das Kloster entschieden hatten, war die Schwesterlichkeit von Gleichgesinnten bestimmt ein weiterer Anlass dazu, glücklich zu sein mit dem gewählten Weg. Als Bräute Christi aus freier Entscheidung bestärkten diese Frauen einander in ihrem festen Entschluss, allen Widrigkeiten zum Trotz ein vorbildliches Leben zu führen, in der Hoffnung, dass auf das irdische Leben ein seliges Leben nach dem Tode folgen möge.

Als erste große Gruppe von Frauen in der westlichen Welt, die ihr Erwachsenenleben außerhalb des traditionellen Familienverbandes lebten, lernten diese frühen Nonnen, nicht minder wichtige Allianzen zu schmieden als diejenigen, die sie sonst mit Ehemännern, Kindern oder anderen nahen Verwandten geschmiedet hätten. Nachdem sie sich physisch von ihren biologischen Familien getrennt hatten, fanden sie im Kloster ein auf Unterstützung ausgerichtetes System, das ihrem Leben Struktur und Sinn verlieh und auch »spezielle Freundschaften« bot, die den Kirchenoberen manchmal so suspekt waren.

Derweil ging die breite Öffentlichkeit ihren gewohnten Geschäften nach, ohne von diesem reichen Kapitel der Freund-schaft unter Frauen auch nur zu ahnen. Größtenteils blieben die persönlichen Beziehungen der Nonnen untereinander hinter den Klostermauern verborgen und hatten kaum einen Einfluss darauf, wie europäische Männer und Frauen den Begriff Freundschaft konzeptualisierten.

VIER

Klatsch und Seelenverwandte

»Wir können im Allgemeinen davon ausgehen,
dass die Heirat einer Freundin das Begräbnis einer Freundschaft ist.«
— BRIEF DER KATHERINE PHILIPS AN CHARLES COTTERELL, 1662

Außerhalb des Klosters wurde die Geschichte der Freundschaft weiterhin von Männern geschrieben, wobei der
Fokus ausschließlich auf männlichen Angelegenheiten lag. Inspiriert von seiner platonischen Liebe zu Étienne de La Boétie schrieb der französische Philosoph Montaigne seinen rich-
tungweisenden Essay *Über die Freundschaft,* der schnell auf
eine Stufe mit den Werken von Aristoteles und Cicero gestellt wurde und mit diesen ein Trio von Grundlagentexten für
jeden bildete, den dieses Thema ernsthaft interessierte. Humanisten des 16. Jahrhunderts wie Montaigne begriffen die ideale
Freundschaft immer noch als eine erhebende Erfahrung für
tugendhafte Männer, die einander durch persönliche, religiöse,
militärische und bürgerliche Bande verpflichtet sind.

Doch noch zu Lebzeiten Montaignes (1533–1592) trat die
Realität von Frauenfreundschaften immer deutlicher zutage.
Ein Beobachter im England des Jahres 1580 schrieb, dass reiche Stadtfrauen fein gekleidet vor ihren Türen saßen, dass sie
spazieren gingen, ausritten, mit anderen Frauen Karten spielten und »ihre Freundinnen besuchten, sich trafen, sich mit
Frauen ihres Standes (die sie »Gossips« nannten) sowie mit

ihren Nachbarinnen unterhielten, mit ihnen bei Geburten und Taufen, bei Verabschiedungen und Beerdigungen feierten; und all das mit Erlaubnis ihrer Ehemänner, wie es der Brauch ist«.[71] Das Wort *gossip* war im England des 16. Jahrhunderts ein üblicher Begriff für eine Freundin und hatte damals noch nicht die abwertende Konnotation von Gerede oder Gerücht wie heutzutage. Gossips tauschten Informationen aus, die persönlich und für die Gemeinschaft nützlich waren, und falls jemand durch Fehlverhalten auffiel, begründeten ihre Gespräche Maßnahmen zur Durchsetzung gesellschaftlicher Normen. Wenn sie einen Vorfall nachhaltig missbilligten, sah sich die Stadtverwaltung vielleicht genötigt, geeignete Schritte gegen den Missetäter zu ergreifen. Das Wort *gossip* wurde in Schriftstücken wie Testamenten und Gerichtsakten verwendet, und Gossips kamen regelmäßig in Theaterstücken vor, die auf elisabethanischen Bühnen aufgeführt wurden.

FREUNDINNEN IN SHAKESPEARES WELT

Shakespeare (1564–1616) thematisierte Frauenfreundschaften unzählige Male quer durch alle gesellschaftlichen Schichten, vom königlichen Hof bis in die Kneipe: Mrs Ford und Mrs Page in *Die lustigen Weiber von Windsor*; Königin Hermione und ihre treue Freundin Paulina in *Das Wintermärchen*; Hermia und Helena in *Ein Sommernachtstraum*; Mistress Quickly und Doll Tearsheet in *Heinrich IV., Teil 2*; die französische Prinzessin Katharina und ihre Magd Alice in *Heinrich V.*; Rosalind und Celia in *Wie es euch gefällt*; Cleopatra und ihre Dienerinnen in *Antonius und Cleopatra*; Beatrice und Hero in *Viel Lärm um nichts*; Portia und ihr Dienstmädchen Nerissa in *Der Kaufmann von Venedig* – um nur einige Freundinnen zu nennen, die Shakespeare als Personifizierung dörflicher Gossips und hochgeborener Ladys schuf. Freundinnen, die einander im Kampf gegen törichte Männer, gegen Missverständnisse und offene Gewalt unterstützten. In den meisten Fällen wies der Stückeschreiber nicht nur auf die Existenz von Frauenfreundschaften hin, er räumte diesen Beziehungen sogar eine Vorrangstellung ein; oftmals löste er seine Plots so auf, dass zwei Frauen vermittelnd eingriffen und im Tandem auf ein Happy End hinarbeiteten.[72] Denken Sie nur an Mrs Ford und Mrs Page in *Heinrich IV., Teil 2,* die Falstaffs Bemühungen zunichtemachen, sie zu verführen. Dieser aufgedunsene, betrunkene, charmante Schurke weiß so wenig von den Gepflogenheiten unter Freundinnen, dass er beiden die gleiche Botschaft schickt; nachdem sie einander ihre Liebesbriefe gezeigt haben, ersinnen sie einen Racheakt und jagen ihn mit Schimpf und Schande davon.

In *Der Kaufmann von Venedig* verteidigt Portia ihren Verehrer Antonio vor Gericht, sie als Advokat verkleidet und ihre Dienerin Nerissa als ihr Schreiber. Den beiden Frauen gelingt es mit vereinten Kräften und mit List, Antonio davor zu bewahren, dem Geldverleiher Shylock das Pfund Fleisch abzutreten, das er ihm schuldete.

In *Das Wintermärchen* stellen Königin Hermione und ihre Freundin Paulina sich gegen König Leontes, der seine schwangere Frau fälschlicherweise des Ehebruchs bezichtigt hat und sie ins Gefängnis werfen ließ. Paulina gelingt es, Hermiones neugeborene Tochter zum starrsinnigen König zu bringen, um sein Herz zu erweichen, doch er hält das Kind für einen Bastard, erkennt es nicht an und verfügt, es in der Wildnis auszusetzen. Da es sich um eine Komödie handelt, werden Mutter und Tochter am Ende natürlich gerettet. Am Ende ist Hermione nur dank der Bemühungen ihrer loyalen Freundin Paulina wieder mit dem reuigen König vereint. .

In *Wie es euch gefällt* sind Celia und Rosalind Cousinen und seit ihrer Kindheit in gegenseitiger Zuneigung verbundene Busenfreundinnen:

Wir schliefen stets beisammen,
Erwachten, lernten, spielten miteinander,
Und wo wir gingen, wie der Juno Schwäne,
Da gingen wir gepaart und unzertrennlich.[73]

Irgendwann aber lässt ihre Vertrautheit nach und macht einer heterosexuellen Liebe Platz, die wie so oft – im Leben wie auch in der Literatur – Frauenfreundschaften ablöst. Der Konflikt zwischen der engen Bindung zweier Frauen und einer Heirat ist ein Konflikt, der, wie wir sehen werden, nicht nur auf der shakespeareschen Bühne, sondern auch im wirklichen Leben bis ins 21. Jahrhundert ausgetragen wird.

Der Biograf Peter Ackroyd bringt uns in Erinnerung, dass Shakespeares Mutter sechs Schwestern hatte und dass sie, die Jüngste, wohl das Nesthäkchen in einem weiblichen Haushalt war.[74] Höchstwahrscheinlich saugte Shakespeare schon mit der Muttermilch eine Atmosphäre weiblicher Solidarität auf, wenn er den Gesprächen seiner Mutter mit ihren älteren Schwestern und ihren Freundinnen lauschte. In Stratford, der Stadt seiner Kindheit, waren Frauen wie Männer bei ihren alltäglichen Verrichtungen auf gegenseitige Unterstützung angewiesen, und insbesondere verheiratete Frauen wurden als Vermittlerinnen in sozialen Angelegenheiten geschätzt; sie schmiedeten Allianzen untereinander, die quasi wie eine inoffizielle Polizei fungierten.

Ein Bericht (der impliziert, dass es viele ähnliche, wenn auch nicht überlieferte Vorfälle gegeben haben könnte) beschreibt, dass eine Eliza Neale vom Ehemann der Nachbarin getötet wurde, als sie ihn daran hindern wollte, dessen Ehefrau zu ermorden. Waren die beiden Frauen Freundinnen? Aus der Inschrift auf Elizas Grabstein zu schließen können wir zumindest vermuten, dass sie aufeinander geachtet haben. »Um ihre Nachbarin zu retten, vergoss sie ihr Blut / und wie ihr Heiland starb sie für ihre gute Tat.«[75]

Besonders vor der Heirat verbrachten elisabethanische Frauen einen großen Teil ihrer Zeit mit ihren Geschlechtsgenossinnen. Etwa eine von fünf Frauen heiratete nie. Zu Shakespeares Zeiten und bis weit ins 20. Jahrhundert hinein teilten alleinstehende Frauen ihr Schlafzimmer und sogar ihr Bett. Bei den Frauen der Arbeiterklasse nahmen oft Nichtverwandte den frei gewordenen Platz von Schwestern ein, wenn diese ihr Zuhause verließen, um eine Lehrstelle anzunehmen, sich in fremden Haushalten zu verdingen oder eine andere Arbeit fanden.

Im 16. Jahrhundert war es für Mädchen im Teenageralter üblich, sich zunächst bei adeligen Familien auf dem Land zu verdingen und anschließend in große Londoner Haushalte zu wechseln. Bis zu ihrer Heirat arbeiteten sie im Durchschnitt etwa vier Jahre lang als Dienstbotinnen. Die Gesellschaft versagte alleinstehenden Frauen das Recht, allein zu leben, wie ein Gesetz von 1562 bezeugt, das »Statute of Artificers«, dem zufolge alle unverheirateten Frauen entweder eine Anstellung haben mussten oder ins Gefängnis kamen. Selbstredend galt dieses extreme Gesetz nicht für Mädchen aus Familien der Mittel- und Oberschicht.[76]

Mädchen aus der Unterschicht, die eine Anstellung hatten, verband das Wissen um ihre gemeinsame Herkunft und die Notwendigkeit, einander auszuhelfen. Es ist nicht schwierig, sich das vertrauliche Getuschel vorzustellen, wenn die Kerzen ausgeblasen waren und sie einander nach einem harten Arbeitstag Trost zusprachen, über die Marotten anderer Leute kicherten, einander geheime Wünsche verrieten und kreatürliche Wärme spendeten. Gelegenheiten zu vertrautem Umgang mag es tagsüber gegeben haben, wenn sich etwa zwei junge Frauen gemeinsam um den Haushalt kümmerten, putzten, kochten, am Spinnrad saßen, nähten, Wäsche wuschen und die Betten machten. Oder wenn sie gemeinsam vom Markt, vom Brunnen oder von der Kirche nach Hause gingen oder auch in ihrer Freizeit bei lokalen Tanzveranstaltungen, wo sie sich mit Mädchen ihres Alters trafen.

Natürlich gab es auch Streitigkeiten unter Frauen, wie Gerichtsprotokolle belegen, in die sowohl Einzelpersonen als auch ganze Familien verwickelt waren. Insbesondere reifere Frauen wurden gern herangezogen, um in Prozessen wegen »ungebührlichen Verhaltens« wie Prostitution oder Hexerei gegeneinander auszusagen. Zeuginnen wussten oft Einzelheiten über die Wohnsituation ihrer Nachbarinnen, die sie nur im vertrauten Umgang miteinander erwerben konnten: Ohne große Vorankündigung oder Formalitäten gingen sie in den Wohnungen ihrer Nachbarn ein und aus, und wenn nebenan etwas im Argen lag, würde eine Frau es erfahren und vermutlich Nachforschungen anstellen. Manchmal waren es niedere Motive wie Eifersucht, die den Zorn einer Frau auf ihre einstmalige Freundin entfachten, was zu gegenseitigen Schuldzuweisungen über einen liederlichen Lebenswandel führte und häufig öffentlich ausgetragene Auseinandersetzungen nach sich zog. Solche Vorfälle brachen in unregelmäßigen Abständen unter Freundinnen wie auch unter Eheleuten aus, störten den Frieden einer Gemeinschaft und erinnerten daran, dass selbst die in höchsten Ehren gehaltenen Beziehungen im Leben zerbrechlich sind.

Von solchen Streitigkeiten abgesehen: Frauen auf dem Land,

die ihre Wäsche am Flussufer wuschen oder ihr Gemüse auf dem Markt verkauften, blieben vielleicht am Straßenrand stehen und tauschten die neuesten Klatschgeschichten aus, beschwerten sich über ihre Ehemänner oder beklagten den Verlust eines geliebten Kindes. Viele Frauen waren in einem Notfall auf ihre Nachbarinnen angewiesen: wenn zum Beispiel die Wehen einsetzten, wenn sie erkrankten oder eine Ersatzmutter für ihre Kinder brauchten. Das Wochenbett nach einer Geburt – 40 Tage bei einem Mädchen und 30 Tage bei einem Jungen – bedeutete, dass die junge Mutter im Bett bleiben, das Baby an die Brust gewöhnen und mit ihm spielen durfte; das geschah oft im Beisein der Hebamme, von Nachbarinnen und, falls vorhanden, der Großmutter des Babys mütterlicherseits. Das Wochenbett war »Frauenzeit«, befreit von den Ansprüchen des Ehemannes, von dem erwartet wurde, sich des Geschlechtsverkehrs mit seiner Frau zu enthalten und bei der Hausarbeit einzuspringen. Am Ende dieser Schonfrist wurde die Wöchnerin gesäubert oder »eingesegnet« – also mit ihrem Baby in die Kirche gebracht, das die Hebamme im Arm trug. Auf die kirchliche Zeremonie folgte eine Feier im Haus der Mutter mit Kuchen und Ale, das ihre Freundinnen beisteuerten.[77]

Die Freundschaft zu einer Nachbarin erwies sich oft als genauso wichtig wie die biologische Verwandtschaft, da Frauen üblicherweise ihre Mütter und Schwestern verlassen mussten und nur selten die Heimreise zu Fuß, zu Pferd, mit dem Karren oder per Kutsche antreten konnten. Diejenigen, die in der Lage waren zu schreiben – wahrscheinlich nicht mehr als eine unter zehn Frauen –, konnten wenigstens brieflich mit ihren Familien in Verbindung bleiben, doch der überwiegende Teil der weiblichen Bevölkerung war weder des Lesens noch des Schreibens mächtig und in erster Linie auf Nachbarn angewiesen, wenn sie Gesellschaft haben, sich trösten lassen oder Neuigkeiten erfahren wollten.

Das Gespräch war die tragende Säule einer Freundschaft unter Frauen. Plaudernde Frauen – ein jahrhundertealtes Thema! Es ist kein Zufall, dass die eigene Sprache als Muttersprache, *mother tongue* oder *langue maternelle* bezeichnet wird. Mütter sprechen mit ihren Babys vom Tag ihrer Geburt an, singen ihnen vor, sagen Kinderverse auf und geben damit eine mündliche Tradition weiter, die sie selbst von ihren Müttern und Großmüttern übernommen haben. In der Vergangenheit lernten Jungen wie Mädchen in ihren ersten Lebensjahren die Sprache vorwiegend von ihren Müttern oder Pflegemüttern. Später wurden einige wenige Jungen – wie etwa Shakespeare – auf Gymnasien geschickt, und noch weniger Mädchen besuchten reine Mädchenschulen, sogenannte »dame schools«, wo sie Grundkenntnisse im Lesen, Handarbeiten und sehr selten auch im Schreiben erwarben. Im protestantischen England war es sowohl für Jungen wie für Mädchen wichtig, dass sie die Bibel lesen konnten, aber Schreiben war nur den wenigsten vergönnt: Um 1600 konnte nur etwa ein Drittel der Männer und zehn Prozent der Frauen ihren Namen schreiben.

Aber sprechen – das taten sicherlich alle, mit unterschiedlichen regionalen und klassenspezifischen Akzenten, die bis heute existieren. (Denken Sie zum Beispiel an den Broadway-Erfolg und den mit mehreren Oscars prämierten Film *My Fair Lady* nach dem Theaterstück *Pygmalion* von George Bernard Shaw.) Besonders Frauen galten als sprichwörtliche Schwätzerinnen, Klatschtanten, Plaudertaschen, Waschweiber, Nervensägen, Gerüchtemacherinnen und als redegewandt – kurz gesagt verbal überschäumend, im Gegensatz zu Männern im Allgemeinen und Engländern im Besonderen, denen immer noch das Stereotyp von Wortkargheit und emotionaler Zurückhaltung anhaftet.

Während Männer sich bei öffentlichen Reden und im schriftlichen Ausdruck hervortaten, waren Frauen wegen ihrer Vorliebe für freundlichen Diskurs und den Austausch von Klatschgeschichten von Natur aus prädestiniert für soziale Kontakte.

Was Engländerinnen selbst über ihre Situation als Freundinnen dachten und schrieben, wurde im Laufe des 17. Jahrhunderts transparenter, als sie in größerer Zahl die Feder in die Hand nahmen und eine beachtliche Menge an Schriften produzierten, angefangen von Briefen und Tagebüchern bis hin zu Dichtkunst und Theaterstücken. Zwei Themen, die in der von männlichen Schriftstellern dominierten Literatur der Vergangenheit so gut wie nicht vorkamen, rückten nun in den Vordergrund: die Frau als Mutter und die Frau als Freundin. Beide Themen sollten Eingang in die Dichtkunst von Katherine Philips finden, die sich wie keine andere englische Schriftstellerin vor ihr für Freundschaften zwischen Frauen engagierte.

KATHERINE PHILIPS

Katherine Philips, geborene Fowler (1632–1664), war die Tochter eines wohlhabenden Londoner Kaufmanns und seiner zweiten Frau. Mit acht Jahren kam sie in die Schule der Mrs Salmon in Hackney, wo sie die erste ihrer wichtigsten Freundinnen kennenlernte – Mary Aubrey, in Philips' Gedichten *Rosina* genannt. Nach dem Tod ihres Vaters heiratete seine Witwe abermals, und die Familie zog nach Wales um, wo Katherine, noch keine 17 Jahre alt, James Philips heiratete, einen 54 Jahre alten Witwer. Sie brachte zwei Kinder zur Welt, einen Sohn, der im Alter von zwei Wochen starb, und eine Tochter, die später selbst 16 eigene Kinder gebären sollte. Obwohl die Ehe offensichtlich stabil und glücklich war, lebte Katherine die für sie wichtigen Beziehungen anscheinend mit anderen jungen Frauen.[78]

Selbst nach ihrer Eheschließung gab es nichts, was ihre Feder davon abhalten konnte, ein Loblied auf ihre geschätzte Rosiana zu singen:

Soule of my soule! my Joy, my crown, my friend!
. . . .
I have no thought but what's to thee reveal'd,
Nor thou desire that is from me conceal'd.
Thy heart locks up my secrets richly set,
And my brest is thy private cabinet.[79]

Katherine Philips betont die Vertraulichkeiten, die die beiden Frauen freimütig austauschen. Der beste Freund/die beste Freundin wird zu allen Zeiten so definiert, dass man ihm/ihr alles, selbst die tiefsten Geheimnisse anvertrauen kann.

Als Rosiana heiratet, wählt Philips Anne Owen zu ihrer neuen besten Freundin und gibt ihr in ihren Gedichten den Spitznamen *Lucasia*. Sich selbst nennt Philips *Orinda*, und so wollen wir sie von jetzt an nennen. In »On Rosiana's Apostasy and Lucasia's Friendship« betrauert Orinda den Verlust ihrer Schulfreundin durch Heirat, weshalb sie ihre Seele von Rosiana zurückholt und an Lucasia weitergibt:

Great Soul of Friendship whither art thou fled,
Where dost thou now chuse to repose thy head?
. . . .
Then to the Great Lucasia have recourse,
There gather up new excellence and force.
. . . .
Lucasia and Orinda shall thee give
Eternity and make even Friendship live.[80]

Lucasia war es, für die Orinda ihre leidenschaftlichsten Gedichte schrieb. Ihr rief sie zu: »In unserer Liebe liegt eine Religion.« Dank Lucasia fühlte sie sich niemals allein, weil ihre Seelen »so sehr eins« waren.[81] In einem anderen Gedicht an Lucasia drückte Orinda Gefühle aus, die einer erotischen Liebe so nahekommen, wie sie für gleichgeschlechtliche Freundinnen gerade noch erlaubt waren:

I did not live until this time
Crown'd my felicity,
When I could say without a crime,
I am not Thine, but Thee.[82]

Sie nahm sich die Freiheit, ohne Angst vor Repressalien ihre Liebe zu einer anderen Frau zu erklären, da, wie sie es formulierte, sie und ihre Freundin eins waren – das heißt, eine Seele –, und das machte sie so sicher, dass niemand ihre platonische Vision missverstehen und für fleischliches Verlangen halten konnte.

Orinda hatte sehr differenzierte Vorstellungen vom Wesen einer Frauenfreundschaft, die auf Platons Gedanken basierten, die wiederum am englischen Hof von Königin Henrietta Maria, der Ehefrau von Karl I., verbreitet waren. Das Konzept der platonischen Liebe, abgeleitet von Platons *Symposium* und von neuplatonischen Humanisten des 16. Jahrhunderts bereitwillig aufgegriffen, degradierte Eros mehr oder weniger zu einem Sprungbrett für den Aufstieg zu göttlicher Liebe. Man war sich einig, dass eine Frau die Seele zwar mit ihrer besten Freundin teilen konnte, aber wohl kaum, wenn überhaupt, mit ihrem Ehemann.

Als Lucasia ebenfalls beschloss zu heiraten, befürchtete Orinda zu Recht, dass sie ihre zweite Seelenfreundin verlieren würde. Obwohl Lucasias Wahl des Ehemannes nicht ihre Zustimmung fand, begleitete sie die Freundin in ihr neues Zuhause in Irland, ein Besuch, der sich als emotional unbefriedigend herausstellte. Die Klage, dass Ehemänner einer Freundschaft zwischen Frauen bisweilen im Weg stehen, war nicht neu. Orinda drückte diesen Konflikt nach Lucasias Hochzeit unverhohlen aus: »Ich finde, dass es wenige Freundschaften auf der Welt gibt, die eheresistent sind … Wir können im Allgemeinen davon ausgehen, dass die Heirat einer Freundin das Begräbnis einer Freundschaft ist.«[83]

Die Unvereinbarkeit von Ehe und Freundschaft, wie sie die Frauen empfanden, war keineswegs auf das 17. Jahrhundert beschränkt. Wir finden Hinweise darauf an anderer Stelle der englischsprachigen Welt – etwa im Amerika des späten 18. Jahrhunderts, als Lucy Orr in einem Schreiben an ihre Freundin Polly den Stoßseufzer ausstieß, dass die Heirat »das Verderben einer Freundschaft zwischen Frauen« sei. Sie hoffte, dass dieser Fall bei ihnen nicht eintreten würde, »falls wir jemals heiraten sollten«.[84] Jane Harrison, eine bedeutende Altertumswissenschaftlerin, fügte noch eine persönliche Klage in ihren *Reminiscences of a Student's Life* von 1925 hinzu: »Die Ehe erschwert zumindest für Frauen die beiden Dinge, die das Leben für mich so wunderbar machten… Freundschaft und Lernen.«[85] Bis heute spiegeln sich diese Ängste auch in der Alltagskultur etwa im Roman *Bridget Jones: Schokolade zum Frühstück* und der Fernsehserie *Friends*. Erst vor Kurzem sprach eine alleinstehende Mittdreißigerin in San Francisco vertraulich über die Veränderungen, die sich bei ihren überwiegend verheirateten Altersgenossinnen einstellten, und ließ den Aufschrei los: »I'm hemorrhaging friends.« (Ich blute Freundinnen aus.)

Obwohl Orindas Besuch im Haus ihrer frisch verheirateten Freundin Lucasia in Irland emotional niederschmetternd war, erwies er sich in anderer Hinsicht als produktiv: Orinda stellte dort ihre Übersetzung des Theaterstücks *La Mort de Pompée* von Pierre Corneille fertig, was sie augenblicklich berühmt machte. Jedoch erfreute sie sich nur kurze Zeit des literarischen Ruhms, denn 1664 starb sie im Alter von 32 Jahren an den Pocken.

BLAUSTRÜMPFE

Orindas Bekenntnis zum Ideal der Freundschaft war mehr als ein rein persönliches Anliegen. In den frühen 1650er-Jahren gründete sie die Society of Friendship, eine geschlossene Gesellschaft gleichgesinnter Frauen und einiger weniger ausgewählter Männer.[86] Danach übernahmen andere englische Dichterinnen des 17. Jahrhunderts, wie Aphra Behn, Mary Mollineux, Jane Barker, Anne Killigrew und Anne Finch, den Stab und halfen, ein neues Freundschaftsmodell ins Leben zu rufen: das einer liebenden Freundschaft. Ein Modell, das britische und amerikanische Frauen in ihrem Leben wie auch in der Literatur bis ins späte 19. Jahrhundert nachahmen sollten.

Das Thema Frauenfreundschaften verbreitete sich über die Lyrik hinaus in der Prosa der präfeministischen Philosophin Mary Astell (1666–1731), die untersuchte, was sie als die Unterschiede zwischen Männern und Frauen als Freunde betrachtete. Astell glaubte, dass Frauen fähiger zu authentischen Beziehungen seien, da sie sich weniger vom Diktat des Eigennutzes gängeln ließen als Männer, die im öffentlichen Leben stünden. Mit ihren Worten: »Da wir [Frauen] uns weniger mit den Geschicken der Welt befassen, sind wir weniger versucht, uns von Interessen verleiten zu lassen, unaufrichtig zu unserem Freund zu sein… unser Geschlecht ist bei den üblichen

Freundschaften, die wir schließen, im Allgemeinen herzlicher und aufrichtiger als Männer, die untereinander gewöhnlich von so vielen Rücksichten auf Interessen und die eitle Wahrung ihrer Ehre blockiert sind.«[87]

Auf Mary Astell folgten die Blaustrümpfe, eine Gruppe intellektueller Frauen, die sich in London unter der Leitung von Elizabeth Montagu (1718–1800) zu literarischen Gesprächen zusammenfanden. Der Begriff »Blaustrümpfe« bezieht sich auf einen Vorfall in Zusammenhang mit einer Einladung des Gelehrten und Botanikers Benjamin Stillingfleet, an den Treffen bei Montagu teilzunehmen. Da er sich die schwarzen Seidenstrümpfe nicht leisten konnte, welche damals zur feinen Abendgarderobe gehörten, erschien er mit seinen blauen Alltagsstrümpfen aus Garn, und damit hatte die gesamte Gruppe den Namen Blaustrümpfe weg. Mit der Zeit bekam dieses Etikett eine abwertende Bedeutung und wurde nicht nur britischen Damen des 18. Jahrhunderts, sondern allen Frauen mit intellektuellem Anspruch angehängt.

Noch schädlicher waren die Anschuldigungen gegen Freundschaften zwischen Frauen wegen sexueller Unmoral, die erstmals in der Skandalliteratur des frühen 18. Jahrhunderts erhoben wurden. Anonyme Pamphlete verglichen Frauenfreundschaften mit den Sexualpraktiken, die mit der altgriechischen Dichterin Sappho assoziiert wurden oder der vermuteten Intimität türkischer Frauen in ihren Harems.[88] Im Gegensatz zu Katherine Philips ein Jahrhundert zuvor, die ihre platonischen Freundschaften stolz in die Welt getragen hatte, wurden nun einige Frauen zunehmend nervös und fürchteten negative Reaktionen der Öffentlichkeit. So ärgerte sich eine der Blaustrümpfe darüber, dass zwei Frauen aus ihrem Bekanntenkreis zusammenziehen wollten. In einem Brief an ihre Schwester schrieb sie: »Das wird den Späßen Auftrieb geben, die die Männer über diese Freundschaft gerissen haben, und ich denke, dass solche Berichte uns allen schaden werden... Ich habe keine Ahnung, was Mrs L. und Miss R. mit einer solchen Demonstration ihrer Zuneigung bezwecken könnten; sie könnten sich ausrechnen, dass das Anlass für Lügen geben könnte.«[89] Wie intellektuell, vornehm und geachtet eine Frau auch sein mochte: Wenn herauskam, dass eine Frau in den Kreisen der Blaustrümpfe verkehrte, musste sie damit rechnen, dass man ihr Unschicklichkeit unterstellte.

Alle oben erwähnten Frauen verfügten über die finanziellen Mittel und über genügend freie Zeit, um sich regelmäßig mit anderen, ähnlich gestellten Frauen in ihren Häusern zu treffen. Männern war der Zutritt nicht verwehrt, vorausgesetzt, sie hatten die richtige Gesinnung – das heißt, sie waren willens, die Beziehungen von Frauen mit anderen Frauen eindeutig an die erste Stelle zu setzen. Diese Frauen waren kultiviert und an die Annehmlichkeiten des Stadtlebens gewöhnt, zu denen in erster Linie das Vergnügen gehörte, ihr Leben mit wohlwollenden Freundinnen zu teilen.

FREUNDSCHAFTEN IN DEN AMERIKANISCHEN KOLONIEN

Wenn wir über den Atlantik schauen und in der Neuen Welt nach Hinweisen auf Frauenfreundschaften suchen, müssen wir daran denken, dass das Amerika des 17. Jahrhunderts geografisch wie auch kulturell von den kosmopolitischen Zentren des Mutterlandes abgeschnitten war. Zunächst einmal finden sich in amerikanischen Archiven unter den zahlreichen Aufzeichnungen, die Männer hinterlassen haben, nur wenige von Frauen verfasste Texte welcher Art auch immer. Und ganz bestimmt gibt es nichts, was den Lobgesängen auf die Freundschaft ähnelt, die britische Frauen angestimmt haben. Die einzige (noch bekannte) amerikanische Dichterin des 17. Jahrhunderts, Anne Bradstreet, nutzte in ihrer 1650 veröffentlichten Gedichtsammlung *The Tenth Muse* ihre beträchtliche literarische Gabe dazu, sich als liebende Frau und aufopfernde Mutter darzustellen. Als das Buch herauskam, hatte sie bereits 20 Jahre in Massachusetts gelebt und acht Kinder geboren. Angesichts ihrer mütterlichen und ehelichen Pflichten, den täglichen Verrichtungen im Haushalt und den wöchentlichen Kirchenbesuchen hatte sie bestimmt keine Zeit für die Freundschaften, die ihre britischen Geschlechtsgenossinnen pflegten. Im puritanischen Neuengland wäre eine Frau schlecht beraten gewesen, den absoluten Vorrang von Ehe und Familie durch eine zeitraubende Pflege ihrer Freundschaften, geschweige denn von Lobgesängen auf dieselbe infrage zu stellen.

Anne Bradstreet war 1630 mit ihrem Ehemann Simon, ihren Eltern und Schwestern von England nach Amerika gekommen. Sie hatten auf der *Arabella* den Atlantik überquert. Das Schiff war auf den Namen von Annes Freundin aus Kindertagen, Lady Arabella Johnson, getauft, die ebenfalls mit ihrem Ehemann ausgewandert war. Schon Monate nach ihrer Ankunft waren Lady Arabella und deren Mann gestorben. Für Anne war der Verlust ihrer besten Freundin ein schwerer Schlag, noch dazu in einer Zeit, in der sie sich einem neuen Land stellen musste, dem es an jeglicher Annehmlichkeit fehlte, wie einer anständigen Unterkunft, gar nicht zu reden von dem, was sie unter guten Manieren verstand. Zum Glück hatte sie ihren Mann, ihre Familie und die finanziellen Mittel, um komfortabel in Ipswich und in North Andover, Massachusetts, zu leben, in Städten, die klein genug waren, dass alle Bewohner einander kannten.

Die Historikerin Laurel Thatcher Ulrich skizziert in ihrem bahnbrechenden Buch *Good Wives* die Bedingungen, unter denen Frauenfreundschaften im kolonialen Amerika existiert haben könnten. Wie im ländlichen England waren Freundinnen fast immer Nachbarinnen, die »eine Gemeinschaft von Frauen bildeten, die schwatzten, Tauschhandel trieben, einander bei der Niederkunft unterstützten, Haushaltsgeräte und Zuneigung austauschten und in Fällen von ehelicher Gewalt hinschauten und einschritten«.[90] Räumliche Nähe bildete den Grundstein für die meisten Freundschaften, da Frauen ohne große Umstände in den Häusern ihrer Nachbarn ein und aus gingen, um sich etwa Scheuersand oder einen Eisentopf auszuleihen. Sie eilten herbei, wenn sie Schreie hörten, und sie mischten sich bei Streitigkeiten zwischen den Eheleuten ein. Sie standen in großer Zahl bereit, um mit der Hebamme und der Großmutter des Babys mütterlicherseits Geburtshilfe zu leisten. Einige stillten das Neugeborene an ihrer eigenen Brust, da das Kolostrum – die erste Muttermilch nach der Geburt – fälschlicherweise als ungenießbar angesehen wurde. Sie halfen der jungen Mutter beim Stillen, und sie besuchten sie regelmäßig, bis sie wieder auf den Beinen war. Und dasselbe erwarteten sie von ihr, wenn ihre eigene Niederkunft bevorstand. Zu jener Zeit war es durchaus üblich, acht, zehn oder sogar zwölf Kinder zur Welt zu bringen und die Hälfte bei der Geburt oder durch Kinderkrankheiten zu verlieren. Dann standen die freundlichen Nachbarn bereit und halfen der trauernden Mutter, ihr Baby ein letztes Mal anzukleiden, bevor es in einen kleinen Sarg gelegt und zum Friedhof getragen wurde.

Räumliche Nähe mag zwar der Grundstein für die meisten Freundschaften gewesen sein, doch der gesellschaftliche Rang war ebenso wichtig. Die Hausherrinnen großer Häuser, deren Ehemänner Richter, Minister oder wohlhabende Kapitäne waren, pflegten gesellschaftlichen Umgang nur mit ihresgleichen. Ihre Geschlechtsgenossinnen aus den niedrigeren Schichten – Ehefrauen von Handwerkern und kleinen Landbesitzern – knüpften ebenfalls Freundschaften mit Mitgliedern ihrer eigenen gesellschaftlichen Klasse. Und die ärmeren Frauen, die in Mietshäusern wohnten, konnten sich wahrscheinlich auf ihre Nachbarinnen verlassen, wenn es um die Befriedigung ihrer Grundbedürfnisse und um emotionale Unterstützung ging.

Trotz der sozialen Unterschiede kamen Menschen aus allen Schichten miteinander in Kontakt. Bauersfrauen verkauften ihre Produkte manchmal direkt an der Haustür, was bedeutete, dass sie vermutlich mit den »besseren« Leuten in den großen Häusern, die unweit ihrer eigenen, bescheideneren Heimstätten lagen, ins Gespräch kamen. Ärmere Ehefrauen und ihre Töchter kneteten vermutlich Brot in den Küchen anderer Frauen, die ihnen freundlicherweise die Herdstätte zur Verfügung stellten. Freundschaften entstanden bestimmt auch bei der gemeinsamen Arbeit, wenn sie schwatzten, sangen, einander Geheimnisse verrieten und an den angenehmen Seiten des Lebens wie auch an seinen Prüfungen Anteil nahmen.

Manchmal wurden Freundinnen gebeten, in Liebesdingen und Eheangelegenheiten zu vermitteln, etwas für eine Frau zu übernehmen, wozu sie selbst nicht in der Lage war. So bat Sarah Woodward eine Freundin, einen Brief für sie zu schreiben, in dem sie ihre Verlobung aufkündigte, obwohl das Aufgebot bereits bestellt war. Vermutlich konnte Sarah nicht schreiben, ihre Freundin aber schon. Trotz der Intervention ihrer Freundin wurde die Hochzeit nicht abgesagt, und Sarah Woodward bereute die Hochzeit mit einem Mann, den sie nicht liebte.[91]

Verglichen mit den literarischen Ladys im London des 17. Jahrhunderts, die einander sowohl individuell als auch kollektiv unterstützten, war eine Frauenfreundschaft in Amerika immer noch eine Angelegenheit zwischen zwei Menschen. Es sollte ein weiteres Jahrhundert und noch länger dauern, bis amerikanische Frauen mit ihren Geschlechtsgenossinnen in England gleichzogen.

FÜNF

Précieuses

»Wenn Menschen zärtliche Freundschaft empfinden,
ist sie so aufrichtig und brennend und heftig, dass sie sich alle Sorgen und
alle Freuden ihrer geliebten Menschen zu ihren eigenen machen.«
— MLLE. DE SCUDÉRY, *CLÉLIE*, 1654–1661

»Es ist verwerflicher, unseren Freunden zu misstrauen,
als von ihnen hintergangen zu werden.«
— FRANÇOIS DE LA ROCHEFOUCAULD, *MAXIME* 84, 1665–1678

Im 17. Jahrhundert, während der Herrschaft der französischen Könige Ludwig XIII. und Ludwig XIV. und der englischen Könige Karl I. und Karl II., bestanden sehr enge kulturelle Bande zwischen den beiden Nationen. Im Jahr 1625 kam Henrietta Maria, die Schwester Ludwigs XIII. nach England, um Karl I. zu heiraten; sie brachte eine große französische Entourage und den Kult der platonischen Liebe mit, die in Frankreich in hochrangigen Kreisen bereits populär war. Englische Königinnen wie Henrietta Maria und ihre berühmtere Vorgängerin Elisabeth I. sowie französische Königinnen wie Marie de Medici und Anne von Österreich unterhielten eine Entourage von Kammerzofen, die ihren königlichen Herrscherinnen loyal ergeben waren. Ungeachtet der Rivalitäten, die sie erlebten (und deren gab es zuhauf!), führten die Kammerzofen ein Freundschaftsmodell ein, um das ihre Standesgenossinnen sie weithin beneideten und das diese nachahmten.

Wenn der Hof den Goldstandard für sozial und politisch nützliche Freundschaften setzte, so erwies sich die Stadt sogar als noch wichtiger für Frauen, die entschlossen waren, außerhalb ihrer Familien enge Beziehungen zu knüpfen. Literarische Zirkel in London und Salons in Paris boten den Rahmen, in dem sich Freundschaften zwischen Frauen und in geringerem Maße zwischen Frauen und Männern entfalten konnten. Der Salon, ursprünglich ein Pariser Phänomen, wurde schließlich in anderen Städten Frankreichs und dann in ganz Europa kopiert. Man könnte sogar behaupten, dass französische literarische Salons die Vorläufer aller Frauenvereine waren, die seitdem ins Leben gerufen wurden: Blaustrumpf-Konversationszirkel im England des 18. Jahrhunderts, romantische Salons im Deutschland des 19. Jahrhunderts und Buchclubs, Gartenvereine, Suffragettenclubs, die Junior League, Hadassah und ähnliche Vereine in Amerika.

DER WÖCHENTLICHE SALON
DER MARQUISE DE RAMBOUILLET

So wie Henrietta Maria in den Jahrzehnten vor dem Bürgerkrieg von 1644 und der Hinrichtung ihres Ehemannes 1649 kultivierte Sitten am englischen Hof einführte, wurde die französische Gesellschaft durch die schillernden Salons im Pariser Domizil der Marquise de Rambouillet bereichert. Ihr wöchentlicher Salon war der erste in Frankreich, an dem Frauen gleichberechtigt mit Männern teilnahmen und das Gesellschaftsleben mit einem eindeutig femininen Anstrich versahen. Unter den regelmäßigen Teilnehmerinnen waren die zukünftigen Schriftstellerinnen Mlle. de Scudéry, Mme. de Sévigné und Mme. de La Fayette sowie etablierte Schriftsteller wie Chapelain, Corneille und Ménage sowie Mitglieder der besseren Gesellschaft ohne eigene literarische Ambitionen. Mme. de Rambouillet legte allen ans Herz, ihre Sprache und ihr Verhalten auf ein für Frauen der Oberschicht angemessenes Niveau anzuheben. Da viele Frauen Begriffe vermieden, die sie als vulgär betrachteten und diese durch euphemistische Redewendungen ersetzten, wurden bald allesamt mit dem Etikett *Précieuses* (preziöse Damen) versehen. Dabei machte man kaum einen Unterschied zwischen denjenigen Frauen, die sich dieser affektierten Sprache bedienten, und denjenigen, die darauf verzichteten. Unglücklicherweise überschüttete Molière in seinem Theaterstück *Les Précieuses ridicules* (1661) alle diese Frauen mit Hohn und Spott, sodass heutzutage bei den meisten Franzosen der Begriff *précieuses* untrennbar mit *ridicules* (lächerlich) verbunden ist.

Einige der verbalen Raffinessen, die damals en vogue waren, boten tatsächlich Angriffsfläche für Hohn und Spott. Im *Le grand dictionnaire des précieuses* von Somaize, einem Wörterbuch von Begriffen, die mutmaßlich von *Précieuses* verwendet wurden, hieß der Mond »die Fackel der Stille«, Tränen »die Töchter von Kummer und Freude«, die Zunge eine »Übersetzerin der Seele« und der Tod »der Allmächtige«. Statt zu sagen »Bitte nehmen Sie Platz«, hätte man es so versuchen können: »Seien Sie so gut und bejahen Sie den Wunsch, dass dieser Stuhl Sie umarmen muss.«[92] Die Frage, ob diese oder andere Euphemismen tatsächlich im Haus der Mme. de Rambouillet in Paris zu hören waren, liefert immer noch Stoff für Debatten unter den Gelehrten.

Interessanter für unser Thema ist die Tatsache, dass diese Frauen sich bewusst daranmachten, die grundsätzliche Vorstellung, wie sich jemand als Freund oder Liebhaber verhalten sollte, zu verändern. So entwickelte sich die Bedeutung des Begriffs Freundschaft – *amitié* – tatsächlich auch in die Richtung, dass nicht nur Liebende, sondern auch Freunde mitfühlend sein sollten. Freundschaft, wie die *Précieuses* sie begriffen, war eine nicht fleischliche Vereinigung gleichgesinnter Seelen, die geschlechtsübergreifend bestehen konnte. In Einzelfällen konnte eine Freundschaft sogar gesellschaftliche Klassenunterschiede überwinden, ungeachtet der kolossalen Vermögens- und Standesunterschiede etwa zwischen einem superreichen Mitglied des Adels, wie die Marquise selbst es war, und einer talentierten Schriftstellerin mit bescheidenen finanziellen Möglichkeiten, wie Mlle. de Scudéry. Mit der Zeit wurden sogar einige Mitglieder der Bourgeoisie in die Zirkel der *précieuses* aufgenommen. Und dennoch: Wie sehr die Salons sich auch im bürgerlichen oder provinziellen Umfeld ausbreiten mochten, die Preziosität war in erster Linie ein Phänomen der Pariser Oberschicht, deren Regeln für Ausdrucksweise, Kleidung und vornehmes Verhalten sich erst mit der Zeit in einem hochkultivierten Milieu hatten entwickeln können.

MLLE. DE SCUDÉRY

Die unterschiedlichen Persönlichkeiten, die sich im Blauen Zimmer im Hôtel de Rambouillet versammelten, wurden von Mlle. de Scudéry in *Artamène ou Le Grand Cyrus*, einem zehnbändigen Schlüsselroman, geschickt mit Pseudonymen porträtiert. Unter dem Namen Cléomire stellte sie Mme. de Rambouillet als eine Frau vor, die für ihre Schönheit, edle Geisteshaltung, Großzügigkeit, hohen Maßstäbe, ihren Verstand, Geschmack und ihr Urteilsvermögen bewundert wurde, weshalb sie gleichermaßen gefürchtet und respektiert war. Cléomire machte sich bei gesellschaftlichen Anlässen rarer als andere Pariserinnen ihres Milieus, war aber dennoch immer von Leuten umringt, denn »am ganzen Hof gab es niemanden mit nur einem Funken Witz oder Vortrefflichkeit, der in ihrem Haus nicht aus und ein ging.«[93]

Die Marquise und ihre Freundinnen gaben bei beiden Geschlechtern den Ton an; die Frauen redeten nicht weniger als die Männer, standen den Männern bei literarischen Diskussionen in nichts nach, wenn einige Mitglieder gegen andere antraten und manchmal die Grenzen der Höflichkeit arg strapazierten. Nach einer erhitzten Debatte über eine bestimmte italienische Komödie (*I Suppositi* des Italieners Ariosto) versuchte Mlle. de Scudéry bei der Tochter der Marquise, Mlle. de Rambouillet, die ihre positive Meinung zu dem Stück nicht teilte, die Wogen zu glätten.[94] Es war wichtig für Mlle. de Scudéry, zur Mutter wie auch zur Tochter ein gutes Verhältnis zu pflegen, wenn sie weiterhin zum inneren Kreis derer gehören wollte, die Zutritt zum Blauen Zimmer hatten.

An anderer Stelle in *Artamène* rühmte Mlle. de Scudéry die besagte Mademoiselle unter dem Namen Philonide für ihre geschliffene Konversation, ihre Schreibkunst, ihr Wissen, ihren Tanz, generell für ihren Charme und ihr sicheres gesellschaftliches Auftreten bei Hofe. Doch stellte sie auch ein wenig hinterlistig die oberflächlichen Beziehungen dieser jungen Frau mit allzu vielen Freunden infrage. Dieser Abschnitt ist es wert, herausgestellt zu werden:

Darüber hinaus hat sie eine Vielzahl von Freundinnen und Freunden, ganz zu schweigen von ihren Verehrern, so unübersichtlich viele, dass man sich fragt, wie sie die Freundschaft so vieler Menschen gleichzeitig erwidern kann … Egal was sie sagt, ich neige dazu, dass sie unmöglich so viele Menschen lieben kann … Ich bin sicher, es gibt eine große Anzahl von Menschen, für die sie nur Respekt oder Höflichkeit und eine gewisse Dankbarkeit empfindet. Aber die Leute sind's zufrieden und lieben sie, als erwiderte sie deren Liebe.[95]

Konnte jemand zu viele Freunde haben? Anscheinend hätte Mlle. de Scudéry ebenso wie Aristoteles diese Frage mit Ja beantwortet. Auch wenn sie sich noch so sehr bemühte, der Tochter der imposanten Marquise zu schmeicheln, so spielte Mlle. de Scudéry doch auf eine gewisse mangelnde Authentizität ihres Verhaltens an, wenn sie allen Leuten immer dasselbe freundliche Gesicht zeigte.

Auch wenn die *Précieuses* als affektiert, pedantisch und prüde verspottet wurden, trugen sie im Frankreich des 17. Jahrhunderts gleichwohl zu dem bei, was heute als protofeministisches Vorhaben betrachtet werden kann. Der gesellschaftliche Rahmen, den sie für sich selbst schufen, mit einer relativen Unabhängigkeit von ihren Ehemännern, gestattete es ihnen, Freundschaften sowohl mit Frauen als auch mit Männern zu schließen und kulturellen Aktivitäten nachzugehen, die bislang Männern vorbehalten waren. Es ist kein geringes Verdienst, den französischen Salon zu erfinden, der sich anfangs vor allem an Frauen richtete und dies die folgenden 350 Jahre auch weiterhin tun sollte. Und weil der Salon für Literatinnen wie Mlle. de Scudéry ein Forum bot, wo sie ihre ersten Gehversuche machen konnten, führte er für einige von ihnen sogar dazu, außerhalb von Ehe oder Kloster erfolgreich zu sein und Freundinnen zu haben, auf die sie bauen konnten, wenn sie Unterstützung brauchten.

Mlle. de Scudéry heiratete nie. Nach dem Erfolg von *Artamène* richtete sie sogar ihren eigenen literarischen Salon in ihrem Haus im mondänen Pariser Arrondissement Marais ein. Unter ihren dortigen Freunden waren nicht nur aristokratische Frauen und männliche Schriftsteller, die im Hôtel de Rambouillet ein und aus gegangen waren, sondern auch bürgerliche Frauen aus ihrer Nachbarschaft (darunter Mme. Bocquet und Mme. Arragonnais). Viele dieser Freunde tauchten in ihrem zweiten Megaroman *Clélie*, der in Frankreich und in ganz Europa ein Bestseller wurde, abermals unter Pseudonymen auf.

Heutzutage liest niemand mehr die Romane von Mlle. de Scudéry – sie sind zu langatmig, zu »précieux«. Wie die namengebende Heldin von *Clélie* beobachtet: »Ich habe noch nie jemanden von einer zärtlichen Liebe sprechen hören, und ich stellte mir immer vor, dass dieser liebevolle und bedeutsame Begriff einer perfekten Freundschaft geweiht wäre und dass man das Wort zärtlich nur verwenden konnte, wenn man über diese sprach.« Für Clélie ist es Zärtlichkeit, die es uns erlaubt, sich in die Sicht eines anderen hineinzuversetzen – eine Fähigkeit, die wir heutzutage als *Empathie* bezeichnen. Es ist Zärtlichkeit, die uns veranlasst, Zeit mit einem unglücklichen Freund zu verbringen statt mit einer amüsanteren Beschäftigung. Es ist Zärtlichkeit, die uns veranlasst, die Fehler unserer Freunde zu entschuldigen und ihre Tugenden zu übertreiben.[96]

Zu einer Stellungnahme gedrängt hätte Mlle. de Scudéry die Freundschaft über die erotische Liebe gestellt. Sie und ihresgleichen hatten guten Grund, sich vor der flatterhaften Galanterie zu hüten, die so viele ihrer Zeitgenossinnen für Liebe hielten. Wenn sie alleinstehend waren wie Mlle. de Scudéry, verwitwet wie Mme. de Sévigné oder physisch und emotional von ihren Ehemännern getrennt wie Mme. de La Fayette, fanden sie vielleicht in einer Freundschaft das, was sie in ihrer Ehe nicht gefunden hatten: Eine Seelenfreundin oder einen Seelenfreund ohne fleischliches Verlangen.[97]

MME. DE SÉVIGNÉ UND MME. DE LA FAYETTE

Für die zahlreichen Frauenfreundschaften, die sich in den oberen Gesellschaftsschichten etablierten, ist die zwischen Mme. de Sévigné und Mme. de La Fayette ein herausragendes Beispiel. Sie kannten einander länger als vierzig Jahre, gingen, wenn sie in Paris waren, in ihren jeweiligen Häusern fast täglich ein und aus, hielten brieflich Kontakt, wenn sie nicht zusammen sein konnten, und unterstützten einander in guten und in schlechten Zeiten. Sie standen auch ihren jeweiligen Familienangehörigen hilfreich zur Seite und ließen, wie so viele andere Höflinge während der Herrschaft Ludwig XIV. keine Gelegenheit aus, mittels ihrer persönlichen Beziehungen zu hochrangigen Amtsträgern und zum König höchstpersönlich für das Wohlergehen ihrer Lieben sorgen. Wie auch in anderen Epochen zuvor war das, was Aristoteles eine »Freundschaft um des Nutzens willen« nannte, für Mme. de Sévigné und Mme. de La Fayette gleichbedeutend mit authentischer, gegenseitiger Fürsorge.

Ihre Freundschaft ist außerdem außergewöhnlich gut dokumentiert, da beide Frauen großartig schreiben konnten: Mme. de Sévigné wurde die bekannteste Briefschreiberin ihrer Zeit, und Mme. de La Fayette verkörperte die perfekte Romanautorin, auch wenn ihre Bücher zu Lebzeiten anonym veröffentlicht wurden. Obwohl beide heirateten, Kinder gebaren und in ständigem Kontakt mit vielen anderen Mitgliedern ihres gesellschaftlichen Milieus standen, wurden sie beste Freundinnen, die sich umeinander kümmerten. So schrieb Mme. de La Fayette gegen Ende ihres Lebens an Mme. de Sévigné: »Glauben Sie mir, meine Liebste, Sie sind diejenige Person auf der Welt, die ich am aufrichtigsten geliebt habe.«[98]

Mme. de Sévigné (1626–1696) war bereits eine verheiratete Frau mit zwei kleinen Kindern, als sie Mlle. Marie-Madeleine Pioche de La Vergne, die zukünftige Mme. de La Fayette (1634–1693) kennenlernte. Mme. de Sévigné, acht Jahre älter, die im Marais wohnte, wo sie aufgewachsen war, gehörte bereits zu den Stammgästen des Hôtel de Rambouillet und war mit einigen der bekannteren Schriftsteller ihrer Zeit freundschaftlich verbunden, was insbesondere auf den gebildeten Dichter Gilles Ménage zutraf. Die beiden Frauen wurden 1650 durch Heirat entfernte Verwandte, aber auch wenn sie keine gemeinsamen Verwandten gehabt hätten, wären sie zwangsläufig Freundinnen geworden, da sie denselben gesellschaftlichen und literarischen Zirkeln angehörten und einander von Anfang an gut verstanden.

MME. DE SÉVIGNÉ, MME. DE LA FAYETTE
UND MÉNAGE

Wie Mme. de Sévigné schloss Marie-Madeleine de la Fayette eine wichtige Freundschaft mit dem Literaten Ménage. Freundinnen zu haben schloss besonders in den Zirkeln der französischen Oberschicht auch männliche Freunde nicht aus, wo eine Geschlechtertrennung niemals in dem Ausmaß stattgefunden hat wie in vielen anderen Ländern. 1650, als Ménage 38 war und Marie-Madeleine fast 17, bedachte er sie eilig mit den gleichen Galanterien, mit denen er zuvor auch Madame de Sévigné beglückt hatte. Ménage war zwar Abt, aber kein Priester und konnte so Frauen auf platonische Art den Hof machen, wie es in Frankreich und England in Mode gekommen war. Im Jahr 1651 war Mme. de Sévigné besonders empfänglich für seine Gunstbezeugungen, zumal ihr Mann, ein notorischer Frauenheld, in einem Duell um die Ehre seiner Mätresse ums Leben gekommen war.

Ménage machte einmal den Versuch, seine Beziehungen zu den beiden Frauen in einer Notiz an den Schriftsteller Huet klarzustellen: »Ich glaube, Sie haben mich früher einmal sagen hören, dass ich Mme. La Fayette in Versen und Mme. de Sévigné in Prosa liebte.«[99] Anscheinend war seine Verbindung zu Mme. de Sévigné immer handfest und verlässlich, während die zu Mme. de La Fayette romantischer und empfindsamer war. Um nur ein Beispiel für ihre gegenseitigen Anschuldigungen zu nennen, beklagte Mme. de La Fayette sich darüber, dass Ménage ihr manchmal Dinge vorenthielt, die ihren Freunden durchaus bekannt waren. »Als Ihre Freundin in dem Ausmaß, wie ich es bin, halte ich es einfach für lächerlich, dass ich immer als Letzte von Dingen erfahre, die Sie betreffen, und ich schäme mich, wenn ich anderen sagen muss, dass ich nichts davon weiß.«[100]

Zum Glück für die Nachwelt hat Ménage viele der Briefe von Mme. de La Fayette aufgehoben, doch ein Großteil der Briefe, die sie an Mme. de Sévigné geschrieben hat, ist leider nicht erhalten. Doch die Briefe der Mme. de Sévigné, die sie ab 1670 an ihre verheiratete Tochter Mme. de Grignan sandte, sind ein literarischer und historischer Schatz. Diese Briefe sprühen so vor Leben, sind so detailliert und so unterhaltsam, dass sie in zahlreichen Abschriften kursierten. Mme. de Sévignés Cousin, Bewunderer und Freund, Roger de Bussy-Rabutin, fasste die Gefühle eines Mannes zusammen, der ihre Briefe mit größtem Vergnügen in Empfang nahm: »Gestern bekam ich Ihren Brief, Madame; er ist fünf Seiten lang, und ich versichere Ihnen, dass ich ihn allzu kurz fand ... mir scheint, als sei ein Zauber in Ihren Briefen, den man sonst nirgendwo findet, und es ist nicht die Freundschaft, die ich für Sie hege, welche sie mir besonders ausschmückt, denn viele kritische Menschen, die Sie nicht kennen, bewundern sie [ebenfalls].«[101]

Nachdem Marie-Madeleine Pioche de la Vergne 1655 Mme. de La Fayette wurde, konnten sie und Mme. de Sévigné einander nicht mehr so häufig sehen wie vorher. Der Graf de La Fayette, ein Witwer, fast doppelt so alt wie seine Braut, hatte Besitztümer in der weit entfernten Auvergne, wo das Paar dann auch die meiste Zeit des Jahres verbrachte. Aber Mme. de La Fayette konnte es einrichten, zu ausgedehnten Besuchen nach Paris zurückzukehren, und irgendwann zog sie auf Dauer wieder in ihr Haus in der Rue de Vaugirard ein, während ihr Mann in der Auvergne blieb, um seinen Besitz zu verwalten. Im 17. und 18. Jahrhundert war ein solches Arrangement für Mitglieder des Adels nicht ungewöhnlich, denn Eheschließungen waren eher eine Sache des Familiennamens und der Finanzen als der Liebe. Für adelige Frauen hatte ein solches Arrangement den Vorteil, dass es ihnen größere Freiheiten gewährte, wie etwa ein aktives Gesellschaftsleben mit Freunden beider Geschlechter zu führen.

Bei ihrer Rückkehr nach Paris nahm Mme. de La Fayette ihre persönlichen Treffen mit Mme. de Sévigné und dem Dichter Ménage wieder auf. Sie konnte auf deren Hilfe bauen, als sie nach einem Domizil in Paris Ausschau halten musste, da ihr eigenes Haus vermietet war. Ausdrücklich wies sie Ménage an: »Ich würde sehr gerne in der Nähe von Mme. de Sévigné logieren, also in der Nähe des Place Royale [heute Place des Vosges].«[102] Schließlich zog sie wieder in ihr eigenes Haus in der Rue de Vaugirard ein, wo sie im März 1658 einen Sohn gebar. Wie es für Frauen ihres Standes üblich war, empfing sie nach der Geburt Mme. de Sévigné, Ménage und ausgewählte Freunde in dem Bereich zwischen Bett und Wand, der sogenannten *ruelle*. Da die Schlafzimmer wohlhabender adeliger Frauen oft sehr geräumig waren, passte eine erhebliche Anzahl von Damen in die *ruelle*, und mit der Zeit wurde dieser Begriff gleichbedeutend mit einem literarischen Salon.

Sobald sie wieder auf den Beinen war, nahm Mme. de La Fayette wieder Verbindung mit der Gruppe der *Précieuses* auf, die sich regelmäßig zu den »Samstagen« von Mlle. de Scudéry im Marais einfanden. Auch besuchte sie wegen ihrer Freundschaft mit Henriette d'Angleterre, der Frau des Bruders von Ludwig XIV., von Zeit zu Zeit den königlichen Hof. Die Freundschaft war entstanden, als Henriette als junges Mädchen ihrer Mutter, der französischstämmigen englischen Königin Henrietta Maria, ins Exil folgte, nachdem Karl I. enthauptet worden war. Obwohl Henriette zehn Jahre jünger war als Mme. de La Fayette, verband die beiden Frauen eine Art Seelenverwandtschaft, die erst mit Henriettes unerwartetem Ableben im Alter von 26 Jahren ihr Ende fand. Tief getroffen von diesem tragischen Tod schrieb Mme. de La Fayette Henriettes Biografie (*Histoire de madame Henriette d'Angleterre*), wie es die junge Prinzessin ihr selbst einmal vorgeschlagen hatte. Das Werk sollte der persönlichen Erinnerung dienen, und so blieb es auch zu Mme. de La Fayettes Lebzeiten.

Das erste von Mme. de La Fayette veröffentliche Werk war ein Porträt der Mme. de Sévigné.[103] Unter dem Deckmantel *Inconnu* schrieb Mme. de La Fayette einen Lobgesang auf eine nicht namentlich genannte Frau, wenngleich es kein Geheimnis war, dass es sich dabei um Mme. de Sévigné handelte: »Ihre Seele ist groß, edel, dazu angetan, Schätze zu verteilen ... Sie sind sensibel für Ruhm und Ehrgeiz, und nicht weniger sensibel sind Sie für Vergnügen ... Freude ist der wahre Zustand Ihrer Seele, und Verdruss ist Ihnen fremder als jedem anderen Menschen auf der Welt.«

Die Autorin, die sich als Mann ausgibt, fährt fort: »Von Natur aus sind Sie zärtlich und leidenschaftlich, aber zum Leidwesen unseres Geschlechts ist diese Zärtlichkeit nutzlos für Sie, denn Sie bewahren sie innerhalb Ihres eigenen Geschlechts und schenken sie Madame de La Fayette.«[104] Das ist ein erstaunlicher Text! Mme. de La Fayette ließ alle Welt wissen, dass sie und nicht ein Mann das Herz ihrer besten Freundin besaß. Sie machte ihre Freundschaft in aller Öffentlichkeit bekannt, zu einer Zeit, als *amitié* der letzte Schrei war und sowohl gleichgeschlechtliche wie heterosexuelle Bindungen umfasste.

Wie die Emotionen, die Katherine Philips in der englischen Dichtkunst geäußert hatte, galten die Gefühle der Mme. de Sévigné vorrangig der Mme. de La Fayette, mit Ausnahme ihrer geradezu besessenen Liebe zu ihrer 1646 geborenen Tochter Françoise-Marguerite, die der Nachwelt als Mme. de Grignan bekannt wurde. Als vorrangige Adressatin der ausführlichen Episteln der Mme. de Sévigné – veröffentlicht im 20. Jahrhundert in drei dicken Bänden in der angesehenen Edition Pléiade – nimmt Mme. de Grignan eine Sonderstellung in der französischen Literatur- und Sozialgeschichte ein.

Ihre Tochter um sich zu haben und im Kreis ihrer engsten Freunde zu sein war das, was Mme. Sévigné sich unter dem Paradies vorstellte. Wie etwa im Sommer 1667, als alle gemeinsam auf dem Land weilten. Sie schrieb an einen Freund:

> M. d'Andilly sitzt zu meiner Linken, sozusagen an der Seite meines Herzens. Mme. de Lafayette habe ich zu meiner Rechten; Mme. du Plessis mir gegenüber, der es Freude macht, kleine Bilder zu zeichnen, und Mme. de Motteville ein wenig weiter weg, tief versunken in Träumen; unser Onkel de Saissac, den ich fürchte, da ich ihn kaum kenne; Mme. de Caderousse, seine Schwester, eine neue Frucht, die Sie nicht kennen, und Mlle. de Sévigné überall und nirgends, die wie eine kleine Hornisse kommt und geht.[105]

Frauen der Elite wie sie hatten die Mittel, das Pflegen der Freundschaften zu »beweglichen Festtagen« zu machen, die sie häufig auf ihren diversen Landsitzen weit weg von ihren Stadthäusern feiern konnten. Anders als Mitglieder der Unterschicht waren sie nicht auf räumliche Nähe angewiesen und brauchten sich daher nicht auf Freundschaften unter Nachbarn zu beschränken.

Aber bald wurde es für Mme. de Sévigné Zeit, ihre Tochter zu verheiraten. Mme. de La Fayette, die dieses Vorhaben spontan unterstützte, lieh Mme. de Sévigné die beträchtliche Summe von fünfhundert *livres* als Mitgift für deren Tochter – ohne Frage ein Zeichen wahrer Freundschaft, zumal sie mit einer Rückzahlung erst in mehreren Jahren rechnen konnte. 1669 heiratete Mme. de Sévignés Tochter Monsieur de Grignan – einen 40-jährigen, zweifach verwitweten Grafen –, der später Gouverneur der Provence wurde. Diese neue Aufgabe brachte es mit sich, dass seine Frau mit ihm in den Süden Frankreichs umziehen musste. Mme. de Sévigné war untröstlich. Es war die Tragödie ihres Lebens, abgemildert nur durch die Gesellschaft ihrer treuen Freundin in der Rue de Vaugirard.

MME. DE LA FAYETTE UND
FRANÇOIS DE LA ROCHEFOUCAULD

Zu diesem Zeitpunkt hatte Mme. de La Fayette auch eine enge Freundschaft mit François de Rochefoucauld geschlossen, dem herausragenden Autor von Memoiren und Lebensweisheiten. Diese heterosexuelle Freundschaft war emblematisch für die neuen Beziehungen, die einigen wenigen aristokratischen Frauen offenstanden, die sich darum bemühten, den Männern intellektuell gleichgestellt zu werden. Niemand konnte ihnen einen Sitz im Zentrum der Kultur streitig machen, zumal sie ebenfalls lesen und schreiben und sich über Literatur, Kunst und Musik unterhalten konnten. Und da Frauen die Salons organisierten, war es im Interesse der männlichen Schriftsteller, sich mit ihren Gastgeberinnen und ihrer weiblichen Entourage gut zu stellen. Veröffentlicht Autoren wie La Rochefoucauld und Ménage hatten keine Bedenken, Mme. de La Fayette und Mme. de Sévigné als wertvolle Gesprächspartnerinnen und sogar potenzielle Schriftstellerinnen zu behandeln, wenngleich Einvernehmen darüber bestand, dass Frauen ihres Standes nur anonym veröffentlichen sollten.

Genauso, wie sich Mme. de Sévigné und Mme. de La Fayette den Dichter Ménage »geteilt« hatten, so »teilten« sich Mme. de La Fayette und Mme. de Sévigné nun auch La Rochefoucauld. Trotz seiner berühmt-berüchtigten ätzenden Sichtweise auf die Menschheit baute Mme. de Sévigné auf ihn als ein weiteres mitfühlendes Ohr angesichts ihrer anhaltenden Bemühungen, die negativen Auswirkungen der Abwesenheit ihrer Tochter zu mildern. Um Mme. de Grignan in ihrem Leben ständig präsent zu halten, schenkte sie Mme. de La Fayette ein erlesenes Porträt ihrer Tochter.

Als Mme. de Sévigné aus Paris abreiste, um ihre Tochter in der Provence zu besuchen, erwies sich ihr Abschied von Mme. La Fayette als extrem schmerzlich: »Mme. de Lafayettes zartes Wesen kann die Abreise einer Freundin, wie ich es bin, nicht leicht ertragen.«[106] Mit *zart* spielte sie nicht nur auf Mme. de La Fayettes große Sensibilität an, sondern auch auf die verschiedenen Malaisen, von denen sie ständig geplagt wurde, namentlich »Vapeurs« und Fieber, was sich mit zunehmendem Alter noch verschlimmerte.

Was Mme. de La Fayette anbelangte, so ließ diese keine Gelegenheit aus, in ihren Briefen Freundlichkeiten an Mme. de Grignan zu adressieren. Am 14. Juli 1673 schrieb sie an Mme. de Sévigné in der Provence: »Bitte geben Sie Mme. de Grignan einen Kuss von mir für all ihre Vollkommenheiten.«[107] Ein paar Monate später, als sie hörte, dass Mme. de Sévigné ihre Rückkehr nach Paris verschoben hatte, schrieb sie: »Solange Sie Mme. de Grignan mitbringen, will ich mich nicht beklagen.«[108]

Eine Freundin der Mutter zu sein hieß gleichzeitig, eine Freundin der Tochter zu sein – und sogar eine Freundin von Charles, dem Sohn, den Mme. de Sévigné ebenso zu vernachlässigen pflegte wie Mme. de La Fayette ihre Söhne. Ihre auf Frauen ausgerichtete Freundschaft schloss zwar Mme. de Grignan als ein »drittes Selbst« mit ein, nicht aber die männlichen Verwandten – weder Söhne noch Ehemänner. Nach ihrer kurzen, unbefriedigenden Ehe wollte Mme. de Sévigné nicht mehr heiraten, und Mme. de La Fayettes Ehemann war so wenig präsent, dass es, als er 1683 starb, den Anschein hatte, als habe er sich unbemerkt davongeschlichen.

La Rochefoucauld sorgte für eine männliche Komponente. Die »Paarbeziehung«, die La Rochefoucauld und Mme. de La Fayette wegen ihrer literarischen Interessen und ihrer gleichermaßen schwachen Gesundheit pflegten, erweiterte sich wie selbstverständlich zu einer Dreierbeziehung, wann immer Mme. de Sévigné bei ihnen in Paris weilte. Wenn sie in der Provence war, hielt Mme. de La Fayette sie über ihre und La Rochefoucaulds Pariser Aktivitäten auf dem Laufenden und vergaß nie, ihr zu versichern, wie sehr man sie vermisste. »Ich hoffe auf Ihre Rückkehr mit der Ungeduld, die unserer Freundschaft würdig ist.«[109] Am Tag ihrer Rückkehr nach Paris wurde Mme. de Sévigné von einem Schwarm Freunden willkommen geheißen, darunter auch Mme. de La Fayette und La Rochefoucauld, und als sie sich anschließend in ihr Zimmer zurückzog, um sich von der Reise zu erholen, hielt La Rochefoucauld Wache, um sicherzustellen, dass sie zwei Tage bei ihnen blieb.

Wieder vereint in Paris sahen sich die beiden Frauen ständig, ob bei sich zu Hause oder zum Abendessen bei Freunden. Manchmal besuchten sie gemeinsam Musikveranstaltungen, wie etwa die Oper, die ihnen Tränen in die Augen trieb.[110] Auch hielten sie sich gern auf dem nahen Land auf. Da die

Nachmittage und Abende fast immer für ihre Freunde reserviert waren, fand Mme. de La Fayette vermutlich nur morgens Zeit zum Schreiben.

1678 wurde *Die Prinzessin von Clèves* anonym veröffentlicht. Obwohl Mme. de La Fayette ihre Autorenschaft niemals öffentlich einräumte, wurde richtigerweise vermutet, dass sie das Buch geschrieben hatte, vielleicht gemeinsam mit La Rochefoucauld. Der Roman wurde in Frankreich sofort zu einem Bestseller, und schon im nächsten Jahr folgte eine viel gelesene Übersetzung auf Englisch. Als engste Freundin der Autorin war Mme. de Sévigné von dem Roman begeistert und sorgte dafür, dass alle ihre Bekannten, darunter mehrere Priester, ihn lasen.[111] (Unvorstellbar, dass sie nicht gewusst haben soll, wer hinter dem anonymen Autor steckt.)

Doch leider musste Mme. de Sévigné ihrer Tochter bald die traurige Nachricht überbringen, dass La Rochefoucauld im Sterben lag. Sie schrieb: »Ich verbringe quasi meine gesamte Zeit bei Mme. de La Fayette. Sie müßte, um nicht aus tiefster Seele traurig zu sein, die Beglückung der Freundschaft und die Zärtlichkeit des Herzens weniger gut kennen.«[112] Zwei Tage darauf war La Rochefoucauld tot. Mme. de Sévigné teilte die tiefe Gram ihrer »armen Freundin« und fragte rhetorisch: »Wo aber wird Frau von La Fayette einen solchen Freund … wiederfinden?« Scharfsichtig beobachtete sie, dass die beiden durch ihre langen Krankheiten »füreinander unverzichtbar« geworden waren, und glaubte fest daran, dass »nichts … sich mit der Vertrautheit und dem Zauber dieser Freundschaft vergleichen«[113] lässt.

Mme. de La Fayette sollte noch weitere dreizehn Jahre leben. Zum Glück konnte sie immer auf Mme. de Sévigné zählen. Im Alter suchten beide einen engeren Kontakt zu ihren Söhnen, und nach einer Abwesenheit von 20 Jahren kam Ménage zurück und brachte den Frauen die galanten Aufmerksamkeiten in Erinnerung, die ihnen in ihrer Jugend so viel Spaß gemacht hatten. Mme. de La Fayette war die Erste, die ihr Schweigen ihm gegenüber brach: »Ich würde gern Neues von Ihnen erfahren, Monsieur. Unsere alte Freundschaft ist immer noch so, dass ich mir Sorgen um Ihre Gesundheit mache.«[114] Nachdem Mme. de La Fayette und Ménage sich wieder ausgesöhnt hatten, erklärte sie ihm, welche besondere Bedeutung die Freundschaft im Herbst ihres Lebens für sie hätte: »Ich möchte Ihnen sagen, wie tief mich Ihre Freundschaft berührt. Die Zeit und das Alter haben mir alle meine Freunde genommen.«[115] Besonders im Alter gewinnt Freundschaft mehr und mehr an Bedeutung, wenn der Tod die Anzahl der Freunde verringert.

Mme. de Sévigné versorgte ihre Tochter weiterhin mit einer Flut von Nachrichten, als betrachtete sie sich als offizielle Chronistin von Mme. de La Fayettes Leben. In einer häufig zitierten Epistel schrieb sie diese bemerkenswerten Worte: »Mme. de Lafayette ist von allen Seiten und allen Gesellschaftsschichten mit Freunden gesegnet. Sie hat hundert Arme ...«[116] In der Tat hatte Mme. de La Fayette viele Freunde, aber als Ménage im Juli 1692 starb, kam sie nie mehr darüber hinweg und war bis zu ihrem eigenen Tod am 25. Mai 1693 die meiste Zeit ans Bett gefesselt.

Die Freundin, die ihr am meisten bedeutete – Mme. de Sévigné –, hielt sich zu diesem Zeitpunkt in der Provence auf und konnte sie nur aus der Ferne betrauern. Die überlebende Frau klagte einem anderen Mitglied ihres gesellschaftlichen Zirkels in einem langen Brief ihr Leid: »Sie kannten Frau von La Fayettes bewundernswerte Eigenschaften aus eigener Erfahrung. ... Ich pries mich glücklich, seit sehr langer Zeit ihre Zuneigung zu genießen. Nie hat auch nur die kleinste Wolke unsere Freundschaft getrübt ...«[117] Mme. de Sévigné blieb drei weitere Jahre in der Provence und starb dort im Beisein ihrer Tochter.

Als Folge der relativ hohen Alphabetisierungsrate bei Frauen in der französischen und englischen Oberschicht sind uns zahlreiche Berichte über ihre Freundschaften in Form von Briefen, Memoiren, Gedichten und Romanen erhalten. Es steht außer Frage, dass die meisten Dokumente in erster Linie einen kleinen Prozentsatz der Bevölkerung betreffen, nämlich die Frauen der Hautevolee, die hauptsächlich damit beschäftigt waren, einander zu besuchen und zu unterhalten. Gesellschaftliche Stellung und finanzielle Mittel waren die Eintrittskarte in diese Welt, und die gemeinsam verbrachte Freizeit war allem Anschein nach das sine qua non für die Pflege jahrelanger Freundschaften. Aber dennoch haben sie Allgemeingültigkeit: Einzelne Menschen hielten Ausschau nach anderen Menschen auf der Grundlage von Nähe, persönlicher Anziehung, Ähnlichkeiten und gleichgearteten Interessen. Zweifellos gab es viele Freundschaften, die aus Selbstinteresse und zum Zweck gegenseitiger Dienstleistungen entstanden – Motive, die männliche Denker von Aristoteles bis La Rochefoucauld akzeptierten –, was Freundinnen aber nicht davon abhielt, sich auch umeinander zu kümmern, wenn sie keinen Nutzen davon hatten. Ein Beispiel dafür sind Mme. de Sévigné und Mme. de La Fayette, die einander mehr als 40 Jahre lang kannten, schätzten und unterstützten.

Das 17. Jahrhundert markiert einen Wendepunkt in der Geschichte von Frauenfreundschaften. In den Zirkeln der Oberschicht in England und Frankreich übernahmen Frauen eine zunehmend wichtigere Rolle beim Schließen und Beenden von Freundschaften. Ebenso wie 500 Jahre zuvor Frauen bei der französischen Erfindung der Minne eine wichtige Rolle gespielt hatten, so entwickelten sich *salonnières* zu Lenke-

rinnen des gesellschaftlichen Lebens der Eliten beiderlei Geschlechts.[118] Unter der Anleitung namhafter Gastgeberinnen
vervollkommneten die Repräsentanten der Hochkultur, die in
diesen Salons verkehrten, ihre sozialen Fähigkeiten und eig-
neten sich die gehobene Sprache und ein Verhalten an, das
noch Jahre später ein absolutes Muss in der feinen Gesellschaft
war. Das, was sich in England und Frankreich in den obersten
Gesellschaftsschichten abspielte, schwappte schließlich nach
Westeuropa und wenig später sogar auf ausgewählte Kreise des
kolonialen Amerikas über.

SECHS

Patriotische Freundschaften

*»Kann Patriotismus in einem Herzen wohnen,
in dem kein Platz für Freundschaft ist?«*
— CATHERINE MACAULAY AN MERCY OTIS WARREN, 15. JULI 1785

»Alte Freunde können niemals von mir vergessen werden.«
— ABIGAIL ADAMS AN MERCY OTIS WARREN, 4. MÄRZ 1797

Die Bande der Freundschaft, die im Zuge politischer Umstürze und in Kriegen geschlossen werden, gehören zu den stärksten überhaupt. Männer und neuerdings auch Frauen erinnern sich mit einer im Leben selten gewordenen Loyalität an ihre Kameraden beim Militär, auch wenn sie einander danach nicht mehr regelmäßig sehen. Auf ähnliche Weise können politische Anliegen Katalysatoren für eine Freundschaft sein, wenn zwei Mitstreiter sich absondern und sich fortan zu zweit dafür engagieren. Auch wenn der ursprüngliche Anlass irgendwann seine Dringlichkeit verloren haben mag, halten Freunde ihren gemeinsamen Einsatz für eine Bewegung in Ehren, die ihnen ein kollektives Identitätsgefühl vermittelt und ihrem Leben einen Sinn gegeben hat.

Im 18. Jahrhundert, als die meisten französischen und britischen Staatsangehörigen die Herrschaftsordnung der Monarchie nicht infrage stellten, schlug im kolonialen Amerika eine republikanische Grundstimmung Wurzeln. In den 1770er-Jahren erhoben die Verfechter einer Herrschaft des Volkes oder deren gewählten Repräsentanten ihre Stimme. Was in Gesprächen im privaten Freundeskreis hinter vorgehaltener Hand seinen Anfang genommen hatte – oder wie Mercy Otis Warren es ausdrückte, in den »soft whispers of private friendship« –, breitete sich bald als Ruf nach Freiheit über die ganze Welt aus.

Mercy Otis Warren, eine gebildete Schriftstellerin aus Plymouth, Massachusetts, wurde zur zentralen Figur in einem Kreis von Freundinnen, die über ihre Sympathien für republikanische Ideen zueinander gefunden hatten. Wie ihre männlichen Gegenstücke orientierten sie sich an den Helden und Heldinnen des antiken Rom und schrieben es sich auf die Fahne, für die Ideale von Patriotismus und Freiheit zu kämpfen. Sie sahen sich als Mitwirkende bei der Gestaltung einer Republik mit Modellcharakter, dafür waren sie bereit, innerhalb der ihrem Geschlecht zustehenden Möglichkeiten Opfer zu bringen. Als Protest gegen britische Steuern boykottierten sie importierten Tee, unterzeichneten Treueeide für patriotische Anliegen und trieben Geld für die militärische Verteidigung ein.[119]

In der Umgebung von Boston kommunizierten Patriotinnen hauptsächlich brieflich; gelegentlich besuchten sie einander zu Hause. Viele dieser Frauen kamen aus gut betuchten Familien und hatten eine relativ gute Erziehung genossen, auch wenn sie nicht wie ihre Brüder in Harvard studieren durften. Eine Besonderheit ihrer Freundschaften bestand darin, dass ihre Ehemänner ebenfalls eingebunden waren. Der eine oder andere Brief wurde sogar gemeinsam von beiden Ehepartnern verfasst, und Besuche waren oftmals Familienangelegenheiten mit Ehemännern und Kindern im Schlepptau.

Mercy Otis Warren stammte aus einer Familie von Politikern, ihr Vater und ihre Brüder bekleideten politische Ämter. Ihre Briefpartnerinnen hatten ähnlich angesehene Vorfahren:

Hannah Winthrop etwa war die Ehefrau des Harvard-Mathematikers John Winthrop, dessen Vorfahren zu den Gründern der Massachusetts Bay Colony gehörten. Abigail Adams war die Großenkelin des Hobbyfarmers und Politikers John Quincy und die Ehefrau des späteren Präsidenten John Adams. Zudem erstreckte sich Warrens brieflicher Radius über den Atlantik zur berühmten britischen Historikerin Catherine Macaulay, bekanntermaßen eine Sympathisantin der amerikanischen Sache. Da Mercy Warren, Hannah Winthrop und Abigail Adams mit sehr prominenten Männern verheiratet waren und es sich bei Warren und Macaulay um veröffentlichte Autoren handelte, ist ihr Briefwechsel zu weiten Teilen erhalten. Denken Sie daran, dass in den Jahren der Revolution Briefe insbesondere dann weitergegeben, vorgelesen und vielfach kopiert wurden, wenn sie mit öffentlichen und halb öffentlichen Personen in Zusammenhang standen; Ähnliches geschah schließlich bereits hundert Jahre zuvor mit den Briefen der Mme. de Sévigné.

MERCY OTIS WARREN UND ABIGAIL ADAMS

Mercys Freundschaft mit Abigail Adams begann in einem Sommer, als die Eheleute Adams die Warrens in Plymouth besuchten; im Anschluss daran wurde die Freundschaft in erster Linie brieflich aufrechterhalten. Wie Abigail Adams' Biografin Edith Gelles schreibt:

In den folgenden einundvierzig Jahren betrachteten diese zwei außergewöhnlichen Frauen einander als Freundinnen, verbunden durch soziale und religiöse Herkunft, Loyalität und weibliche Empathie sowie gegenseitiger Wertschätzung ihrer Intelligenz. Sie waren nicht immer gleicher Meinung; sie debattierten oft und gingen über lange Zeiträume getrennte Wege. Doch die Beziehung hielt hauptsächlich deshalb, weil beide entschlossen waren, sie am Leben zu halten.[120]

Angesichts eines Altersunterschiedes von 16 Jahren und der Tatsache, dass Mercy bereits so etwas wie eine literarische Größe in der Region war, begann ihre Freundschaft unter ungleichen Vorzeichen. Wenn Abigail anfangs zu Mercy als ihrer Mentorin aufgesehen hatte, wurde sie mit der Zeit selbstsicherer und lernte, sich gegen ihre berühmte Freundin zu behaupten.

Beide Frauen betrachteten sich als Patriotinnen, ähnlich wie ihre Ehemänner, berühmte Staatsdiener, nur dass sie im häuslichen Bereich wirkten, wo es ihrer Verantwortung oblag, ihre Kinder (fünf bei Mercy, vier bei Abigail) zu rechtschaffenen Bürgern zu erziehen. Beide hatten ihre Rollen als Ehefrau und Mutter zu spielen, doch im Gegensatz zu Anne Bradstreet im 17. Jahrhundert beteiligten sich diese Frauen des 18. Jahrhunderts an Diskussionen zu öffentlichen Anliegen, die zuvor ausschließlich Männern vorbehalten waren. So berichtete Abigail schon kurz nach ihrem ersten Zusammentreffen in einem Brief an Mercy von der später berühmt gewordenen Boston Tea Party: In der Nacht zum 16. Dezember 1773 hatten patriotische Amerikaner aus Protest gegen die vom britischen Parlament erhobenen Steuern eine komplette Schiffsladung mit Tee in den Bostoner Hafen gekippt. Abigail vermutete zu Recht, wie andere aufgebrachte amerikanische Kolonialisten auch, dass dieser rebellische Akt im Namen der Freiheit eine viel größere Verwüstung nach sich ziehen würde: »Der Tee, dieses elende Kraut, ist eingetroffen… großer und wirksamer Widerstand wurde dessen Anlandung entgegengesetzt… Die Flamme ist entfacht und springt wie ein Blitz von Seele zu Seele über.«[121]

Im Verlauf des amerikanischen Unabhängigkeitskrieges vertraute Abigail ihre Ängste und ihre brennende Hoffnung für die Revolutionäre ihrer Freundin an, und Mercy antwortete voller Mitgefühl, obgleich ihre Prosa, typisch für sie, steifer und didaktischer ausfiel. In den Jahren, in denen ihre Ehemänner sich aktiv am revolutionären Kampf beteiligten, festigten der gemeinsame Patriotismus und die gemeinsame Religion ihre Freundschaft. Als John Adams ein Gründervater in Philadelphia wurde und seine Frau mit der Verwaltung der Farm in Braintree zurückließ, fand Abigail in Mercy eine mitfühlende Seele: Deren eigener Ehemann lebte als Mitglied des Repräsentantenhauses in Massachusetts, weit entfernt von ihrem Heim in Plymouth. Die viel größere Entfernung zwischen Philadelphia und Braintree – eine Reise von mindestens zwei Wochen – hatte zur Folge, dass Abigail ihren Ehemann in den folgenden zwei Jahren kaum zu Gesicht bekommen sollte.

Die beiden Frauen fanden ein wenig Trost in dem Glauben, dass sie die Tugenden der antiken römischen Matronen mit ihren patriotischen Idealen und Opfern hatten wiedererstarken lassen. Während amerikanische Männer sich den griechisch-römischen Soldaten und tugendhaften Bürger zum Vorbild erkoren, fanden Frauen ihr Vorbild in der römischen Matrone – einer verheirateten Frau, der Attribute wie keusch, würdevoll, opferbereit und gebildet zugeschrieben wurden.[122] Um diese geistige Verbindung deutlicher herauszustellen, schlug Mercy Abigail vor, den Aliasnamen Portia anzunehmen, der Ehefrau von Brutus, während sie sich Marcia nannte, vermutlich zu Ehren der Ehefrau von Cato dem Jüngeren. (Der literarische Gebrauch von Beinamen begegnete uns bereits in den Gedichten von Katherine Philips und den Romanen der Mlle. de Scudéry.) Doch später, als Abigail sich darüber beklagte, wie sehr ihr die Abwesenheit ihres Mannes zusetzte, tat Mercy die

Einsamkeit ihrer Freundin mit einer von Selbstmitleid triefen-
den Antwort ab: »Du hast Schwestern bei der Hand und viele
angenehme Freunde um dich herum, was ich nicht habe. Seit
ich von Braintree zurück bin, hatte ich weder eine Freundin an
einem Nachmittag zu Besuch, noch habe ich bis auf ein oder
zwei Mal bei einem Ausritt irgendeine andere Menschenseele
draußen getroffen.«[123] Mercy sprach ihren kürzlichen Besuch
bei Abigail in Braintree an, wo sie diese im Kreis ihrer Schwestern und Freunde erlebt hatte. Belastet von diversen Problemen in der Familie, darunter finanzielle Schwierigkeiten und
Kriegsverletzungen ihrer Söhne, war Mercy nicht mehr in der
Lage, Abigail eine mitfühlende Freundin zu sein.

Während des Kontinentalkongresses 1776 schrieb eine er-
starkte Abigail ihren berühmt gewordenen Brief an John, in
dem sie ihn bat: »Remember the Ladies« (Vergiss die Frauen
nicht). Sie erinnerte ihn daran, dass »alle Männer Tyrannen
wären, wenn sie es könnten« und schlug vor, dass nicht nur
Männer, sondern auch Frauen von der Revolution profitieren
und von Gesetzen geschützt werden sollten. Als John diesen
Vorstoß für einen Scherz hielt, machte Abigail ihrem Ärger
bei Mercy Luft: »Ich wagte es, ein Wort im Interesse unseres
Geschlechts auszusprechen, das von den Gesetzen in England
ziemlich benachteiligt wird, welche den Ehemännern eine so
unbegrenzte Macht geben, ihre Frau schlecht zu behandeln.«
Sie wünschte sich, dass einige Gesetze »zu unseren Gunsten
erlassen werden mögen, basierend auf gerechten und liberalen
Prinzipien«, und regte sogar an, dass Frauen kollektiv Widerstand leisten sollten. Ein Brief, der darauf hinweist, ob Mercy
Abigails feministische Gefühle teilte oder nicht, ist leider nicht
erhalten.[124]

In ihrer Ehe, die länger als 50 Jahre währen sollte, sprachen
Abigail und John in ihren Briefen einander mit den Worten

»Dearest Friend« an. Ihre Ehe war in der Tat eine kamerad-
schaftliche Verbindung, in der der Begriff *Freund* sehr ernst
genommen wurde. Sie betrachteten einander als komplemen-
täre Seelen, die sich immer um das Wohlbefinden des anderen
kümmern würden, auch wenn ihr Briefwechsel ihr einziges
Medium war, um ihre Gefühle auszutauschen.

Und als John gegen Ende des Jahres 1777 zum Mitglied der
Delegation ernannt wurde, die einen Vertrag über ein ameri-
kanisch-französisches Bündnis aushandeln sollte, konnte Abigail die Vorstellung einer transatlantischen Trennung nicht
länger ertragen. Abigail schrieb an Mercy und hoffte auf mitfühlendes Verständnis, doch stattdessen redete ihre Freundin
ihr zu, diese Bürde auf sich zu nehmen, wenn sie eine wahre
Patriotin sein wolle. »Wenn dein Dearest Friend nicht in der
Lage wäre, seinem Land einen so wichtigen Dienst zu erweisen, hätte man ihm nicht zugemutet, zugunsten dieser Aufgabe
das Opfer zu bringen, eine Zeit lang auf seine geliebte Frau und
die plappernde kleine Brut zu verzichten.«[125] Mercy spendete
ihrer Freundin keinen Trost, sondern drängte Abigail sogar zu
diesem großen Verzicht. Nach heftigem emotionalem Kampf
willigte Abigail schließlich ein, und John reiste, begleitet vom
zwölfjährigen Sohn John Quincy Adams, nach Frankreich ab.
Ihres Ehemannes wie auch ihres ältesten Sohnes beraubt rech-
nete Abigail noch immer fest damit, dass ihre Freunde zu würdigen wüssten, wie viel sie persönlich für ihre staatsbürger-
lichen Pflichten geopfert hatte.

Sie startete auch ein kleines Handelsunternehmen, in dem
Mercy als ihre Vertriebspartnerin für kleinere Artikel wie
Taschentücher, Teeservices und anderer Luxusgüter fungierte,
welche John aus Europa herüberschickte. Mercy versorgte ihre
Freundinnen auch mit Heilkräutern und Nähfaden aus der
Küstenregion von Plymouth, und Hannah Winthrop agierte

als Mittlerin zwischen ihren Freundinnen auf dem Land und den etablierten Handwerksleuten in Cambridge. Auf diese Weise leisteten die Freundinnen einander konkrete materielle Hilfe und vergaben manchmal sogar Kredite.[126]

Kurz nachdem John und John Quincy abgereist waren, ermunterte Abigail 1778 ihre Tochter Abigail jr., den Winter bei Mercy in Plymouth zu verbringen. Mercy, Mutter von fünf Söhnen, war glücklich, ein Mädchen im Teenageralter unter ihrem Dach zu haben, und das Mädchen war offenbar glücklich, in Gesellschaft einer so vornehmen Frau sein zu dürfen. Mercy schrieb, dass »Nabby« ihr immer mehr ans Herz wachse, je länger sie bei ihr war. Zur gleichen Zeit erhielt Abigail Besuch von Mercys Söhnen und versorgte einen von ihnen mit Tipps für seine kurz bevorstehende Reise nach Europa. Liebe mich, liebe meine Kinder: Dieses Mantra, das einst auf Mme. de Sévigné und Mme. de La Fayette zutraf, gilt genauso für Mercy Otis Warren und Abigail Adams, deren Kinder ihre Ersatzmütter auch in den Jahren danach immer wieder besuchten. Es trifft auch auf die Freundschaft zwischen Mercy und Hannah Winthrop zu, was unter anderem durch die Tatsache belegt ist, dass die Söhne der Warrens während ihres Studiums in Harvard bei den Winthrops wohnten.

In den Jahren der Abwesenheit Johns hatte Abigail bisweilen Schwierigkeiten, ihre Freundschaft zu Mercy wie gewohnt aufrechtzuerhalten, denn James Warrens Karriereweg erwies sich im Vergleich zu Johns Aufstieg in der Welt der Diplomatie als eher steinig. Die Warrens wurden zunehmend eifersüchtig und verbittert. Sie glaubten, dass John Adams und dessen politische Verbündete die Revolution durch ihre Europäisierung verraten hatten – kurz gesagt, konservativer geworden waren und dem Prinzip der Erbfolge aufgeschlossener gegenüberstanden. Als Abigail schließlich den Entschluss fasste, zu John nach England zu ziehen, wo er zum Botschafter am Hof von St. James berufen worden war, war die Beziehung zwischen den beiden Familien im Vergleich zu den vorrevolutionären Jahren eindeutig abgekühlt. Während Abigails Auslandsaufenthalts von 1783 bis 1787 schrieb sie nur selten an Mercy.

Ungeachtet ihrer verletzten Gefühle unterstützten Abigail und John nach wie vor Mercys Plan, eine Geschichte der amerikanischen Revolution zu schreiben. Abigail, die Mercy immer schon Abschriften ihrer Briefe von John überlassen hatte, schickte auch weiterhin nützliche Informationen aus den diplomatischen Zentren von London und Paris, um deren Arbeit zu unterstützen. Mercys Konzentration auf ihr historisches Projekt half ihr wahrscheinlich, mit der prekären wirtschaftlichen Situation ihrer Familie zurechtzukommen, mit der es weiter abwärtsging. Die Warrens konnten sich nie an die junge Republik mit ihrer relativ starken Zentralregierung gewöhnen, zumal sie immer die kleinen ländlichen Gemeinden vor Ort favorisiert hatten. Mercy wetterte immer noch gegen die Ernennung eines mächtigen Regierungschefs, was sie als Hinwendung zur Monarchie betrachtete.

Ironischerweise hielt sie das aber nicht davon ab, John Adams um Unterstützung zu bitten, ihre Söhne und ihren Ehemann in politische Ämter zu vermitteln. Johns schroffe Ablehnung und besonders dessen Kritik an James Warren, dessen »Unbeliebtheit« ihm zu Ohren gekommen war, erschütterte Mercy bis ins Mark. Die Beziehung zwischen den Warrens und den Adams' erreichte ein neues Tief, dessen ungeachtet setzte Abigail ihren Briefwechsel mit Mercy fort und stattete ihr vor Johns Inauguration zum Präsidenten 1797 einen Besuch ab. Abigail versicherte Mercy: »Alte Freunde können niemals von mir vergessen werden.«[127]

In ihrer *History of the Rise, Progress, and Termination of the American Revolution*, die sie 1805 veröffentlichte, nahm Mercy Rache an John Adams. Sie porträtierte ihn als einen mit wenig Geduld gesegneten Kleingeist und spielte seine Verdienste als Revolutionär, Diplomat, Vizepräsident und Präsident herunter. Das Buch führte tatsächlich zu einem Bruch der Freundschaft der beiden Familien. Als Mercy 1814 starb, würdigte Abigail dennoch die einzigartige Bedeutung ihrer Freundin: »Nehmt sie alles nur in allem; Wir werden nimmer ihresgleichen sehn. ... Mir war sie eine Freundin mehr als fünfzig reifende Sommer lang.«[128]

Trotz der erheblichen Differenzen, die sie in späteren Jahren auseinandergebracht hatten, haben die Adams' wie auch die Warrens ihren Platz in den amerikanischen Geschichtsbüchern und in der Geschichte über Frauenfreundschaften verdient. In den 1760er- und 1770er-Jahren, als James' und Mercys Domizil in Plymouth das Zentrum kommunaler Politik war, gehörte John Adams zu ihrem Zirkel prominenter Männer und Frauen aus Massachusetts, die republikanische Ideen vertraten. Es war das Haus der Warrens in Plymouth, in dem Abigail Mercy kennenlernte und wo ihre langjährige Verbindung ihren Anfang nahm. Wie es bei Ehefrauen und Müttern oft der Fall war (und ist), erstreckte sich die Freundschaft zwischen Abigail und Mercy auch auf deren Kinder, kollidierte aber mit den Ehemännern. In den 1780er- und 1790er-Jahren, als Johns Stern aufging und James' Stern sank, überschatteten negative Gefühle die Beziehung, die in erster Linie von James und Mercy, aber auch von John ausgingen. Es sieht so aus, als hätte Abigail sich am meisten bemüht, die Freundschaft am Leben zu halten, selbst wenn sie zeitweise nur »den Anschein einer Freundschaft« hatte.[129] Abigails großherzige spontane Art stand im Gegensatz zu Mercys Empfinden, immer zu kurz gekommen zu sein. Und als sich das Machtgleichgewicht zwischen ihnen verschob, schuf Abigail eine gastfreundliche Aura, die viele Freunde, alte wie neue, umfasste. Dennoch vergaß sie nie, was sie Mercy Otis Warren, der älteren kultivierten Frau, zu verdanken hatte, die sie in ihren Anfängen unter ihre Fittiche genommen und ihr schließlich geholfen hatte, auf eigenen Füßen zu stehen.

MERCY OTIS WARREN UND CATHERINE MACAULAY

Mercy Warrens Freundschaft mit der Historikerin Catherine Macaulay begann 1773, im selben Jahr wie ihre Freundschaft mit Abigail Adams. Da Macaulay in England lebte, wurde die Beziehung ausschließlich mittels Briefen aufrechterhalten, abgesehen von einer Ausnahme, als Macaulay sie von 1784 bis 1785 in Amerika besuchte. In einer ausführlichen Studie über ihre Beziehung schreibt die Historikerin Kate Davies: »Catherine Macaulay und Mercy Otis Warren tauschten fast 20 Jahre lang Briefe und Gedanken aus. Vom kosmopolitischen London und von Bath einerseits und dem provinziellen Massachusetts andererseits pflegten sie eine enge Freundschaft, die fast ausschließlich brieflich und von unzuverlässigen, transatlantischen Postwegen abhängig war.«[130] Obwohl Warren drei Jahre älter war als Macaulay, hatte sich Letztere in England mit ihrer *History of England* bereits einen Namen gemacht, das als mehrbändiges Werk erschien und bis zu seiner Fertigstellung 1783 in acht Fortsetzungen vorlag. Im Gegensatz dazu veröffentlichte Warren ihre lyrischen Romane bis 1790 anonym, weshalb ihr bis zu ihrem Lebensende eine öffentliche Anerkennung versagt blieb. Dennoch behandelten sie einander von Anfang an als intellektuell ebenbürtig und hegten als Freundinnen große Sympathien füreinander.

Den Grundstock für die Freundschaft der beiden Frauen bildete ihre Unterstützung der amerikanischer Patrioten, die größere Freiheiten von der imperialen Herrschaft forderten. In einer Adresse an das britische Volk schrieb Macaulay: »Sollte ein Bürgerkrieg zwischen Großbritannien und seinen Kolonien ausbrechen, dann könnte entweder das Mutterland durch eine einzige große Kraftanstrengung sich selbst und auch Amerika ruinieren oder die Amerikaner könnten nach einem andauernden Kampf ihre Unabhängigkeit erlangen.« In jedem Fall würde britischen Bürgern nur »der bloße Besitz eurer nebligen Inseln bleiben, und das unter der Gewalt eines örtlichen Despoten«. Solche Worte waren nicht angetan, bei Macaulays Landsleuten Sympathien für sie zu wecken, doch sie waren Musik in den Ohren von Mercy Warren und gleichgesinnten Amerikanern.[131]

Catherine Macaulays öffentliche Äußerungen und persönliche Briefe kursierten in Massachusetts unter Republikanern beiderlei Geschlechts. Mercys Briefe an Catherine waren privaterer Natur, auch wenn sie sich um Politik drehten, die sie als gleichermaßen weibliche wie männliche Domäne betrachtete:

Sie sehen, Madam, ich schenke der Ansicht keine Beachtung, dass aus Frauen nur indifferente Politiker werden können … Wenn die Beobachtungen der Wahrheit entsprechen und dem Herzen und dem Charakter Ehre machen, ist es für mich sehr unwesentlich, ob sie in vertraulichen Gesprächen unter Freunden von weiblichen Lippen fließen oder sie im Senat in der dreisteren Sprache des anderen Geschlechts hinausgepoltert werden.[132]

Die »vertraulichen Gespräche unter Freunden« sagen alles. Wie Abigail Adams ging auch Mercy immer davon aus, dass Frauen im öffentlichen Raum durch das Medium der Konversation eine Rolle zu spielen hatten, vergleichbar mit der Rolle, die Männer im Senat spielten. Hinzu käme, dass Frauen, die in dieser Zeit von den grundlegenderen Aspekten der Politik ferngehalten würden, vielleicht rationalere Beurteilungen abgeben könnten als Männer. Dieses Argument kennen wir schon: Es wurde bereits von der englischen Schriftstellerin Mary Astell geäußert, nur ein paar Jahrzehnte früher.

Statt sich für das vorgeblich emotionalere Wesen von Frauen zu entschuldigen, wandelten Macaulay und Warren es im politischen Raum sogar zu ihrem Vorteil um. Da beide über das verfügten, was sie eine Sprache des Herzens nannten, stimmten sie darin überein, dass die Liebe der Frauen für die Familie, Freunde und den Staat sich auf den öffentlichen Diskurs auswirken sollte. Und um den Wert der Gefühle und der persönlichen Beziehungen von Frauen zu betonen, stellte Macaulay die rhetorische Frage: »Kann Patriotismus in einem Herzen wohnen, in dem kein Platz für Freundschaft ist?«[133] Warren und Macaulay waren ihrer Zeit weit voraus: Sie hätten ohne Weiteres den feministischen Slogan des 20. Jahrhunderts für sich reklamieren können, dass das Private politisch ist.

Dieses Beispiel einer fast ausschließlich brieflich aufrechterhaltenen Freundschaft beschwört eine Frage herauf, die sich 200 Jahre später im Zusammenhang mit Internetfreundschaften erneut stellt: Können zwei Menschen wirklich Freunde werden, ohne einander von Angesicht zu Angesicht zu sehen? Wenn Freundschaft von einem kontinuierlichen Austausch von Gefühlen und Ideen geprägt ist, kombiniert mit gegenseitiger Sympathie und Respekt, dann war die Freundschaft zwischen Macaulay und Warren eine echte Freundschaft. Viele »Freundschaften« mit persönlichen Kontakten erreichen niemals ein solches Maß an Übereinstimmung. Dazu kommt, dass ihr Engagement für die Unabhängigkeit Amerikas und die Bildung einer gerechten Republik ihnen ein gemeinsames Anliegen gab, das sie für den Rest ihres Lebens teilten.

Ihre Freundschaft wurde 1784 auf den Prüfstand gestellt, als Macaulay in die noch jungen Vereinigten Staaten reiste. Sie wurde von ihrem zweiten Mann, William Graham, begleitet, den sie 1778 geheiratet hatte. Da Macaulay seit 1766 Witwe war, konnte es ihr niemand verübeln, dass sie sich ein zweites Mal verheiratet hatte. Ihre Wahl allerdings – ihr Mann war erst 21, sie dagegen 47 – musste zwangsläufig einen Skandal heraufbeschwören. Warren stand loyal zu ihrer Freundin und verteidigte Macaulays freie Entscheidung, einen 26 Jahre jüngeren Mann zu heiraten. Sie verwies auf das stillschweigende Vorrecht der Männer, ungestraft eine deutlich jüngere Frau zu heiraten. So gesehen war Warren toleranter als ihre Freundin Abigail Adams, die von dieser Liaison geradezu entsetzt war.

Es war nicht die Heirat, die einen vorübergehenden Bruch der Freundschaft zwischen Mercy und Catherine herbeiführte, sondern etwas nicht Vorhersehbares, ja Triviales. Während ihres Aufenthaltes in New England beschloss Catherine, einen neu gegründeten Club namens Sans Souci zu besuchen, in dem sich die Bostoner Elite zu Musik, Tanz, Karten- und Glücksspiel traf. In Mercys Augen war der Club ein Muster von Konsumkultur und moralischem Niedergang, die sich in der Nachkriegsgesellschaft breitgemacht hatten.

Und da war noch etwas: Warren wurde – fälschlicherweise – beschuldigt, ein Theaterstück verfasst zu haben, das für Macaulay nicht besonders schmeichelhaft war, und von dieser Missstimmung waren beide betroffen. Der öffentlich ausgetragene Streit um die Sans-Souci-Gruppe brachte Differenzen zwischen den beiden Frauen an den Tag, die bis dahin geglaubt hatten, einander in jeder Hinsicht ähnlich zu sein. An diesem Beispiel wird deutlich, dass die kosmopolitische britische Lady und ihr eher provinzielles Gegenstück aus Massachusetts sich einfach nicht auf eine gemeinsame Formel für angemessenes gesellschaftliches Verhalten einigen konnten.

Dennoch war bei den beiden Ladys noch ein genügend dickes Polster an freundlichen Gefühlen vorhanden, mit dem sie ihre Unstimmigkeiten verpflastern konnten, bevor Macaulay wieder nach England zurückkehrte. Jede von ihnen legte Wert auf die Freundschaft der anderen und wollte sie weiterführen; und so nahmen sie ihre Schreibfedern wieder in die Hand und korrespondierten weitere sechs Jahre über den Atlantik hinweg. Macaulay veröffentlichte wie zuvor ihre politischen Gedanken bis 1790, ein Jahr vor ihrem Tod, den ihre transatlantische Freundin aufrichtig betrauerte.

Der Freundeskreis um Mercy Otis Warren wurde von den aufregenden Tagen der vorrevolutionären Debatten und danach von den Gefahren und Entbehrungen im Krieg zusammengehalten. Ihre persönlichen Freundschaften wurden bereichert vom Gefühl der Sinnhaftigkeit, das die Revolution ihrem Leben verlieh. Das galt nicht nur für Männer wie John Adams und James Warren, die beim Aufbau einer neuen Nation eine öffentliche Rolle spielten, sondern auch für ihre Ehefrauen, die an der häuslichen Front ihren Anteil beisteuerten. Patriotische Frauen widmeten sich als Ehefrauen, Mütter und Freundinnen dem Dienst an der Sache, an die sie glaubten. Es war das erste von vielen politischen Anliegen, die amerikanische Frauen in den folgenden 250 Jahren zusammenbringen sollten.

REPUBLIKANERINNEN IN FRANKREICH

Die amerikanische Revolution endete offiziell 1783 mit dem Vertrag von Paris, geschickt ausgehandelt von John Adams, Benjamin Franklin und John Jay. Als Alliierte der Amerikaner unterzeichneten die Franzosen ein separates Abkommen mit

Großbritannien. Niemand hätte sich 1783 vorstellen können, dass die französische Monarchie nur wenige Jahre später von ihrer eigenen Revolution gestürzt werden sollte.

Während der Französischen Revolution von 1789 bis 1795 endeten Freundschaften oft auf tragische Weise. Anders als ihre amerikanischen Gegenspieler, die im Allgemeinen zwischen Patrioten und britischen Loyalisten noch ein Fünkchen Höflichkeit walten ließen, rutschten die französischen Revolutionäre in einen grausamen, blutigen Klassenkampf ab. Vielen Freundschaften, die im Schmelztiegel der Revolution geknüpft wurden, war angesichts des Tributs an Menschenleben, den die Guillotine forderte, keine Dauerhaftigkeit beschert.

Frankreich hat das Bild der Freundschaft in seinem berühmten Bekenntnis »Freiheit, Gleichheit, Brüderlichkeit« bewahrt; dabei ist trotz des geschlechterspezifischen Begriffes *Brüderlichkeit* anzunehmen, dass damit Frauen wie Männer gemeint sind. Wenngleich Beziehungen unter Frauen nicht so deutlich hervortraten wie Männerfreundschaften, so spielten sie in der Französischen Revolution doch durchaus eine Rolle. Nachdem diese Tatsache zwei Jahrhunderte lang unter den Tisch gekehrt wurde, hat die Wissenschaft sich erst kürzlich darangemacht, sie aufzudecken.[134]

Die privaten Freundschaften aristokratischer Frauen, die als Feinde der Revolution ins Visier genommen wurden, zerbrachen, als sie in den Untergrund gingen oder, noch tragischer, auf die Guillotine stiegen. Denken Sie an das blutige Ende der Prinzessin de Lamballe, Königin Antoinettes bester Freundin: Ihr Kopf wurde am Fenster der Gefängniszelle der Königin vorbeigetragen. Einige aristokratische Frauen zogen sich in die Provinzen zurück, wo Freunde bereit waren, sie zu verstecken. Ausgewanderte Frauen, die vorher nie einer Arbeit nachgegangen waren, schlossen sich in London zusammen und stellten zum Verkauf geeignete Gegenstände wie bestickte Kleider und bemalte Fächer her, um ihre Familien zu versorgen. Freundschaften beschränkten sich normalerweise auf die jeweiligen gesellschaftlichen Klassen, obwohl es viele Beispiele von Bürgerlichen und Bauersfrauen gab, die bedrohte Aristokratinnen freundlich behandelten; einige von ihnen nahmen sich sogar der Kinder an, wenn eine Mutter fliehen musste oder in den Kerker geworfen wurde.

Freundschaften entstanden in neu gegründeten Vereinen patriotischer Frauen, wie etwa der *Société des républicaines révolutionnaires*, und regionalen Gruppen von *Citoyennes* (Bürgerinnen). Im Gegensatz zu ihren amerikanischen Gesinnungsgenossinnen in den 1770er-Jahren erhoben einige Französinnen in den späten 1780er- und frühen 1790er-Jahren öffentlich und kollektiv ihre Stimmen. Diese Frauen bündelten ihre Kräfte, schrieben Petitionen, in denen sie ihre Beschwerden darlegten, und forderten von der neu eingesetzten Regierung Wiedergutmachung. Frauen der Arbeiterklasse, von Fisch- und Blumenhändlerinnen bis hin zu Handwerkerinnen und Verkäuferinnen, beteiligten sich an Straßenprotesten und Krawallen, in denen sie alles Denkbare einforderten, von billigerem Brot bis hin zum Recht, Waffen zu tragen. Auch wenn wir nur wenige Aufzeichnungen über die spezifischen Freundschaften haben, die in diesen weiblichen Enklaven geknüpft wurden, fällt es nicht schwer, sich die privaten Beziehungen vorzustellen, die vielleicht aus ihren gemeinsamen Anstrengungen hervorgingen, den Verlauf der Revolution zu beeinflussen.

Diese Gruppen probten einen derartig vehementen Aufstand, dass die Nationalversammlung »Frauenvereine und vom Volk besuchte Clubs« allesamt per Gesetz verbot. Die ausschließlich aus Männern zusammengesetzte Versammlung verfügte 1793, dass Frauen nicht fähig seien, politische Rechte auszuüben und sich niemals in politischen Vereinigungen zusammenfinden dürften. »Die privaten Aufgaben, für die Frauen von ihrer Natur her bestimmt sind, beziehen sich auf die allgemeine Gesellschaftsordnung; diese Gesellschaftsordnung ergibt sich aus dem Unterschied zwischen Mann und Frau. Jedes Geschlecht ist zu der Art von Beschäftigung berufen, die zu ihm passt.«[135] Dies sollte in den kommenden 150 Jahren der allgemeine Tenor der Gesetzgebung in Frankreich sein, bis 1945 französische Frauen endlich das Wahlrecht erlangten.

MADAME ROLAND UND SOPHIE GRANDCHAMP

Das vielleicht dramatischste Zeugnis einer patriotischen Frauenfreundschaft während der Französischen Revolution betrifft die Freundschaft zwischen Mme. Roland und Sophie Grandchamp. Direkt nach der Revolution erlangte Mme. Roland wegen ihrer beachtenswerten Memoiren Berühmtheit, die sie 1793 während ihres fünfmonatigen Gefängnisaufenthalts schrieb, der mit ihrer Hinrichtung endete. Hätte sie diese Memoiren nicht hinterlassen, wäre ihr Leben, ihr Bild für die Nachwelt vermutlich auf ihre Eigenschaft als Ehefrau des Innenministers Jean-Marie Roland de la Platière reduziert geblieben. Und ganz bestimmt hätte sich niemand für ihre Freundschaft mit Sophie Grandchamp interessiert. Doch es war Sophie Grandchamp, die die Notizbücher der Mme. Roland aus dem Gefängnis herausschmuggelte und von der Unerschrockenheit ihrer Freundin an deren Todestag Zeugnis ablegte.

Werfen wir einen Blick zurück: Mme. Roland wurde 1793 im Zusammenhang mit der von Robespierre durchgeführten Säuberung der Abgeordneten aus der Region Gironde, zu denen auch M. Roland de la Platière gehörte, verhaftet. Während er in die Südostprovinzen flüchtete, blieb Mme. Roland und stellte sich den Feinden ihres Mannes. Nachdem sie prompt anstelle ihres Mannes in den Kerker geworfen wurde, machte sie sich an die Aufzeichnung dessen, was später der berühmteste Augenzeugenbericht der Revolution werden sollte. Mme. Roland war für ein solches Unternehmen wie kaum ein anderer geschaffen, denn sie verfügte über das Insiderwissen zu den inneren Abläufen der revolutionären Politik. Darüber hinaus hatte sie schon einen lebendigen literarischen Stil entwickelt, den sie bis zu jenem Zeitpunkt jedoch nur in privaten Briefen und in geschäftlichen Dokumenten eingesetzt hatte, die sie für ihren Mann schrieb.

Während der ersten beiden Jahre ihrer politischen Tätigkeit waren die Rolands bereit gewesen, sich den Zielen von Revolutionären wie Danton, Marat und Robespierre anzuschließen, die sie regelmäßig in ihrem Haus empfangen hatten. Aber die Gefängnismassaker vom September 1792 hatten sie moralisch so empört, dass sie mit ihren ehemaligen Verbündeten brachen und das Schicksal so vieler anderer teilten, die vom Terror verschlungen wurden.

Sophie Grandchamp war die engste Freundin von Mme. Roland in deren letzten beiden Lebensjahren. Als gebildetes Mitglied der Bourgeoisie, die kostenlosen Unterricht in Astronomie, Grammatik und Literatur gab, schrieb Grandchamp 1806 auch ihre eigenen Erinnerungen nieder, in denen sie von ihrer engen Beziehung zu Mme. Roland berichtete, die im Februar 1791 ihren Anfang genommen hatte. Aus ihrer Sicht war diese Beziehung einer Liebesgeschichte ähnlich – ein wechselseitiger Freudentaumel der Seele, der allerdings Spannungen zwischen Grandchamp und M. Roland heraufbeschwor, da beide um Mme. Rolands Zuwendung und Zuneigung buhlten.

Zwischen den beiden Frauen gab es sogar so etwas wie einen »Beziehungskrach«, der erst beigelegt wurde, als Grandchamp Mme. Roland im Gefängnis besuchte.

Grandchamp war der erste Mensch, der Mme. Rolands psychologische Gründe für deren glühende Beteiligung an revolutionärer Politik zu verstehen versuchte. Sie glaubte, dass ihre begabte Freundin mit ihrem Leben in der Provinz unglücklich gewesen war, bis sie nach dem Ruf ihres Mannes ins Innenministerium ihren Gefühlen Ausdruck geben konnte. Wie Grandchamp es interpretierte, hatte Mme. Roland »den insgeheimen Ehrgeiz verfolgt … eine Bühne zu betreten, auf der sie alle ihre Talente entfalten konnte«, und sobald sie diese Bühne gefunden hatte, zeichnete sie sich dadurch aus, dass sie die Ideen ihres Mannes weiterverbreitete.[136]

Wie Mme. Roland in ihren eigenen Memoiren schrieb: »Wenn es um ein Rundschreiben, um eine Anleitung, um ein wichtiges Dokument ging … nahm ich die Feder zur Hand, die zu benutzen ich mehr Zeit hatte als er.«[137] Was sie bewusst verschweigt, ist, dass sie in Wahrheit die wichtigste Figur hinter dem Bureau d' Opinion Publique war, das offiziell von ihrem Mann geleitet wurde.

Im Gefängnis schüttete Mme. Roland der einzigen Freundin ihr Herz aus. Bevor sie Grandchamp kennenlernte, waren ihre Freunde ausschließlich Männer gewesen; diese hatte sie unter den republikanischen Abgeordneten gefunden, die während der Amtszeit ihres Mannes ihr Haus besuchten. In diesem Kreis hatte sie den Ton angegeben und kaum einen Blick an andere Frauen verschwendet, die sie als intellektuell minderwertig empfand. Sophie Grandchamp war eine Ausnahme, und sie erwies sich in Mme. Rolands letzten Tagen in jeder Hinsicht als wahre Freundin.

Als die Hinrichtung näher rückte, bat Mme. Roland Sophie

Grandchamp anwesend zu sein, wenn man sie zur Guillotine brachte: »Ihre Anwesenheit wird die Angst lindern, die dieser abscheuliche Gang hervorruft. Ich werde wenigstens sicher sein, dass ein Wesen, das meiner würdig ist, der Stärke Ehrerbietung erweisen wird, die mich auf einem so grauenvollen Leidensweg nicht verlassen wird.« Sophie befolgte die Anweisungen ihrer Freundin. Eine Stunde bevor Mme. Roland aus dem Conciergerie-Gefängnis kam, stellte sie sich an das Ende der Pont Neuf. Sie trug dieselbe Kleidung, die sie getragen hatte, als sie einander zuletzt getroffen hatten. Sobald sie Mme. Rolands Gesicht in dem Karren entdeckte, der sie zur Guillotine brachte, schaute Grandchamp ihr direkt ins Gesicht: »Sie war frisch, ruhig und lächelte … Als sie sich der Brücke näherten, suchten ihre Augen nach mir. Ich sah die Zufriedenheit in ihrem Gesicht, als sie mich bei diesem letzten, unvergesslichen Rendezvous entdeckte.«[138]

Dieses Zeugnis für eine Freundschaft angesichts der unmittelbar bevorstehenden Hinrichtung gab der Legende von Mme. Roland als Märtyrerin, die ihren republikanischen Prinzipien treu blieb, zusätzlich Nahrung. Andere Augenzeugen berichteten von den bewegenden Worten, die sie vor der Freiheitsstatue am Place de la Révolution (heute Place de la Concorde) ausstieß: »Ach, Freiheit, wie viele Verbrechen sind in deinem Namen begangen worden!«

Mme. Roland erwähnte Sophie Grandchamp in ihren Memoiren mit keinem Wort, obwohl es einen Hinweis auf eine (ungenannte) Frau gibt, die sie, abgesehen von drei loyalen Männern, im Gefängnis besuchte. Vielleicht erwähnte sie die Freundin deshalb nicht, um Grandchamp womöglich das gleiche Schicksal zu ersparen, das ihr bevorstand. Oder vielleicht war Sophie Grandchamp für die Geschichte, die Mme. Roland hinterlassen wollte, einfach nicht wichtig genug. Zweifellos war

Mme. Roland der Star in ihrer Beziehung und Grandchamp so etwas wie ein Satellit. Dennoch wählte Mme. Roland Sophie Grandchamp zur Zeugin ihres letzten Leidenswegs. Sie wählte eine Frau, die sich in ihre Situation hineinversetzen konnte und die ihr tragisches Schicksal aufzeichnen würde. Getreu ihrem Versprechen schaute Grandchamp unverwandt zu, wie ihre beste Freundin auf die Guillotine gekarrt wurde, und getreu ihrem Ideal einer Freundschaft widmete sie sich danach der Aufgabe, Mme. Roland zu unsterblichem Ruhm zu verhelfen.

Frauenfreundschaften des späten 18. Jahrhunderts, ob in Amerika oder in Frankreich in eine vorgefertigte, republikanische Form gepresst, verhalfen vielen Frauen zu einer neuen Wertschätzung. Obwohl Frauen in beiden Ländern das Recht verwehrt wurde, öffentliche Funktionen auszuüben, bestärkten die »vertraulichen Gespräche unter Freunden« sie in ihrem Wunsch, eine größere politische Rolle zu spielen – wenngleich diese erst im 20. Jahrhundert in vollem Umfang verwirklicht werden sollte.

SIEBEN

Romantische Freundschaften

»Ich liebe Dich, fest, offen, innig, ich achte Dich hoch,
ich vertraue auf Dich ohne Rückhalt.«
— SIBYLLE MERTENS AN ADELE SCHOPENHAUER, 8. MÄRZ 1836

»Warum sollen wir getrennt werden? … Bestimmt,
Ellen, muss es daran liegen, dass wir Gefahr laufen,
einander zu sehr zu lieben.«
— CHARLOTTE BRONTË AN ELLEN NUSSEY, 20. FEBRUAR 1837

»Fühle dich ein Dutzend Mal geküsst, mein Liebling.«
— MARY HALLOCK (FOOTE) AN HELENA DE KAY (GILDER),
ENDE DER 1860ER-JAHRE

»Ich vergötterte Madame Alicia, aber das war eine stille Art von Liebe;
ich brauchte eine brennende Leidenschaft. Ich war fünfzehn Jahre alt.«
— GEORGE SAND, *GESCHICHTE MEINES LEBENS*, 1876

Um 1800 wurden Freundschaften unter Frauen intimer. Britische, deutsche, französische und amerikanische Frauen – um nur die offensichtlichsten Beispiele zu nennen – begannen in der Sprache der Liebe miteinander zu korrespondieren. Es war nicht unüblich, dass Mädchen und Frauen einander *Liebling*, *Süße* und *Schatz* nannten und davon sprachen, einander auf immer und ewig zu lieben. Heranwachsende Mädchen umarmten und küssten einander und machten kein Geheimnis aus ihren Schwärmereien für bestimmte Mitschülerinnen. Frauen vertraten die Ansicht, dass eine Freundschaft zwischen Mann und Frau nie so »echt« sein könne wie eine romantische Freundschaft zwischen zwei Frauen, und sie beklagten sich bitterlich, wenn Verlobte oder Ehemänner ihnen ihre besten Freundinnen abspenstig machten.

Die amerikanische Historikerin Nancy Cott weist in ihrem wegweisenden Buch *The Bonds of Womanhood* auf diese neue Geisteshaltung hin. Sie schreibt, dass »die Tagebücher und der Briefwechsel von Frauen in Neuengland darauf hindeuten, dass sie ab dem späten 18. Jahrhundert bis in die Mitte des 19. Jahrhunderts hinein zum ersten Mal ein selbstbewusstes und idealisiertes Konzept weiblicher Freundschaft entwickelten«.[139] Sie verknüpft diesen Paradigmenwechsel damit, dass Frauen zunehmend mit »Herz« identifiziert wurden, dem Symbol für Liebe, Mitgefühl, Mitleid und Empathie. Von Frauen wurde erwartet, dass sie ihr Herz ihren emotional minderbemittelten männlichen Gegenspielern öffneten, aus dem gemeinsamen Verständnis heraus, dass Männer stärker und rationaler seien und folglich geeignet, einen Gegenpol zur extremen Empfindsamkeit von Frauen zu bilden. Eine Konsequenz dieser Anschauung war, dass rein weibliche Freundschaften eine höhere Wertschätzung erfuhren als jemals zuvor.

Die Wurzeln dieser Veränderungen lagen auf der anderen Seite des Atlantiks in Europa, wo der Freundschaftskult fast ebenso populär geworden war wie der Liebeskult. Die präromantischen und romantischen Bewegungen in der Literatur (zwischen 1760 und 1850) ermunterten die Menschen, tiefe Gefühle zu entwickeln und ihren Gefühlen durch Tränenströme, Seufzer und poetische Ergüsse freien Lauf zu lassen. Beginnend mit Jean-Jacques Rousseaus *Julie oder Die neue Heloise* (1761) in Frankreich und Johann Wolfgang von Goethes *Die Leiden des jungen Werther* (1744) in Deutschland – Romane, die in ganz Europa zu Bestsellern wurden – wurde dem *Gefühl* ein hoher Stellenwert eingeräumt, und damit war ein Gegenpol zum Vernunftprinzip der Aufklärung entstanden. Eine Frau oder ein Mann ohne Sensibilität, ohne eine »natürliche« Tendenz zu Zuneigung, Zärtlichkeit, Freundschaft und Liebe wurde als unzureichend angesehen. Und genau in dieser überhitzten Atmosphäre etablierten sich romantische Freundschaften.

Die englischen Schriftsteller der Romantik, die in Rousseaus Fußstapfen traten, suchten ebenfalls bei den alten Griechen nach Leitbildern für Freundschaft. Sie wollten alles nachahmen, was sie an der griechischen Freundschaft als bewundernswert betrachteten, und verzichteten lediglich auf deren homosexuelle Komponente. Der englische Dichter Percy Bysshe Shelley beispielsweise, der im 18. Jahrhundert Platos *Symposium* übersetzte, trat für eine Welt von Männern ein, verbunden in universeller Brüderschaft – ein Ideal, das trotz Shelleys Fokus auf Männer Frauen nicht ausschloss. Doch selbst Shelley wäre wahrscheinlich überrascht gewesen, welche Bedeutung romantische Frauenfreundschaften im 19. Jahrhundert erlangen sollten.

Romantische Freundschaften zwischen zwei Mädchen oder zwei Frauen waren wie Liebesaffären oft leidenschaftlich, ausschließlich und beinahe zwanghaft. (Das wird niemanden überraschen, der heutzutage mit Mädchen im Teenageralter zu tun hat.) Schwärmereien von Heranwachsenden, die häufig in Mädchenschulen ihren Anfang nahmen, entwickelten sich oft zu lebenslangen Freundschaften, die selbst dann noch Bestand hatten, wenn eine der Freundinnen oder beide heirateten. Die Gesellschaft akzeptierte die sentimentale Vertrautheit zweier Frauen nicht nur, sondern förderte sie sogar als ein weibliches Ideal. Männer hatten – entsprechend ihrem gesellschaftlichen Status – ihre Arbeit, Vereine, Clubs oder Kneipen; was konnte es für Frauen dann Schöneres geben, als ihre Freizeit in vertrauter Gesellschaft der besten Freundin zu verbringen?

Aber wenn sich zwei Frauen in den Kopf setzten, ohne den Schutz eines Ehemannes, einer Mutter oder Tante zusammenzuleben, dann gab es Gerede. Ähnlich war es bei der 39-jährigen Eleanor Butler und der 23-jährigen Sarah Ponsonby, zwei Ladys, die 1778 ihr Zuhause in Irland verließen, um sich in Nordwales anzusiedeln. Ihr erster Fluchtversuch wurde von ihren Familien vereitelt; darauf deutet der folgende Brief einer Verwandten von Miss Butler hin: »Die Ausreißerinnen sind erwischt ... Männer waren nicht im Spiel, und anscheinend ist es auch nichts weiter als eine Art romantische Freundschaft.«[140] Verglichen mit einem heterosexuellen Verhältnis gab es Schlimmeres, was dem Namen einer Familie widerfahren konnte, als eine »romantische Freundschaft« zwischen zwei Frauen. Irgendwann erlaubten die Familien von Miss Butler und Miss Ponsonby ihren Umzug nach Llangollen Vale in Wales. Dort lebten sie mehr als 50 Jahre zusammen und erlangten Berühmtheit als die »Ladies of Llangollen« wegen »ihrer heiligen Freundschaft, so beständig wie rein«, um die Worte der Dichterin Anna Seward zu zitieren.[141]

Butlers und Ponsonbys Zeitgenossen setzten *romantisch* nicht mit *lesbisch* gleich – ein Begriff, der erst im späten 19. Jahrhundert geläufig werden sollte. *Lesbianism*, ein englischer Begriff, der die erotischen Praktiken zwischen zwei Frauen beschreibt, fand wie auch das englische Wort *homosexuality,* das sowohl für Männer wie für Frauen galt, in den 1870er-Jahren Eingang in den Wortschatz von Wissenschaftlern (der deutsche Begriff *Homosexualität* wurde bereits 1869 eingeführt). Davor wurden romantische Freundschaften unter Frauen im Allgemeinen nicht sexuell gesehen, weshalb eine Frau große Zuneigung, ja sogar echte Liebe für eine andere

Frau äußern konnte, ohne sich dem Verdacht der Unzüchtigkeit auszusetzen.

Die amerikanischen Sexualhistoriker John D'Emilio und Estelle Freedman warnen uns davor, komplexe, romantische Freundschaften zu homogenisieren und alle zu protolesbischen Beziehungen zu erklären.[142] Einige amerikanische Frauen des 19. Jahrhunderts, die in Partnerschaften lebten, hatten anscheinend wenig oder gar kein Interesse an Sex, wohingegen andere weibliche Paare im heutigen Wortsinn möglicherweise Lesbierinnen waren, also sexuell aktiv. Für unser Vorhaben ist es nützlich, uns romantische Freundschaften nach dem Modell der Historikerin Carroll Smith-Rosenberg als Kontinuum vorzustellen, das von »engagierter Heterosexualität« an einem Ende bis zu »kompromissloser Homosexualität« am anderen Ende reicht.[143]

ADELE SCHOPENHAUER, OTTILIE UND SIBYLLE

Emotionale Bindungen zwischen Mädchen und Frauen waren schon im frühen 19. Jahrhundert in England, Deutschland und Frankreich ein vertrautes Phänomen, wo die Romantik die Fantasie von Lesern erobert und große Bereiche der Alltagskultur durchdrungen hatte. In der deutschen Stadt Weimar bot der literarische Zirkel der Männer und Frauen um Goethe den Rahmen, in welchem Adele Schopenhauer (1797–1849), die Schwester des Philosophen Arthur und Tochter der Bestsellerautorin Johanna, ihre erste große Liebesbeziehung erlebte. Ihre Lebensgeschichte ist die einer leidenschaftlichen Liebe zu zwei Frauen. Adeles Lebensgeschichte, die in einer kürzlich erschienenen, ausführlichen Biografie erzählt wird, veranschaulicht, welche Möglichkeiten romantischen Freundinnen im gebildeten Milieu deutscher Intellektueller zur Verfügung standen.[144]

Da wir eine weitreichende Dokumentation über Adele Schopenhauers Leben anhand ihrer Briefe und Tagebücher sowie aus schriftlichen Beobachtungen ihrer Zeitgenossen haben, können wir ihre Geschichte hier in größerer Ausführlichkeit vorstellen als die von anderen europäischen oder amerikanischen Frauen des 19. Jahrhunderts, deren leidenschaftliche Freundschaften nur dürftig dokumentiert sind. Adeles Freundschaften müssen wie alle Beispiele, die für dieses Kapitel ausgewählt wurden, in Relation zu ihrem spezifischen kulturellen Hintergrund und dem historischen Kontext verstanden werden. Die zeitgenössische englische Schriftstellerin Anna Jameson bezeichnete Adeles Partnerschaft mit Sibylle Mertens als »urdeutsch«; sie glaubte nicht, dass die gleiche Ausprägung bei einem weiblichen Paar in England wiederzufinden wäre.[145]

Als Kind kam Adele Schopenhauer mit ihrer verwitweten Mutter nach Weimar, wo diese umgehend einen erfolgreichen literarischen Salon ins Leben rief, der sogar den großen Goethe anzog. Er freundete sich nicht nur mit Johanna Schopenhauer an, sondern auch mit ihrer frühreifen Tochter Adele und schloss Letztere so sehr ins Herz, dass er ihre kulturelle Erziehung überwachte und bis zum Ende seines Lebens ihr väterlicher Freund war.

Adeles Freundin aus der Kinderzeit, Ottilie von Pogwisch, war bis zu ihrem 26. Lebensjahr ihre geliebte Begleiterin. In einem der vielen Briefe, die aus ihrem lebenslangen Briefwechsel erhalten sind, schrieb Adele an Ottilie: »Mit jeder Kraft meines Daseyns liebe ich Dich … und glaube, dass ich nicht leben kann, wenn Du nicht glücklich bist, denn Du allein weißt alle meine Gedanken und empfindest ganz so wie ich.«[146] Hier wird Freundschaft als vollkommene Identifikation mit dem Partner präsentiert, was Aristoteles' berühmten Spruch von »einer Seele in zwei Körpern« in Erinnerung ruft.

Ottilie erwiderte Adeles Überschwang, wie aus ihrem Brief vom Juli 1816 ersichtlich wird: »Glücklich, ewig glücklich werde ich sein so lang Du mein bist; – und bleibst Du mir nicht ewig? was könnte uns trennen?«[147] Ironischerweise war das, was die beiden trennte, die Entscheidung Ottilies, den einzigen überlebenden Sohn Goethes, August von Goethe, zu heiraten. Dennoch blieb Adele auch während Ottilies – wie sich herausstellen würde – unglücklicher Ehe deren engste Vertraute; sie ebnete ihrer verheirateten Freundin sogar den Weg für Affären mit anderen Männern. Aber Adele beklagte sich in ihrem Tagebuch, dass sie sich seltener als zuvor trafen und dass niemand sie jemals so sehr lieben würde, wie sie Ottilie liebte.[148]

1828 änderte Adele ihre Meinung, als sie die gleichaltrige Sibylle Mertens kennenlernte, eine verheiratete Frau und Mutter von sechs Kindern. Bald schon war Adele dem Zauber Sibylles erlegen, wie ein Brief beweist, den sie an Ottilie schrieb: »Außer dir glaube ich habe ich nie so geliebt.«[149]

In den ersten vier Jahren von Adeles Beziehung mit Sibylle verbrachten Adele und ihre Mutter den Sommer mit Sibylle in deren Landhaus in Unkel, an die zwanzig Kilometer von Bonn entfernt. Dort, und auch den Winter über in Köln, führte Sibylle einen ähnlichen Salon wie Johanna Schopenhauer in Weimar. Sibylles Interesse an Archäologie und Antiquitäten verlieh ihrem Zirkel aus Schriftstellern, Philosophen, Musikern und Künstlern eine weitere Dimension – es war ein Kreis, in dem Adele sich zu Hause fühlte. In ihrem Briefwechsel mit Ottilie zählte Adele Sibylles zahlreiche Begabungen auf: Sie las antike Klassiker in Übersetzungen, spielte mit großer Fertigkeit Klavier, und sie interessierte sich für Kunst, Bildhauerei und Literatur. Und da Sibylles unsympathischer Ehemann Louis Mertens auch noch am Erstwohnsitz des Paares in Köln blieb und sich seiner Arbeit als Bankier widmete, konnten Adele und Sibylle, von männlicher Einmischung befreit, ganze Tage miteinander verbringen.

Der zweite Sommer ihrer Freundschaft war sogar noch idyllischer als der erste. Wieder in Unkel vereint wurden die beiden Frauen füreinander »unentbehrlich«. Adele schrieb an Ottilie Worte, die ihre frühere beste Freundin verblüfft hätten: »Ich erinnere mich keiner so vertraulichen Freundschaft in meinem Leben … Ich glaube am besten vergleichst Du uns ein Paar Leuten die sich spät [im Leben] finden und dann einander heirathen. Stürbe sie – so spräng ich jetzt in den Rhein.«[150]

Gemeinsam lasen die Frauen Goethes *Wilhelm Meister*, schrieben Gedichte und freuten sich über die erste Ausgabe eines Wochenblattes namens *Chaos*, das Adele in Weimar mit Goethes Unterstützung ins Leben gerufen hatte. Wie viele Frauen des 19. Jahrhunderts beiderseits des Atlantiks schliefen sie sogar zusammen in einem Doppelbett, einem »französischen Bett«. Etwa zwei Monate lang schaffte Sibylle es, ohne ihren Mann und fünf ihrer sechs Kinder aus vorgeblich gesundheitlichen Gründen in Unkel zu bleiben.

Nach den ersten vier Jahren ihrer Liebesbeziehung regten sich bei Adele Zweifel, ob Sibylles Herz ihr ganz allein gehörte. Als die berühmte Dichterin Annette von Droste-Hülshoff auf der Bildfläche erschien, wurde Adele krankhaft eifersüchtig. Später fand sie sogar zusätzliche Nahrung für ihre Eifersucht, als Annette sich während einer längeren Krankheit Sibylles um diese kümmerte.

Eine andere potenzielle Rivalin war Anna Jameson, die durch ihre Freundschaft mit Ottilie von Goethe deren Zirkel beitrat. Anna Jameson porträtierte das Paar Adele/Sibylle, ohne sie beim Namen zu nennen, so:

Von ihrer Geisteshaltung gegensätzlich... doch voller wechselseitiger Wertschätzung: Beide zeichneten sich durch Begabungen auf höchstem Niveau und durch einen außergewöhnlichen Charakter aus, und beide waren Deutsche, Urdeutsche: Eine englische Gesellschaft und eine englische Erziehung hätte niemals zwei solche Frauen hervorbringen können.[151]

Vielleicht bezog Anna sich auf das ernste, in keiner Weise spielerische, hochintellektuelle Wesen der beiden, doch vielleicht spielte sie auch auf Sibylles dominierenden Charakter an. Annette von Droste-Hülshoff beschrieb Sibylle so, wie sie sie selbst wahrnahm, als »tüchtige Hausregentin«, die zu den Frauen gehörte, »die die Hosen tragen«.[152] Andere hielten Sibylle in erster Linie für exzentrisch, waren sich aber einig, dass sie über einen starken Intellekt verfügte. Zu einer Zeit, in der nur wenige Frauen sich über die drei Ks – Kinder, Kirche, Küche – hinwegsetzten, interessierte Sibylle Mertens sich für Archäologie, was sie zu Ausgrabungen nach Rom führte sowie zu einer erlesenen Sammlung von Antiquitäten, von denen einige schließlich im Britischen Museum landeten. Was ihre vielen Interessen betraf, war Sibylle Mertens das weibliche Pendant eines Homo universalis.

Ihr Aufenthalt in Italien von 1835 bis 1836 mit einigen ihrer Kinder, abermals vorgeblich aus Gesundheitsgründen, leitete eine lange Trennung von Adele ein. Obwohl sie eine andere Begleiterin hatte, vermerkte sie in ihrem Tagebuch Sehnsucht nach Adele und schickte ihr liebevolle Worte: »Aber es ist mir ein Lebensbedürfniß in dieser Ferne, Dir zu sagen: ich liebe Dich, fest, offen, innig, ich achte Dich hoch, ich vertraue auf Dich ohne Rückhalt.«[153]

Adele und Sibylle sollten erst 1842 wirklich wieder vereint sein, als Louis Mertens' Tod sie in die Lage versetzte, ständig zusammen zu sein. Zu diesem Zeitpunkt war Adele als Autorin von Geschichten und Romanen besser bekannt geworden – auch wenn sie nie die Popularität ihrer Mutter, geschweige denn die ihres Bruders erreichen konnte, dessen großer Ruhm sich posthum einstellen sollte. Auch Sibylles Lebensumstände hatten sich dank eines beträchtlichen Erbes verbessert, das ihr Ehemann ihr hinterlassen hatte. Nun war sie frei, mit Adele an ihrer Seite in ihrem geliebten Italien zu überwintern. Sie machten es sich zur Gewohnheit, Kirchen, Paläste und Museen zu besuchen, und blühten beide auf. Adele sollte später an ihren Bruder Arthur schreiben, dass sie in ihrem Leben mit Sibylle 1844 in Italien entspannen konnte und es ihr möglich war, neue Interessen und Ideen zu verfolgen.

Für die Wintermonate 1845 und 1846 mietete Sybille ein kleines Haus mitten in Rom. Adele nahm sich zwei Zimmer in der Nachbarschaft, auch wenn sie die meiste Zeit zusammenlebten. Sibylle gründete einen internationalen Salon, der sich mit illustren Gästen brüstete, wie Fanny Lewald, eine mit den Zusammenkünften vertraute deutsche Schriftstellerin, bestätigte: »Brillante Salondamen, Gelehrte, Geistliche, gute Hausfrauen, Künstler, musikalische Celebritäten, Touristen, der Monsignore und die Schriftstellerinn, der Kaufmann und der Prinz, der Gesandte und der Dr. Juris, der Arzt und die elegante Frau!.«[154]

Sogar Ottilie von Goethe kam und warb mit ihrem berühmten Namen für die herausragenden »Dienstage«, die Sibylle Mertens ausrichtete. Noch wichtiger als die Salons war für Ottilie aber der Trost ihrer beiden Freundinnen, nachdem sie ihre Tochter verloren hatte, die in Wien, wohin Ottilie umgesiedelt war, vom Typhus dahingerafft wurde. Ottilie profitierte auch von Anna Jamesons emotionaler Unterstützung, die, seit sie sich zwölf Jahre zuvor kennengelernt hatten, eine enge Freundin geworden war. Anna war zwei Monate lang in Wien geblieben, um Ottilie in ihrem Kummer beizustehen, und bald nach ihrer Abreise schickte sie ihr eine liebevolle Botschaft: »Als ich von Dir Abschied nahm, liebste Ottilie, spürte ich intensiver als ich je zuvor gespürt hatte, wie sehr ich Dich wirklich liebe.«[155]

Diese Worte sind bezeichnend für die Rhetorik, die englische und deutsche Frauen bei ihren intimen Freundschaften zu benutzen pflegten. »I love you« und »ich liebe dich« springen einem in hundert unterschiedlichen Formulierungen ins Auge, wenn Frauen ihre geheimsten Emotionen zu Papier brachten. Sollen wir es als Anzeichen dessen sehen, was wir heutzutage unter lesbischen Beziehungen verstehen? Spielt es eine Rolle? Offensichtlich kann jemand liebevolle Gefühle für eine Vertreterin des eigenen Geschlechts empfinden, ohne dass sie unbedingt sexuell sein müssen. Gesichert ist jedenfalls, dass Anna Jameson wie auch Adele Schopenhauer und Sibylle Mertens ihrer trauernden Freundin zu Hilfe eilten, als sie sie brauchte. Abgesehen von der romantischen Wortwahl ist es das, was Frauen für ihre Freundinnen schon immer getan haben und auch immer noch tun.

Die letzte Periode in Adeles Leben – sie sollte 1849 sterben – spielte sich den Winter über hauptsächlich in Italien mit Sibylle ab und das übrige Jahr in Deutschland. Diese Jahre waren von komplizierten juristischen Auseinandersetzungen mit Sibylles Kindern gekennzeichnet – missgünstige Zeugen der engen Bindung ihrer Mutter an Adele. Adele ihrerseits war ebenfalls in finanzielle Transaktionen mit ihrem Bruder verstrickt, dem es gelang, sich den Hauptteil des Erbes zu sichern, obwohl er zu seiner Schwester wie auch zuvor zu seiner Mutter so gut wie keinen Kontakt hatte. Über Arthurs Verhältnis zu Frauen (wie übrigens auch zu Männern) kann nichts Gutes vermerkt werden. Der bekannte Frauenhasser hielt in seinen Werken mit seiner Verachtung für Frauen nicht hinterm Berg, was besonders für *Parerga und Paralipomena* zutraf. Im Gegensatz zu Adeles Freundinnen besuchte er seine Schwester nicht einmal am Totenbett.

Adele hatte das Pech, die Schwester dieses Frauenhassers zu sein, aber sie hatte auch das Glück, in den ersten fünfunddreißig Jahren ihres Lebens Goethe zu kennen, und Goethe war Frauen in keinerlei Weise abhold. Ganz im Gegenteil: Er liebte sie auf vielerlei Art und war aufgeschlossen genug, um Adeles Liebe zu Frauen verstehen zu können. Im privaten Bereich mochten solche Frauen bei den Deutschen als »unnatürlich« oder »exzentrisch« gegolten haben, aber sie hielten sie dennoch für salonfähig, ganz besonders dann, wenn die Frauen intellektuelles oder finanzielles Kapital vorzuweisen hatten.

Adele verbrachte ihre letzten Tage in Sibylles Haus in Bonn. Jeden Tag stellte Sibylle Rosen an ihr Bett, und als die Schmerzen übermächtig wurden, gab sie ihr Alkohol und Opium. Kurz bevor Adele starb, freute sie sich über einen Besuch Ottilies, ihrer ersten Liebe, die mittlerweile Sibylle freundschaftlich verbunden war und es auch nach Adeles Tod bleiben sollte. Adele schrieb ihren letzten Willen am 10. August 1849 und hinterließ Sibylle ihren gesamten irdischen Besitz bis auf eine große Geldsumme, die für Arthur bestimmt war. Am 25. August starb sie in den Armen ihrer geliebten Partnerin.

Sibylle wusch Adeles Leiche und bettete sie in einen Sarg, in dem sie auf dem alten Friedhof in Bonn beerdigt wurde. Auf den Grabstein ließ sie eine italienische Inschrift setzen: »Hier ruht Luise Adelaide Lavinia Schopenhauer nach einem Leben von 52 Jahren, herausragend durch Herz, Geist, Talent, beste Tochter, und treu ihren Freunden... Das Grabmal errichtete ihre untröstliche Freundin Sibylle Mertens-Schaaffhausen.« Es ist eines der seltenen Zeugnisse von weiblicher Freundschaft, die je in einen Grabstein gemeißelt wurden.

GEORGE SAND

Das Leben von Literaten ist naturgemäß besser dokumentiert als das von anderen Sterblichen. In ihrer Autobiografie schrieb die berühmte französische Schriftstellerin George Sand (1804–1876) ausführlich über die Mädchen, die ihr Leben als Teenager in einer Pariser Klosterschule teilten; ihre Klassenkameradinnen kannten sie noch unter ihrem Geburtsnamen Aurore Dupin.[156] Aurores engste Freundinnen waren drei Mädchen namens Sophie, Fannelly und Anna, die sich alle durch einen Kodex an sie gebunden hatten. Dieser Kodex verpflichtete sie, eine Liste ihrer besten Freundinnen in unveränderlicher chronologischer Reihenfolge und unabhängig von einer späteren Gesinnungsänderung aufzustellen. »Hatte man einmal den ersten Platz vergeben, so durfte man denselben keiner Andern einräumen; die Anciennetät war ein unantastbares Recht.«[157]

Ihre Freundin Fannelly de Brisac war nur Nummer drei auf ihrer Liste, aber Nummer eins in ihrem Herzen. Sand schrieb später, dass sie »trotz der Liste, trotz der Anciennetät und trotz der gegebenen Versprechungen nicht umhin konnte, Fannelly mehr zu lieben als alle Anderen …« Sie beschrieb Fannelly als »ein kleines, blondes Wesen; frisch wie eine Rose und mit einem so lebhaften, freimüthigen und gutem Gesichtchen begabt, dass es eine wahre Lust war, sie anzusehen«. Obgleich sie sich nach ihrer Zeit im Kloster nicht mehr sahen (was auf zahllose Mädchen in Europa und Amerika nach ihrer Zeit im Internat zutraf), hatte Sand keinen Zweifel an der Dauerhaftigkeit ihrer Gefühle. »... aber trotz alledem bin ich fest überzeugt, daß Fannelly mich noch immer heiß und innig liebt, dass keine Wolke die unwiderstehliche und vollständige Sympathie getrübt hat, die uns vor dreißig Jahren mit einander verband, daß sie nie an mich denkt, ohne sich ihrer Liebe für mich bewußt zu werden und ohne von der meinigen überzeugt zu sein.«[158] Sand war eine der ersten Denkerinnen, die das Heranwachsen als eine genau abgegrenzte Epoche betrachtete, charakterisiert von aufrichtigen Zuneigungen, die eben deshalb in liebevoller Erinnerung bleiben, weil sie so spontan und unschuldig waren.

Im Rückblick kritisierte sie das Kloster für dessen unnötiges Augenmerk auf Keuschheit und die Furcht vor intimen Freundschaften. »Man verbot uns, zu Zwei und Zwei spazieren zu gehen, es mußten wenigstens immer Drei beisammen sein; man verbot uns, uns zu küssen; man verbot unsere unschuldige Correspondenz, und alles das würde uns viel zu denken gegeben haben, wenn wir den Keim schlechter Neigungen in uns getragen hätten, wie man vorauszusetzen schien.«[159] Die frühen Warnungen der Kirche vor »speziellen Freundschaften« hatten sich auf Dauer in die Klostermentalität eingebrannt.

Als Erwachsene war Sand Gegenstand von Gerüchten über den Charakter ihrer Verbindung zu der 35-jährigen Künstlerin Marie Dorval, mit der sie im Alter von 29 Jahren eine Liebesbeziehung einging. Ihr Briefwechsel und Sands autobiografischer Bericht vermitteln das Bild zweier leidenschaftlicher Seelen, magnetisch angezogen von der schieren Kraft ihrer Persönlichkeiten. Jede fand in der anderen ein komplementäres, künstlerisches Temperament und ein für die intimsten weiblichen Vertraulichkeiten empfängliches Herz. Natürlich ist George Sand vor allem für ihre Liebesaffären mit Männern bekannt – allen voran der Dichter Alfred de Musset und der Komponist Frédéric Chopin.

Aber lange bevor sie die berühmte Autorin George Sand wurde, war Aurore Dupin dem Weg vieler Mädchen gefolgt, die in der Provinz aufwuchsen und mit Mädchen wie auch mit Jungen unbefangen spielen durften. Als sie im Alter von 13 Jahren nach Paris geschickt wurde und in einer rein weiblichen Gemeinschaft leben musste, galt ihre Zuneigung den Mädchen um sie herum und auch einigen ausgewählten Nonnen. Ihre von Verehrung geprägte Liebe zu Schwester Alicia »glänzte allein über den Andern« wie die Sonne.[160] Schwärmereien für Mädchen ihres eigenen Alters und für ältere mütterliche Frauen wie Schwester Alicia waren in reinen Mädchenklosterschulen normal. Als die Schulpflicht in den 1880er-Jahren in Frankreich eingeführt wurde, war eine gemeinsame Ausbildung von jüngeren Jungen und Mädchen nur erlaubt, wenn die Gemeinde sich keine zwei Grundschulen leisten konnte. Dagegen wurden alle weiterführenden Schulen nach Geschlechtern getrennt, um einen Kontakt zwischen Jungen und Mädchen zu verhindern. Es überrascht nicht, dass Mädchen, die auf gleichgeschlechtlichen Umgang angewiesen waren, einander mit ihren explosiven pubertären Emotionen überschütteten und es auch heute noch tun.

Später im Leben, als Aurore Dupin/George Sand geheiratet hatte und Mutter geworden, zum Schreiben nach Paris zurückgekommen war und sich von ihrem Ehemann getrennt hatte, pflegte sie enge Freundschaften zu beiden Geschlechtern, unter anderem zu dem Schriftsteller Gustave Flaubert. Dieses Szenario war zweifellos ungewöhnlich. Ehe und Familie waren für die meisten französischen Frauen wie im Übrigen für die meisten Frauen auf der ganzen Welt ein Fulltime-Job. Wenn sie Zeit für ihre Freundinnen erübrigen konnten, dann betraf das in erster Linie Verwandte – Schwestern, Kusinen und Tanten – und dann Frauen, die im selben Dorf, in derselben Stadt oder Großstadt wohnten. Räumliche Nähe war im 19. Jahrhundert noch immer wichtig. Aber Jugendfreundinnen ebenfalls. Diejenigen, die sie in der Kindheit und der Jugendzeit gekannt, ins pubertäre Vertrauen gezogen, spontan in die Arme genommen und denen sie ewige Treue geschworen hatten, hatten oft ein Leben lang einen festen Platz im Herzen einer Frau.

CHARLOTTE BRONTË

Intensive, liebevolle Freundschaften waren in angloamerikanischen Schulen schon in den 1820er- und 1830er-Jahren in Mode, als die Romantik ihren Höhepunkt erreicht hatte. Von der berühmten englischen Schriftstellerin Charlotte Brontë (1816–1855) ist bekannt, dass sie eine romantische Freundschaft mit Ellen Nussey einging, als beide zusammen im Internat waren. Später, als Charlotte mit 21 Jahren als Hilfslehrerin in derselben Schule arbeitete, die beide besucht hatten, schrieb sie die folgenden Worte tiefer Zuneigung an Ellen: »Warum sollen wir getrennt werden? … Bestimmt, Ellen, muss es daran liegen, dass wir Gefahr laufen, einander zu sehr zu lieben – und durch Anbetung des *Geschöpfes* den Blick auf den *Schöpfer* verlieren.«[151] Die Tochter eines anglikanischen Geistlichen machte sich weniger Sorgen um das Geschlecht der anderen Person, die sie liebte; sie fürchtete sich vielmehr davor, durch ihre allzu intensive Liebe zu einem Sterblichen ihre Zuwendung zu Gott zu vernachlässigen. Die lebenslange emotionale Bindung der beiden Frauen wurde in erster Linie mittels Briefen aufrechterhalten, so lange, bis Charlotte viel zu früh aufgrund von Schwangerschaftskomplikationen verstarb.

Die angloamerikanische Kultur im 19. Jahrhundert ermunterte Frauen, gefühlvolle Gedichte über ihre Freundinnen zu
schreiben und zu veröffentlichen; damit traten sie in die Fußstapfen von Katherine Philips zwei Jahrhunderte zuvor. Diese
Gedichte waren hinsichtlich Zärtlichkeit, Sehnsucht und
ewiger Treue nicht weniger leidenschaftlich als die heterosexuelle Lyrik. Sie enthielten oft liebevolle Erinnerungen aus
der Vergangenheit und Wunschvorstellungen für zukünftige
Treffen, aber auch Eifersuchtsszenen oder nicht enden wollen-
den Kummer über den Tod einer Geliebten.

Dorothy Wordsworth (eine Schwester des englischen Dichters William Wordsworth) schrieb 1827 ein Gedicht an ihre
Freundin Julia: »Contented to lay bare my heart / To one dear
Friend, who had her part / In all the love and all the care / And
every joy that harboured there.« Wie so vielen Freundschaften war auch dieser ein Ende bestimmt, als Julia heiratete. »We
parted, sorrowful; by duty led; / My Friend, ere long a happy
wife.« Dorothy, unverheiratet, legte ihre zärtlichen Erinnerungen als Zeugnis ab für ihre fortdauernde Verbindung mit dem
pochenden Herzen ihrer fernen Freundin:

> Thou dost not ask, thou dost not need
> A verse from me; nor wilt thou heed
> A greeting masked in laboured rhyme
> From one whose heart has still kept time
> With every pulse of thine.[162]

Andere englische Schriftstellerinnen des 19. Jahrhunderts, darunter Elizabeth Barrett Browning und Christina Rossetti,
priesen den Kult romantischer Freundschaft unter der Herr-

schaft Königin Viktorias von 1837 bis 1901. Als eines von vielen Beispielen seien hier zwei Strophen aus Christina Rossettis melancholischem Gedicht »Gone Before« zitiert, verfasst nach dem Tod ihrer engen Freundin:

She was most like a rose, when it flushes rarest;
She was most like a lily, when it blows fairest;
She was most like a violet, sweetest on the bank:
Now she's only like the snow cold and blank
. . . .
Earth is not good enough for you, my sweet, my sweetest;
Life on earth seemed long to you tho' to me fleetest.
I would not wish you back if a wish would do:
Only love I long for heaven with you[163]

Das Thema Tod als die Trennung von Freunden und die christliche Hoffnung auf ein Wiedersehen im Paradies zieht sich durch dieses und viele andere viktorianische Gedichte aus Rossettis Generation.

Amerikanische Lyriker griffen das Thema Frauenfreundschaften ebenfalls auf und formulierten es zu Texten unterschiedlichen künstlerischen Werts. Das folgende ist ein typisches Beispiel aus »The Garden of Friendship«, verfasst 1850 von Frances Osgood:

I'm weeding my garden of Friendship,
Till only its flowers remain.
. . . .
And you, in your delicate bloom, love,
Pure, tender, and graceful and true,
Shall be the queen-rose of my garden,
And live on Love's sunshine and dew.[164]

Godey's Lady's Book, das bei Weitem beliebteste Frauenmagazin im Amerika des 19. Jahrhunderts, rühmte in vielen seiner Artikel, Geschichten und Gedichte sentimentale Bande zwischen Frauen; Letztere waren für Frauen bestimmt, um sie in die Poesiealben ihrer Freundinnen zu schreiben und in Freundschaftsquilts einzusticken. Die Gesellschaft war allgemein der Auffassung, dass Mädchen und Frauen loyale Freundschaften untereinander pflegen konnten und auch sollten – wenigstens so lange, bis sich ein geeigneter Ehemann fand.

AMERIKANISCHE SCHULMÄDCHEN

Wie in England waren auch in Amerika Internate, die sich von Norden nach Süden und von Osten nach Westen ausbreiteten, natürliche Brutstätten enger Freundschaften unter Mädchen. Wurden Mädchen aus der Mittel- und Oberschicht als Teenager von zu Hause fortgeschickt, ermunterte man sie, mit ihren Schulfreundinnen und Lehrerinnen enge Beziehungen zu knüpfen. In ihrem Buch *Scarlett's Sisters* hat Anya Jabour das weit verbreitete Überhandnehmen romantischer Freundschaften unter Schulmädchen im Süden vor dem Bürgerkrieg dokumentiert. Sie präsentiert eine überzeugende Sicht auf Mädchen in den Südstaaten, die in diesem privilegierten Lebensabschnitt – nicht mehr unter der Fuchtel ihrer Eltern und noch nicht den schonungslosen Anforderungen von Eheleben und Mutterschaft ausgesetzt – unter ihresgleichen nach emotionaler Erfüllung suchten. Das kam in ihren Briefen, Tagebüchern, Aufzeichnungen und Poesiealben zum Ausdruck, die vor Sehnsucht nach »brennender Liebe« »und einer einzigen, besten Freundin« überquellen.[165]

Loula Kendall aus Alabama machte ihren tiefen Gefühlen für ihre »liebste« und »teuerste« Susie Luft: »Ich liebe sie so leidenschaftlich.« Wenn sie getrennt waren, klagte Loula, wie sehr sie es vermisste, die »süßen roten Lippen« ihrer Freundin zu spüren, die sich auf ihre Lippen pressten. Als Susie von der Schule abging, versprachen sie einander, »jeden Abend in der Dämmerung aneinander zu denken«.[166]

Wie schon George Sand hatten auch die Mädchen aus dem Süden ihre hoch geschätzten Beziehungsrituale. Es verstand sich von selbst, dass Mädchen mit ihrer besten Freundin in der Schule nebeneinander sitzen, im Schlafsaal den Alkoven oder den Schlafbereich miteinander teilen oder – der Gipfel der Vertrautheit – sogar im selben Bett schlafen durften. Andere bedachten einander mit Blumen, Süßigkeiten oder beständigeren Präsenten wie einer Locke oder einem Ring. Wieder andere schrieben einander Gedichte oder sangen gefühlvolle Lieder zu Ehren ihrer Liebsten. Sie umarmten und küssten einander in aller Öffentlichkeit und hielten demonstrativ Händchen. Alle heulten, wenn sie sich am Ende des Semesters trennen mussten, und noch mehr, wenn ihre Schulzeit zu Ende ging.

Die Poesiealben, die sie austauschten, wenn sie mit etwa siebzehn Jahren von der Schule abgingen, zeugen von der herausragenden Bedeutung der Freundschaft in ihrem jungen Leben und geben der Hoffnung Ausdruck, diese trotz großer Entfernungen weiterzuführen. In diesem Stil schrieb eine Klassenkameradin der Greensboro Female Academy in North Carolina Zeilen aus einer bekannten Hymne in das Poesiealbum einer Martha Ann Kirkpatrick:

Blest be the dear uniting love
That will not let us part!
Our bodies may far off remove,
Yet still I hope we're joined in *heart*.[167]

Poesiealben waren bis weit ins 20. Jahrhundert hinein aus Internaten und öffentlichen Schulen nicht wegzudenken.

Als Lucy Catherine Moore Capehart auf ihre Zeit an der St. Mary's School in North Carolina in den 1850er-Jahren zurückblickte, schwelgte sie in nostalgischen Erinnerungen an eine Form von Freundschaft, die es ihrer Ansicht nach nicht mehr gab: »Ich weiß nicht, ob es heutzutage [1906] bei Schulmädchen noch Brauch ist, eine allerbeste Freundin zu haben. Damals war es jedenfalls so; eine solche Hingabe, das kann man sich nicht vorstellen... Meine allerbeste Freundin war Ellen Brent Pearson; ein einziges Lächeln von ihr... machte mich überglücklich.«[168]

Lucy Capeharts Kommentar erinnert uns abermals daran, dass selbst etwas, was wir als so unsterblich betrachten wie die Freundschaft, in unterschiedlichen Epochen unterschiedlich daherkommen kann. Sie selbst hatte im Lauf ihres Lebens eine dramatische Veränderung im Umgang mit Freundschaften unter Mädchen beobachtet. Schon 1906 war es bei Schulmädchen nicht mehr »modern«, leidenschaftliche Beziehungen zu gleichgeschlechtlichen Partnern zu pflegen – Bindungen, die amerikanische Mädchen der Mittel- und Oberschicht in Lucy Capeharts Jugend noch uneingeschränkt genossen hatten.

MRS LUELLA CASE UND MISS SARAH EDGARTON

Nach den ubiquitären Freundschaften, die amerikanische Frauen als Mädchen erlebt hatten, knüpften sie als Erwachsene manchmal gleichgeschlechtliche Beziehungen, die mit den Gefühlen konkurrierten, die eigentlich für Männer reserviert waren. Das traf auf zwei Frauen aus Massachusetts zu, Mrs Luella Case und Miss Sarah Edgarton, aufstrebende Autorinnen in den 1830er- und 1840er-Jahren. Wie zwei kompetente

Wissenschaftler es interpretierten, wurde die enge Beziehung der beiden durch »die Sprache der Liebe ausgedrückt, die im 19. Jahrhundert die charakteristische Ausdrucksform weiblicher Freundschaften war«.[169]

Wie viele Amerikanerinnen aus dieser Epoche lernten Mrs Case und Miss Edgarton einander in der Kirche kennen. Beide nahmen an Versammlungen der Universalisten teil und schrieben für deren Publikationen. Bald schon schickten sie einander gefühlvolle Briefe, die von einer beiderseitigen Empfindsamkeit und der Sehnsucht zeugten, Zeit miteinander zu verbringen. Mrs Case formulierte es philosophisch: »Das Leben ist kurz, und verwandte Seelen sind rar … und die arme, menschliche Natur hat so viele verstimmte Saiten, dass Freundschaft letztendlich eher als einem idealen Gut zu huldigen ist denn als einem realen und möglichen Ding.«[170] Miss Edgarton träumte auf poetische Art und Weise: »Komm zu mir, wenn die Blumen und Vögel wieder da sind, und wir wollen mit ihnen in grünen Lauben verweilen – und unser Schreibpapier und unsere Bücher werden bei uns sein, und wir werden lesen und plaudern und Pläne schmieden und die glücklichsten Nymphen im Blätterwald sein, die jemals über Blumen gewacht haben.«[171] Mrs Case griff diese idyllische Traumvorstellung auf, jedoch nicht, ohne der »Hornisse« noch einen Seitenhieb zu verpassen – augenscheinlich ihrem Ehemann, dem Seelsorger, der verscheucht werden musste: »Wenn wir zusammen leben und zusammen arbeiten könnten … und du das Gift einer gewissen, verärgerten Hornisse von meinen Lippen küsst, dann würde ich immerzu sehr glücklich sein.«[172]

Die beiden Frauen hielten ihre sentimentale Freundschaft fünf Jahre lang bis 1844 aufrecht, als Sarah Edgarton sich mit einem Theologiestudenten verlobte. 1846 heiratete sie den frisch ordinierten Pastor, während Mrs Case ihren Seelsorger-

Ehemann (aus unbekannten Gründen) verließ und bis zu ihrem Tod zehn Jahre später allein lebte. Sarah Edgartons Leben fand ein plötzliches frühes Ende: 1848, ein Jahr nach der Geburt einer Tochter, starb sie unerwartet und hinterließ einen vermutlich trauernden Ehemann und die Freundin, mit der sie ihre frühen Träume von einem Landleben geträumt hatte.

»BOSTON MARRIAGES«

Wenn eine Beziehung zwischen zwei Frauen platonisch war, wie vermutlich die eben beschriebene, so konnte sie dennoch alle äußeren Anzeichen einer heterosexuellen Liebe aufweisen, auch die der gesellschaftlichen Anerkennung. Homosexuelle Beziehungen zwischen Frauen – hier als Variante einer romantischen Freundschaft betrachtet – konnten im Amerika und England des 19. Jahrhunderts nicht offen ausgelebt werden. Es ist richtig, dass die Frauen manchmal gemeinsam in Wohngemeinschaften leben konnten, die mutmaßlich »unschuldig« – also asexuell – waren. In Amerika wurden solche Gemeinschaften als »Boston Marriages« bekannt.

Die Boston Marriages gaben zwei alleinstehenden Frauen, üblicherweise berufstätigen Frauen der Mittelschicht, die Möglichkeit, ihren Wohnraum und ihr Leben zu teilen. Lillian Faderman zufolge, die solche Gemeinschaften umfassend untersucht hat, waren diese Beziehungen »in den meisten Fällen in ihrer Ausprägung wahrscheinlich nicht geschlechtlicher Natur«, obwohl sie sicherlich »außerordentlich leidenschaftlich« waren.[173] Die Gesellschaft akzeptierte Boston Marriages genau deshalb als wirtschaftliche Alternative zur rechtmäßigen Ehe, weil sie als asexuell angesehen wurden und daher für die Heterosexualität keine Gefahr darstellten.

Angesichts dessen, dass sexuelle Beziehungen unter Frauen

in der Vergangenheit geheim gehalten werden mussten, haben Historiker es schwer, Briefe, Tagebücher, Memoiren oder Gedichte ausfindig zu machen, die das dokumentieren, was Smith-Rosenberg als »kompromisslose Homosexualität« bei Frauen bezeichnete. Aber bei wissenschaftlichen Recherchen gibt es dennoch manchmal Überraschungen, wenn auf einmal gänzlich unerwartetes Material auftaucht, mit dem die gähnende Leere gefüllt werden kann. Dies geschah mit der Entdeckung der Tagebücher der Anne Lister.

ANNE LISTER, MARIANNA BELCOMBE LAWTON UND ANN WALKER

Die Tagebücher der Anne Lister, die sie zwischen 1806 und 1840 geführt hat, umfassen vier Millionen Wörter, von denen einige kodiert sind. Diese Protokolle verstaubten unbeachtet auf Annes Familienstammsitz in Halifax, Shibden Hall, England, bis 1887 John Lister, ein entfernter Verwandter, beschloss, Auszüge daraus zu veröffentlichen. Mithilfe eines befreundeten Antiquars konnte John die codierten Abschnitte entschlüsseln, war aber von dem, was er herausfand, so schockiert, dass er kein einziges Wort davon veröffentlichte. Er brachte die Tagebücher wieder nach Shibden Hall zurück, wo sie vermutlich erneut unbeachtet liegen blieben, bis der Besitz 1934 den Einwohnern von Halifax übereignet und in ein Museum umgewandelt wurde. Zu jener Zeit nahm der Stadtschreiber mit dem Antiquar Kontakt auf, der widerwillig den Schlüssel zum Code herausrückte. Selbst mit diesem Schlüssel, der den Forschern nun zur Verfügung stand, blieben die Geheimnisse in den Tagebüchern ein weiteres halbes Jahrhundert verborgen. Anfang der 1980er-Jahre begann dann eine ortsansässige Wissenschaftlerin, Helena Whitbread, an diesen Tagebüchern zu arbeiten und gab schließlich zwei Versionen für die Allgemeinheit heraus, was die BBC letztendlich zu einem Fernsehfilm anregte.[174]

Ohne Zugang zu den kodierten Abschnitten – die etwa ein Sechstel der Tagebücher ausmachen – erhält man nur ein eingeschränktes Bild von Anne Listers Leben als angesehenem, wenn auch einigermaßen skurrilem Mitglied des niederen Landadels von Halifax. Ihre selbst eingestandene »Skurrilität« bestand darin, dass sie die Gesellschaft von Frauen bevorzugte und gelobte, stets Schwarz zu tragen und niemals zu heiraten. Ihre Vorliebe für Frauen ist bereits 1806 in ihren Tagebüchern dokumentiert, als sie im Internat die erste ihrer romantischen Freundschaften mit Frauen schloss. Danach pflegte sie mehrere intime gleichgeschlechtliche Beziehungen, darunter mit der großen Liebe ihres Lebens, Marianna Belcombe Lawton, die sie auch nach Mariannas Heirat fortführte. Jeder Versuch, Anne Listers Freundschaften als platonisch zu konstruieren, muss zwangsläufig scheitern, wenn man die Abschnitte liest, die aus Kodierungen, griechischen Buchstaben und Algebra zusammengesetzt sind, die Anne sich als Teenager ausgedacht hatte. Diese Abschnitte belegen unmissverständlich ihre sexuellen Beziehungen zu Frauen: Das, was sie ihre »amorosos« nannte, waren oft Berührungen der Genitalien, die zum Orgasmus führten, der wiederum mit dem Wort *kiss* oder einem *X* angedeutet wurde. Obgleich Anne im Laufe ihres Lebens (1791–1840) viele sexuelle Abenteuer haben sollte, war ihre Liaison mit Marianna Belcombe Lawton allem Anschein nach die ernsthafteste. Sie verliebte sich 1812 in Marianna, als beide keinen Partner hatten, und sie setzten ihre Liebesbeziehung trotz der durch Mariannas Heirat entstandenen Hindernisse fort. Auch zehn Jahre nach Beginn ihrer romantischen Freundschaft schrieb Anne in Shibden Hall den folgenden kodierten Eintrag in ihr Tagebuch: »M–sehr niedergeschlagen heute Nacht. Wir saßen zusammen, unterhielten und trösteten uns & später noch bei spielerischer Liebelei & sanfter Erregung. Unsere Herzen sind gegenseitig und auf ewig aneinander gebunden. Wir haben uns nie so sehr geliebt & vertraut & haben einander versprochen, von jetzt ab noch sechs Jahre zusammen zu sein. Der Himmel möge es richten, dass es so kommt.«[175] Die Hoffnung auf ein gemeinsames Leben noch in sechs Jahren gründete auf der Tatsache, dass Mariannas Ehemann, Charles Lawton, bedeutend älter war als seine Frau und vermutlich vor ihr sterben würde.

Als Anne Lister 1826 nach dem Tod ihres Onkels Shibden Hall erbte, trennte Marianna sich vorübergehend von Charles. Das Tagebuch schildert die Wiedervereinigung der beiden Frauen in aller Anschaulichkeit: »Schlief sehr wenig letzte Nacht. Unterhielt mich fast die ganze Zeit bis ungefähr 4 Uhr früh. Ging vier Mal zu Marianna, das letzte Mal kurz vor dem Aufstehen. Sie hatte acht Kisses, und ich zählte zehn.«[176] Die beiden Frauen waren offensichtlich glücklich miteinander und sexuell ausgesprochen kompatibel; doch vermutlich fürchtete Marianna sich vor dem zu erwartenden Skandal, falls sie sich endgültig von ihrem Mann trennen würde, weshalb sie schließlich resignierte und zu Charles zurückkehrte.

Anne war immer noch fest entschlossen, jemanden zu finden, der mit ihr als Gefährtin und als De-facto-Ehefrau zusammenlebte. Dieses Mal ging sie es nüchterner und erfolgreicher an. Sie dockte an Ann Walker an, eine etwas jüngere, leicht instabile Frau und wohlhabende Erbin eines Anwesens in der Nachbarschaft. Obwohl diese Beziehung die emotionale Intensität vermissen ließ, die Anne Lister mit Marianna verbunden hatte, ließ sie an sexuellem Vergnügen in nichts zu wünschen übrig. Lesen Sie Annes Tagebucheintrag vom 8. Januar

1834: »Angenehmes Streicheln und Drücken gestern Nacht –
sie oft und lang auf der amoroso, und ich hatte so viel kiss,
wie in Unterhose möglich war.« Und abermals am 10. Februar
1834: »Anfangs war sie müde und schläfrig, aber dann wurde
sie immer munterer & sagte nach langem Fummeln oft, dass
wir es noch nie so gut miteinander getan hätten.« Zwei Tage
später beschloss das Paar, zum Zeichen ihres Bundes Ringe zu
tauschen. Am 27. Februar war Anne Lister so zuversichtlich,
dass sie schrieb, ihre Verbindung sei »jetzt so gut wie auf ewig
sicher«. Im Mai dann hatte sie ein ausgesprochen gutes Gefühl,
dass Ann Walker sich ganz und gar an sie gebunden hatte: »Sie
sagt, sie liebt mich immer mehr, und es scheint, als läge ihr
wirklich viel an mir. Ich glaube, dass wir sehr gut miteinander
auskommen werden.«[177]

Im Sommer 1834 legten beide Frauen ihre Einkünfte zusammen und reisten in großem Stil nach Frankreich und in die
Schweiz. Nach ihrer Rückkehr ließen sie sich in Shibden Hall
nieder und wohnten dort zusammen mit Anne Listers Tante
wie ein verheiratetes Paar. Obgleich es bei Verwandten und
Nachbarn übles Gerede über die Beziehung der neurotischen,
jungen Erbin mit der forschen Frau gab, die oft »Gentleman
Jack« genannt wurde, fanden die Einheimischen sich allmählich mit dem Arrangement ab. Ihre nicht allzu heimlich geschlossene Ehe dauerte bis 1840, als Anne Lister während einer
Russlandreise viel zu früh den Tod fand. Es oblag der schüch-
ternen Ehefrau, die sterblichen Überreste ihrer Partnerin zur
Beerdigung in die Parish Church nach Halifax zu überführen.

Jill Liddington würdigte im Nachwort der von ihr editierten Sammlung der Lister-Tagebücher die Beziehung der beiden Frauen mit folgenden Worten: »Sicherlich profitierte
Anne Lister von Ann Walkers Wohlstand und ihrer Einsamkeit: Es bleibt schwierig, die hier präsentierten Tagebücher zwi-

schen 1833 und 1836 zu lesen, ohne zu erkennen, dass in dieser Ehe Schwachheit von Stärke manipuliert wurde.«[178] Man darf sich fragen, ob sich das so deutlich von vielen anderen viktorianischen Ehen zwischen Mann und Frau unterschieden hat. Natürlich war Anne Lister als »Ehemann« mit der Finanzverwaltung der Besitztümer befasst, und sie scheint Geldangelegenheiten tatsächlich den Vorrang vor allem anderen gegeben zu haben, auch vor Herzensangelegenheiten. Dennoch war sie Ann Walker zugetan, die angesichts ihres manipulierbaren Wesens mit diesem ungewöhnlichen Arrangement allem Anschein nach zufrieden war.

Anne Listers langjährige lesbische Liebesbeziehungen, zuerst mit Marianna und später mit Anne, sind an dem einen Ende des Kontinuums einer romantischen Freundschaft angesiedelt, in welcher Liebe sich mit Sexualität vermischt. Welchen Begriff wir auch verwenden, Anne Listers Fähigkeit, Erfüllung in ihrem Privatleben zu finden und mit einem beträchtlichen Maß an Ehrbarkeit zu leben, spricht für ihren entschlossenen Charakter und den Anstand ihrer Partnerinnen. Auch wenn Engländer noch so viel Wert auf Korrektheit legen, so haben sie anscheinend doch auch eine Schwäche für Exzentriker. Insgesamt gesehen tolerierten sie Anne Listers selbst proklamierte »Skurrilität« und gestanden ihr zu, die Fassade einer platonischen Freundschaft zu wahren, auch wenn die Gerüchte nicht verstummen wollten, dass die beiden Frauen sich die fleischlichen Genüsse heterosexueller Paare nicht versagten. Die viktorianische Gesellschaft zog es vor, Frauen als asexuelle Geschöpfe, als Engel im Haus ohne jegliches körperliche Verlangen zu sehen.

Bis zum späten 19. Jahrhundert konnten sich Frauen in England, Europa und Amerika öffentlich zu ihrer Liebe bekennen, ohne allzu viel Stirnrunzeln zu ernten. Obwohl sexuelle

Kontakte zwischen Frauen tabu waren und geheim gehalten werden mussten, waren viele romantische Freundschaften – hauptsächlich unter heranwachsenden Mädchen, aber manchmal auch unter reifen Frauen – von ungenierten körperlichen Berührungen gekennzeichnet, von Umarmungen oder Küssen oder Schmusen im Bett. So schrieb Eliza Schlatter aus New Jersey an Sophie DuPont in Delaware nach deren Heirat: »Ich wünschte, ich könnte in Fleisch und Blut, mit dem Verstand & dem Herzen bei dir sein – ich würde deinen *braven Ehemann aus dem Bett schaffen* – und mich an dich kuscheln, und wir würden wie in alten Zeiten lange Gespräche führen.«[179]

MARY HALLOCK FOOTE UND
HELENA DE KAY GILDER

Das gleiche sinnliche Verlangen zeigt sich in den Briefen der jungen Amerikanerin Mary Hallock Foote an ihre enge Freundin Helena de Kay Gilder. Mary und Helena lernten sich in den 1860er-Jahren in New York kennen, als beide an der Cooper-Union-Universität Kunst studierten. Gemeinsam erlebten sie die aufregenden Zeiten junger Leute in der großen Stadt, woraus sich eine unauflösbare Freundschaft herausbildete, die ein halbes Jahrhundert lang andauern sollte. In all den Jahren schrieben sie einander unzählige Briefe, von denen etwa 500 erhalten sind – 400 von Mary und 100 von Helena.[180] Diese Dokumente enthüllen, wie zwei Frauen aus sehr unterschiedlichen Familienverhältnissen und schließlich durch einen ganzen Kontinent getrennt sich unbeeinflusst von Zeit und Ort ihre Vertrautheit und ungebrochene Zuneigung bewahren konnten.

Mary stammte aus einer alteingesessenen Quäkerfamilie, die seit über fünf Generationen Landwirtschaft in Milton,

New York betrieb. Ihre Familie gehörte zur gut situierten Mittelschicht, lebte aber recht bescheiden und freute sich an ländlichen Vergnügungen. Helena, in die Hautevolee der New Yorker Gesellschaft hineingeboren, hatte die meiste Zeit ihrer Kindheit in Europa verbracht. Später heiratete sie standesgemäß Richard Gilder, einen Herausgeber von Gedichten, über den sie einige der einflussreichsten Persönlichkeiten ihrer Zeit kennenlernen sollte, wie Präsident Grover Cleveland und seine Frau. Mary heiratete später einen Ingenieur, dem sie in verschiedene Bergarbeiterlager in den Westen folgte, wo sie ständig mit finanziellen Schwierigkeiten zu kämpfen hatten.

In den Briefen, die Mary in den 1860er- und frühen 1870er-Jahren aus Milton, New York an Helena schrieb, als diese fünfundsiebzig Meilen entfernt auf der anderen Seite des Hudson lebte, spielt sie anscheinend die Rolle der »Verehrerin«. Sie betitelt ihre heiß geliebte Freundin mit »Meine geliebte Helena«, »Mein liebes Mädchen«, »Mein liebstes Mädchen«, »Liebes Mädchen mein«, »Mein Liebling« und »Mein kleiner Liebling« und unterschreibt ihre Briefe mit Worten wie »Deine Dir verbundene Freundin«, »In großer Liebe, Deine«, »In Liebe immer Dein« und »Wirst Du mich immer lieben?«. In vielen dieser Briefe schwingt Marys Sehnsucht mit, bei Helena sein zu können, aber auch ihr Groll gegen das »Schicksal«, das sie getrennt hatte. Fast ein Jahrzehnt lang wurde ihre Liebe allem Anschein nach erwidert.

Doch irgendwann musste Mary wohl oder übel erkennen, dass sie ihre Hoffnung auf eine dauerhafte Verbindung mit Helena begraben musste. Nostalgisch räumt sie ein, dass ihre selbstgenügsame Zweisamkeit der Vergangenheit angehörte. »Ich werde immer daran denken … dass wir wenigstens eine Zeit lang, eine ziemlich lange Zeit, wie ich glaube, einander genügen konnten.«[181]

Auch noch als Helena verheiratet war und Mutter wurde, schrieb Mary am 23. September 1873 die folgenden Worte, die ihrer tiefen Sehnsucht Ausdruck verleihen:

Dein Brief kam heute Morgen, gerade als Phil & ich Dein Zimmer fertig hergerichtet und Dein Bett gemacht hatten – *unser* Bett, in dem ich, wie ich dachte, heute Nacht liegen würde, den Arm meines lieben Mädchens unter meinem Kopf – Es versetzte mir einen seltsamen, kleinen Schauder, den ich nur ein- oder zweimal in meinem Leben gespürt hatte – und dann dachte ich, dass ich dich unbedingt sehen muss – nicht, um »Sachen durchzusprechen« – Sachen sind mir egal – ich will nur, dass Du mich liebst. ... Ich hatte mir so sehr gewünscht, meine Arme um dieses Mädchen aller Mädchen der Welt zu legen und ihr zu sagen, dass ich, ob ich nach N. Y. gehe oder zu Hause bleibe, ob sie mit »Deine Freundin von ganzem Herzen« unterschreibt oder mit »Dein liebstes Mädchen«, weiß, dass ich sie so sehr liebe, wie Ehefrauen ihre Männer (nicht) lieben, als <u>Freundinnen</u>, die einander fürs Leben gewählt haben – und dass ich so an sie glaube wie ich an meinen Gott glaube.[182]

Gewiss zeigen Marys Gefühle für Helena diese ultimative Hingabe, die üblicherweise eher mit Ehe oder religiösem Glauben als mit Freundschaft in Verbindung gebracht wird, wie Mary selbst freimütig bekannte. Auch wenn nur wenige Freundschaften, aus welcher Epoche auch immer, in diese Sphären vordringen, pflegten viele Frauen der Generation von Mary und Helena gleichgeschlechtliche Beziehungen, die zutiefst emotional und sinnlich waren, aber nicht unbedingt sexuell. Sie lagen zusammen im Bett mit dem Kopf am Busen einer Freundin, rieben einander bei Schwangerschaften gegenseitig mit Öl ein, halfen einander bei der Niederkunft und schliefen sogar bei einer sterbenden Freundin, bis sie ihren letzten Atemzug getan hatte. Trotz des potenziellen Konflikts zwischen Frauenfreundschaft und Ehe war es nicht ungewöhnlich, dass ihre Schwester oder ihre beste Freundin eine Braut auf der Hochzeitsreise begleitete, um ihr zu helfen, sich an die physischen und emotionalen Anforderungen des Ehelebens zu gewöhnen.

Diese Frauen unterlagen nicht der strengen Zensur, der Frauen in den 1880er- und 1890er-Jahren in ähnlichen Situationen ausgesetzt waren, als Sozialwissenschaftler begannen, gleichgeschlechtliche Liebe als pathologisch zu brandmarken. So behauptete Sigmund Freud, es sei ihnen nicht gelungen, sich zu »normalen« erwachsenen Frauen zu entwickeln, die Männer liebten; und Richard von Krafft-Ebing sprach sie mit der Begründung von Schuld frei, dass es sich um einen angeborenen Defekt handele. Neu geprägte technische Begriffe wie *homosexuell*, *schwul* und *Lesbierin*, allesamt mit negativem Beiklang, rutschten vom pseudowissenschaftlichen Vokabular in das öffentliche Bewusstsein und trugen zum Niedergang unbefangener romantischer Freundschaften zwischen Frauen bei.

Die Betonung liegt hier auf *unbefangen*, denn schließlich gab es nach 1900 mit Sicherheit weiterhin romantische Freundschaften zwischen Frauen – nur dass sie nun *lesbisch* genannt wurden und die Betonung auf erotischen Gefühlen und sexuellen Praktiken lag.[183] In dem vorliegenden Buch haben wir das Wort *Lesbierin* für Frauenfreundschaften in der Vergangenheit dann benutzt, wenn es konkrete Hinweise auf sexuelle Aktivitäten gab, wie im Fall der Anne Lister. Auch unterstellen wir nicht, dass Frauen, die miteinander in einer augenscheinlich platonischen Beziehung lebten, wie die Ladys von Llangollen (Eleanor Butler und Sarah Ponsonby) – um die freudsche Terminologie zu bemühen –, unter einer unterdrückten Sexualität litten. Die intensiven Beziehungen von Frauen untereinander können nicht in ein Wort oder eine Formel gepresst werden, es sei denn, als eine Paraphrase der berühmten Erklärung Montaignes, weshalb er La Boétie liebte: Weil sie's war, weil ich's war.

Im Sonett des romantischen Dichters William Wordsworth über die Ladys von Llangollen nannte er sie »Schwestern in Liebe«, ein Bild, das in seine Epoche passt und auch in unsere.[184] Der Begriff *Schwestern* impliziert eine tiefe, unauflösbare Verbindung, und unter ganz und gar anderen Gegebenheiten sollte dieser Begriff später eine herausragende Rolle spielen, und zwar im Schlachtruf der Feministinnen der 1960er-Jahre: »Sisterhood is powerful«.

Was die *Liebe* betrifft, den zweiten Begriff in Wordsworths Sonett, wird ihr immer ein Mysterium anhaften, ob zwischen zwei Frauen, zwei Männern, einem Mann und einer Frau oder zwischen Menschen, die einander als heterosexuell, schwul, lesbisch, bisexuell, transsexuell, transgender oder als eine Kombination dieser Begriffe bezeichnen. In der Zukunft wird es zweifellos mehr Bezeichnungen für Geschlechtsvarianten und mehr zusammengesetzte Begriffe dafür geben, was Butler und Ponsonbys Zeitgenossen eine »romantische Freundschaft« nannten.

ACHT

Quilt, Gebet, Verein

Reader, did you ever go
Where the ladies meet to sew,–
Needle, thimble, thread in hand,
Old and young, a happy band?
Take a seat and hear the chat,
Now of this and then of that–
Shoes or sofas, songs or bread,
Books or dresses, lace or thread
The last wedding, and the bride,
And a little world beside.
— »THE SEWING CIRCLE«, 1852

»*Wir wollen zum sozialen Leben ermuntern, denn das ist der Mittelpunkt, das Herz des Vereins; auf ihm baut die schiere Existenz des Vereins auf, denn nur ein sozialer Verein ist kooperativ, und nur wenn er durch und durch kooperativ ist, ist er auch erfolgreich.*«
— VEREINSMITGLIED, ASSOCIATION OF
WORKING GIRLS' SOCIETIES CONVENTION, 1890

»*[Unser Verein] steht für die engste Kameradschaft, die vertrautesten Freundschaften, die ernsthaftesten Hoffnungen meines Frauseins.*«
— JANE CUNNINGHAM CROLY, 1899

—

Frauen neigen dazu, sich zusammenzutun. Wie die Gruppen sich auch nennen mögen – ob Zirkel, Club, Gesellschaft, Verein, Bande oder Bund –, sie besitzen einen Zauber und eine Macht, die größer ist als die Summe ihrer Einzelkomponenten. Nicht alle in einer Gruppe sind mit allen Mitgliedern »dick befreundet«, und doch bereichern und beleben die verschiedenartigen Beziehungen in einer Gruppe die dort geschlossenen Zweierfreundschaften. Solche Verbindungen haben den Amerikanerinnen ein Gemeinschaftsgefühl und oft auch Betätigungsfelder ermöglicht, die ihrem Geschlecht sonst nur selten zugestanden wurden.

In der Neuen Welt wurden Frauengruppen zu Eckpfeilern der amerikanischen Gesellschaft. Ursprünglich aus der Not geboren sorgten diese Gruppen für den dringend benötigten Zusammenhalt in der neuen Nation, deren Bewohner in alle Himmelsrichtungen verstreut lebten und durch unbefestigte Straßen voneinander getrennt waren, die bei Schnee und Matsch unpassierbar wurden. Obwohl Amerikaner große Stücke auf ihre Unabhängigkeit, Eigenständigkeit und Beharrlichkeit hielten, blieb es nicht aus, dass für einige Aufgaben, wie den Bau von Scheunen und das Einbringen der Ernte, mehr als zwei Hände gebraucht wurden. Wenn Frauen sich versammelten, um gemeinschaftliche Arbeiten in Angriff zu nehmen, was meist in Gruppen stattfand, die hin und wieder zusammenkamen, erwuchs daraus eine Art Gemeinschaftssinn mit der Folge, dass die Gruppenmitglieder nicht nur untereinander, sondern auch für die Gruppe selbst freundschaftliche Gefühle entwickelten.

FRAUENARBEIT

Wie in allen Epochen zuvor schlossen und pflegten in den frühen 1880er-Jahren amerikanische Frauen bei ihren täglichen Verrichtungen Freundschaften, die Körper und Seele zusammenhielten. Zu den alltäglichen Aufgaben einer Frau gehörten die Beschaffung von Essen, Kleidung und Schutz für ihre Familien. Ihnen oblag es auch, eine Schar verantwortungsvoller, zukünftiger Bürger für die in den Kinderschuhen steckende Republik zu gebären und großzuziehen.

Näharbeiten standen bei jeder Frau üblicherweise ab dem Zeitpunkt auf der Tagesordnung, in dem sie alt genug war, um eine Nadel zu halten. Edith White erinnerte sich an ihre Kindheit in den 1860er-Jahren: »Als ich fünf Jahre alt war, hatte ich bereits eine Seite eines Quilts zusammengesetzt. Jeden Tag saß ich eine halbe Stunde bei meiner Mutter auf dem Schoß, und ich kann Ihnen versichern, dass es wirklich winzige Stiche sein mussten.«[185] Mädchen und Frauen aus dieser Zeit kamen oft in kleinen Nähgruppen zusammen, was den gesellschaftlichen Zusammenhalt und enge Freundschaften förderte.

QUILTS

Im Grunde genommen sind Quilts einfache Bettdecken aus zusammengesetzten Stoffresten und Watte, welche zwischen die Stofflagen eingenäht wird. Auch wenn die Quilts noch so simpel genäht waren und ausgesehen haben mochten, so waren sie in den meisten Gegenden des Landes unverzichtbar, um die Menschen warm zu halten. Frauen trafen sich bei sogenannten Quilting Bees und verwandelten Notwendiges zu erstaunlichen Kreationen voller Fantasie. Die Patchworkerinnen setzten Stoffstücke zu künstlerischen Mustern zusammen und nähten die einzelnen Teile mit akkurat gesetzten Stichen aneinander. Die Oberseite des Quilts trug das Muster, das wiederum häufig aus einzelnen, kleineren Mustern oder Blöcken zusammengesetzt war, die jede Frau zu den Quilting Bees mitbrachte. Die Kleider der Hausfrauen und Ausstattungsgegenstände in den Häusern waren fast immer gleichfarbig, da die Stoffe nur in ganzen Ballen erhältlich waren. Bei den Quilting Bees tauschten die Frauen dann ihre Stoffe aus und setzten sie zu farbenfrohen Mustern, sogenannten Crazy Quilts, zusammen. Freundinnen und Nachbarinnen steuerten Stoffreste bei, die sie für solche Zwecke aufbewahrten. Nichts wurde vergeudet – abgeschnittene Stoffreste, die von einem Kleidungsstück übrig geblieben waren, kamen in den »Restesack«. Stoff war so kostbar, dass Restesäcke von der Mutter an die Tochter weitergegeben wurden. Wenn die Frauen dann ihre fertigen Quilts betrachteten, erinnerten sie sich wieder an ihre gemeinsamen Erlebnisse und persönlichen Geschichten, nicht anders als wir heutzutage, wenn wir uns Fotoalben oder unsere eigenen kunstgewerblichen Arbeiten ansehen, zu denen auch heute noch oft genug Quilts zählen. So schwärmte 1845 eine Frau:

Ja, dort drüben ist der PATCHWORK-QUILT! Für den uninteressierten Betrachter sieht er wie ein bunt zusammengewürfeltes Sammelsurium von Kattunresten und -fitzelchen aus, aber für mich ist er ein kostbares Reliquiar einstiger Schätze; ein Lagerhaus, angefüllt mit Wertgegenständen … ein gebundenes Buch mit Hieroglyphen, von denen jede Einzelne ein Schlüssel zu schmerzlicher oder freudvoller Erinnerung ist … er enthält ein Stück Stoff von allen meinen Baumwollkleidern und denen meiner Mutter und meiner Schwestern; und das ist noch nicht alles.[186]

Die idealisierte Darstellung großer Quilting Bees, um die herum sich quirlige, über die ganze Gemeinde verstreute Gruppen bildeten, entspricht nicht unbedingt der Realität. Aber die Zusammenkünfte bestanden regelmäßig aus vier bis acht Frauen (jeweils vier an einem Quiltrahmen). Sie saßen im Lampenschein zusammen, genossen die Wärme eines Kaminfeuers, vielleicht eine Mahlzeit oder ein frisch gebackenes Brot und die Anregung, miteinander zu schwatzen, während sie einer wichtigen Aufgabe nachgingen:

An einem Tag in der Woche, wenn die Nachbarn zum Quilten kamen, trug mein Bruder das Bett aus Mamas Zimmer hinunter in die Küche und stellte den Rahmen auf. Das war eine ziemliche Plackerei, aber das machte ihm nichts aus... An den Tagen, an denen gequiltet wurde, war Dad immer stolz auf Mama. Wenn er von der Arbeit nach Hause kam, sagte er immer, wie fleißig sie gewesen war. Er wusste, dass sie ein schweres und einsames Leben hatte... er freute sich, wenn sie einen Tag lang mit ihren Freundinnen zusammen sein und sich amüsieren konnte.[187]

Damals wie heute erkannten liebevolle Männer, dass die Zeit, die eine Frau mit ihren Freundinnen verbrachte, ihr allgemeines Wohlbefinden steigerte, was letztendlich dem Familienleben zugutekam.

Manchmal veranstalteten Patchwork-Gruppen ein großes Quilting Bee, zu dem auch Männer eingeladen wurden und das normalerweise abends stattfand. Ein Anlass für eine solche Zusammenkunft war oft die Fertigstellung des letzten Hochzeitsquilts einer jungen Frau – des dreizehnten Quilts, nachdem sie die ersten zwölf eigenhändig genäht hatte. Mit jedem Quilt des ersten Dutzends wurden die Muster und Techniken immer komplexer. Wenn das Mädchen dann zum dreizehnten, dem Bride's Quilt kam, veranstalteten sie und ihre Freundinnen ein ganz besonderes Quilting Bee, an dem sie diesen Quilt dann mit vereinten Kräften fertigstellten. Ein archivierter, alter Quilt enthält eine Warnung, die den Mädchen damals vermutlich allzu oft ans Herz gelegt wurde:

At your quilting, maids, don't dally,
Quilt quick if you would marry,
A maid who is quiltless at twenty-one
Never shall greet her bridal sun![188]

Mit der zunehmenden Bedeutung der Textilindustrie um 1840 herum verlagerte sich das Quilten oft von einer Notwendigkeit zu einem Zeitvertreib. So entstand die Mode des Freundschaftsquilts, die bald über ganz Amerika schwappte. Das Markenzeichen von Freundschaftsquilts waren Unterschriften. Das Mädchen, das den Quilt nähte, bat jede ihrer Freundinnen, einen Block zum Freundschaftsquilt beizusteuern. Jeder Block enthielt ein Stück Stoff mit der Unterschrift der Freundin, die entweder eingestickt oder mit einem wasserfesten Stift geschrieben war. Manchmal fanden sich neben dem Namen der Freundin auch wichtige Daten, oft auch Worte wie »zur Erinnerung« und manchmal auch eine Gedichtzeile.

Viele Frauen, die bald schon ihren Familien und Freunden entrissen werden sollten, wenn ihre Ehemänner und Väter beschlossen, mit dem großen Zug nach Westen zu ziehen, bekamen als Abschiedsgeschenk Freundschaftsquilts. In der Fremde wurden die Freundschaftsquilts dann als tröstliche Erinnerung an ihnen nahestehende Menschen zur Schau gestellt, und oft gehörten sie zur Aussteuer, die Mütter ihren Töchtern mitgaben.

Von geschickten Händen genähte Quilts erlangten oft den Status von Kunstobjekten, unabhängig davon, ob sie zur Dekoration oder als nützliche Wärmespender gedacht waren. In die letztere Kategorie gehören wunderbare Exemplare von Afroamerikanerinnen, die als Sklavinnen die Kunst des Quiltnähens erlernt hatten und diese Fertigkeiten an die nachfolgenden Generationen weitergaben. Im Zuge der gleichen kulturellen Überlieferung lernten diese Quiltnäherinnen auch, den Zusammenhalt und die Freundschaften zu schätzen, die sich aus ihrer gemeinsamen Arbeit ergaben. Die Gee's Bend Quilters in einem ländlichen Weiler südlich von Selma, Alabama, fertigten ursprünglich Quilts aus Futtersäcken und ausgemusterter Arbeitskleidung. Mit ihren geschickten Händen schufen sie kuschelige Bettdecken, unter denen ihre Familien die kalten Nächte überstanden. Aber beim gemeinsamen Arbeiten, beim Plaudern und manchmal beim Singen schufen diese Quilterinnen einen unverwechselbaren Stil, der von westafrikanischen Textilien und modernen, geometrischen Mustern inspiriert war. Heute gelten diese gemeinschaftlich entstandenen Objekte als echte Kunstwerke. Die Gee's Bend Quilts wurden in Museen ausgestellt, im Fernsehen gezeigt und 2006 sogar auf US-Briefmarken gedruckt. Heute wetteifern Sammler bei Auktionen um diese einzigartigen Stücke.[189]

KIRCHENGRUPPEN

Im frühen 19. Jahrhundert kam es im Zuge des um sich greifenden christlichen Eifers, der in der Folge als Second Great Awakening bekannt wurde, zur Bildung neuer Frauengruppen. Überall im dünn besiedelten Mittleren Westen boten religiöse *Camp Meetings* engagierten Männern, Frauen und Kindern aller Altersgruppen Gottesdienste und Gemeinschaft an. Solche Revivals boten Frauen die Möglichkeit, sich in öffentlichen Reden und organisatorischen Fähigkeiten zu üben und bei »Sabbath potlucks«, gemeinsam organisierten Sabbatbuffets ihr kulinarisches Können unter Beweis zu stellen.

Mitte des Jahrhunderts erinnert sich Harriet Walter, eine Pionierin in Kansas, wie es in der Küche von Mary Clarke vor einem solchen Sabbattreffen zuging:

Im Haus von Ernest Clarke herrschte helle Aufregung, denn Bruder Craft, der Baptistenprediger, war für den Samstagnachmittag für das allmonatliche, förmliche Treffen angekündigt. Mary Clarke setzte am Freitag mit Umsicht ihren Vorteig für das Weißbrot an ... auch das Bostoner braune Brot dampfte. Natürlich gab es Kuchen zu backen und Bohnen und Reispudding, falls es keine Pasteten gab ... Fleisch musste auch auf den Tisch. Im Sommer wurde der Schinken ... oder das Hühnchen ... und im Winter der große Rinder- oder Schweinebraten perfekt geschmort ... sie schrubbte die Küche, bis sie blitzte.[190]

Die Zubereitung des Essens, die traditionell »Frauensache« war, machte die Frauen für die Erweckungsbewegung unentbehrlich, bot ihnen aber auch Gelegenheit, Kontakte außerhalb ihres Heims zu knüpfen. Bei Gebetstreffen wurden die Teilnehmer aufgefordert, die Haltung der Revivalisten nach ewiger Erlösung anzunehmen und mit Inbrunst vor allen Leuten Zeugnis abzulegen. Frauen durften ebenso wie Männer ihre Bekehrung zum Ausdruck bringen. Und so ergriffen Frauen bei öffentlichen Treffen unter dem Mantel religiöser Frömmigkeit das Wort.

Als akzeptierter Bestandteil der Meetings der Revivalisten breiteten sich in stärker besiedelten Gebieten zunehmend rein weibliche Gebetstreffen aus. Für einen so unangreifbar redlichen Zweck durften Frauen auch außerhalb des Dunstkreises ihrer Familien miteinander in Kontakt treten. Diese Gebetstreffen verwandelten sich bald schon in sogenannte »Cent-Societies«, in der die Mitglieder das Wenige beisteuerten, was sie erübrigen konnten, um Spendengelder für die Missionierung und die Verteilung von Bibeln zusammenzubringen. Zum Ende des Jahrhunderts beteiligten sich Frauen dann an Missionsausschüssen, sogenannten »mission boards«, innerhalb derer Gelder für die Ausbildung von Missionarinnen für ihre Arbeit in überseeischen Gebieten gesammelt wurden. 1915, auf dem Höhepunkt des Missionierungseifers, waren geschätzte drei Millionen Frauen Mitglieder in Missionsgesellschaften.[191]

Im 19. Jahrhundert gestaltete die industrielle Revolution die Tagesabläufe neu und befreite damit Frauen der Mittelschicht von manchen Knochenjobs, die ihren Vorfahrinnen noch abverlangt worden waren. Der Kirchgang und verwandte Aktivitäten gaben den Frauen die Möglichkeit, der Enge ihrer vier Wände zu entfliehen und Freundschaften im Dienste moralischer Anliegen zu schließen.[192, 193]

Viele dieser ursprünglich religiös geprägten Gruppen entwickelten sich zu Motoren eines gesellschaftlichen Wandels. Als den Frauen in kirchlichen Hilfseinrichtungen die akuten Zwangsumsiedlungen aufgrund des rapiden Wachstums in ihren Gemeinden bewusst wurden, beschränkten sie sich nicht länger auf ferne Missionierungseinsätze oder die Verteilung von Bibeln. Von Frauen geführte Kirchenvereine kümmerten sich üblicherweise um Waisen, Arme und unverheiratete Mütter. Frauengruppen aus der Mittelschicht ersetzten die Quilting Bees, die den unmittelbaren Bedürfnissen der Familien gewidmet gewesen waren, durch gemeinsam hergestellte andere Näharbeiten, mit denen Spenden für wohltätige Zwecke eingetrieben wurden.

1839 riefen 29 Frauen von der Calvinist Church in Worcester, Massachusetts, einen Nähkreis ins Leben, den Centre Missionary Sewing Circle. Sie waren fest entschlossen, Geld für ausländische Missionen zu sammeln, um »unglückliche Untertanen des Fürsten der Finsternis zurückzugewinnen«. Die Frauen trafen sich zweimal im Monat von zwei Uhr nachmittags bis neun Uhr abends abwechselnd bei den Mitgliedern zu Hause. Sie fertigten einfache wie auch »ausgefallene« Handarbeiten, die sie dann verkauften. Die detaillierten Berichte des Zirkels deuten an, dass sie sich erstaunliche Kenntnisse im Verkauf und im Marketing aneigneten, wodurch ihr Umsatz innerhalb weniger Jahre um das Hundertfache in die Höhe schnellte. Zusammen mit der Stadt wuchs die Gruppe in Windeseile (auf siebzig Mitglieder innerhalb von drei Jahren), und mit den neuen Mitgliedern kamen neue Wegbegleiterinnen und Freundinnen.[194]

Kirchliche Frauengruppen reiften zu etablierten Institutionen heran – in jeder Gemeinde gab es mindestens eine, oft auch mehrere solcher Gruppen. Diese Vereine gewannen allmählich sowohl an Selbstvertrauen als auch an Bandbreite. Bald machten die Frauen sich die männlichen »Geschäftsordnungen« zu eigen, um ihre Versammlungen zu regeln. Viele Kirchenmänner waren aufgeschreckt, dass eine Gruppe von Frauen ohne männliche Aufsicht organisatorische Entscheidungen traf, und nahmen deren Aktivitäten genau unter die Lupe.

Als der Sewing Circle in Worcester beschloss, seine Anstrengungen nicht mehr auf die Unterstützung weit entfernter Missionen zu konzentrieren, sondern darauf, sich um die Armen in ihrer eigenen Stadt zu kümmern, wandte sich der calvinistische Missionar »entschieden gegen« dieses Vorhaben. Nach einem monatelangen Hickhack um die Frage, ob die Frauen sich dem Kirchenmann beugen sollten, stimmten sie dafür, die Richtung beizubehalten, die sie einmal eingeschlagen hatten. Diese Abstimmung war für die Mitglieder der Mittelschicht, die sich zweifellos als Inbegriff viktorianischer Häuslichkeit betrachteten, ein Ereignis von großer Tragweite. Nur beließen die Frauen es nicht bei dieser Einzelaktion. Sie stimmten außerdem noch dafür, einen Passus in die Satzung aufzunehmen, der ihr Ziel festschrieb, den einheimischen Armen zu helfen. Damit drehten sie dem Kirchenmann und seiner Einmischung in aller Öffentlichkeit eine lange Nase: »Wie viel mehr Gutes könnten wir dadurch erreichen, dass wir uns direkt vor unserer Haustür frisch an die Arbeit machen, statt uns nach anderen Betätigungsfeldern zu sehnen?«[195]

Trotz des Wirbels in Worcester war es nicht das Streben nach Macht, das eine große Anzahl von Frauen in die Kirchengruppen trieb. Vordergründig waren ihre Versammlungen an ein religiöses Mandat gebunden. Aber was sie wirklich aus dem Haus trieb, sie dazu brachte, ihr Bestes zu geben und keine Versammlung zu verpassen, war der Gemeinschaftssinn, der in den Gruppen herrschte.

Die Erweckungsbewegung des frühen 19. Jahrhunderts verhieß eine Botschaft, an der eigenen Erlösung aktiv mitzuwirken. Die Frauen erweiterten diese Heilslehre auf den sozialen Bereich, der es ihnen erlaubte, einander außerhalb ihrer eigenen vier Wände zu treffen. Und die Töchter dieser Generation von Revivalisten wiederum marschierten zusammen in der großen Welle gesellschaftlicher Reformen mit, die in der Mitte des Jahrhunderts über das Land schwappte. So wurden Frauenfreundschaften von ihren häuslichen Fesseln befreit und in die große Welt hinausgeworfen.

FRÜHE REFORMGRUPPEN

Eine der schlagkräftigsten frühen Reformgruppen war die New York Female Moral Reform Society, NYFMRS, gegründet 1834 und der Sisyphusaufgabe verschrieben, die Prostitution auszumerzen. Prostitution war zu jener Zeit nicht gänzlich illegal, und bis zu zehn Prozent der weiblichen Erwachsenen in New York erzielten Einnahmen aus dieser Tätigkeit. Innerhalb von fünf Jahren hatte die New Yorker Gruppe 445 Niederlassungen aus dem Boden gestampft und sich in American Female Moral Reform Society umbenannt. Diese beeindruckende Organisation bot dem männlichen Establishment dadurch die Stirn, dass sie einen Gesetzentwurf mit dem Ziel unterstützte, die Aufforderung zum Geschlechtsverkehr unter Strafe zu stellen und – vielleicht besonders wirkungsvoll – damit drohte, die Namen von Bordellbesuchern zu veröffentlichen. Es mag dahingestellt sein, wie effektiv die Bemühungen der NYFMRS letztlich waren, sicher ist, dass deren Energie und Einfluss den Grundstein für die große Welle der Frauenreformbewegung in Amerika im späteren 19. Jahrhundert legte.

In Philadelphia und in anderen städtischen Zentren erkannten Frauen, dass Arbeiterinnen und arme Frauen in schwierigen wirtschaftlichen Zeiten am verletzlichsten waren. Diese Tatsache blieb bei den vielen Frauen, die sich in prekären Verhältnissen befanden, nicht wirkungslos. Diese Arbeiterinnen, darunter auch viele freie Afroamerikanerinnen, riefen gemeinsam Hilfsvereine ins Leben, um ihren Mitgliedern zu helfen, ihren Lebensunterhalt zu sichern.

Die Daughters of Africa, in den 1820er-Jahren ungefähr 200 Mitglieder stark, vermerkten ihre Aktivitäten chronologisch in einem Auftragsbuch, das nicht nur die karitativen Tätigkeiten der Töchter aufzeichnete, sondern auch das Augenmerk der Organisation auf Ehrbarkeit betonte.[196] Angesichts der Tatsache, dass in jener Zeit die Chancen auf ein anständiges Leben für schwarze Frauen denkbar schlecht standen, war es sicherlich einfacher, ehrbar zu bleiben, wenn Freunde und Kollegen einem hilfreich zur Seite standen.[197]

FREUNDSCHAFTEN AN DEN GRENZEN

Frauen, die isoliert im äußersten Westen der amerikanischen Territorien lebten, waren dringend auf Freundinnen angewiesen. Im Pazifischen Nordwesten entstanden die Frauenvereine erst lange nach denen östlich des Mississippi. Das lag schlicht daran, dass es in den Anfängen der Besiedlung des Westens an den Grenzen so wenige Frauen gab. Sobald richtige Dörfer entstanden, in deren Kern Familien Wurzeln geschlagen hatten, sprang der Funke von einer Frauenorganisation zur nächsten über; sie begannen als Gebetsgruppen, um sich später für gesellschaftliche Reformen starkzumachen.

In den Siedlungen im Westen herrschte gähnende Leere bei lokalen Verwaltungen. Unter den Pionieren gab es gebildete Damen, die Straßen ohne Bürgersteige vorfanden, schwelende, mit Fliegen und Ratten verseuchte Müllhaufen, verschmutztes Wasser, fehlende Sanitäranlagen und Schulen, von Bibliotheken ganz zu schweigen. Viele der Damen hatten organisatorische Fähigkeiten und Führungserfahrung mitgebracht, die sie sich in den diversen Vereinen ihrer Heimatstädte im Osten angeeignet hatten. Sie bündelten ihre Talente und Ressourcen und katapultierten ihre neuen Organisationen in die kommunale und politische Führungsebene. Verglichen mit dem Osten geschah dies draußen im Westen in einem sehr engen Zeitrahmen.

1838 kam eine Gruppe von Frauen zusammen, die isoliert in einem gefährlichen, wilden Landstrich im Pazifischen Nordwesten lebten, und gründete die Columbia Maternal Association, eine der allerersten Frauenorganisationen im Grenzgebiet. Es waren Missionarsfrauen, von denen anfangs nur zwei der ursprünglich sechs Mitglieder überhaupt Mütter waren. Allerdings hatten sie wegen der vielen Todesfälle auf dem Oregon Trail eine ganze Reihe von Waisenkindern zu versorgen. Die Frauen, deren Zahl bald auf zwölf anwuchs, konnten sich nur selten treffen, versorgten sich aber mit den ihnen zur Verfügung stehenden Mitteln reihum mit diskussionswürdigem Lesestoff. Der enge Zeitrahmen für die Entwicklung des Vereins zeigte sich daran, dass ihre Satzung in einer Klausel einen religiösen Schwerpunkt festschreibt, aber schon in der nächsten zu einem durchaus praktischen Mandat gelangt: »[Jedes

Mitglied wird] sich durch Gebete, Lesungen & alle geeigneten Mittel für die Ausübung der anstrengenden Pflichten einer christlichen Mutter qualifizieren & ihren Schwestern Hinweise geben, welche ihre eigenen Erfahrungen gebieten oder gegebene Umstände als notwendig erachten.«[198] Stellen Sie sich vor, wie solche Hinweise ausgesehen haben mögen – Maßnahmen zur Geburtenkontrolle, Tipps für die Wäsche, Nutzung von Opiaten und medizinische Rezepte, angemessenes Verhalten beim Zusammentreffen mit einem spärlich bekleideten amerikanischen Ureinwohner in der Küche. Bezeichnenderweise verpflichtete sich jedes Mitglied der Columbia Maternal Association dazu, sich wechselseitig um die Kinder zu kümmern, falls deren Mutter starb. Dieser Pakt ist beispielhaft für Frauenfreundschaft auf der elementarsten Stufe.

Für Pionierinnen, selbst für solche, die einst ein beschauliches Leben in der Mittelschicht geführt hatten, muss das viktorianische Ideal des Engels im Haus so unerreichbar gewesen sein wie heute das glamouröse Leben eines Supermodels für die durchschnittliche Amerikanerin. Im richtigen Leben war für solche Tagträume kein Spielraum. Eine wunderbare, obgleich blutrünstige Episode, die sich 1846 ereignete, erzählt von zwei Frauen, die sich und ihren Familien das Leben retteten, als sie eine Wüste in dem Territorium durchquerten, das heute New Mexico ist. Zwei Familien – die Benhams, ein Ehepaar und deren siebenjähriges Kind, sowie die Braxtons, ein Mann, eine Frau und zwei Söhne im Teenageralter – waren auf dem Weg zu einem Gehöft am Pecos River. Ihr letztes Fass Wasser zerbarst, als sie den Llano Estacado überquerten, und einer der Jungen wurde von einer Klapperschlange gebissen. Die Männer erlitten einen Sonnenstich; schlimmer konnte es kaum kommen – und dann schlug auch noch Murphy's Law zu, als eine schwer bewaffnete Bande mexikanischer Marodeure die

Gruppe attackierte. Diese Outlaws raubten den Familien alles, was sie noch bei sich hatten, töteten ihre Pferde und Mulis und überließen die Männer und Kinder dem sicheren Tod. Pech für die Banditen, dass sie die Frauen entführten.

In einem Zimmer im oberen Stockwerk eines Verstecks der Bande eingesperrt rissen die Frauen die hölzernen Fenstersprossen heraus, sprangen hinunter und stahlen alle frischen Pferde, nachdem sie die Achillessehnen derjenigen Pferde durchtrennt hatten, die sich ausruhten. Sie machten keine halben Sachen! Sie retteten erfolgreich ihre Familien, die anschließend den Weg in ihre neue Heimat in New Mexico fortsetzten.[199] Wir können uns ausmalen, was aus der Freundschaft dieser beiden Frauen geworden ist, nachdem sie diese Feuertaufe überstanden hatte: eine auf dem Schlachtfeld gefestigte Bindung, die ein Leben lang Bestand haben würde. Hätte die eine es ohne die andere so weit gebracht?

TRANSZENDENTALISTISCHE FREUNDSCHAFTEN

Im frühen 19. Jahrhundert nahmen viele Frauen ihre Ausbildung selbst in die Hand, sofern sie Zugang zu Büchern hatten. Öffentliche Bildungseinrichtungen – auch wenn sie diesen Namen oft nicht verdienten – machten mit Mädchen noch kürzeren Prozess als mit Jungen. Private Oberschulen waren überwiegend rein männlich, weshalb wissensdurstige Mädchen sich anschickten, reine Frauengruppen zu gründen mit dem Ziel, intellektuelle Diskussionen zu führen. Oft konzentrierten diese Gruppen ihr Augenmerk auf die Bibel und andere religiöse Texte. Angeregt von einer Handvoll bemerkenswerter Feministinnen und Querdenkerinnen – wie Elizabeth Peabody und Margaret Fuller – widmeten Frauen ihre Treffen später dem ausdrücklichen Ziel der Erweiterung ihres Wissens.

Elizabeth Peabody, eine von drei ungewöhnlichen Schwestern, erlangte Berühmtheit durch ihre liberalen Ansichten zur Bildung. Sie bekam Zugang zu einem hochintellektuell ausgerichteten Zirkel ernsthafter junger Transzendentalisten, darunter Ralph Waldo Emerson, Horace Mann, Nathaniel Hawthorne und Margaret Fuller. Um dieser Gruppe ungehinderten Zugang zu den neuesten Schriften europäischer Romantiker und Transzendentalisten zu ermöglichen, eröffnete Elizabeth einen Buchladen in Beacon Hill, Boston, wo die Intelligenzija des »Athens of America« sich zusammenfand.[200] 1832 richtete sie in ihrem Buchladen eine Reihe von Lesetreffs für Frauen ein. Es gab Lesungen, Vorträge – viele davon hielt die quirlige Elizabeth Peabody höchstpersönlich – sowie Diskussionen über große Werke des westlichen Kanons, von den antiken Griechen bis zur Französischen Revolution.

Elizabeths Freundschaft mit ihrer brillanten Zeitgenossin Margaret Fuller (sechs Jahre jünger als sie) war angespannt. Peabody, die sich in der Rolle einer Mentorin sah, erwies Fuller viele Gefälligkeiten. Nicht zuletzt stellte sie Fuller 1838 die Räumlichkeiten ihres Buchladens für deren Erwachsenenkurse, die »Conversations«, zur Verfügung. Diese Angebote, für die die Teilnehmer eine kleine Gebühr bezahlten, bauten auf dem von Peabody geschaffenen Fundament auf, die Margarets Bemühungen äußerst wohlwollend kommentierte: »Fullers Gedanken waren ausgesprochen anschaulich, und alles wurde mit überaus bestechender Gewandtheit und Anmut und erfreulicher Bescheidenheit gesagt.«[201]

Andererseits behandelte Fuller, die Peabody zu jener Zeit im öffentlichen Ansehen bereits abgehängt hatte, ihre Wohltäterin nicht mit dem gleichen Respekt. Tatsächlich machte Fuller sich hinter Peabodys Rücken über sie lustig. William Ellery Channing, ein führender Theologe der Unitarier, schalt Fuller für ihre Lieblosigkeit: »Wenn ich mir überlege, dass Sie all das sind, was Miss P[eabody] gerne gewesen wäre, und dass Sie sie verachten, während sie Sie liebt und ehrt, dann glaube ich, dass ihr ein Ehrenplatz im Himmel sicher ist.«[202] Margaret Fuller, die in ihrer Zeit tonangebend war, konnte genauso bissig sein wie ein »Mean Girl« des 21. Jahrhunderts.

Dennoch setzte sie sich in ihrem bahnbrechenden Manifest *Woman in the Nineteenth Century* (1844) grundsätzlich für Frauen ein. Darin vertrat sie eine Haltung, mit der sie den patriarchalischen Sitten ihrer Zeit die Stirn bot: »Ich hätte dafür gesorgt, dass Frau alle Gedanken beiseiteschiebt, die sie normalerweise hegt, von Männern unterrichtet und gelenkt.«[203] Fullers öffentliche »Conversations« ermunterten Frauen dazu, an ihrem Intellekt zu feilen. Und so beschrieb sie ihrer Freundin Sophia Dana Ripley die geplanten »Conversations«:

Die Vorteile eines wöchentlichen Treffens zur Konversation könnten allein schon deshalb die Mühe der Teilnahme rechtfertigen, dass sie einen Treffpunkt für gut ausgebildete und denkende Frauen in einer Stadt bieten, die bei ihren großen Ambitionen auf geistige Kultiviertheit im Augenblick nichts Gleichwertiges zu bieten hat.[204]

Fuller begrüßte die Vorstellung einer Kameradschaft unter Frauen, die einherging mit geistiger Erbauung, eine Idee, die bei den nachfolgenden Generationen von Akademikerinnen auf fruchtbaren Boden fallen sollte.

Sie versuchte zwar, ihre »Conversations« auch für Männer zu öffnen, doch das führte nur dazu, dass es mit dem Elan der Frauen steil bergab ging: »Die Männer rissen die Diskussion an sich und traten nur füreinander ein«, stellte sie fest. Daraufhin kehrte sie unverzüglich zum vorherigen, erfolgreichen Format zurück, dass die »Conversations« »einen eindeutig weiblichen Charakter, weibliche Anliegen, vorgebracht in weiblicher Sprache in einer Atmosphäre weiblicher Vertrautheit« widerspiegelten.[205]

Dennoch pflegten sowohl Fuller als auch Peabody platonische Beziehungen zu den führenden männlichen Transzendentalisten ihrer Zeit, die auf gegenseitiger Wertschätzung beruhten. Fuller hatte eine revolutionäre Vision der menschlichen Sexualität, die der vorherrschenden viktorianischen Doktrin von separaten Bereichen für Männer und Frauen widersprach. »Das Männliche und das Weibliche stehen für die beiden Seiten des großen radikalen Dualismus. Aber in Wahrheit greifen sie ständig ineinander ein. Flüssiges härtet sich zu Festem, Festes verflüssigt sich. Es gibt keinen gänzlich maskulinen Mann, keine rein feminine Frau.«[206] Mit dieser Perspektive war Fuller ihrer Zeit weit voraus.

Wo Grenzen verwischt werden, ist natürlich Platz für Mehrdeutigkeit. Ralph Waldo Emerson und Fuller korrespondierten zum Wesen der Freundschaft, während Fuller oft die Konzepte von Liebe und Freundschaft vermischte. Beide zeigten sich jedoch irritiert von den Schwierigkeiten, die sie im persönlichen Umgang miteinander hatten. Fuller beklagte sich bei ihrer Vertrauten, der romantischen Lyrikerin Caroline Sturgis, über die »ständige Wand«, die es ihr verwehrte, an Emerson heranzukommen – bisweilen sogar in ihren Briefen.[207] Als Margaret an Waldo schrieb: »Ich bin dein & bleibe dein«, war dieser Gefühlsausbruch für ihn der Anlass, eine Vollbremsung hinzulegen. Er erklärte ihr: »Du & ich, wir sind nicht Bewohner ein und desselben Gedankens des göttlichen Geistes, sondern zweier Gedanken … grundsätzlich verschieden.«[208] Wegen der verfahrenen Situation in ihrer Beziehung war es ihnen nie möglich, eine emotionale Übereinkunft zu finden.

Alle Beziehungen Margaret Fullers können mit »kompliziert« überschrieben werden. Ihr Bekenntnis zur Androgynie durchdrang alle ihre Freundschaften und Liebschaften. Mit 21 Jahren lernte sie die deutlich jüngere, bezaubernde Anna Barker kennen und begann mit ihr eine, wie es damals hieß, romantische Freundschaft. Fuller schrieb über ihre neue Obsession: »Eine Zeit lang liebte ich Anna mit all der Leidenschaft, die ich damals zu empfinden imstande war – ihr Gesicht strahlte immer vor meinen Augen, ihre Stimme hallte in meinem Ohr wider, alle poetischen Gedanken versammelten sich um das liebe Antlitz.«[209]

Als sie 28 Jahre alt war, verliebte sich Fuller in den acht Jahre jüngeren Samuel Ward. Nach einer Liebelei, die ihm offenbar weniger bedeutete als ihr, verließ er sie, und sie fand sich in der Rolle einer verschmähten Geliebten: »Wenn du mich so liebst, wie ich es verdiene, geliebt zu werden, kannst du nicht darauf verzichten, mich zu sehen.« An welche Art von »Liebe« – freundschaftlich, vergötternd oder erotisch – sie dabei auch gedacht haben mag, erfreut war sie bestimmt nicht, als er ihr eröffnete, dass er in ihr eher eine Mutterfigur sah. Kurz danach erfuhr sie, dass er sich in niemanden anderen verliebt hatte als in Anna Barker, ihre frühere Liebe, die er dann auch heiratete.[210]

Margarets engste Freundin während all der Jahre ihrer turbulenten Karriere war Caroline Sturgis, eine weitere bedeutende Persönlichkeit unter den Transzendentalisten. Die beiden Frauen reisten zusammen, besuchten gemeinsame Freunde und lebten zeitweise zusammen, wie etwa während eines idyllischen Sommers in einem Strandhaus. In Fullers Briefen an Caroline verflocht sie Klatsch und Tratsch mit pathetischen, intellektuellen Grübeleien. Als Zeugnis ihres eng verbundenen Geistes und ihrer verwandten Seelen erinnerte

Margaret 1844 Caroline an ein gemeinsames verschmustes und anrührendes Erlebnis, das sie mit einer der wenigen in der Bibel beschriebenen Frauenfreundschaften vergleicht: »Erinnerst du dich an jenen Abend im letzten Sommer, als wir auf dem Bett einschliefen und wir wie Elisabeth und Maria waren. Ich habe oft ausdrücken wollen, was mir an jenem Abend im Traum erschienen war, aber es gelang mir nicht, nur, dass ich es Tag für Tag besser verstehe. Ich fühle mich tief mit dir verbunden und hoffe, dass du meinen Ring trägst.«[211]

Diese drei Beispiele zeigen, dass Margaret Fuller nicht nur über Androgynie sprach, sondern ihren Worten auch Taten folgen ließ. Mit ihrer Liebe zu Anna Barker, Samuel Ward und Caroline Sturgis folgte sie ihren Leidenschaften ohne Rücksicht auf das Geschlecht.

Es war durchaus mit ihrem Charakter vereinbar, dass sie mit 36 Jahren ihre Zelte abbrach, um als Auslandskorrespondentin für Horace Greeleys *New York Daily Tribune* nach Europa zu reisen. In Italien berichtete sie über die Revolutionen von 1848 bis 1849. Sie nahm sich einen italienischen Offizier der römischen Garde zum Liebhaber und gebar ihm einen Sohn. Die kleine Familie fuhr 1850 in die Vereinigten Staaten zurück, nur um tragischerweise in einem heftigen Sturm vor Fire Island umzukommen. Henry David Thoreau und andere entsetzte Transzendentalisten durchkämmten tagelang die Küste auf der vergeblichen Suche nach den Leichen ihrer Freunde.

DAS LOWELL-SYSTEM

Zur selben Zeit, zu der die intellektuelle Elite sich um die Transzendentale Bewegung in Amerika scharte, spülte die unerbittliche Flut der industriellen Revolution weniger privilegierte Frauen in neue Beziehungen. Schwärme unverbrauchter Immigrantinnen und Bauernmädchen, meist zwischen 14 und 25 Jahre alt, gesellten sich zur Arbeiterschaft in den städtischen Gebieten. Zum größten Teil kamen die jungen Menschen aus Arbeiterfamilien, die ihre Töchter oft nicht mehr versorgen konnten oder sogar auf deren finanzielle Unterstützung angewiesen waren.

Im Alter von elf Jahren begann Lucy Larcom 1835 in einer Baumwollspinnerei in Lowell, Massachusetts zu arbeiten. Obwohl Kinderarbeit heutzutage längst verboten ist, war das Lowell-System für die damalige Zeit fortschrittlich, denn es versorgte die Mädchen in der Baumwollspinnerei mit betreuten Schlafräumen, einer Mittelschule, zahlreichen Abendschulen, kulturellen Veranstaltungen, Bibelkreisen und Bibliotheken.[212] Lucy Larcom, die in ihrem späteren Leben als Lyrikerin und Schriftstellerin bekannt wurde, beschrieb in ihren Memoiren *A New England Girlhood* die Situation der Mädchen, die ihre prägenden Jugendjahre im Herzen eines radikalen sozialen Experiments verbrachten. Aus ihren Schriften und denen anderer Mädchen der Baumwollspinnerei wissen wir, dass sie die ihnen gebotenen Möglichkeiten, Freundschaften zu schließen, so gut nutzten, wie sie nur konnten. Lucy schrieb über ihre Freundinnen in der Spinnerei:

Ich betrachte es als eines der Privilegien meiner Jugend, dass ich unter diesen aktiven, interessanten Mädchen aufwachsen durfte, deren Leben nicht bloß irgendein anderes Leben widerspiegelte, sondern die vielmehr individuelle Prinzipien und Zielvorstellungen verfolgten... Sie waren ernsthaft und fähig; bereit, alles auf sich zu nehmen, was Erfolg versprach. In ihrer Gesellschaft musste ich zwangsläufig mein träumerisches, träges Wesen ablegen und aktiv werden. Sie verhalfen mir zu einem umfassenderen, bewussteren Frauenbild.[213]

Ein solches Geben und Nehmen könnte in jeder Epoche den Nutzen von Freundschaften unter Mädchen beschreiben.

ARBEITERINNEN IM SPÄTEREN 19. JAHRHUNDERT

Gegen Ende des 19. Jahrhunderts zog es Mädchen, die ihren sozioökonomischen Status verbessern wollten, in Scharen in die Städte. Das utopische Versuchsmodell des Lowell-Systems war längst Geschichte – ein Opfer der brutalen Spielregeln der Marktwirtschaft. Rigide Arbeitsbedingungen in Fabrikhallen und Lagerhäusern ließen keine Gespräche unter den Arbeiterinnen zu. Und die meisten Unterkünfte der Mädchen boten nicht die Voraussetzungen, dort nach getaner Arbeit Besucher zu empfangen. Die Fabrikmädchen gründeten ihre eigenen Vereine, die manchmal von reformorientierten Frauen der Oberschicht unterstützt wurden. Aus Sicht der Sponsorinnen dienten solche Vereine dazu, die Tugendhaftigkeit der Mädchen im Auge zu behalten, da sie ihnen andere Treffpunkte ermöglichten als Gaststätten und dunkle Toreingänge. Darüber hinaus gaben die städtischen Arbeiterinnenvereine den Mädchen das, was sie wirklich brauchten: Notkredite und medizinische Hilfe, Arbeitsvermittlung, Waschräume mit warmem Wasser, billige warme Mahlzeiten und Weiterbildungskurse für Maschinenschreiben, Rechtschreibung und andere Fähigkeiten.

Die National League of Women Workers, gegründet mit dem Ziel, die Aktivitäten aller Arbeiterinnenvereine zu koordinieren, gab *Far and Near* heraus, eine Monatsschrift, die als Hauptargument für eine Mitgliedschaft das gesellige Beisammensein anführte. Ein Mitglied des Good Will Club of Brooklyn bemerkte dazu, dass diejenigen Mädchen, die die engsten »Seelenfreundschaften« mit anderen Mitgliedern pflegten, diejenigen waren, die sich am ehesten fortbildeten. Echte Freundinnen konnten andere Vereinsmitglieder dazu bewegen, ihr vulgäres Verhalten abzulegen, wie lautstarke Unterhaltungen, Slang, Kaugummi kauen, aufreizende Kleidung und unverhohlenes Flirten, um den Ruf der Gruppe nicht aufs Spiel zu setzen. Die Mädchen in den städtischen Arbeiterinnenvereinen nahmen ihre Bemühungen, ihr Los zu verbessern, ausgesprochen ernst, und eine ganze Reihe von ihnen schaffte es mit Unterstützung ihrer Vereinskolleginnen tatsächlich, ein paar Sprossen auf der sozialen Leiter aufzusteigen.

Auf der Jahresversammlung der Association of Working Girls' Societies von 1894 wurde der folgende Appell formuliert, der die Bedeutung von Freundschaften unter den Vereinsmitgliedern betonte: »Wir wollen zum gesellschaftlichen Leben ermuntern, denn das ist das Zentrum, das Herz des Vereins; davon hängt letztlich die Existenz des Vereins ab, denn wenn ein Verein nicht gesellschaftlich aktiv ist, ist er nicht kooperativ, und wenn er nicht ganz und gar kooperativ ist, ist er nicht erfolgreich.«[214] Irene Tracy, eines der Mitglieder der Thirty-Eighth Street Working Girls' Society, beschrieb die abendlichen Besuche in ihrem Verein als Balsam für ihre Seele:

Gestern Abend war ich ziemlich niedergeschlagen und überlegte, ob ich in den Club gehen sollte, was ich dann auch tat. Ich kann nur schwer erklären, was genau der Grund ist, dass es mir wieder besser geht ... anscheinend ist es das freundliche Lächeln oder ein, zwei lustige Worte ... aber vor allem, glaube ich, ist es die Verbundenheit ... ein paar von unseren Mitgliedern brauchen nicht arbeiten zu gehen, um sich ihr Brot zu verdienen; wir alle treffen uns auf der gemeinsamen Grundlage, dass wir Frauen und Schwestern sind; gemeinsam überbrücken wir eine Schlucht ... die Arbeiterin hat im Club nicht das Gefühl, dass jemand auf sie herabschaut, sondern dass sie vielmehr den Respekt, die Liebe, die Zuneigung und Loyalität einer verlässlichen Freundin genießt, während die Frau, die dem süßen Nichtstun frönt, spürt, dass sie in dem Mädchen eine wahre Freundin gefunden hat, das in der Welt auf sich allein gestellt ist, das so gut gelernt hat, sich selbst zu helfen und eine so echte, frauliche Frau ist; denn sie hat etwas so Starkes und Selbstbewusstes an sich; ihr muss man vertrauen.[215]

GENERAL FEDERATION OF WOMEN'S CLUBS

Zur gleichen Zeit, als Arbeiterinnen in den Städten sich in Vereinen organisierten, um ihren gesellschaftlichen Status zu verbessern, traten auch Frauen der Mittelklasse scharenweise in Vereine ein. Um 1900 gab es bereits Tausende über die ganze Nation verstreute Frauenorganisationen. Alle diese Gruppen hatten sich der persönlichen Weiterbildung verschrieben. Weshalb nicht auch noch den Geist schulen, wenn man schon in angenehmer Gesellschaft gleichgesinnter Frauen war? Diese Treffen hatten mit den Nähzirkeln oder Quiltkränzchen nichts mehr gemein. Um die ungeteilte Aufmerksamkeit der Frauen zu gewährleisten, verboten einige Vereine ihren Mitgliedern sogar ausdrücklich, im Verlauf von Vorträgen und Diskussionen zu stricken oder zu nähen. Die meisten Vereine hatten so wenige Mitglieder, dass sie sich reihum in den Wohnzimmern der Mitglieder treffen konnten; doch in großen Städten, in denen die Mitgliederzahl eines einzigen Vereins in die Hunderte gehen konnte, mieteten sie häufig öffentliche Räume, und einige wenige Vereine, wie der elitäre Town and Country Club in San Francisco, konnten es sich sogar leisten, ein eigenes Clubhaus zu kaufen.

Jane Cunningham Croly, eine der Pionierinnen der Frauenclubbewegung, rief 1890 einen Dachverband ins Leben, die

General Federation of Women's Clubs (GFWC), um das in den einzelnen Einrichtungen erworbene Wissen an alle im Land verstreuten Frauenvereine weiterzugeben. Örtliche Niederlassungen der GFWC richteten sich speziell an Highschool- und Collegeabsolventinnen, die bei ihren Zusammenkünften Literatur, Kunst und Themen der Sozialreform diskutierten, wie etwa die Errichtung von Kindergärten, Fürsorge für die Alten und öffentliche Gesundheitseinrichtungen. In Vereinen wie den Women's Municipal Leagues von Boston und New York fanden Frauen mit ähnlichen Anliegen zueinander und arbeiteten gemeinsam an fortschrittlichen Themen, woraus oft langjährige Allianzen und enge Freundschaften entstanden.

Die Geschichte des Chicago Woman's Club veranschaulicht dies. Nach einer Anfangsperiode von 1876 bis 1883, als die Mitglieder zusammenkamen, um Bücher und »passende« Themen zu diskutieren (wozu das Wahlrecht für Frauen nicht gehörte!), debattierte die Gruppe am 5. Dezember 1883: »Soll unser Club praktische Arbeit leisten?« Das Wahlergebnis bejahte die Frage, und die Mitglieder schlossen sich zusammen, um das nötige Geld, Material und die Lehrer für einen ersten Kindergarten aufzubringen. In den späten 1890er-Jahren übernahm der Club dann die Führungsrolle für das Vacation Schools Committee, das sich auf die Mitarbeit von sechzig verschiedenen Frauenorganisationen stützen konnte, um Stadtkindern ein Sommercamp auf dem Land zu ermöglichen.

So progressiv diese Frauen auch waren: Eine Erweiterung der Clubmitgliedschaft auf Nichtweiße oder Freundschaften mit Nichtweißen kam für sie nicht infrage. Afroamerikanerinnen, die mit ihren Versuchen, bestehenden Frauenvereinen beizutreten, gescheitert waren, gründeten ihre eigenen Gemeinschaften. Viele schwarze Kirchen hatten literarische Zirkel etwa in Brooklyn und Philadelphia, wo es üblich war, dass

Frauen Gedichte und Essays schrieben, die unter den Mitgliedern kursierten, leidenschaftlich diskutiert und höflich kritisiert wurden. 1892 gründeten schwarze Lehrerinnen aus Washington D. C. die Colored Woman's League, und 1904 wurde die National Association of Colored Women's Clubs gegründet. Ihr Ziel war es, die »moralische« und »wirtschaftliche« Entfaltung schwarzer Frauen zu unterstützen. Diese Organisationen setzten sich wie auch viele weiße Frauenclubs für Alkoholabstinenz und das Wahlrecht ein. Darüber hinaus arbeiteten sie aber insbesondere auch darauf hin, die Bildungschancen für farbige Frauen zu verbessern sowie generell den Schwarzen im Süden zu helfen, in die Städte im Norden zu migrieren. Man wollte den Jim-Crow-Gesetzen entgegenwirken und einen Versammlungsort schaffen, an dem schwarze Frauen mit ähnlichen Anliegen zusammenkommen und Freundschaften schließen konnten.

Der New Era Club, von Josephine St. Pierre Ruffin in Boston ins Leben gerufen, war eine herausragende Organisation für fortschrittliche schwarze Frauen. Josephine war Herausgeberin von *Woman's Era*, einem Monatsmagazin, unterstützt von ihrer Tochter, einer Absolventin des Boston Teachers College. Den Vereinsmitgliedern wurde ans Herz gelegt, nicht nur Material über Geburten, Abschlussprüfungen, Eheschließungen, Reisen und kulturelle Veranstaltungen abzuliefern, sondern auch Material zu Themen wie Literatur, Musik, Wahlrecht, die Anti-Lynch-Bewegung, Alkoholabstinenz und Gefängnisreform beizusteuern.[216]

Ethnische Organisationen wie die Polish Women's Alliance und der Italian Women's Civic Club schufen für die Hunderttausende von Immigranten, die um 1900 aus Europa nach Amerika kamen, ein einladendes Umfeld. Die Polish Women's Alliance, gegründet 1898 in Chicago, war besonders erfolgreich in ihrem Bestreben, Arbeiterinnen wie auch gebildete Frauen zu unterstützen, sich mit vereinten Kräften zu assimilieren und es in dem fremden Land zu schaffen. Die Herausgeberin des Newsletters formulierte es so: »Wir wollen einander die Hände reichen – Frauen, die schwere Arbeit verrichten, und Frauen der Worte und Gedanken –, wir wollen aneinander glauben … [Wir wollen] das schaffen, was polnische Frauen wollen und sich wünschen.«[217] 1903 war die Organisation bereits auf 1400 Mitglieder angewachsen.

In New York City schuf die 1902 gegründete Young Women's Hebrew Association in Anlehnung an das Modell des YMCA und YWCA Wohnraum für mehr als hundert Frauen aus der Arbeiterklasse und stellte zudem Turnhallen und Schwimmunterricht für andere aus der Nachbarschaft zur Verfügung. Diese Organisationen verschafften den Frauen ein Zusammengehörigkeitsgefühl in einer vertrauten Gruppe, in der die Mitglieder ihre Muttersprachen sprechen konnten, auch wenn sie Englisch lernten und sich anstrengten, Amerikanerinnen zu werden.

SUSAN B. ANTHONY UND ELIZABETH CADY STANTON

Im Pantheon der Frauenfreundschaften nimmt die legendäre Beziehung zwischen Susan B. Anthony und Elizabeth Cady Stanton eine herausragende Stellung ein. 1869 gründeten Anthony und Stanton die National Woman Suffrage Association (NWSA). Eine Mitgliedschaft war nur für Frauen möglich, da man befürchtete, dass Männer über kurz oder lang die Organisation an sich reißen würden. Obwohl die beiden Freundinnen sich mit großem Engagement für die Abschaffung der Sklaverei eingesetzt hatten, lag ihnen das Wahlrecht von Frauen so sehr am Herzen, dass sie sich weigerten, das 14. und 15. Amendment zur Verfassung der USA zu unterstützen, wonach afro-amerikanischen Männern das Wahlrecht zugestanden werden sollte, lange bevor Amerikanerinnen wahlberechtigt sein sollten. 1890 schlossen sich die NWSA und eine weitere bedeutende Wahlrechtsorganisation (mit Mitgliedern beiderlei Geschlechts) zur National American Woman Suffrage Association zusammen, die weiterhin für das Frauenwahlrecht stritt, bis dieses schließlich 1920 mit dem 19. Amendment erlassen wurde. Zu diesem Zeitpunkt waren Anthony und Stanton allerdings schon gestorben, Stanton 1902 und Anthony 1906. Doch das Vermächtnis ihrer privaten und politischen Freundschaft hatte sein Ziel erreicht.

Anthony und Stanton lernten sich kennen, kurz nachdem Letztere »The Woman's Declaration of Independence« (weibliche Unabhängigkeitserklärung) 1848 auf den Frauenrechtskongressen in Seneca Falls und Rochester, N.Y. verkündet hatte. Stanton war zu diesem Zeitpunkt bereits Mutter von vier Kindern – sie sollte sieben Kinder gebären –, Anthony war um die 30 und Single. Ihr gemeinsames Eintreten gegen die Sklaverei, für die Abstinenzbewegung und für die Rechte von Frauen legte den Grundstein zu einer Freundschaft, die länger als ein halbes Jahrhundert andauern sollte. In ihrer Autobiografie *Eighty Years and More* erklärte Stanton ihren Lesern, dass sie angesichts der Tatsache, dass Anthony so untrennbar mit ihrer persönlichen Geschichte verwoben sei, zwangsläufig auch die von Anthony erzählen müsse. Zwei Kapitel und zahllose Erwähnungen Susan B. Anthonys verdeutlichen ihre Hingabe füreinander und für die Anliegen, für die beide so engagiert eintraten.

Stanton erinnert sich: »[Miss Anthony und ich verfassten] Ansprachen zu Temperenz-, Antisklaverei, Bildungs- und Frauenrechtsversammlungen. Hier schmiedeten wir Resolutionen, Proteste, Appelle, Bittschriften, landwirtschaftliche Berichte und Verfassungsdiskussionen; denn wir machten es zu einer Gewissensfrage, jede Einladung anzunehmen und zu jeder Streitfrage zu sprechen, um das Recht der Frau zu bewahren, genau das zu tun.«

Trotz ihrer unterschiedlichen Lebenssituationen, Temperamente und Stärken versicherte Stanton, dass es zwischen ihr und Anthony niemals auch nur den kleinsten Streit gegeben habe. »Wir sind so sehr eins, dass bei allen unseren Auftritten, immer Seite an Seite auf derselben Bühne, nicht einmal ein Gefühl des Neides oder der Eifersucht unser beider Leben überschattet hat. Wir haben uns gegenseitig ungezwungen kritisiert, wenn wir allein waren, und heiß gestritten, wann immer wir unterschiedlicher Meinung gewesen sind, aber unsere jahrelange Freundschaft war nie nur eine Stunde lang unterbrochen.«

In ihren privaten Beziehungen wie auch bei ihren öffentlichen Auftritten scheint eine bemerkenswerte Harmonie zwischen der siebenfachen Mutter und ihrer alleinstehenden Freundin geherrscht zu haben. Stanton sprach von Anthony als von der »zweiten Mutter« ihrer sieben Kinder und ihrem »guten Engel«, wenn sie sich liebevoll an die Zeit erinnerte, als ihre Freundin eines oder zwei der Stanton-Kinder auf die Farm der Familie Anthony außerhalb von Rochester mitgenommen hatte.

Im Lauf der Jahre reisten Anthony und Stanton gemeinsam, nicht nur zu Kongressen und zu den Gesetzgebern der amerikanischen Bundesstaaten, sondern auch nach Europa, sowohl aus beruflichen Gründen als auch zur kulturellen Erbauung. Während Stanton über Anthonys Ehemann kaum ein Wort verlor, verhehlte sie nicht, dass sie das Gefühl hatte, mit Anthony verheiratet zu sein, fast wie Mann und Frau: »Unser beider Leben, unsere Ziele und Erfahrungen sind so eng miteinander verwoben gewesen, dass wir, wenn wir getrennt waren, ein Gefühl der Unvollkommenheit hatten – vereint fühlten wir eine solche Kraft zur Selbstbehauptung, dass kein gewöhnlich vorkommendes Hindernis, keine Schwierigkeit oder Gefahr uns unüberwindlich schien.«[218]

Ihre Freundschaft erzählt die bemerkenswerte Geschichte zweier mutiger Frauen, die mit Sicherheit ihrer Zeit voraus waren. Wären sie im letzten Viertel des 19. Jahrhundert auf die Welt gekommen statt im ersten (Stanton wurde 1815 geboren, Anthony 1820), wären sie zweifellos »Neue Frauen« geworden, mit Universitätsstudium und Berufstätigkeit. Wären sie Mitte des 20. Jahrhunderts auf die Welt gekommen, wären sie Feministinnen der zweiten Welle geworden und wären für Anliegen wie das Recht auf den eigenen Körper und gleiche Rechte für Frauen eingetreten.

So wie die Dinge lagen, fanden sie in der jeweils anderen die perfekte »Freundin und Mitstreiterin«, um gegen die Vorurteile ihrer Zeit anzukämpfen und für die Rechte der Frauen zu streiten. Sie brauchten sich nicht länger auf Diskussionen hinter vorgehaltener Hand im Freundeskreis, die »soft whispers of friendship«, zu beschränken wie noch Mercy Otis Warren und Abigail Adams; sie standen vielmehr Seite an Seite im Rampenlicht – die eine mager und kantig, die andere mollig und mit lockigen Haaren. Und ihre Freundschaft, in ihrer Vertrautheit und Einzigartigkeit, war der Nährboden für weitere Frauenfreundschaften mit politischen und sozialen Anliegen. Stanton und Anthony erhoben Aristoteles' Ideal der Freundschaft als bürgerliche Tugend zu einer Freundschaft, die auch Frauen auf der nationalen Bühne mit einschloss.

NEUN

Studentinnen, Stadtmädchen und die »Neue Frau«

»Der Frauenclub im Hull-House gehörte zu Jane Addams' bevorzugten Betätigungsfeldern. Er brachte Frauen aus der ganzen Welt zusammen. Einmal pro Woche konnten die Frauen ihren trostlosen Wohnstätten entfliehen, mit anderen Frauen zusammenkommen und bei einer Tasse Tee und einem Stück Kuchen Gastfreundschaft genießen.«

— HILDA SATT POLACHECK, *I CAME A STRANGER: THE STORY OF A HULL-HOUSE GIRL*, ANFANG 20. JAHRHUNDERT

»Keine von uns kannte bisher ein Vergnügen, das vergleichbar gewesen wäre mit dem Vergnügen, am Ende eines Tages angefüllt mit unterschiedlichen, mannigfaltigen Erlebnissen nach Hause zu kommen und einander spätabends bei Tee und Keksen davon zu erzählen.«

— VERA BRITTAIN, *TESTAMENT OF FRIENDSHIP*, 1940

---

*G*odey's Lady's Book, über weite Teile des 19. Jahrhunderts das führende amerikanische Frauenmagazin, stellte 1878 sein Erscheinen ein, und alle Versuche, es im späten 19. Jahrhundert wiederzubeleben, blieben erfolglos. Die Rezepte für weibliche Keuschheit, Selbstaufopferung, Bescheidenheit und Abhängigkeit waren für die »Neue Frau« nicht mehr attraktiv, deren Leben von besserer Bildung, Berufstätigkeit, einem Leben in der Stadt und relativer Freiheit geprägt war. Obgleich die meisten Frauen Ehe und Mutterschaft immer noch als ihre Hauptaufgaben betrachteten, war eine neue Generation von

Frauen entschlossen, die Bandbreite ihrer Aktivitäten zu vergrößern, was in der Folge auch ihren Blick auf Freundschaften veränderte. Während Mädchen und Frauen ihre engsten Freundinnen einst unter Schwestern, Cousinen und unmittelbaren Nachbarinnen ausgewählt hatten, fand die »Neue Frau« ihre Freundinnen unter Mitschülerinnen und Kommilitoninnen am College, in Frauenvereinen, am Arbeitsplatz und im städtischen Umfeld, oft weit entfernt von ihren Heimatorten.

Die »Neue Frau« war ein europäisches wie auch ein amerikanisches Phänomen. Es gab sie in London, Paris, Berlin, Stockholm und Moskau ebenso wie in New York, Boston, Chicago und San Francisco. Üblicherweise war sie jung, gut ausgebildet, energiegeladen, dynamisch, kompetent und verwegen. Wie der Cartoonist Charles Dana Gibson sie auf vielen Zeichnungen für das *Life*-Magazin in den 1890er-Jahren porträtierte, trug sie höchstwahrscheinlich einen knöchellangen, bequemen Rock und dazu eine weiße Hemdbluse mit hohem Kragen. Anzeigen, Magazine und Plakate warben für das Bild der »Neuen Frau« nicht anders als später andere Formen von Massenmedien, wenn sie Bilder des Flappers, der Hausfrau, der Arbeiterin in Kriegszeiten und der androgynen Feministin präsentierten. Außerhalb des Heims symbolisierte das Fahrrad die Freiheit der »Neuen Frau«, wenn sie mit ihren Freunden – Männern wie Frauen – über die Straßen der Stadt aufs Land hinaus radelte. Auch wenn ihre Zahl noch so begrenzt sein mochte, so war das Bild der »Neuen Frau« doch dazu angetan, das Leben unzähliger Amerikanerinnen zu bestimmen.

Unbestritten ist, dass das verbesserte Bildungsangebot zur Entstehung der »Neuen Frau« beitrug. Sie und ihre Collegefreundinnen gehörten zur ersten und zweiten Generation von Amerikanerinnen, die die Früchte des im 19. Jahrhundert erfolgten Wandels ernten konnten, als Colleges und Universitäten, die ursprünglich nur für männliche Studenten zugänglich waren, sich allmählich auch für Frauen öffneten – in Oberlin, Ohio, bereits ab 1837. Während traditionelle Colleges im Osten nach wie vor ausschließlich Männern vorbehalten waren, entstanden im Mittleren Westen und im Westen viele neue Colleges und Universitäten bereits als gemischte Institutionen oder wurden später gemischt geführt. Gleichzeitig setzte die Gründung von Frauencolleges wie Vassar 1861, Wellesley 1870, Smith 1871 und Bryn Mawr 1885 neue Maßstäbe, was das Ansehen und den wissenschaftlichen Anspruch der akademischen Ausbildung von Frauen anbelangte – zumindest für diejenigen, die es sich leisten konnten. Um 1900 waren bereits 85 000 Frauen Collegestudentinnen.[219]

Kaum hatten sich Hochschulen für Frauen geöffnet, stiegen die Einschreibungszahlen exponentiell an. 1890 waren zehn Prozent der Hochschulstudenten Frauen; 1918 war ihr Anteil auf verblüffende 41 Prozent angewachsen.[220] Einige der wissbegierigsten unter ihnen wurden zu Graduiertenabschlüssen in den Geisteswissenschaften und Naturwissenschaften ermuntert und dazu, anschließend akademische Laufbahnen an Frauencolleges einzuschlagen. Einige wenige konnten sich in medizinischen und juristischen Fakultäten einschreiben, Fachrichtungen, die seit Kurzem, wenn auch widerstrebend, für Frauen zugänglich waren. Während es unter den Collegestudenten normalerweise einen großen Fundus an möglichen Freundinnen gab, blieben denjenigen, die höhere Abschlüsse an Graduate oder Professional Schools anstrebten, meist nur eine oder zwei andere Frauen in ihrem Semester – umso mehr Grund für diese seltenen Vögel in der obersten Riege der akademischen Ausbildung, sich zusammenzutun und enge Freundschaften zu schließen.

Linda W. Rosenzweig, die Freundschaften im Leben amerikanischer Frauen, beginnend mit Collegestudentinnen um 1900, untersucht hat, registriert die Beständigkeit ihrer intensiven Zuneigung, aber auch einen besorgniserregenden Ton hinsichtlich der »Ideologie von Freundschaft«, wie Journalisten und politische Entscheidungsträger sie formulierten. So wurde in einer Flut von Artikeln zwischen 1900 und 1920 der »Tod der Kunst der Freundschaft« unter Männern beklagt, entstanden aus der Furcht, dass persönliche Beziehungen sich im urbanisierten, anonymen 20. Jahrhundert kaum über den Status von Bekanntschaften hinaus entwickeln würden. Doch andere Artikel, die ihr Augenmerk auf Beziehungen zwischen Frauen legten, betonten die Vorteile der Freundschaft als eine lehrreiche, adelnde und persönlich befriedigende Erfahrung. Einer der Artikel formulierte empathisch: »Wir leben für unsere Freunde und eigentlich aus keinem anderen Grund.« Ein anderer stellte fest, dass »im emotionalen Bereich viele Frauen, aber nur sehr wenige Männer die höchste Art von Bindung herstellen können« – wahre Freundschaft also. Als dieses letzte Statement geschrieben wurde, kam das Freundschaftskonzept dem weiblichen Geschlecht durchaus entgegen: Es trug der emotionalen Großzügigkeit Rechnung, die eher mit Frauen assoziiert wird denn mit männlicher Ratio. Doch waren nicht alle mit dieser positiven Sicht auf Frauen als Freundinnen einverstanden. Einige erklärten nach wie vor, dass »Schwesterlichkeit bei Frauen undenkbar« sei und Frauen »einander von Natur aus mit Heimtücke begegnen«. Alte Vorurteile sind nicht totzukriegen.

In dieser angespannten Atmosphäre warnten Professoren ihre Studentinnen, sich nicht allzu leichtfertig auf Freundschaften einzulassen, nur solche anzustreben, von denen sie intellektuell und moralisch profitierten, und diejenigen zu meiden, die sie demoralisieren oder vom rechten Weg abbringen könnten. 1901 beriet ein Mitglied der Fakultät des Smith College Studentinnen und empfahl ihnen, Freundschaften zu schließen, die von erhabenen Idealen, hohem kulturellen Anspruch und dem Ziel gegenseitiger Loyalität getragen seien. Geborgenheit fände man eher innerhalb der Studentenschaft mit ihrem Zusammengehörigkeitsgefühl und ihrer Schwesterlichkeit als auf der fieberhaften Suche nach dem Märchenprinzen oder – Gott bewahre! – »einer vorschnellen Liebesaffäre«, wie eine andere Beraterin es formulierte.

Allein die Zahl der Colleges und Universitäten, die für Frauen zugänglich waren, begünstigte Freundschaften zwischen Studentinnen der Mittel- und Oberschicht. Ihre Briefe und Tagebücher deuten darauf hin, dass die meisten von ihnen von allen Erfahrungen am College die der Freundschaften am höchsten schätzten. Dorothy Mendenhall erinnerte sich an ihre Zeit am Smith College, dass »mehr noch als das eigentliche Studium der Kontakt mit Mädchen meines Alters für mich am wertvollsten war und dass ich dort einige wenige enge Freundinnen gefunden habe«. Später, nach ihrem Abschluss und nachdem sie an der Johns Hopkins University in Baltimore ihr Medizinstudium begonnen hatte, tat sie sich mit einer früheren Klassenkameradin zusammen, die sie am Smith College nicht besonders gut gekannt hatte, die aber wegen ihrer ähnlichen Collegeerfahrungen und ihrer beruflichen Interessen »eine liebe Freundin« wurde. Man kann sich gut vorstellen, wie sehr diese beiden Frauen einander angesichts des arroganten, männlich geprägten medizinischen Fachbereichs, der nur fünf Prozent weibliche Studienanfänger akzeptierte, gebraucht haben müssen.

Auch Jane Cary am Wellesley College war froh um ihre Kommilitoninnen, die ihr Leben »erfüllter, reicher und glücklicher« gemacht hatten. Sie erinnerte sich an Campusfeste, auf denen jüngere Studentinnen wie selbstverständlich Frauen höherer Semester zum Tanzen aufforderten; es konnten Wochen vergehen, ohne dass sie einen einzigen Mann zu Gesicht bekamen. In den Briefen, die sie zwischen 1913 und 1914 an ihre Mutter schrieb, berichtete sie regelmäßig von ihren Kontakten zu anderen »Wellesleyites«. Manchmal entwickelte sich unerwartet eine neue Freundschaft, wie in einem Fall, als Helen ungefragt in ihr Leben trat: »Ich hätte nie daran gedacht, mich mit ihr zu befreunden, wenn sie nicht so nett gewesen wäre, das selbst in die Hand zu nehmen.«

Collegemädchen fanden Zeit für Freundschaften während der Mahlzeiten, in der Turnhalle, auf dem Weg zu oder aus den Vorlesungssälen, bei Konzerten, Theateraufführungen und im Schlafsaal, wenn sie bis spät in die Nacht hinein miteinander tuschelten. Sie ließen sich über die Marotten des Lehrkörpers aus, unterhielten sich über Bücher, die sie lasen, die Predigten, die sie in der Kapelle gehört hatten, die neueste Mode und über Themen aus den Nachrichten, wie etwa das Frauenwahlrecht. Und wie es bei Frauen schon immer Usus war, vertrauten sie einander ihre Schwärmereien für einen bestimmten Jungen an oder unterhielten sich über ihre Freundschaft mit anderen Mädchen, unter denen es oft Rivalitäten und Eifersucht gab. Die meisten Frauen heirateten später, und viele erzählten einander von ihren Heiratsvorbereitungen, bis hin zur Auswahl der Ringe, des Hochzeitskleides, des Blumenschmucks und den geplanten Flitterwochen. Viele blieben auch nach dem College befreundet, wenn sie Ehefrauen, Mütter und später Witwen wurden.

Annie Sears, eine Kindergärtnerin, war nie auf einem richtigen College gewesen, freundete sich aber dennoch mit der Collegefreundin ihrer Schwester, Frances Rousmanier, an, die an ihrer Dissertation arbeitete. Annie schrieb aus Waltham, Massachusetts an Frances in Cambridge und äußerte den brennenden Wunsch, ihre Freundschaft trotz der geografischen Entfernung und des Bildungsunterschiedes fortzuführen. In ihrem Brief vom 1. Oktober 1903 reflektierte sie über die Wichtigkeit, den Kontakt zu Freundinnen aufrechtzuerhalten: »Ich stimme dir und Emerson zwar zu, dass wir, was unsere Freunde angeht, oft vom Vertrauen zehren müssen, aber die eigene Erfahrung zeigt mir doch, dass Freundinnen sich unweigerlich, und ohne es zu wollen, auseinanderleben, wenn sie sich nie persönlich treffen oder einander lange nicht mehr geschrieben haben.« Obwohl Frances später am Mount Holyoke College eine Professur bekam und auch heiratete, bestand ihre Freundschaft mit Annie fort.

Annies Briefe weisen darauf hin, dass sie an Frances Leben als Akademikerin und dann als frisch verheiratete Frau und Mutter teilhaben konnte. Nach ihrem ersten Besuch in Mount Holyoke schrieb sie: »Ich bin so froh, dass ich mir dein Leben jetzt so viel besser vorstellen kann, sei es in deinem Unterricht, in deiner Wohnung oder bei deinen fidelen, kleinen Mahlzeiten.« Als sie von Frances' Verlobung erfuhr, freute sie sich: »Du kannst dir nicht vorstellen, wie sehr ich mir wünsche, dich zu besuchen und einen kleinen Einblick zu bekommen, wie eine so liebe Freundin sich in diesem neuen Leben einrichtet.« Aber sie machte sich auch Gedanken darüber, ob es Frances wohl schwerfallen würde, ihren Beruf als Professorin und ihr Collegeleben als »Semibohemien« aufzugeben. »Du weißt, dass ich dieser Tage sehr an dich denke … dir alles Gute wünsche und bete, dass es für dich wirklich das beste Leben sein möge.«

Annies Betrachtungen zu den aufregenden Zeiten, in denen sie lebten, als die Frauen so viel mehr Alternativen hatten als in der Vergangenheit, wurden auch von einem realistischen Gefühl gedämpft, dass »die Welt nicht für Frauen gemacht ist«: »Mir scheint, als stünden uns unglückliche Zeiten ins Haus, egal ob wir zum alten oder zum neuen Typ [Frauen] gehören.« Als berufstätige Lehrerinnen gehörten Annie und Frances zweifellos zum neuen Typ. Wir wissen nicht, ob eine der beiden eine Ponyfrisur trug oder in der Öffentlichkeit Zigaretten rauchte – schockierende Insignien der »Neuen Frau« im frühen 20. Jahrhundert –, was wir aber wissen, ist, dass sie ihre lang andauernde Beziehung weiterhin hegten und pflegten. 1914, als im Ersten Weltkrieg so viele Europäer und später auch Amerikaner ihr Leben lassen sollten, bekräftigte Annie ihren felsenfesten Glauben an den Wert der Freundschaft: »Freundschaft ist für mich wohl das Beste, was dieses Leben uns bietet.«[221]

Auf der anderen Seite des Kontinents, in Kalifornien, begannen Mädchen an der Stanford University zu studieren, als diese 1891 ihre Tore öffnete. Obgleich es eine gemischtgeschlechtliche Einrichtung war, förderte Stanford dennoch auf vielfältige Weise gleichgeschlechtliche Freundschaften, beispielsweise durch Studentinnenvereinigungen und andere rein weibliche Vereinigungen. In Hazel Traphagens Scrapbook, einer Art Sammelalbum, das sie während ihrer Zeit am College zusammentrug, listete sie die Namen aller Mitglieder der Kappa-Alpha-Theta-Studentinnenvereinigung in den Jahren 1902, 1903 und 1904 auf: jedes Jahr ein Dutzend bis zwanzig Namen. Wahrscheinlich freundete Hazel sich mit allen oder wenigstens einigen von ihnen an. Darüber hinaus konnte sie potenzielle Freundinnen in den verschiedenen, von ihr als »feminin« bezeichneten Clubs treffen, etwa in der Women's Athletic Association, dem Roble Gymnasium Club, dem Girls' Mandolin Club und dem Girls' Glee Club. Einige Vereine, wie die Geologie- und Bandclubs, waren als »maskulin« aufgelistet, während andere, etwa Orchester-, Bücherei-, Golf- und naturwissenschaftliche Clubs mit »neutral« gekennzeichnet wurden. Angesichts so vieler gleichgeschlechtlicher und gemischtgeschlechtlicher Clubs hatte Hazel Traphagen reichlich Möglichkeiten, außerhalb der normalen Seminararbeiten andere Studenten mit ähnlichen Interessen kennenzulernen.

Ein weiteres Stanford-Scrapbook, diesmal von Carrie Jette Johnson von 1909 bis 1911, dokumentiert, dass sie Mitglied in der Phi-Delta-Phi-Studentinnenvereinigung und der Women's League war. Sie besuchte Empfänge des YMCA und YWCA, Konzerte und Theaterstücke und war zur Hochzeit ihrer Freundin Clara Black eingeladen. Unter den vielen Erinnerungsstücken, die sich in ihrem Sammelalbum finden, sticht eines besonders heraus: ein schmuddeliger Briefumschlag datiert »9. bis 12. Mai 1909«, auf dem die Worte stehen: »Briefumschlag mit Clara Blacks Hochzeitskuchen, auf dem ich geschlafen habe, um Schicksal zu spielen«. (Einem alten Aberglauben zufolge soll einem Mädchen, das sich ein Stück Hochzeitskuchen unters Kopfkissen legt, der zukünftige Ehemann im Traum erscheinen.) Damals wie heute liefen Mädchenfreundschaften parallel zu heterosexuellen Beziehungen. Wem, wenn nicht seiner besten Freundin, konnte man die neuesten Neuigkeiten über die unerhörten Angebote des Liebsten anvertrauen oder die eigenen Fehler beichten?[222]

Selbst in einer gemischtgeschlechtlichen Institution wie Stanford waren viele Studienprogramme strikt nach Geschlechtern getrennt. Anhand der Orientierungskurse für Studienanfänger in Stanford von 1910 und 1912 wird ersichtlich, dass Männer ein Monopol auf das Ingenieurwesen, den Bergbau und die Rechtswissenschaften hatten, wohingegen Frauen großzügig über alle Disziplinen verstreut waren, mit deutlichen Schwerpunkten auf Englisch, Fremdsprachen und Geschichte.

ARBEIT VERSUS HEIRAT

Die erste Generation der »Neuen Frauen«, die zwischen 1880 und 1900 volljährig wurden, war sich bewusst, dass es mit ihrer Freiheit wahrscheinlich spätestens bei der Eheschließung vorbei sein würde. Dass sich selbst gebildete Frauen zwischen Heirat und Familie oder beruflicher Karriere entscheiden mussten, war eine gesellschaftliche Doktrin, an der nicht zu rütteln war. Wie die Wissenschaftlerin Alice Hamilton es 1890 beschrieb: »Ein gesunder Zustand der Gesellschaft ist daran zu erkennen, dass eine Frau sich frei zwischen einem unabhängigen, zölibatären Leben entscheiden kann oder dazu, ihr Leben dem Gebären und Großziehen der kommenden Generation zu widmen.«[223] Diejenigen, die sich für eine Karriere entschieden, setzten auf ihre Freundinnen, um bei ihnen Unterstützung und eine Ersatzfamilie zu finden. Einige gingen zusammen mit anderen Frauen langjährige Lebensgemeinschaften ein.

Normalerweise waren Frauen mit Collegeabschluss ein paar Jahre berufstätig, bevor sie heirateten. Frauen mit höheren Universitätsabschlüssen mussten sich normalerweise damit abfinden, ihr Leben lang unverheiratet zu bleiben, denn eine ihrem Niveau entsprechende Berufstätigkeit wurde als unvereinbar mit Ehe und Familie betrachtet. So musste die frischgebackene Professorin Frances Rousmaniere ihre Lehrstelle am Mount Holyoke College aufgeben, als sie heiratete, und Alice Freeman, der Rektorin des Wellesley College, ging es ebenso, als sie die Ehefrau eines Harvard-Professors wurde.

Elizabeth Cady Stantons Enkelin Nora Stanton Blatch erinnerte sich, dass auch sie zu Beginn des Jahrhunderts mit diesem Dilemma konfrontiert war: »Wir alle waren fest entschlossen, Ehe und Karriere irgendwie unter einen Hut zu bringen. Es würde schwierig werden, wäre aber machbar.«[224] Nur leider stellten die meisten Frauen dann fest, dass es eben nicht machbar war, insbesondere dann, wenn Kinder hinzukamen. Wenige Frauen aus der Mittelschicht hatten die Kraft – oder den Wunsch –, dem Beispiel von Noras Großmutter zu folgen, die in der Mitte ihres Lebens beschlossen hatte, Arbeit (wenn auch unbezahlte) und Freundschaft in den Mittelpunkt ihres Lebens zu stellen.

FREUNDSCHAFTEN IN DER ARBEITERKLASSE

Frauen der Arbeiterklasse hatten auch nach ihrer Heirat oft nicht die Wahl, sich zwischen Arbeit oder Sorge für die Familie zu entscheiden, was besonders auf Immigrantinnen zutraf. Von 1880 bis 1919 wanderten dreiundzwanzig Millionen Menschen in die Vereinigten Staaten ein, hauptsächlich aus Deutschland, Skandinavien, Irland, Italien, Russland, Polen und Rumänien, aber auch aus Kanada und Lateinamerika. Darüber hinaus registrierte man an der Westküste eine stetige Flut von Arbeitern aus China und Japan. Insgesamt schwoll die Bevölkerung um geschätzte 25 Prozent an. Einwanderer strömten in die Städte des Ostens und des Mittleren Westens, insbesondere nach New York und Chicago, in Städte, die schon zu der Zeit Metropolen waren, als Amerika sich von einer ländlichen zu einer mehrheitlich städtischen Nation wandelte.[225] Die Zahl der Amerikaner, die in Städten lebten, erhöhte sich von zehn Millionen im Jahr 1870 auf 54 Millionen im Jahr 1920.

Ob die Frauen der Arbeiterklasse nun aus Übersee oder aus

dem ländlichen Amerika kamen: Sie suchten eine Anstellung, getragen von der Hoffnung, irgendwann ihren sozioökonomischen Status zu verbessern. Aber die meisten Immigrantinnen und armen Weißen mussten sich mit unterbezahlten Jobs in überfüllten Fabriken und gesundheitsgefährdenden Ausbeutungsbetrieben abfinden. Schwarze Frauen, die nicht einmal einen Arbeitsplatz in einer Fabrik ergattern konnten, waren gezwungen, in Privathäusern zu putzen und zu kochen. Weiße Frauen der Mittelschicht mit einer gewissen Bildung konnten als Verkäuferinnen in Warenhäusern oder als Angestellte in Büros unterkommen. Die besser ausgebildeten Töchter der Mittel- und Oberschicht besetzten die freien Positionen als Lehrerinnen und Journalistinnen, die neu geschaffenen Stellen als Sozialarbeiterinnen und die paar wenigen Nischen, die ihnen in der Medizin und den Rechtswissenschaften offenstanden.

Alle diese Frauen brauchten Freundinnen, die ihr Elend und ihre Träume mit ihnen teilten, wenn sie versuchten, sich in einer fremdartigen Welt zurechtzufinden. In den meisten Fällen wurden Freundschaften unter Mitgliedern derselben sozialen Schicht geknüpft. Auch wenn Irene Tracy vom Good Will Club of New York City optimistisch berichtete, dass ihr Club einem Arbeitermädchen, wie sie es war, die Möglichkeit gab, sich mit Leuten aus der feinen Gesellschaft anzufreunden, so waren solche Freundschaften doch ausgesprochen unüblich. Die Sponsorinnen von Vereinen luden Frauen aus der Arbeiterklasse, wenn überhaupt, nur sehr selten zu sich nach Hause ein. Wie ein aufmerksamer Beobachter es formulierte: »Schwesterlichkeit könnte zwar vorkommen, aber kaum über Rassen- und Klassenschranken hinweg.«[226]

Sadie Frowne, eine jüdische Immigrantin aus Polen, erzählte die typische Geschichte einer Freundschaft mit einem Mädchen aus ihrem Arbeitermilieu. Um 1900 arbeitete Sadie zehn Stunden am Tag, sechs Tage die Woche in einem Ausbeuterbetrieb in New York, wo sie Hemden für vier Dollar die Woche nähte. Sie wohnte mit einem Mädchen namens Ella zusammen, die in derselben Fabrik arbeitete und vermutlich wegen ihrer größeren Erfahrung fünf Dollar die Woche verdiente. Mit Sadies eigenen Worten:

> Wir hatten ein Zimmer für uns allein, wofür wir $ 1,50 die Woche bezahlten und einfache Hausarbeiten erledigten ... Wir kochten auf einem Ölofen und lebten gut, wie die folgende Liste der Ausgaben für eine Woche zeigt: ELLA UND SADIE FÜR ESSEN (EINE WOCHE) Tee $ 0,60, Kakao 0,10, Brot und Brötchen 0,40, Dosengemüse 0,20, Kartoffeln 0,10, Milch 0,21, Obst 0,20, Butter 0,15, Fleisch 0,60, Fisch 0,15, Wäsche 0,25.

Die wöchentlichen Ausgaben für Essen und Miete summierten sich zu einem Gesamtbetrag von 3,92 Dollar – weniger als die Hälfte des gemeinsamen Lohns von neun Dollar. Stolz fügte Sadie hinzu: »Natürlich hätten wir billiger leben können, aber wir beide legen Wert auf gute Sachen und fanden, dass wir uns das leisten konnten.« Von dem restlichen Geld gab Sadie wöchentlich einen Dollar für »Kleidung und Vergnügungen« aus, den anderen Dollar sparte sie.

Dieses Bild einer weiblichen Wohngemeinschaft, geboren aus wirtschaftlicher Notwendigkeit, war weit entfernt von den romantischen Ergüssen junger Frauen der höheren Gesellschaftsschichten. Obwohl Sadie sich nicht über ihre Gefühle zu ihrer Zimmergenossin äußerte, gab sie zu verstehen, dass sie gut miteinander auskamen, eine Vorliebe für gutes Essen teilten und sich preiswerte Vergnügungen nicht versagten. Ihren freien Tag verbrachten New Yorker Arbeitermädchen wie Sadie und Ella oft mit ihren Freunden – Männer wie Frauen – in Vergnügungsparks wie dem Luna Park auf Coney Island in Brooklyn. Auch gönnten sie sich Theaterabende, und ab 1910 besuchten sie hin und wieder eines der 400 Lichtspieltheater, die New York zu bieten hatte.

Später besuchte Sadie die Abendschule, wechselte den Job und die Wohnung, steigerte ihren Lohn auf 4,50 Dollar und trat einer Gewerkschaft bei. Irgendwann legte sie sich einen Freund zu, der sie zur Heirat drängte, doch im zarten Alter von siebzehn Jahren, als sie ihre Geschichte niederschrieb, hatte sie damit noch nichts im Sinn.[227]

Arbeitermädchen wie Sadie lebten oft außerhalb ihres Familienverbandes. Nach dem Brand der Triangle Shirtwaist Factory im Jahr 1912, als 146 Textilarbeiter ihr Leben verloren, fand das amerikanische Rote Kreuz heraus, dass ein Drittel der 123 weiblichen Opfer allein oder mit einer Mitbewohnerin gelebt und ihren Lebensunterhalt ausschließlich aus ihren eigenen Einkünften bestritten hatte.[228] Legionen von Frauen wie diese bildeten eine neue Generation unverheirateter Arbeiterinnen, die unabhängiger von ihren Familien waren und mehr darauf angewiesen, Freundschaften mit anderen Frauen zu schließen, um über die Runden zu kommen und den Haushalt gemeinsam zu bewältigen.

Nachdem die Arbeiterfrauen geheiratet und Kinder geboren hatten, konnten sie manchmal ihre Arbeitsstellen kündigen und sich zu Hause um ihre Familien kümmern. Normalerweise bewegten sie sich nur im Umkreis des Viertels, in dem sie wohnten. Während Männer sich nach der Arbeit regelmäßig in Kneipen, Vereinen oder Gewerkschaften trafen, verbrachten die Frauen ihre Abende zu Hause, brachten die Kinder ins Bett und putzten die Wohnung. Die spärliche Freizeit, die ihnen blieb, verbrachten sie vor ihrer Haustür mit anderen Frauen aus der Nachbarschaft, in Parks der Umgebung mit den Kindern und in Kirchen oder Synagogen. Das bedeutete aber nicht, dass sie keine Freunde hatten. Wie in den Anfängen der Geschichte Amerikas kamen vermutlich auch hier die Nachbarn zu allen Tageszeiten vorbei, borgten sich Küchenutensilien aus und baten bei Notfällen um Hilfe. Dies wird ersichtlich aus einem Bericht über zwei irische Familien, die in einem Wohnhaus an der Upper East Side wohnten: »Mrs H. ist sehr oft im Haus von Mrs C., und sie helfen einander im Laufe eines Tages häufig aus, während ihre Männer abends Karten spielen und miteinander Bier trinken.«[229]

Städte sorgten auch für ein Angebot an neuen öffentlichen Orten, wie Parks, Warenhäuser und Kinos, wo sich Menschen treffen konnten, die einander nur flüchtig kannten. Diese öffentlichen Räume boten insbesondere jungen Leuten Möglichkeiten, obgleich Frauen sich vor gefährlichen Bekanntschaften hüten mussten – vor Männern, die sie verleiten könnten, die Anstandsregeln ihrer Familien oder ihrer Kirche außer Acht zu lassen oder, noch schlimmer, ihnen die Jungfräulichkeit rauben und sie schwängern könnten. Verführung und Vergewaltigung waren nicht nur Schreckgespenster in Dreigroschenromanen; sie waren real, und Arbeiterinnen kamen viel häufiger damit in Berührung als ihre privilegierteren Geschlechtsgenossinnen. In einer Notlage suchten Frauen Trost bei ihren Freundinnen, und manchmal mussten sie sich bei ihnen Ratschläge zur Schwangerschaftsverhütung oder gar für eine Abtreibung holen. Vor 1916 war Mundpropaganda die einzige Möglichkeit für Frauen, an solche Informationen zu kommen, bis schließlich Margaret Sanger die erste Klinik für Geburtenkontrolle in Brooklyn eröffnete und landesweit begann, für Familienplanung zu werben.

Glücklicherweise erkannten einige frühe fortschrittliche

Institutionen die Bedürfnisse der armen Stadtbevölkerung und boten neue Dienstleistungen an wie kostenlose Kindergärten, Turnhallen, Schwimmbäder, Ferienlager und Möglichkeiten der Erwachsenenbildung. Solche Dienstleistungen, die ursprünglich von Frauenvereinen ausgingen, kamen später in der von Jane Addams in Amerika gegründeten Settlement-Bewegung zur vollen Entfaltung.

WEGWEISENDE NEUE FRAUEN: JANE ADDAMS, ELLEN GATES STARR UND MARY ROZET SMITH

Jane Addams (1860–1935) gründete gemeinsam mit ihrer engen Freundin Ellen Gates Starr (1859–1940) das historische Hull House in Chicago. In den ersten Jahren seines Bestehens lebten sie im Hull House und schufen das Vorbild für andere amerikanische Wohlfahrtsprojekte, in denen Frauen und Männer lebten, arbeiteten und für einen sozialen Wandel kämpften. Später begann Addams eine Beziehung mit der reichen Chicagoer Erbin Mary Rozet Smith (1868–1934), die mehr als 30 Jahre dauern sollte. Die beiden Frauen blieben unverheiratet, und es ist kein Geheimnis, dass ihre Beziehungen sich hauptsächlich auf Frauen beschränkten. Was uns hier interessiert, ist die Frage, wie ihre Freundschaften in die bahnbrechende Arbeit hineinspielten, die sie über ein halbes Jahrhundert lang im Hull House leisteten.

Niemand hätte sich auch nur im Traum vorstellen können, dass sich die junge Jane Addams zu einer herausragenden Figur in der Geschichte Amerikas entwickeln sollte, als Gründerin des ersten maßgebenden Settlement House, als treibende Kraft für soziale und moralische Gerechtigkeit und Nobelpreisträgerin von 1931. Hineingeboren in eine wohlhabende, alteingesessene amerikanische Familie in Cedarville,

Illinois, erkrankte sie mit vier Jahren an Kinderlähmung und litt in deren Folge unter einer Verkrümmung der Wirbelsäule und anderen gesundheitlichen Problemen. Nach einer Wirbelsäulenoperation, einer Erholungskur, einem Nervenzusammenbruch und mehreren Depressionsschüben war sie nicht mehr in der Lage, ihre angestrebte Karriere als Ärztin weiterzuverfolgen. Doch die frühe moralische Bildung, die sie durch ihren Vater, ihre Lehrer im Rockford Female Seminary in Illinois und durch die Werke von Dickens, Tolstoy und John Stuart Mill genossen hatte, legte den Grundstein, sich für Sozialreformen einzusetzen. Als ihr in einer Zeitschrift ein Artikel über die Toynbee Hall in London, das erste englische Settlement House – eine Einrichtung für Hilfsbedürftige –, in die Hände fiel, war sie entschlossen, sich selbst davon zu überzeugen, was es damit auf sich hatte.

Im Dezember 1887 machte sie sich zusammen mit ihrer Freundin Ellen Starr vom Rockford Seminar und mehreren anderen Freundinnen auf die Reise nach Europa, freute sich auf ihren Besuch der Toynbee Hall und träumte davon, eines Tages etwas Ähnliches in Amerika auf die Beine zu stellen. Während ihrer Reise durch Spanien – noch bevor sie Toynbee Hall überhaupt zu Gesicht bekommen hatte – vertraute sie Ellen Starr ihren Traum an. Und so erinnerte sie sich an dieses Gespräch in ihrem Buch *Zwanzig Jahre sozialer Frauenarbeit in Chicago*, das sie 1910 veröffentlichte: »Nur zu gut sind mir die Unsicherheit und das Zögern in Erinnerung, als ich Miß Starr, meiner Schulfreundin aus vergangener Zeit, die zu unserer kleinen Gesellschaft gehörte, meinen Traum schließlich darlegte.« Erst nachdem sie sich »der kameradschaftlichen Rückendeckung von Miß Starr« und ihres unbezähmbaren Enthusiasmus versichert hatte, begann Addams, an die Durchführbarkeit ihres Projekts zu glauben.

Nachdem sie und Ellen Starr sich in Paris getrennt hatten, reiste Addams allein nach London weiter, konnte endlich Toynbee Hall besichtigen, und das, was sie sah, übertraf alle ihre Erwartungen. Dieses Modell, bei dem Akademiker mitten unter armen Leuten wohnten, und die gegenseitigen Vorteile, die beide Teile aus einem solchen Arrangement bezogen, inspirierten sie augenblicklich zur Gründung von Hull House.

Zurück in den Vereinigten Staaten machten Addams und Starr sich daran, ein passendes Gebäude für ihr Projekt zu finden. Addams beschrieb ihr unwahrscheinliches Glück, als sie auf die alte Hull-Villa stießen:

> Der nächste Januar fand Miß Starr und mich in Chicago, eifrig bemüht, die zur Verwirklichung unserer Pläne geeignete Gegend zu finden … Das Haus hatte manche Veränderung erfahren, seit es sich einer von Chicagos ersten Bürgern, einer der ersten Ansiedler, Mr Charles J. Hull 1856 als Wohnhaus erbaut hatte, und obgleich durch wechselnde Benutzung verwohnt, war es im Wesentlichen gut erhalten … Wir richteten das Haus ganz so ein, wie wir es uns in jedem andern Stadtteil eingerichtet haben würden, und schmückten es mit Photographien und vielen anderen Dingen, die wir in Europa gesammelt hatten, und mit einigen wenigen Mahagonimöbeln aus Familienbesitz … Wohl keine junge Frau hat je im eignen Haus ihre Sachen mit solcher Freude aufgestellt, wie wir sie bei unserer ersten Einrichtung des Hull-Hauses empfanden.

Kaum war das Haus 1889 für den Empfang von Besuchern bereit, organisierte Starr sogenannte »Leseabende«. Beim ersten Treffen las sie einer Gruppe junger Frauen Passagen aus dem historischen Roman *Romola* von George Eliot vor; dieselbe Gruppe besuchte dann auch die folgenden allwöchentlichen Veranstaltungen, die im Esszimmer im oberen Stockwerk des

Hauses stattfanden. Jede Woche wurden zwei Frauen aus der Gruppe zum Abendessen eingeladen, als Gäste bewirtet und halfen Starr und Addams anschließend beim Geschirrspülen.

Starr organisierte auch andere Arten von kulturellen Unterweisungen, wie einen Gestaltungskurs, den sie persönlich leitete. Irgendwann verlagerte sich Starrs künstlerisches Interesse auf ein anderes Gebiet. Addams erinnert sich, dass Starr das Buchbindehandwerk erlernte und in Hull-House eine Buchbindereiwerkstatt einrichtete, »bei der eine kleine Zahl von Lehrlingen Unterricht im Entwerfen und Herstellen schöner und dauerhafter Bucheinbände erteilt wird«.

Hull House sollte schließlich Wohnstätte von etwa 25 Frauen sein. Für Hunderte Tagesbesucher wurden Unterrichtsstunden abgehalten, die großenteils von Freiwilligen geleitet wurden. Es gab einen Mädchenclub, einen Jungenclub, eine gemischtgeschlechtliche Theatergruppe, einen Kindergarten, eine Turnhalle, ein Badehaus, eine Bücherei, eine Musikschule, eine Kunstgalerie und Abendkurse für Erwachsene. 1910 war Hull House schließlich zu einem Komplex von dreizehn Gebäuden mit Spielplatz und Sommerlager angewachsen.

Das Programm war speziell auf die Bedürfnisse armer Kinder zugeschnitten, von denen viele nach dem Ende der Schulpflicht mit 14 Jahren von der Schule abgingen. Addams schrieb: »Es scheint uns sehr wichtig für diese Kinder, daß sie sich an ein Haus gewöhnen, wo sie abends regelmäßig mit ihren ehemaligen Gefährten zusammen sein können; an ein Haus, das so unmerklich wie möglich das Schulleben in das Arbeitsleben hinüberleitet.«

Gleichzeitig bot Hull House getrennten Unterricht und getrennte Dienstleistungen für Erwachsene und Senioren an, die, wie Addams bemerkte, den verbreiteten Glauben Lügen straften, »Erwachsene würden nicht freudig die gebotene Gelegenheit zur Fortbildung und zu sozialem Zusammenschluss ergreifen«. Ein Beispiel ihrer Fürsorge für eine 90-jährige Frau erwies sich als besonders bereichernd:

> Deren Tochter kochte in einem Restaurant, und weil die Alte den ganzen Tag über allein blieb, hatte sie die Gewohnheit angenommen, den Gips von den Wänden zu stochern, so daß ein Hauswirt nach dem andern sich weigerte, sie zu behalten. Wenige Wochen genügten, um sie zu lehren, wie man lange Ketten aus Papier macht. Bald beschäftigte sie sich den ganzen Tag damit, und schließlich war sie ebenso bemüht, die Wände zu schmücken, wie früher, sie zu zerstören. Im Lauf der Zeit stellte sich heraus, daß die Alte noch gälisch sprechen konnte, und als ein oder das andre Mal ein würdiger Professor zu ihr kam, erfüllte es die gesamte Nachbarschaft mit Stolz, ein solches Wunder in ihrer Mitte zu haben.

Addams und Starr wurden oft gefragt, weshalb sie in der Halsted Street wohnten, wo sie es sich doch hätten leisten können, anderswo zu leben. Ihre Antwort trifft das Herz ihrer gemeinsamen Philosophie: »Vielleicht haben wir schon in jener ersten Zeit einen Anfang gemacht mit dem Streben, das wir später in unserer Stiftungsurkunde in die Worte faßten: ›Den Mittelpunkt für ein höheres kommunales und soziales Leben zu bilden; erzieherische und philanthropische Einrichtungen zu schaffen und zu fördern, und die Lebensbedingungen der arbeitenden Bevölkerung Chicagos zu untersuchen und zu verbessern.‹«

Es ist umso erstaunlicher, wenn man sich klarmacht, dass zwei unverheiratete Frauen ohne irgendein spezielles Training in der Lage waren, einen solchen Zufluchtsort für die Unterprivilegierten zu schaffen. Ihr Unternehmen war wagemutig, nicht nur für die Zeit, in der sie lebten, sondern für jede Zeit. Hätte es eine von ihnen allein geschafft? Obwohl Addams das Projekt leitete, hätte sie ohne die Freundschaft und Kameradschaft ihrer »Miss Starr« weitergemacht? Wie frühere Duos, etwa Mechthild von Hackeborn und Gertrud die Große, Sor Juana und Maria Luisa, Elizabeth Cady Stanton und Susan B. Anthony, brauchten auch Addams und Starr einander, um das Beste aus sich herauszuholen und ihre Träume gegen alle Widerstände in die Tat umzusetzen.

Während Addams in den frühen Jahren des Hull House auf Starr baute, hatte sie ihre ernsthafteste emotionale Beziehung mit einer anderen Frau – der wohlhabenden und liebenswürdigen Mary Rozet Smith. In ihrer Autobiografie stellte Addams sie eher beiläufig als eine Freundin vor, die sie durch ihre langwierige Rekonvaleszenz vom Typhus im Herbst des Jahres 1895 begleitet hatte: »Die Krankheit dauerte so lange, daß meine Gesundheit während des ganzen folgenden Winters sehr schwankend blieb; im nächsten Mai ging ich mit meiner Freundin Miß Smith nach Europa, um mich, wenn möglich, vollständig zu erholen.«[230]

Ihre Reise war monumental, und das ist nicht übertrieben: Sie besuchten nicht nur viele herausragende Persönlichkeiten in England, sondern reisten sogar bis nach Russland, um sich mit niemand Geringerem als dem großen Leo Tolstoi auf seiner Datscha Jasnaja Poljana zu treffen. Danach ging es weiter nach Deutschland, wo sie sich Wagners *Ring* in Bayreuth gönnten – der Kontrast zu Tolstois Doktrin ländlicher Einfachheit hätte nicht größer sein können. Die spektakuläre Reise war der Anfang einer Partnerschaft, die Smith und Addams für den Rest ihres Lebens aneinander binden sollte.

Die lesbische Gemeinde beruft sich oft auf Addams und Smith als vorbildhaftes Paar. Die geachtete Historikerin

Blanche Wiesen Cook hielt sie für Lesbierinnen, und *Out and Proud in Chicago*, eine Fernsehdokumentation aus dem Jahr 2008, präsentierte sie in gleicher Weise.[231] Andere Wissenschaftler vertreten die Position, dass es keine Anhaltspunkte für eine sexuelle Beziehung zwischen Addams und Smith gebe und dass es ebenso gut möglich sei, dass sie eine nicht sexuelle, romantische Freundschaft pflegten.[232] Wie immer wir heute ihre Beziehung definieren: Sie bezeichneten einander als »Freundinnen« und lebten ihr Leben im Einklang mit den höchsten Idealen dieses bedeutungsvollen Wortes. Für sie hieß das, dass sie ihre Freundschaft mit den verzweifelten Immigranten und unterdrückten Armen in den städtischen Slums von Chicago teilten. Es hieß auch, dass sie gemeinsam reisten, dass sie einander liebevolle Briefe schrieben, wenn sie getrennt waren, und dass sie ihre Beziehung als eine Art Ehe betrachteten. Mary Rozet Smiths Porträt hängt nicht nur deshalb im Hull-House-Museum, weil sie Addams' Freundin war, sondern auch, weil Miss Smith finanziell den größten Beitrag zum Unterhalt des Hauses leistete.

HILDA SATT UND JANE ADDAMS

Es ist faszinierend, Jane Addams und Hull House aus der Sicht einer armen, jungen jüdischen Immigrantin zu sehen. Hilda Satt, die mit ihrer verwitweten Mutter und ihren Schwestern in einem Arbeiterviertel lebte, wurde zum ersten Mal von einer irischen Spielkameradin ins Hull House mitgenommen. Sie besuchten eine Weihnachtsfeier, bei der Kinder unterschiedlicher Religionen, unterschiedlicher Herkunftsländer und unterschiedlicher Sprachen sich bestens amüsierten. Hilda war fasziniert von diesem friedlichen, multikulturellen Miteinander, und ebenso fasziniert war sie von der warmherzigen

Aura, die von Jane Addams ausging. Wie Hilda sich in ihrer Autobiografie erinnert: »Es war das erste Mal, dass ich in diese freundlichen, verständnisvollen Augen blickte. In ihnen lag ein Glanz, der mich willkommen hieß und mir das Gefühl gab, erwünscht zu sein.«

In den folgenden Jahren sollten diese verständnisvollen Augen Hilda in ihr junges Erwachsenenleben begleiten, ihr Mut machen, nachdem sie die Schule abgebrochen hatte, um Textilarbeiterin zu werden, ihr im Rahmen der Erwachsenenbildung einen Englischkurs verordnen und sogar dafür sorgen, dass sie ein Semester an der University of Chicago studieren durfte, obwohl sie kein Abitur hatte. Zu guter Letzt fand Addams einen Platz für Hilda als bezahlte Arbeitskraft im Hull House. Jane Addams wurde Hildas Vorgesetzte, ihre Mentorin, ihr Leitstern und am Ende ihre Freundin. Mit Hildas Worten: »Zehn Jahre lang verbrachte ich fast alle meine Abende im Hull House. Die ersten drei Jahre dieser Zeit sah ich Jane Addams fast jeden Abend ... ihre Anwesenheit war immer greifbar, ob sie nun persönlich oder nur im Geiste anwesend war.«

Später arbeitete Hilda in einem Verlagshaus, heiratete einen Mann aus der Mittelschicht und zog nach Milwaukee um. Doch schon nach 15 Jahren nahm ihr harmonisches Familienleben ein jähes Ende, als ihr Mann 1927 verstarb und sie fast ihr ganzes Vermögen verlor. Sie verließ Milwaukee, kehrte mit ihren Kindern nach Chicago zurück und nahm wieder Verbindung zu Jane Addams auf, diesmal auf Augenhöhe.

Beim 40. Gründungsjubiläum von Hull House saß Hilda Satt Polacheck an Jane Addams' Tisch im Speisesaal inmitten vieler Berühmtheiten und früherer Mitglieder ihrer Gemeinschaft: »Jane Addams bewegte sich zwischen den Berühmtheiten und den einfachen Menschen wie eine Mutter, deren in der ganzen Weltgeschichte verstreute Kinder zu einem Familientreffen nach Hause gekommen waren. Sie kannte alle Namen. Sie erkundigte sich nach den Kindern ehemaliger Kinder, die Jahre zuvor als verunsicherte, entwurzelte kleine Immigrantinnen ins Hull House gekommen waren.« In dieser Lebensphase fand Hilda nach dem schmerzlichen Verlust ihres Mannes und ihrer finanziellen Rücklagen in Jane Addams eine Unterstützerin und Freundin, die ihr »eine Art Transfusion aus Hoffnung und Mut [verabreichte], die ihr über die vor ihr liegenden traurigen Tage hinweghalfen«.[233]

Unter Garantie ist das Bild, das Hilda von Addams zeichnete, von Dankbarkeit gegenüber ihrer ehemaligen Mentorin geprägt und von ihrer idealisierten Sicht auf sie als Schutzheilige von Hull House. Nichtsdestoweniger umspannte das Band der Freundschaft diese beiden Frauen aus unterschiedlichen Gesellschaftsschichten, und diese Verbindung hielt bis zu Addams' Tod im Jahr 1935.

BILDUNG, KLASSE UND RASSE
ALS FAKTOREN BEI FREUNDSCHAFTEN

Um 1900 herum trat ein neues Modell für Frauenfreundschaften auf den Plan, das bis weit ins 20. Jahrhundert hinein Gültigkeit haben sollte. In der Mittel- und Oberschicht basierten Freundschaften auf einem bestimmten Bildungsniveau. Die Schule, die man besuchte, bildete ebenso wie die Religionszugehörigkeit – oder vielleicht sogar noch mehr – das Fundament für die Entstehung und Pflege von Freundschaften. Bildung war das Mittel, das es einer Tochter griechischer Immigranten ermöglichte, am College Freundschaft mit einer Debütantin zu schließen, deren Wurzeln im kolonialen Amerika lagen.

In den ersten Jahrzehnten des 20. Jahrhunderts konnten Arbeiterfrauen von Glück sagen, wenn sie die Highschool abschließen durften. Den meisten von ihnen war das nicht vergönnt. Wenn sie mit 16 oder sogar schon mit 14 Jahren von der Schule abgingen, bedeutete das, dass sie nur innerhalb ihres Bildungsniveaus und ihrer sozialen Klasse Freunde fanden, auch wenn es – wie Hilda Satt – einigen wenigen gelang, über Erwachsenenbildung oder eine vorteilhafte Heirat in die Mittelklasse aufzusteigen. Die Rassentrennung insbesondere im Süden der USA hinderte farbige Frauen daran, Freundschaften mit weißen Frauen zu schließen, unabhängig davon, ob sie in die Mittelklasse aufgestiegen waren oder nicht. Erst 1954 wurde in den Südstaaten die Rassentrennung in öffentlichen Schulen per Gesetz aufgehoben, doch die De-facto-Rassentrennung sollte noch viel länger andauern.

Im Süden der USA kamen weiße Frauen der Mittelklasse immer noch regelmäßig zusammen, um sich bei »Bridge, Tee und einem Schwätzchen« die Zeit zu vertreiben, wie eine Wissenschaftlerin 1925 beobachtete. Dennoch waren viele Frauengemeinschaften nach dem Ersten Weltkrieg sogar im Süden von einem fortschrittlichen Geist beseelt. Einige Südstaatlerinnen taten sich ebenso wie Frauen in anderen Teilen des Landes nicht nur zu gesellschaftlichen Anlässen mit Gleichgesinnten zusammen, sondern auch aus dem ernsthaften Bemühen heraus, die Lebensbedingungen benachteiligter Kinder, Arbeiterinnen und Afroamerikanerinnen zu verbessern.[234]

Irgendwann in den 1920er-Jahren verblasste in Amerika das Bild der engagierten »Neuen Frau« und wurde durch das des sorglosen Flappers, des »Charleston Girl«, ersetzt. Genauso wie Lucy Capehart 1904 romantische Freundschaften des 19. Jahrhunderts für überholt erklärt hatte, berichtete in den 1920er-Jahren Vida Scudder, Professorin am Wellesley College, dass die Kreuzzüge der Frauenrechtlerinnen, die sie noch zur

Jahrhundertwende erlebt hatte, im Leben von jüngeren Frauen keine Rolle mehr spielten.[235] Die hart erkämpften Rechte einer Generation von Sozialaktivistinnen betrachteten ihre Töchter und Enkelinnen als selbstverständlich.

Doch die Veränderungen, die Reformerinnen wie Elizabeth Cady Stanton, Susan B. Anthony und Jane Addams erwirkt hatten, blieben. Neue Bildungs- und Berufschancen boten zumindest einigen Frauen die Möglichkeit, allein zu leben oder, wie wir gesehen haben, in Wohngemeinschaften, die eine Alternative zur Eheschließung darstellten. Mit ihrem Kreuzzug zur Legalisierung der Empfängnisverhütung ermöglichte Margaret Sanger es vielen Frauen, die Zahl ihrer Nachkommen zu begrenzen und größere sexuelle Freiheit zu genießen. Das 1920 verabschiedete Wahlrecht für Frauen gab erwachsenen Frauen ein wenn auch noch bescheidenes Mitspracherecht in öffentlichen und Regierungsangelegenheiten. Diese entschlossenen Reformerinnen hatten bewiesen, dass Frauen, sofern sie am gleichen Strang zogen, alle denkbaren sozialen Missstände anprangern konnten, und deren Beispiel sorgte im Gegensatz zur desillusionierenden Aussage Vida Scudders dafür, dass der Glaube, für die Töchter Amerikas sei alles möglich, auch weiterhin Gültigkeit hatte.

VERA BRITTAIN UND WINIFRED HOLTBY

Das bemerkenswerte Porträt einer Freundschaft zwischen zwei »Neuen Frauen« wurde nicht von einer Amerikanerin, sondern von einer Engländerin geschrieben. In ihrem *Testament of Friendship* schildert Vera Brittain (1893–1970) die Geschichte ihrer engen Beziehung zu Winifred Holtby (1898–1935) ab dem Zeitpunkt, als sie einander in Oxford kennenlernten, bis zu Holtbys frühem Tod wegen Nierenversagens. Brittains und

Holtbys Freundschaft war bemerkenswert, nicht nur wegen ihrer tiefen gegenseitigen Zuneigung, die noch lange über Brittains Heirat hinaus fortdauerte, sondern auch wegen der Art und Weise, wie sie einander in ihrem Wirken als Schriftstellerinnen und Reformerinnen förderten. Brittains Testament zeigt genau jene Eigenschaften, die wir als charakteristisch enge Frauenfreundschaften im Lauf der Jahrhunderte identifiziert haben – Vertrautheit, schonungslose Offenheit, gemeinsame Erlebnisse, Loyalität, Fürsorge, liebevolle Zuwendung und gegenseitige Unterstützung. Gleichzeitig offenbart ihr Testament die Besonderheiten einer Freundschaft unter gebildeten britischen Frauen direkt nach dem Ersten Weltkrieg.

1919 kehrten Brittain und Holtby an das Somerville College in Oxford zurück. Brittain, die Ältere der beiden, durchlitt eine schwere Depression, nachdem sie im Krieg ihren Verlobten, ihren Bruder und dessen zwei beste Freunde verloren hatte. Nach vier Jahren Kriegsdienst als Krankenschwester und dem unsäglichen Schmerz über ihre Verluste war sie vollkommen ausgelaugt und zutiefst pessimistisch. Holtby, die nach nur einem Jahr beim *Women's Army Auxiliary Corps* immer noch unverbraucht und optimistisch in die Welt blickte, sollte sich als die hoch motivierte Gefährtin erweisen, die Brittain wieder ins Leben zurückhalf.

In Oxford waren Frauen seit 1878 als Studentinnen zugelassen, aber erst seit 1920 berechtigt, akademische Grade zu erlangen. Daher gehörten Brittain und Holtby zu den allerersten Frauen, denen ein Abschluss an einem der für Frauen offenen Oxford-Colleges zugestanden wurde – in ihrem Fall war es das Somerville College. Aber sogar schon bevor sie sich kennenlernten, waren Brittain und Holtby, wie Brittain es ausdrückte, »unsichtbar verbunden durch das besondere Band unseres Kriegsdienstes und durch die Einstellung der Somerville-Dozenten zu dieser Tatsache, eine Mischung aus Mitgefühl und Ablehnung, die wir erfühlten.«

Anfangs misstraute Brittain der euphorischen Persönlichkeit Holtbys und begegnete ihr mit kaum verhohlener Feindseligkeit. Aber die durch den Kriegsdienst entstandene Bindung war zu stark, um ignoriert zu werden, und als sie einander am ersten Jahrestag des Armistice Day, dem Tag des Waffenstillstandes, begegneten, entdeckten sie, dass sie verwandte Seelen waren. Schnell gestanden sie einander ihre Sehnsucht, Schriftstellerin zu werden, und begannen ihre endlosen Gespräche, Spaziergänge und Reisen, die sie 16 Jahre lang fortführen sollten. Als ihr erstes Jahr in Oxford zu Ende ging, machten sie einen zweiwöchigen Ausflug nach Cornwall, wo sie »durch Alleen, gesäumt von Geißblatthecken, oder die felsige Küste entlang« wanderten und sich auf das nächste Semester vorbereiteten, in dem sie sich vorgenommen hatten, außerhalb des Campus zusammenzuwohnen.

Sie sprachen etwa über ihre verlorenen Lieben – über Brittains Verlobten, der im Krieg gefallen war; über einen verwundeten jungen Mann, mit dem Holtby sich auseinandergelebt hatte. Und dann saßen sie vor dem Kamin, wo Holtby, das Gesicht in Brittains Schoß vergraben, ihrer Freundin anvertraute, welche Qualen sie angesichts ihrer religiösen Konflikte litt. Ungeachtet der Seelenqualen um zerbrochene Liebschaften und religiöse Zweifel waren sie sich einig in ihrem Herzenswunsch, Journalistinnen und Schriftstellerinnen zu werden. Mit ihren Abschlüssen in der Tasche machten sie sich nach London auf und suchten sich eine gemeinsame Wohnung.

Ihr Verständnis von der »Neuen Frau« artikulierten sie in einem kleinen Vers, den Holtby nach einer Melodie von *The Mikado* schrieb:

We mean to run this show.
We are not shy.
We'll make the whole world go –
My friends and I!

Der Glaube an die Macht der Freundschaft stärkte ihren Elan und wappnete sie für ihre Projekte, als sie ihrem Studium den Rücken kehrten und sich aufmachten, die Welt zu erobern. Holtby schrieb und referierte über Themen, die ihr besonders am Herzen lagen, wie den Weltfrieden. Wenn sie von Brittain getrennt war, erwies sie sich als »eine vergnügte, dankbare, unendlich engagierte Briefeschreiberin, deren Korrespondenz sich wie ein langes, lebhaftes, ununterbrochenes Gespräch las«. Ihr größtes gemeinsam erlebtes Vergnügen war ein Sommerurlaub in Italien, der für Brittain »der perfekteste aller Urlaube war, die ich je verbracht hatte, und Winifred geht es genauso, glaube ich«. Nachdem sie sich verabschiedet hatten, schrieb Winifred einen Brief an Vera, in dem sie ihre tiefe Zuneigung zu ihr zum Ausdruck brachte: »Und das Beste von allem war, von Tag zu Tag festzustellen, wie lieb Du bist. Die Reise wäre unter fast allen Umständen angenehm gewesen... aber weil Du da warst, war sie durch und durch wunderbar.« Ja, Freundschaft kann auch einfach mit der besonderen Freude umrissen werden, die jemand zusammen mit einem bestimmten Menschen empfindet: Weil du du warst, und weil ich ich war. So gesehen unterscheidet sich wahre Freundschaft nicht so sehr von wahrer Liebe.

Zwischen 1922 und 1923 wohnten Brittain und Holtby zusammen in Bloomsbury, nicht weit vom British Museum. Dann zogen sie in eine geräumige Wohnung in einer Villa in Maida Vale, einer weniger mondänen Gegend als das kostspielige, intellektuelle Bloomsbury. Brittain erinnerte sich an ihre »erhebende Gewissheit« in den 1920er-Jahren, dass die »Menschheit lernen könnte«, die Grausamkeiten des Ersten Weltkrieges nicht zu wiederholen. Aber tragischerweise sollten sie und ihre Freundin sich irren.

Jede von ihnen widmete sich mit zunehmendem Erfolg ihrer Arbeit als Journalistin und Romanschreiberin. Von Besuchen bei ihren Familien kehrten beide »glücklich wie nie zuvor über unser anstrengendes, unabhängiges, spannendes Leben in London« zurück. Wie viele andere glückliche Paare gab es am Ende eines Arbeitstages so vieles, was sie einander erzählen konnten: »Keine von uns kannte bisher ein Vergnügen, das vergleichbar gewesen wäre mit dem Vergnügen, am Ende eines Tages angefüllt mit unterschiedlichen, mannigfaltigen Erlebnissen nach Hause zu kommen und einander spätabends bei Tee und Keksen davon zu erzählen.«

Die Verbundenheit zwischen den beiden Frauen war so tief, dass sie auf die Bedürfnisse und Emotionen der jeweils anderen auf eine Weise reagierten, die Brittain als instinktiv bezeichnete – sie reagierten schon auf eine Feststellung oder Bitte der anderen, bevor sie noch ausgesprochen war. Menschen, die schon lange zusammenleben, wissen genau, was Brittain meint. Ehepartner, Lebensgefährten, Schwestern, Mütter und Töchter haben manchmal die Angewohnheit, die Sätze des anderen zu beenden.

Doch Brittain und Holtby waren kein Spiegelbild voneinander. Ihre Freundschaft war komplementär, sowohl was ihr Aussehen anging als auch was ihr Temperament betraf. Brittain war klein, dunkelhaarig und schwermütig, Holtby hingegen groß, blond und extrovertiert. Brittain war die Ältere, Vorbelastetere und in gewisser Hinsicht Bedürftigere der beiden. Im Rückblick konnte sie sich eingestehen, dass es angesichts der Kriegstragödien wahrscheinlich sehr schwierig war, mit ihr zusammenzuleben, und dass der Fortbestand ihrer Freundschaft in erster Linie Winifreds Verdienst war.

Ungeachtet ihrer großartigen Freundschaft mit Winifred nahm Vera Brittain den Heiratsantrag von George Catlin, einem jungen Universitätsprofessor, an und heiratete ihn 1925. Am Tag vor der Hochzeit schenkte Holtby Brittain eine Platinhalskette mit Zuchtperlen, die sie zu ihrem Hochzeitskleid tragen sollte. (Als Holtby zwölf Jahre später erblindet auf dem Totenbett lag, schlang Brittain die Kette wie ein Armband um ihren Arm und schloss Holtbys Finger darüber.) Holtby war Brittains einzige Brautjungfer; sie trug einen ausladenden Federhut und einen enormen Strauß blauen- und malvenfarbenen Rittersporn. Erst viel später gestand Brittain sich ein, dass ihre Heirat für Holtby eine emotionale Katastrophe gewesen sein muss, die sie »mit einer ausgesprochen liebevollen und selbstlosen Großherzigkeit« zu verbergen wusste. Holtby protokollierte ihre Gefühle in einem Gedicht mit dem Titel »The Foolish Clocks«, in dem es um das Ticken der Uhren geht, die Brittain in der gemeinsamen Wohnung immer aufgezogen hatte. »Nun ist sie fort, aber alle ihre Uhren ticken.« Die Uhren sind eine unüberhörbare Erinnerung an »die kostbaren Augenblicke, als meine Geliebte hier war«.

Glücklicherweise konnte die Ehe ihrer Freundschaft nichts anhaben. Die Frauen unterstützten einander weiterhin bei ihrer Arbeit als Romanschreiberinnen, Journalistinnen und Kämpferinnen für den Völkerbund. Nach Holtbys fünfmonatigem Aufenthalt in Südafrika wohnte sie oft bei Brittain und Catlin in London. Wie es sich gehörte, brachte Brittain zwei Kinder zur Welt, einen Sohn und eine Tochter, während Holtby unverheiratet blieb.

Obwohl Holtby nur siebenunddreißig Jahre alt wurde, gelang es ihr in dieser kurzen Zeit, sechs Romane, zahlreiche

Kurzgeschichten, Gedichte, satirische Arbeiten und ein Buch über Virginia Woolf zu veröffentlichen. Sie hielt Vorträge über Pazifismus und die Rechte von Frauen und Afrikanern. Zum Zeitpunkt ihres Todes war sie eine bedeutende Persönlichkeit des öffentlichen Lebens.

Brittains erster Roman wurde 1923 veröffentlicht, doch ihre wahre literarische Stimme fand sie erst, als sie ihre autobiografischen Werke *Testament of Youth* (1933) und *Testament of Friendship* (1940) schrieb. Letzteres war im Wesentlichen die Biografie Winifred Holtbys, die in großen Teilen ihre 16 Jahre dauernde Freundschaft umfasste. Als Autorin war es Brittain vollkommen bewusst, dass Frauenfreundschaften in der Geschichtsschreibung kaum eine Rolle spielten.

Seit Homers Tagen genießen Männerfreundschaften Ruhm und Akklamation, aber die Freundschaft zwischen Frauen wird trotz Ruth und Noemi üblicherweise nicht nur nicht besungen, sondern sogar verspottet, herabgesetzt und falsch interpretiert. Ich hoffe, dass Winifreds Geschichte etwas dazu beitragen kann, diesen angeschlagenen Ruf zu retten und ihren Lesern zu zeigen, dass Loyalität und Zuneigung zwischen Frauen eine edle Beziehung ist, weit davon entfernt, die Liebe eines Mädchens zu ihrem Liebsten, einer Frau zu ihrem Ehemann, einer Mutter zu ihren Kindern zu mindern, sondern dass sie diese Beziehungen vielmehr bereichert.[236]

Dem wollen wir nur hinzufügen, dass Frauen heutzutage ihre Freundschaften nicht mehr damit rechtfertigen müssen, sie seien ein positives Anhängsel der heterosexuellen Liebe, der Ehe und Mutterschaft. Aber zu Brittains Lebzeiten wurde ihre enge Beziehung zu Holtby als ungewöhnlich und sogar anrüchig betrachtet. In unseren Augen ebneten diese beiden

Frauen, geeint durch persönliche Zuneigung und ein gemeinsames Engagement für sinnvolle Arbeit, den Weg für Frauen im späteren 20. Jahrhundert, sich gemeinsam unter dem Banner von »Sisterhood« zu versammeln.

ZEHN

Eleanor Roosevelt und ihre Freunde

»Wir tranken auf abwesende Freunde,
die wir gern zum Abendessen bei uns hätten, und ich dachte an Dich,
meine Liebe, als ich das einbrachte.«
— BRIEF VON ELEANOR ROOSEVELT AN LORENA HICKOK,
HEILIGER ABEND IM WEISSEN HAUS, 1933

»Unsere Freundschaft ist schon so alt,
dass Zeit und Distanz nie eine Rolle gespielt haben.«
— BRIEF VON ELEANOR ROOSEVELT AN ISABELLA SELMES FERGUSON
GREENWAY KING, 9. OKTOBER 1953

»Es gibt keine wertvollere Erfahrung im Leben als Freundschaft.«
— ELEANOR ROOSEVELT'S *BOOK OF COMMON SENSE ETIQUETTE*, C. 1962

E leanor Roosevelts (1884–1962) Leben und Wirken ist legendär, sie erlebte – und prägte teilweise – den sozialen und politischen Wandel, der sich auf alle Amerikaner, insbesondere aber auf die Frauen auswirkte: vom viktorianischen Ideal des Engels im Hause, über die »Neue Frau« der Jahrhundertwende, die noch »Neuere Frau« der 1920er- und 1930er-Jahre, dann in den Verwerfungen während der Kriegszeit, im Optimismus der Nachkriegsjahre, in der Bürgerrechtsbewegung und schließlich in den ersten Ansätzen eines organisierten Feminismus. Und im Verlauf des bemerkenswerten Lebens Eleanors fungierten ihre vielen Freundinnen als Hebammen ihrer psychologischen, sozialen und politischen Wiedergeburten.

Auch wenn Eleanors Freundinnen lange Zeit im Schatten der öffentlichen Persönlichkeiten Franklin und Eleanor standen, sind sie den Historikern der Roosevelt-Jahre inzwischen bestens vertraut. Eleanor hinterließ im Gegensatz zu anderen amerikanischen First Ladys, einmal abgesehen von Abigail Adams, einen Berg von Schriftstücken, die Zeugnis ablegen von ihrem ausgedehnten Netzwerk an Familienmitgliedern und Freunden. Dieser gut erforschte Schatz von Briefen, Tagebüchern, autobiografischen Texten, Artikeln und Vorträgen erlaubt tiefe Einblicke in ihre persönlichen Beziehungen und beleuchtet, wie das Leben von Freundinnen sich in der ersten Hälfte des 20. Jahrhunderts gestaltete.

Ab der Zeit, als Franklin Roosevelt im Jahr 1928 Gouverneur von New York wurde, bis zu seinem Tod im Jahr 1945 wurde Eleanor in erster Linie als seine hingebungsvolle Gefährtin wahrgenommen, eine Einschätzung, auf die sie selbst größten Wert legte. Franklins Kamingespräche im Radio und Eleanors Zeitungskolumne »My Day« plus die ständige Aufmerksamkeit der Medien, die ihr auf Schritt und Tritt auf den Fersen waren, sorgten für einen Starkult, der bis dahin noch keinem Präsidentenpaar beschieden war. Sie vermittelten das Bild eines harmonischen, mitfühlenden Patrizierpaares, das sich dem Wohlergehen des Durchschnittsamerikaners verschrieben hat. Nur wenige Menschen wussten, dass er und seine Frau schon lange getrennte Schlafzimmer hatten und beide langjährige außereheliche Freundschaften pflegten.

Nachdem Eleanor 1905 mit 20 Jahren geheiratet hatte, gebar sie in den ersten zehn Jahren ihrer Ehe sechs Kinder und war geschockt, als sie 1918 herausfand, dass Franklin seit zwei Jahren eine Affäre mit ihrer eigenen Privatsekretärin Lucy Mercer hatte. Eleanor bot ihm die Scheidung an, doch Sara Roosevelt – Franklins herrische Mutter, auf deren Anwesen sie die meiste

Zeit des Jahres lebten –, drohte mit dem Entzug ihrer finanziellen Unterstützung, falls er einwilligen sollte. Eleanor und Franklin blieben verheiratet, und sie erwies sich als unverzichtbare Verbündete seiner politischen Karriere, besonders nachdem er 1921 an Kinderlähmung erkrankte und danach von der Hüfte abwärts gelähmt war.

In den folgenden Jahren holte Eleanor sich zunehmend bei ihren Freunden die Liebe und Wertschätzung, die sie brauchte. Sie halfen ihr, die Unsicherheit der jungen Frau abzulegen, die im Alter von acht Jahren den Tod ihrer Mutter und später mit zehn Jahren den ihres angebeteten Vaters (des jüngeren Bruders Theodor Roosevelts) erleben musste und durch diesen frühen Verlust der Eltern traumatisiert war. Hineingeboren in eine alteingesessene Familie der New Yorker Gesellschaft, aufgezogen von ihrer gestrengen Großmutter mütterlicherseits und nach England in ein Mädchenpensionat geschickt, kehrte Eleanor 1902 mit achtzehn Jahren als Debütantin nach New York zurück. Obwohl sie sich den strengen Regeln und Glaubenssätzen unterwarf, die einer jungen Debütantin abverlangt wurden, arbeitete sie auch als freiwillige Helferin in einer Wohlfahrtseinrichtung an der Lower East Side, was ihrem mitfühlenden Wesen entgegenkam. Franklin Roosevelt, ein entfernter Cousin und Harvard-Student, lenkte sie dann in eine andere Richtung – in die unterstützende Rolle der Ehefrau eines Mannes mit politischen Ambitionen, was auch dem Wunsch seiner Mutter entsprach.

ISABELLA SELMES FERGUSON GREENWAY KING

Schon vor ihrer Heirat war Eleanor mit der klassischen Schönheit Isabella Selmes befreundet. Obwohl Isabella zwei Jahre jünger war, wurde und blieb sie eine Konstante in Eleanors

Leben. Eleanor vertraute Isabella sogar ihre heimliche Verlobung an, noch bevor das junge Paar die Familien davon in Kenntnis setzte. Isabella gehörte später auch zu den sechs Brautjungfern Eleanors.

Schon ein paar Monate nach Eleanors Hochzeit ehelichte Isabella Robert Ferguson, einen 18 Jahre älteren Mann und langjährigen Freund der Familie Roosevelt. Während der Flitterwochen, die beide Paare in Europa verbrachten, trafen sie sich auf dem Landsitz von Roberts Vorfahren in Schottland. In New York, wo Eleanor und Isabella in großzügigen Stadthäusern wohnten, tauschten sie sich über Schwangerschaft, Niederkunft, Kindererziehung und Haushaltsführung aus. Isabella war die Taufpatin von Anna, dem ersten Sprössling der Roosevelts, geboren im Mai 1906, und Eleanor wurde die Taufpatin von Martha, Isabellas erstem Kind, geboren im September desselben Jahres. Den Töchtern folgte jeweils ein Sohn: James Roosevelt 1907 und Robert Ferguson 1908. Auch als ihre Kinder noch klein waren, trafen sich Eleanor und Isabella oft im Three Arts Club, der Wohnraum für Künstlerinnen zur Verfügung stellte, oder bei ihren verschiedenen wohltätigen Initiativen.

Doch dieses idyllische Leben der Oberschicht endete abrupt, als bei Bob Ferguson Tuberkulose diagnostiziert wurde und die Ferguson-Familie gezwungen war, New York zu verlassen und in ein milderes Klima nach New Mexico zu übersiedeln. Eleanor schrieb häufig Briefe an Isabella, um sie aufzumuntern, doch auch sie sollte einen tragischen Schicksalsschlag erleiden: den Verlust ihres dritten Kindes, Franklin, der mit nur sieben Monaten am 1. November 1909 an einer Grippe starb. Ihr Brief an Isabella, datiert vom 12. November, zeugt von dem Trost, den ihr das tapfere Beispiel ihrer Freundin spendete: »Ich möchte dir sagen, meine Liebe, dass dein uneigennütziges, fröhliches Beispiel trotz deiner Angst & Sorge mir in diesen letzten Wochen mehr geholfen hat, als du ahnst … Manchmal glaube ich, dass ich den Kummer nicht aushalten kann, den ein kleines Leben hinterlassen hat, aber dann wird mir bewusst, dass es noch vieles gibt, wofür wir dankbar sein müssen.«

Nachdem die Fergusons in den Westen gezogen waren, zeugt die über vier Jahrzehnte geführte Korrespondenz zwischen Eleanor und Isabella von der tiefen Zuneigung, die sie füreinander empfanden. In ihren Briefen gab es Geschichten über Eleanors weitere Babys – Elliot 1910, Franklin D. jr. (genannt in Erinnerung an das Baby, das sie verloren hatte) 1914 und John 1916 – sowie Informationen über die sozialen und politischen Aktivitäten beider Frauen. Von Zeit zu Zeit konnten sie einander sogar persönlich treffen.

Als die Vereinigten Staaten im April 1917 Deutschland den Krieg erklärten, beschäftigten sich die beiden Frauen mit kriegsrelevanten Aktivitäten, Eleanor beim Roten Kreuz in Washington D. C. und Isabella beim Council for Defense in New Mexico. Wie schon bei Vera Brittain in England und anderen engagierten Frauen gab der Krieg Eleanor und Isabella Gelegenheit, sinnvolle, ehrenamtliche Tätigkeiten zu übernehmen: ein wichtiger Schritt in ihre Zukunft als Persönlichkeiten des öffentlichen Lebens.

Im Herbst 1922 starb Bob Ferguson an Nierenversagen, worüber Isabella Eleanor sofort telegrafisch informierte. Eleanor antwortete mit einem mitfühlenden Brief, in dem sie ihre große Zuneigung zu Bob äußerte, den sie als »treuen, loyalen Freund« bezeichnete. Als Isabella drei Monate später die Kraft aufbrachte, ihr zurückzuschreiben, begann sie ihren Brief mit einer Würdigung ihrer dauerhaften Beziehung: »Ach, meine geliebte Eleanor – Mit dir fängt man nicht an – man setzt einfach fort – und *du* bist die wunderbare Freundin, die das ange-

sichts meines unerklärbaren *Schweigens* möglich gemacht hat.«
Sie wusste, dass Eleanor Verständnis für die »Seelenqualen und
die innere Leere« haben würde, die sie so lange am Schreiben
gehindert hatten. Und sie wusste, als sie weniger als zwei Jahre
danach John Greenway heiratete und mit ihm nach Arizona
übersiedelte, dass Eleanor diese Heirat billigte.

Isabellas Eheglück währte nur kurz. Anfang Januar 1926 begleitete sie ihren Mann zu einer Gallenblasenoperation nach
New York, wo er eine Woche später in ihren Armen starb.
Eleanor versicherte Isabella, dass sie immer für sie da sein
werde: »Wann immer du & Martha [ihre Tochter] mich brauchen solltet, kann ich kommen, denn, ach, Ihr seid mir so lieb,
und ich sehne mich danach zu helfen, auch wenn ich weiß,
dass das niemand kann.«

In den folgenden Jahren waren Eleanor und Isabella wie
viele »Neue Frauen« und »Neuere Frauen« politisch aktiv, in
ihrem Fall beide in der Demokratischen Partei. Nach zwei
Amtsperioden als Gouverneur des Staates New York wurde
Roosevelt 1932 auf dem Parteitag der Demokratischen Partei in
Chicago zum Präsidentschaftskandidaten nominiert, und niemand anderer als Isabella Greenway – eine Delegierte aus Arizona – war es, die als erste Rednerin seine Nominierung unterstützte. Und im August desselben Jahres gewann Isabella die
demokratischen Vorwahlen in Arizona gegen zwei männliche
Kontrahenten und wurde in den 73. Kongress gewählt, wo sie
die Amtszeit eines zurückgetretenen Repräsentanten zu Ende
führte. Zu Beginn ihrer Amtszeit zog sie nach Washington, wo
sie sich regelmäßig mit ihrer alten Freundin treffen konnte, die
inzwischen First Lady geworden war.

Manchmal kam Isabella zum Lunch oder zum Dinner ins
Weiße Haus. Manchmal spazierte Eleanor mit ihrem Hund
hinüber zum Willard Hotel, um sich mit Isabella zum Lunch

oder zum Tee zu treffen. 1934 gewann Isabella die Wiederwahl, verzichtete aber 1936 auf eine erneute Kandidatur. Im April 1939 heiratete sie ein drittes Mal, diesmal Harry O. King, und verlebte ihre verbleibenden Jahre in New York und Tucson.

Während Roosevelts erster und zweiter Amtszeit als Präsident war Isabella Selmes Ferguson Greenway seine größte Unterstützerin, aber als er beschloss, sich ein drittes Mal zur Wiederwahl zu stellen, entschied sich Isabella, Wendell Willkie statt den Mann ihrer Freundin zu unterstützen. Natürlich war Eleanor enttäuscht, versicherte Isabella aber, dass ihre Freundschaft nicht unter dieser Entscheidung leiden werde. Sie schrieb: »Mir ist bewusst, dass du tun musst, was immer du für richtig hältst.«[237] Franklin gewann die Wiederwahl, und die Freundschaft wurde wie gehabt fortgeführt.

Als 1941 der Zweite Weltkrieg für die Amerikaner begann, beteiligten Eleanor und Isabella sich abermals an verschiedenen damit verbundenen Aktivitäten. Das hielt beide nicht davon ab, einander zum Geburtstag zu gratulieren und Geschenke auszutauschen. Am 15. Februar 1945 trafen sie sich in New York City, wovon Eleanor sich ein gemütliches Zusammensein erhoffte. Aller Seelenfrieden, den Eleanor daraus auch bezogen haben mochte, war allerdings mit der Nachricht vom Tod ihres Ehemannes am 12. April 1945 in Warm Springs, Georgia, dahin. Kurze Zeit später, als Eleanor sich mit Isabella zum Lunch im Biltmore Hotel in New York traf, versuchte Eleanor sich an ein Leben als Witwe zu gewöhnen und an ein Leben außerhalb des Weißen Hauses, das die letzten zwölf Jahre ihr Heim gewesen war. Bestimmt war es ein großer Trost für sie, mit ihrer lebenslangen Freundin zusammen zu sein, vor der sie keine Geheimnisse hatte.

Und Geheimnisse gab es in Eleanors Leben zuhauf. Als sie sich die Geschichte ihrer unglücklichen Kindheit und die Aufdeckung der Affäre ihres Mannes mit Lucy Mercer von der Seele geredet hatte, konnte sie den Schritt in ein selbstbestimmtes Leben und damit den Übergang von bisher freundschaftlich geprägten Bekanntschaften zu wahren Freundschaften tun. Eleanors neue Freunde in den 1920er- und 1930er-Jahren waren unter anderem Esther Lape und Elizabeth Read, Nancy Cook, (Nan) und Marion Dickerman, Elinor Morgenthau, Malvina Thompson (Tommy), Louid Howe, Earl Miller und Lorena Hickok. Alle diese Freunde halfen Eleanor, sich von ihrem Familienzirkel zu lösen und in eine Welt einzutauchen, in der sie sich später als Sprecherin für liberale Belange einen Namen machte.

In Greenwich Village lebten in den 1920er-Jahren einige Vertreterinnen der »Neuen Frauen« als Singles oder in einer immer noch als Boston Marriage bezeichneten Paarbeziehung. Diese Frauen hatten sich für das Wahlrecht für Frauen eingesetzt, für die Abschaffung von Kinderarbeit sowie für bessere Bedingungen der Arbeiterinnen, und sie hatten an anderen progressiven Projekten mitgewirkt. Zu ihnen gehörten Esther Lape und ihre Partnerin Elizabeth Read sowie Nancy Cook und deren lebenslange Gefährtin Marion Dickerman, die Eleanor in ihren politischen Lehrjahren als Mentorinnen zur Seite standen.

Eleanor lernte diese unabhängigen Frauen zunächst durch ihre Tätigkeit für die League of Women Voters und für den World Court kennen und später durch rein private abendliche Zusammenkünfte in deren Wohnungen in Greenwich Village. Mit der Freundschaft zu Esther Lape, Absolventin des Wellesley College und Professorin, sowie Elizabeth Read, Absolventin des Smith College und Anwältin, legte Eleanor den Mantel der trauernden Witwe und pflichtbewussten Schwiegertochter ab und gehörte fortan zu den Mädels, die gern informell zu Abend aßen und Gedichte rezitierten.[238]

Ein weiteres Paar im Greenwich Village der 1920er-Jahre, Marion Dickerman und Nancy Cook, spielte zwei Jahrzehnte lang eine herausragende Rolle in Eleanors Leben. Nan leitete das Büro für Frauenangelegenheiten in der Demokratischen Partei des Staates New York, und Marion war Lehrerin und Vizerektorin an der Todhunter School for Girls in New York. Sie halfen Eleanor, Frauenclubs der Demokraten im ganzen Staat New York aufzubauen, und gemeinsam brachten sie einen Newsletter heraus, die *Women's Democratic News*. Mit Blick auf die Freundschaft Eleanors mit Marion, Nancy, Esther und Elizabeth schreibt die Historikerin Doris Kearns Goodwin: »Alles deutet darauf hin, dass die vier Frauen zusammen mit einem halben Dutzend anderer ... eine bedeutende Rolle bei der Weiterbildung Eleanor Roosevelts spielten: Sie unterwiesen sie in Politik, Strategie, öffentliche Sicherheit und Ordnung, sie ermunterten sie, sich emotional zu öffnen, und stärkten ihr Selbstvertrauen und Selbstwertgefühl.«[239]

Auf dem Anwesen ihrer Schwiegermutter war Eleanor gehalten, ihren Lebensstil deren mondänen Gewohnheiten anzupassen, doch sie hatte die Möglichkeit, sich mit Franklin in das nur zwei Meilen entfernte Val-Kill-Landgut zurückzuziehen. Als sie dort mit Marion, Nancy und Franklin wieder einmal beim Picknick saß, nahm Eleanor Franklins Vorschlag begeistert an, ihr dort ein kleines Haus zu bauen, wo sie ein einfacheres Leben führen konnte. Das hübsche Natursteinhaus, das sie errichten ließen, sollte das erste Domizil sein, das Eleanor wirklich als ihr Heim betrachtete. Hierher konnte sie ihre

Freunde einladen, ohne »Mamas« Erlaubnis einzuholen, von der man wusste, dass ihr Eleanors geistig unabhängige Gefährtinnen ein Dorn im Auge waren.

Enge Freundschaften gaben Eleanor die Sicherheit, die sie brauchte, um ihre Ehe auf Kurs zu halten. Angesichts der Clique um Franklin mit seiner temperamentvollen Privatsekretärin Marguerite LeHand, bekannt als Missy, und den vielen Schmeichlern, die ihren charismatischen Ehemann umschwirrten, schuf Eleanor ihre eigene Clique loyaler Männer und Frauen. Niemand in den 1920er-Jahren war loyaler als Marion und Nancy, und so wurden sie ihre Partner bei Val-Kill Industries, einer Firma, die Eleanor gründete, um dem lokalen Handwerk wieder auf die Beine zu helfen. Unter Nancys Leitung entwickelte Val-Kill Industries sich zu einem erfolgreichen Unternehmen für Möbelbau, Web- und Metallarbeiten. Franklin unterstützte Eleanors Dreierarbeitsbündnis mit Nan und Marion, und stolz richtete er sein Landhaus in Warm Springs, Georgia mit den ersten in Val-Kill gefertigten Möbelstücken ein. Warm Springs, die erste Adresse für die Behandlung von Kinderlähmung in Amerika, schuf für Franklin einen seiner Gesundheit zuträglichen Rückzugsort unter Aufsicht seiner Privatsekretärin Missy.

Eleanors Verhältnis zu Missy war kompliziert. Nachdem Franklin und Eleanor sich darauf geeinigt hatten, ein getrenntes Privatleben zu führen, was in einer erfolgreichen, wenngleich unkonventionellen Partnerschaft mündete, konnte sie sich schwerlich dagegen wehren, dass er sich eine Gefährtin zulegte, die zugleich seine Sekretärin war, zumal Missy es Eleanor außerdem ersparte, sich ständig um ihren gelähmten Ehemann zu kümmern. Eleanor wusste auch, dass sie – seine Ehefrau, Mutter seiner Kinder und politische Verbündete – unentbehrlich für ihn war; und sie hielt es für machbar, ihrer beider Privatleben aus den wichtigen Aufgaben herauszuhalten, die sie im öffentlichen Bereich erfüllen wollten.

Zusätzlich zu Val-Kill kauften Eleanor, Nancy und Marion die Todhunter School for Girls in New York City. Marion wurde Rektorin und Eleanor die heiß geliebte Lehrerin für Literatur und amerikanische Geschichte. Von 1928 bis 1932, als ihr Mann Gouverneur von New York war, verbrachte Eleanor die ersten zweieinhalb Tage der Schulwoche mit Unterrichten und eilte dann zurück nach Albany, um ihren Pflichten als Ehefrau des Gouverneurs nachzukommen. Eleanor war von ihrer Arbeit als Lehrerin begeistert und verzichtete nur widerstrebend darauf, als Franklin später Präsident wurde. Sie betrachtete ihre gemeinsame Arbeit mit Nancy in Val-Kill und Marion in der Todhunter School als »eine der befriedigendsten Möglichkeiten, Freunde zu gewinnen und zu behalten«.[240] So gesehen trat Eleanor in die Fußstapfen von Jane Addams und anderen Frauen um die Jahrhundertwende. Die sogar noch »Neueren Frauen« der 1920er- und 1930er-Jahre, mit denen Eleanor sich zusammentat und deren Karrieren sie zum Erfolg verhalf, sollten vorbildhaft für zukünftige Generationen werden. Es war kein Zufall, dass Präsident Roosevelt in seiner offiziellen Entourage eine Mitarbeiterin hatte, die als erste Frau ins US-Kabinett berufen wurde. Es war die Arbeitsministerin Frances Perkins, die diesen Posten während seiner gesamten Amtszeit als Präsident bekleidete.

Die Roosevelt-Administration hievte eine bis dahin noch nie da gewesene Anzahl von Frauen in leitende Regierungsfunktionen. Viele dieser Berufenen setzten auf ihre Freundschaft mit der First Lady, um zum Präsidenten vorgelassen zu werden. Diese Gruppe wusste um die Mühen, die sie eingegangen waren, und unterstützte einander weitgehend. Als Franklin D. Roosevelts Kabinett von seinem Tod erfuhr, »saßen Frances

Perkins und Eleanor wie Schulmädchen auf einer Bank« und heulten.[241]

Elinor und Henry Morgenthau jr. waren die ersten jüdischen Freunde der Roosevelts. Von Anfang an bewunderte Eleanor Elinor für ihre herausragende Ausbildung am Vassar College, beneidete sie aber auch darum. Uneingeschränkt schätzte sie Elinors Fähigkeit, zusätzlich zu ihrer Arbeit im Büro für Frauenangelegenheiten der Demokratischen Partei und der Unterstützung ihres Ehemannes Henry – damals Chefagronom des Staates New York – einen funktionierenden Haushalt mit drei Kindern und jeder Menge Personal am Laufen zu halten.

Doch manchmal gibt es selbst unter engsten Freunden Zeiten der Spannungen und Missverständnisse. Dies passierte bei Eleanor und Elinor 1928 während Franklins erfolgreicher Kandidatur zum Gouverneur von New York, als Elinor sich übergangen fühlte. In einem Versuch, die verletzte Eitelkeit ihrer Freundin zu besänftigen, gleichzeitig aber ihre eigenen Bedenken anzumelden, schrieb Eleanor: »Ich hatte immer das Gefühl, dass du dich oft durch eingebildete Sachen verletzt fühlst & ich wollte dich schützen, aber wenn man eine gesunde, normale Beziehung haben soll, dann finde ich, dass es irgendwie auf einer ebenbürtigen Grundlage sein muss; du darfst einfach nicht so empfindlich sein. Das Leben ist zu kurz, um sich damit aufzuhalten!«[242] Und in der Hoffnung, dass ihre Freundin sich wieder beruhigen werde, lud sie Elinor in derselben Woche zum Lunch ein. So kam es dann auch.

Später, als Henry Morgenthau jr. unter Präsident Roosevelt Finanzminister wurde, machten Elinor und Eleanor es sich zur Gewohnheit, fast täglich vor dem Frühstück im Rock Creek Park in Washington auszureiten. Sie fuhren auch zusammen nach New York ins Theater und zum Dinner in den Colony Club. Eleanor war fassungslos, als ihrer Freundin die Mitgliedschaft im Club wegen ihres jüdischen Glaubens verweigert wurde, woraufhin Eleanor aus Protest ihre Mitgliedschaft kündigte.[243] Durch ihre Freundschaft mit den Morgenthaus war Eleanor gezwungen, sich mit den antisemitischen Vorurteilen auseinanderzusetzen, die in ihrer Gesellschaftsschicht gang und gäbe waren.

Eine weitere wichtige Freundin war Malvina Thompson, genannt Tommy, die Eleanor ab Mitte der 1920er-Jahre bei der Kommunal- und Landespolitik unterstützte und die folgenden 30 Jahre ihre rechte Hand bleiben sollte. Tommy war als Sekretärin von Eleanor während ihrer Zeit im Weißen Haus immer an ihrer Seite, egal ob für Gäste eine Wohnung in der Nähe zu organisieren war oder ob sie Eleanor mitten in den Wirren des Zweiten Weltkrieges nach London begleitete.

Tommy freundete sich auch mit Eleanors Tochter Anna an, und deren umfangsreichem Briefwechsel verdanken wir eine andere Sicht auf Eleanors private Beziehungen. Tommys Briefe an Anna sind wichtig, um Eleanors schmerzhaften Bruch mit Marion Dickerman und Nancy Cook von 1938 bis 1939 zu verstehen. Aus Tommys Blickwinkel verachteten Nan und Marion die Menschen, die Eleanor in den 1930er-Jahren nach Val-Kill brachte, Leute aus allen Gesellschaftsschichten, linke Studenten ebenso wie Immigrantenkinder oder Pächter von Kleinfarmen. Nan und Marion missfiel es, dass Tommy in Val-Kill arbeitete und übernachtete, und sie behandelten sie oft herablassend, wie Tommy in ihrem Brief an Anna vom 10. Dezember 1937 schreibt: »Ich muss dir sagen, dass Miss Dickerman es sich zur Aufgabe gemacht hat, meiner Bildung auf die Sprünge zu helfen: Sie sagt mir, dass ich zu laut spreche, dass ich bestimmte Redewendungen zu oft verwende und oft Worte betone, die ich nicht betonen sollte! Ich habe die seltene Gelegenheit, meine Ecken und Kanten abzuschleifen!« Am Ende kaufte Eleanor Nan und Marion ihren Anteil an Val-Kill ab und zog sich aus der Todhunter School zurück. Für alle Beteiligten war der Bruch schmerzhaft, ganz besonders aber für Eleanor, die nie damit gerechnet hätte, Frauen als Freundinnen zu verlieren, die ihr einst so nahegestanden hatten. Tommys Beurteilung der einstigen Freunde Eleanors fiel zynisch aus: »Es tat mir so leid für ER. Ich hätte heulen können, und ich glaube auch, dass sie Tränen in den Augen hatte. Ich kann im Leben nicht begreifen, warum ein so feiner Mensch wie sie so viele Gauner um sich schart.«[244]

LOUIS UND EARL

Während dieser ganzen Zeit war Eleanor auch mit mehreren Männern eng befreundet, namentlich mit Louis Howe und Earl Miller und später mit Joseph P. Lash. Louis Howe war Franklins wichtigster politischer Berater. Eleanor begegnete ihm anfangs mit Misstrauen, bis es ihr schließlich gelang, hinter die Fassade seines politisch aalglatten Auftretens zu sehen und seinen goldenen Kern zu entdecken. In den 1920er-Jahren entwickelte sich eine tiefe Freundschaft zwischen ihnen, die bis zu seinem Tod 1936 andauern sollte. Louis war der einzige von Eleanors Freunden, der eine gleichermaßen enge Freundschaft mit Franklin pflegte, womit ihm die einzigartige Rolle als Bindeglied zwischen den beiden zufiel. Er bat sie, Vortragsentwürfe zu redigieren und neue Ideen zu diskutieren, und führte sie so in die Politik ein. Sie fühlte sich geschmeichelt und gewann zunehmend Vertrauen in ihre Rolle bei Franklins Kampagnen.

Mit Earl Miller verhielt es sich ganz anders. Er war während Franklins Zeit als Gouverneur Eleanors Bodyguard, war Tag und Nacht mit ihr auf Reisen und bot ihr Schutz. Anders als Louis war er hochgewachsen, gut aussehend, athletisch und ein

Mann, den die Frauen liebten. Obwohl er in der Öffentlichkeit mit Eleanor demonstrativ vertraut auftrat, ihr einen Arm um die Schulter oder eine Hand aufs Knie legte, waren seine Absichten anscheinend von Respekt und Ritterlichkeit gekennzeichnet. Er nannte sie immer »die Lady«. Eleanors Freunden gefiel die Nähe nicht, die sich zwischen der Ehefrau des Gouverneurs und ihrem plebejischen Bodyguard entwickelte. Aber sie erkannten an, dass sie in seiner Nähe entspannter und ausgelassener war und dass ihre Zuneigung auf Gegenseitigkeit beruhte. Marion Dickerman erinnert sich: »Er gab Eleanor etwas … Es war eine sehr tiefe Bindung.«[245]

HICK

Eleanors Freundschaft mit Lorena Hickok, genannt Hick, erwies sich sogar als noch kontroverser. Ihr Briefwechsel von den frühen 1930er-Jahren bis 1962 umfasst etwa 3500 Briefe, die in der Franklin Delano Roosevelt Presidential Library archiviert sind. Die Briefe sind eine Schatztruhe für jeden, der die reife Eleanor Roosevelt verstehen und porträtieren will. Als die Korrespondenz 1978 für die Öffentlichkeit zugänglich gemacht wurde, stellte sich heraus, dass Eleanor Lorena sehr geliebt hatte und eine Zeit lang auch leidenschaftlicher als irgendeine andere ihrer Freundinnen.

Im Herbst 1932 war Hick Reporterin bei Associated Press und damit beauftragt, über Franklins erste Präsidentschaftskandidatur zu berichten. Sie ging auf die 40 zu, war eine ausgesprochen erfolgreiche Journalistin in einer Männerdomäne und bekannt dafür, mit den Besten der Branche zu trinken und zu rauchen. Obwohl sie eine robuste, große Frau und an die 90 Kilo schwer war, stand ihre Physis dennoch im Schatten von Eleanors noch beeindruckender Patrizierstatur.

Die Erziehung und die gesellschaftliche Stellung der beiden hätten unterschiedlicher nicht sein können. Hick war als Kind eines gewalttätigen, prügelnden Vaters der Arbeiterklasse in South Dakota aufgewachsen. Als sie mit 14 ihre Mutter verlor, war Hick, was ihre schulische Ausbildung betraf, weitgehend auf sich selbst gestellt. Sie arbeitete sich journalistisch in mehreren Zeitungsverlagen hoch, bis sie schließlich zur Associated Press wechselte. Eleanor sympathisierte mit Hicks düsteren Anfängen und bewunderte die vollendete Reporterin, die aus ihr geworden war. Hick konnte Eleanors Ängste nachvollziehen, in Franklins Präsidentschaftskandidatur womöglich unter die Räder zu kommen und auf ein eigenes, unabhängiges Leben zu verzichten.

Als Franklin dann am 4. März 1933 als Präsident vereidigt wurde, war Hick für Eleanor unentbehrlich geworden. Aus dem Weißen Haus schrieb Eleanor ihr beinahe täglich ausführliche Briefe. An Hick am 7. März zu Hicks Geburtstag: »Hick Liebling. Den ganzen Tag habe ich an Dich gedacht, und zum nächsten Geburtstag *werde* ich bei Dir sein & heute aber klangst Du so weit entfernt & formell, oh! Ich möchte dich umarmen. Ich sehne mich so sehr danach, Dich an mich zu drücken. Dein Ring ist ein großer Trost. Ich sehe ihn an & denke, sie liebt mich wirklich, denn sonst würde ich ihn nicht tragen!« An Hick am 8. März: »Soeben mit Dir telefoniert, oh! Es tut so gut, Deine Stimme zu hören; wenn sie gut klingt, kann mich niemand so glücklich machen.« An Hick am 9. März: »Meine Fotos sind fast alle aufgehängt & ich habe Dich in meinem Wohnzimmer, wo ich Dich fast den ganzen Tag ansehen kann! Ich kann Dich nicht küssen, und so gebe ich Deinem Bild einen Gutenachtkuss und einen Gutenmorgenkuss. Lach nicht!«[246]

Wenn wir diese Briefe lesen, fühlen wir uns in die Zeit der

romantischen Freundschaften des 19. Jahrhunderts zurückversetzt. Die Sprache und die Empfindungen sind identisch, nur dass es damals noch kein Telefon gab. Worte der Zuneigung, der Ring, den Hick Eleanor schenkte, die Bilder, die Eleanor von Hick an die Wand hängte, der Wunsch, die andere zu umarmen und zugesichert zu bekommen, dass man wiedergeliebt wird – das alles ist in Eleanors neuer Beziehung vorhanden.

Als Reaktion auf Hicks Hinweis, dass Eleanors Leben für zukünftige Biografen von Interesse sein würde, setzte sie ans Ende eines jeden Briefes eine Liste ihres jeweiligen Tagesablaufs. Diese Agenda, die Eleanor jedem ihrer Briefe pflichtschuldig beifügte, zeugt von ihrer enormen Vitalität, die Hick von Anfang an beeindruckt hatte, als sie über Eleanors Wahlkampftournee berichtete und sie als »Wirbelwind« bezeichnete. Als First Lady verstand es Eleanor, Besuche bei Familienmitgliedern und Freunden geschickt mit ihren politischen Pflichten in Einklang zu bringen, und knüpfte ein gesellschaftliches Netz, das sie während der gesamten Präsidentschaft ihres Ehemannes umgab. Auch wenn das Ehepaar bei politischen Anlässen, Abendessen, Kinobesuchen, Konzerten und allen anderen Gelegenheiten, die die Anwesenheit eines harmonischen Ehepaares erforderten, gemeinsam auftrat, erlebte Eleanor wirkliche Intimität nicht mit ihrem Mann, sondern mit ihren engsten Freundinnen und insbesondere in den Jahren 1933 und 1934 mit Hick.

Sie vertraute Hick die Sorgen um ihre Kinder an, als deren Ehen geschieden wurden. Sie schickte fortlaufende Berichte über ihre Reisen aus Los Angeles, wohin sie geflogen war; aus Tucson, wo sie einen Abend mit Isabella Greenway verbrachte, und aus New York. Da traf es sich gut, dass Hick einen Job bei der Federal Emergency Relief Administration in Washington angenommen hatte und mit der Aufgabe betraut wurde, die

Effektivität des New-Deal-Programms der USA zu prüfen. Obwohl ihre Tätigkeit mit häufigen Reisen verbunden war, war sie froh, immer wieder nach Washington, D.C. zurückzukommen und im Weißen Haus in einem Zimmer zu übernachten, das neben Eleanors Suite lag.

Es war Hick, die Eleanor den Vorschlag machte, wöchentliche Pressekonferenzen abzuhalten, zu denen nur weibliche Berichterstatter zugelassen waren. Anfangs wollte Eleanor sich einer solchen Art von Publicity nicht aussetzen, doch nachdem Hick – und auch Franklin – auf sie eingeredet hatten, übernahm sie diese Aufgabe, die sich als höchst erfolgreiche PR-Aktion erwies und die Eleanor mit Hicks Unterstützung am Ende sogar Spaß machte.

Im Juli 1933 konnten Eleanor und Hick es einrichten, gemeinsam per Auto ins Hinterland von New York, nach New England und Quebec zu reisen. Heutzutage kann man sich die First Lady der Vereinigten Staaten nur schwerlich am Steuer ihres eigenen Autos vorstellen – noch dazu ein blaues Buick Cabriolet –, inkognito und ohne eine Entourage von Sicherheitsbeamten. Doch genau das machte Eleanor drei wunderbare Wochen lang. Als sie am 28. Juli ins Weiße Haus zurückkehrte, organisierte Franklin eilig ein privates Abendessen, um sich von ihren Erlebnissen berichten zu lassen.

Manchmal fanden Eleanor und Hick eine Möglichkeit, sich gemeinsam für die sozial Benachteiligten zu engagieren. Einmal reiste Hick in die Kohlebergwerkregion nahe Morgantown, West Virginia. Von dem, was sie da vorfand, war sie so erschüttert, dass sie Eleanor anrief und sie bat, unverzüglich zu kommen. Auch Eleanor war von der schrecklichen Armut in dieser Region entsetzt, und sie überzeugte ihren Ehemann, an diesem Standort eine Wohnsiedlung für Bergleute ins Leben zu rufen – Arthurdale, das als Eleanors Projekt bekannt wurde.

Die Briefe, die Hick und Eleanor 1934 austauschten, lesen sich wie eine emotionale Achterbahn. Zeitweise ergoss sich ihre Sehnsucht nacheinander in geradezu monumentalen Phrasen: »Ich liebe dich«, »Du fehlst mir«, »Ich liebe dich so sehr und so zärtlich«, »Ich liebe dich von ganzem Herzen«, »eine Welt voller Liebe.« Zu anderen Zeiten kollidierten die Schwierigkeiten, die sich aus ihren unterschiedlichen Lebenssituationen ergaben, mit ihrer engen Beziehung und gipfelten in Entschuldigungen, Reuebekundungen, Ängsten und schlechtem Gewissen. Hicks sprunghafte Persönlichkeit, die seelischen Höhen und Tiefen und ihre unbeherrschten Ausbrüche, wenn sie überarbeitet oder verärgert war, standen im krassen Gegensatz zur kontrollierten Würde, die charakteristisch für Eleanor war. Während Eleanor sich in ihrem Amt als First Lady mittlerweile eingerichtet hatte und selbst eine viel bewunderte öffentliche Persönlichkeit geworden war, kam Hicks Karriere ins Stocken. Nachdem sie keine landesweit respektierte Reporterin mehr war, fand sie nie mehr einen vergleichbaren Platz im Mahlstrom der Washingtoner Politik.

Ein Wendepunkt in ihrer Beziehung trat im Sommer 1934 ein, als die beiden einen Ausflug in den Yosemite National Park machten. Statt des privaten, abgeschiedenen Gästehauses mitten im Wald, das sie sich vorgestellt hatten, entwickelte sich ihr Aufenthalt in dem berühmten Ahwahnee Hotel mitten im Park zu einem Alptraum, als Reporter, Touristen und Forstleute Eleanor Roosevelt ständig fotografieren wollten. Dazu kam noch, dass Hick die Höhe nicht vertrug; sie litt an Diabetes und den negativen Folgen ihres Zigarettenkonsums. Obwohl sie zehn Jahre jünger war als Eleanor, konnte sie mit ihrer lebhaften Freundin nicht mithalten, die durch ihre täglichen Ausritte und ihre disziplinierte Lebensführung körperlich fit war. Als Hick gegenüber einer Touristengruppe ausfallend wurde, musste Eleanor sie von der Gruppe absondern und unter vier Augen beruhigen – ein Vorfall, an den Hick sich in der 1962 von ihr verfassten Biografie mit dem Titel *Eleanor Roosevelt, Reluctant First Lady* mit Beschämung erinnern sollte. Bezeichnenderweise endet das Buch 1934 mit dem letzten Tag ihres Urlaubs im Yosemite Park.[247] Ihre Freundschaft setzte sich fast drei weitere Jahrzehnte fort, wenn auch nicht mehr mit der Leidenschaft der ersten beiden Jahre.

Der Briefwechsel zwischen Hick und Eleanor zeigt das Doppelporträt zweier Frauen, die einander in einer Zeit liebten, als es für Frauen (und auch für Männer) nicht ratsam war, mit ihren gleichgeschlechtlichen Gefühlen an die Öffentlichkeit zu gehen. Es überrascht nicht, dass Hick einige ihrer Briefe zensiert und andere vielleicht sogar ganz vernichtet hat, bevor sie das Konvolut der Franklin D. Roosevelt Presidential Library übergab. Eleanor und Hick wussten, dass ihre Liebe bei ihren Zeitgenossen keine Akzeptanz gefunden hätte.

Irgendwann kühlten Eleanors Gefühle ab, was Hick in eine äußerst schwierige Situation brachte. Verletzte Gefühle, abgesagte Verabredungen, Entschuldigungen, Eleanors Angebot, Hick den Ring zurückzugeben – das alles signalisierte den Niedergang ihrer Beziehung. Nichtsdestoweniger etablierten sie in Franklins zweiter Amtszeit ein instabiles Gleichgewicht, das noch mehrere Jahre Bestand haben sollte.

Auch wenn sie über ihre Zuneigung zueinander kein Wort mehr verloren, verschwand sie nicht ganz und war auf unterschiedliche Art und Weise noch erkennbar: Als Hick mit gesundheitlichen und finanziellen Problemen zu kämpfen hatte, griff Eleanor ihr mit Schecks und Geschenken unter die Arme. Als Hicks geliebter Hund Prinz mit 15 Jahren starb, schickte Eleanor ihr einen Setterwelpen. Hick unterstützte Eleanor unverdrossen bei ihren humanitären Aktivitäten und dabei, ihre Zeitungskolumne weiterzuführen, deren Text Hick manchmal redigierte. Anfang der 1940er-Jahre fanden beide neue Freunde: Hick knüpfte eine spezielle Freundschaft mit der zehn Jahre jüngeren Marion Harron, einer Richterin am US Tax Court, und Eleanor fand einen engen Freund in dem 25 Jahre jüngeren Joseph P. Lash, einem liberalen Intellektuellen.

JOE

Eleanor lernte Joe Lash im Herbst 1939 kennen, als er als linker Studentenführer vor das Komitee für unamerikanische Umtriebe zitiert wurde, um dort auszusagen. Um ihre Unterstützung für junge Aktivisten zu demonstrieren, saß Eleanor während der gesamten Dauer der Anhörung im Saal und lud Lash und fünf seiner Freunde anschließend ins Weiße Haus zum Abendessen ein. Im darauffolgenden Sommer verbrachte er eine ganze Woche in Val-Kill, wo ihre langjährige Beziehung begann – »eine so enge Beziehung, die Mutter meines Wissens noch nie hatte«, um die Worte von Eleanors Tochter Anna zu zitieren.[248]

Lashs spätere Analyse ihrer Freundschaft verrät uns eine ganze Menge über Eleanor in dieser Phase ihres Lebens. Nachdem ihre Kinder mittlerweile erwachsen waren und ihr Mann sich öffentlichen Angelegenheiten widmete, empfand sie »eine tiefe, unstillbare Sehnsucht danach, gebraucht zu werden und nützlich zu sein ... Menschen zu haben, die ihr nahestanden, die gewissermaßen ihr gehörten und die sie mit Unterstützung, Aufmerksamkeit und Zuwendung überschütten konnte. Ohne solche Freunde, fürchtete sie, würde sie vertrocknen und sterben.«[249] Und Joe war mehr als bereit, die Rolle des bedürftigen jüngeren Freundes zu spielen.

Während des ganzen Zweiten Weltkrieges korrespondierten Joe und Eleanor miteinander, und während er im Pazifik stationiert war, hatte sie ein mütterliches Auge auf seine zukünftige Frau Trude. Nach dem Krieg gründeten Eleanor und Joe gemeinsam die liberale antikommunistische Organisation *Americans for Democratic Action*.

Als Franklin im April 1945 plötzlich verstarb, konnte Eleanor sich des Trostes und der Gesellschaft ihrer Freunde sicher sein. Isabella hielt ständig Kontakt mit ihr, auch wenn sie und Eleanor einander nur selten trafen, und Tommy arbeitete weiterhin für Eleanor, bis Tommy – ebenso wie Isabella – 1953 starb. Joe Lash und Eleanor blieben bis zu ihrem Tod eng befreundet, und danach wurde er der erste bedeutende Chronist ihres Lebens.[250] Hick und Eleanor trafen und schrieben einander regelmäßig, bis Hick 1962 ein Telegramm mit der Nachricht vom Tod von Mrs Franklin D. Roosevelt und der Einladung zu den Trauerfeierlichkeiten erhielt.

EIN ERWEITERTER KREIS

Schon vor Franklins Tod hatte Eleanor ihren Freundeskreis um Menschen außerhalb des Ostküsten-Oberschichtsmilieus ihrer Jugend erweitert. Einige dieser neuen Freunde, die von den damaligen Teilhaberinnen an Val-Kill, Nan und Marion, nur widerstrebend akzeptiert worden waren, waren Reformer der Arbeiterklasse, Arbeiterführer und Farbige. Ihre Beziehung zu Pauli Murray ist ein typisches Beispiel.

1939, nachdem die University of North Carolina Präsident Roosevelt die Ehrendoktorwürde der Rechtswissenschaften verliehen hatte, sah Murray sich veranlasst, ihm einen Brief zu schreiben und eine Kopie an Eleanor zu schicken. Sie verwies darauf, dass Roosevelt in seiner Dankesrede, in der er die

Universität für ihr »liberales Denken« pries, die Tatsache übersehen hatte, dass »Neger« dort immer noch nicht zugelassen waren. Sie selbst war vom dortigen Graduiertenkolleg gerade erst abgelehnt worden. Zu ihrer Überraschung bekam Murray eine von Eleanor Roosevelt unterzeichnete Antwort, in der diese sie ermunterte, ihre Ambitionen weiterzuverfolgen, ihr allerdings riet, »mit versöhnlichen Mitteln hart zu kämpfen«. Der Brief markierte den Beginn einer Beziehung, die bis zu Eleanors Tod bestehen sollte.[251]

Nachdem ihr der Zugang zu weißen Institutionen verwehrt war, ging Murray auf die traditionelle schwarze Howard University, um Jura zu studieren. Im April 1944, während des Zweiten Weltkrieges, als Murray sich auf den Abschluss ihres Jurastudiums vorbereitete, schlichen sie und zwei ihrer Freundinnen sich in die Thompson's Cafeteria in der Nähe des Tidal Basin in Washington, zu der nur Weiße Zutritt hatten. Als die Angestellten sich weigerten, sie zu bedienen, setzte sie sich mit ihrem leeren Tablett zusammen mit den anderen schwarzen Studenten, die ebenfalls nicht bedient worden waren, an einen Tisch. Dort blieben sie still sitzen, ohne auf höhnische Bemerkungen und Sticheleien zu reagieren. Draußen marschierte eine weitere Gruppe von Studenten als Streikposten auf und ab und hielt ein Plakat hoch, auf dem stand: »Wir sterben gemeinsam. Warum können wir nicht gemeinsam essen?«

Murray schrieb an Eleanor und berichtete von dem Protest; sie wusste, dass Eleanor diese gewaltlose Form des Widerstands nach dem Vorbild Mahatma Gandhis gutheißen würde, die auch von der Bürgerrechtsbewegung übernommen wurde. Eleanor wirkte stets mäßigend auf das Leben ihrer hitzköpfigen Freundin ein. Aber nach Eleanors mitreißendem Auftritt im Madison Square Garden im Mai 1956 mit Martin Luther King jr, dem Kongressabgeordneten Adam Clayton Powell jr.

und Autherine Lucy, der ersten Afroamerikanerin, die zum Studium an der University of Alabama zugelassen wurde, schrieb Murray später, dass Eleanor selbst »etwas von einem Hitzkopf« an sich hatte, wenn »sie gereizt« wurde.[252]

1961, als Präsident Kennedy Eleanor anbot, den Vorsitz der Beratungskommission zur Lage der Frauen in den Vereinigten Staaten zu übernehmen, sorgte sie dafür, dass Murray, damals eine bekannte Bürgerrechtlerin, die Studie der Kommission ausarbeitete. Als Eleanors Gesundheit sich verschlechterte und ihre Energie schwand, übergab sie die Fackel ihrer jüngeren Freundin in der vollen Überzeugung, dass Murray die Flamme am Brennen halten würde.

Besondere Freunde begleiteten Eleanors stetige Weiterentwicklung in ihrem Erwachsenenleben. Sie gaben ihr die Fürsorge und den Beistand, die sie in die Lage versetzten, sich als Unternehmerin, Lehrerin und Sozialaktivistin neu zu definieren. Sie wurde eine begehrte Rednerin und Autorin erfolgreicher Publikationen. Sie entwickelte sich zu einer schillernden politischen Figur, einer Verbündeten der Unterdrückten, einer Sprecherin für Frauen, einer Stimme für die Harmonie zwischen den Rassen und einer Verfechterin für den Frieden auf der Welt. Ihre Freunde glaubten an sie und machten ihr Mut, und sie wiederum machte ihren Freunden Mut.

Eleanor Roosevelts Einfluss war so groß, dass Präsident Harry Truman sie 1946 zum Mitglied der amerikanischen Delegation der Generalversammlung der Vereinten Nationen bestellte. Von dieser Plattform aus war sie federführend verantwortlich für den Entwurf der ersten allgemeinen Erklärung der Menschenrechte und entwickelte sich schließlich zur »First Lady der Welt«, wie Harry S. Truman sie nannte.

Ihr Beispiel ist zu überlebensgroß, um als repräsentativ betrachtet zu werden, und dennoch sagt es eine Menge aus über die Chancen, die sich Mädchen und Frauen in der ersten Hälfte des 20 Jahrhunderts eröffneten. Die meisten Mädchen, die über der Armutsgrenze lebten, wurden angehalten, die Highschool zu besuchen, und ein gewisser Prozentsatz von ihnen ging anschließend auf das weiterführende College. In dieser Zeit, besonders aber während des Zweiten Weltkrieges, drängten Frauen in zunehmender Zahl auf den Arbeitsmarkt. Einige Frauen fanden sogar den Weg in die Politik und zu einflussreichen Machtpositionen, wie etwa Frances Perkins. Es ist unwahrscheinlich, dass Frauen während der Amtszeit von Präsident Roosevelt ohne Eleanor als treibende Kraft eine solche Wertschätzung erfahren hätten. Wie herausgehoben Eleanors Geschichte auch sein mag, sie liefert doch einen Mikrokosmos der facettenreichen Entwicklung von Frauen in sieben entscheidenden Dekaden der amerikanischen Geschichte. Mehr als irgendeine andere Frau ihrer Zeit machte Eleanor Roosevelt das Beste aus ihrer Situation als politische Ehefrau. Ermächtigt von Freunden und später selbst Mentorin von anderen verdient sie es, als Freundin der Menschheit in Erinnerung zu bleiben.

ELF

Von Partnerschaft zu schwesterlicher Beziehung

Männer kommen
und gehen. Deine Freunde
bleiben. Frauen
bleiben. Sagte
Mama.

— ALMA LUZ VILLANUEVA, *MOTHER MAY I?*, 1978

Charity und Sally sind mit Tausenden Fäden aus Gefühl und
gemeinsamer Erfahrung zusammengenäht. Jede ist für die andere jenes
unermüdlich verständnisvolle und sympathische Mitgeschöpf, das sich
jeder wünscht und das er vielleicht nie findet.

— WALLACE STEGNER, *ZEIT DER GEBORGENHEIT*, 2011

Bevor es Therapeuten gab, gab es Freundinnen.

— CHRISENA COLEMAN, *JUST BETWEEN GIRLFRIENDS:*
AFRICAN-AMERICAN WOMEN CELEBRATE FRIENDSHIP, 1998

Quer durch die Geschichte Amerikas bildete das Ehepaar das gesellschaftliche Fundament. Als die Massenmedien begannen, die Sicht der Menschen auf ihr Leben zu verändern, wurde die amerikanische Öffentlichkeit mit Bildern von Frauen und Männern bombardiert, die auf der einen Seite glückselige und auf der anderen zankende Paare zeigten. Amerikanische Hörspielserien wie *The Romance of Helen Trent* und *Our Gal Sunday* thematisierten die Abenteuer, die Frauen auf der Suche nach festen Liebesbeziehungen erlebten. Beziehungskomödien, wie *Es geschah in einer Nacht* (1934) und *Sein Mädchen für besondere Fälle* (1940) schilderten den Kampf der Geschlechter, und der Bestsellerroman *Vom Winde verweht* (1936) ließ den Frauen die Wahl, von einer Hochzeit mit dem engelsgleichen Ashley oder vielleicht doch mit dem schneidigen Rhett Butler zu träumen. Nur Grant Woods satirische Darstellung eines amerikanischen Ehepaares in seinem Gemälde *American Gothic* (1930) – heute eine Ikone der amerikanischen Kunst des 20. Jahrhunderts – vermittelte den Eindruck, als haftete der gesetzlich geschlossenen Partnerschaft etwas unbarmherzig Komisches an.[253]

Frauenfreundschaften spielten in den Medien kaum eine Rolle, und wenn doch, dann wurden die Frauen oft als Rivalinnen porträtiert – und als heimtückisch. *Die Frauen* (1939) ist ein klassisches Beispiel dafür, wie Hollywood Frauen zu präsentieren pflegte: Reiche Luder, die rücksichtslos darauf aus waren, sich Ehemänner, Freunde, Geld und gesellschaftlichen Status anderer Frauen unter den Nagel zu reißen. *Alles über Eva* (1950) ist die Geschichte einer alternden Filmdiva, die von einer jüngeren Schauspielerin hintergangen wird, die schließlich auch die Karriere und das Privatleben ihrer Mentorin untergräbt. Schaut man auf die Zeugnisse der Alltagskultur, findet man nur wenig, was darauf hinweisen würde, dass viele unglücklich verheiratete Frauen untereinander emotionalen und materiellen Rückhalt gesucht haben.

Sobald eine Frau einen Ehemann »ergattert« hatte, verstand es sich von selbst, dass sie ihr Schicksal klaglos auf sich nahm – das war insbesondere in den 1930er-Jahren so, als das Damoklesschwert der Depression über allen hing. Gott behüte, dass eine Frau nach der Heirat weiterarbeitete und einem Mann womöglich noch den Job wegnahm! In einer Umfrage aus dem

Jahr 1936 zum Thema, ob eine verheiratete Frau einen Vollzeit-job behalten sollte, stimmten nur 35 Prozent der Befragten mit Ja.[254] Trotz des Einkommens, das berufstätige Frauen während des Zweiten Weltkrieges erbracht hatten, als ihre Dienste dringend benötigt wurden, machten ihnen selbst ernannte Experten sowohl vor als auch nach dem Krieg weis, dass die Vollzeitbeschäftigung einer Frau der Haushalt zu sein hatte. Manche Frauen widersetzten sich diesen Restriktionen und arbeiteten weiterhin in ihren Berufen außerhalb des Hauses, aber die Mehrzahl versuchte, ihre Erfüllung als Hausfrau, Mutter und Gemeindemitglied zu finden.

PAARE UND PAARE

In den 1930er- und 1940er-Jahren wurden Freundschaften unter Ehepaaren populär. Von den Frauen wurde erwartet, ihren Beitrag zur Konversation und zu den Gesellschaftsspielen der vier zu leisten und die Besucher mit Erfrischungen zu erfreuen. Ehepaare aus der Mittelschicht spielten regelmäßig Bridge mit anderen Paaren, luden einander zum Abendessen ein oder verabredeten sich im Sommer im selben Ferienort. Die Schriftstellerin Diane Johnson erinnert sich in ihren vergnüglichen Memoiren *Flyover Lives*, dass ihr Vater, Rektor an einer Highschool, und ihre Mutter, Vollzeithausfrau, in Moline, Illinois eine Kerngruppe von Ehepaaren aus der Nachbarschaft hatten, mit denen sie Bridge, Poker, Gin Rommé und Golf spielten. »Die Bosses, Martins, Gills und Lains [ihre Eltern] bereiteten zwei Tische für Bridge vor, auch wenn sie dann manchmal lieber Poker spielten – und immer um Geld, kleine Einsätze … Sie tranken alle recht ordentlich, Highballs oder Martinis, und manchmal mussten Gäste nach Hause gebracht werden, aber wenn, dann nur zu Fuß und eine oder zwei Straßen weit.«

Johnsons Mutter hatte mit ihren Freundinnen an Nachmittagen zwei eigene Bridgeclubs gegründet, da keine von ihnen arbeitete. Als sie nach Moline kam, war sie Kunsterzieherin gewesen, »musste [aber] nach ihrer Hochzeit entsprechend den herrschenden Gepflogenheiten mit dem Unterrichten aufhören.«[255] Aus Sicht des Kindes vertrugen sich alle Freundinnen gut miteinander, selbst wenn sie sich manchmal neckten, wenn eine zu viel getrunken hatte oder eine andere beim Bridge die falschen Karten ausspielte. Welche Geheimnisse sich auch immer hinter diesem Bild einer Kleinstadtidylle abgespielt haben mochten, sollte der späteren Schriftstellerin verborgen bleiben.

Der Schriftsteller Wallace Stegner wählte für seinen autobiografisch geprägten Roman *Zeit der Geborgenheit* (1987) das Thema einer Freundschaft zwischen zwei Paaren. In dem Roman zeichnet Stegner die Querverbindungen zweier Collegeprofessoren und deren Frauen über einen Zeitraum von vierzig Jahren, von den 1930er- bis hinein in die 1970er-Jahre. *Zeit der Geborgenheit* stimmt ein erstaunliches Loblied auf die besondere Art einer Freundschaft an, die entsteht, wenn vier Menschen einander als Einzelpersonen wie auch als Paare mögen.

Charity und Sally sind mit Tausenden Fäden aus Gefühl und gemeinsamer Erfahrung zusammengenäht. Jede ist für die andere jenes unermüdlich verständnisvolle und sympathische Mitgeschöpf, das sich jeder wünscht und das er vielleicht nie findet.
Sid und ich sind uns nahe, aber sie sind einander näher ... Ich bin mir sicher, dass Freundschaft – wohlgemerkt Freundschaft und nicht Liebe – genauso zwischen Frauen möglich ist wie zwischen Männern und dass sie sich in jedem Fall oft als stärker erweist, da sie keine Grenzen überschreiten muss. Sexualität und Misstrauen treten oft gemeinsam auf, und beide sind unvereinbar mit amicitia.[256]

Fast neidvoll rühmt Stegner die Beziehung zwischen den beiden Frauen wegen ihrer großen Vertrautheit. Vorbei die Zeiten, als Schriftsteller den Frauen unterstellten, sie seien der den Männern zugeschriebenen Loyalität nicht fähig. Und es ist interessant festzustellen, dass Stegner die Freundschaft deutlich von sexueller Liebe trennt, denn er meint, dass Letztere für Erstere immer von Schaden sein wird. Diese Frage taucht in jedem Diskurs über Freundschaft auf, sei es bei den alten Griechen oder im zeitgenössischen Amerika.

In den 1950er-Jahren bildete die Freundschaft zwischen Ehepaaren das Gerüst für zwei der erfolgreichsten amerikanischen Sitcoms aller Zeiten: *I Love Lucy* und *The Honeymooners*. In der ersten dieser beiden legendären Fernsehsendungen spielen Lucille Ball und Desi Arnaz (auch im wahren Leben ein Ehepaar) das eine Ehepaar, nämlich Lucy und Ricky Ricardo. Das andere, Fred und Ethel Mertz, ihre Vermieter und besten Freunde, wohnt im selben Haus an der Upper East Side in Manhattan. Sie alle bedienen die Geschlechterstereotype ihrer Zeit. Daher wird Lucy, eine etwas einfältige Hausfrau und hingebungsvolle Mutter, auch verlacht, als sie einen Beruf ergreifen und wie ihr Mann Rick, ein Bandleader, ins Showbusiness einsteigen möchte. Obgleich sie so gut wie keine der geforderten Voraussetzungen mitbringt, verteidigt Ethel, eine ehemalige Varietégröße, Lucy gegen die ständigen herabsetzenden Bemerkungen von Ricky und Fred. Das von den Schauspielern gekonnt inszenierte Wechselspiel zwischen zwei Paaren, gefangen in einer verrückten Freundschaft, heimste für den Unterhaltungswert verschiedene Auszeichnungen ein.

The Honeymooners, eine Comedyshow, die ebenfalls 1951 zum ersten Mal ausgestrahlt wurde, handelt von zwei Ehepaaren der Arbeiterklasse. Ralph Kramden, ein Busfahrer, dargestellt von Jackie Gleason, und seine Frau Alice leben in einem bescheidenen Apartment in Brooklyn und werfen sich mit ihren Nachbarn Ed und Trixie gegenseitig die Bälle zu. *The Honeymooners* zeigte, dass Viererfreundschaften nicht nur auf die Upper East Side beschränkt waren, sondern ihren Weg auch ins Leben einfacher Leute finden konnten. In beiden Fällen führten die Unwägbarkeiten einer Freundschaft zwischen Ehepaaren zu urkomischen Situationen.

DIE 1950ER

So verstaubt die Sitcoms, Filme und Romane heute auch anmuten mögen, so spiegeln sie doch die Mentalitäten ihrer Zeit perfekt wider. In den 1950er-Jahren, als die Amerikaner in den Nachkriegsjahren zur »Normalität« zurückkehrten, heirateten Frauen und Männer früher als zu irgendeiner anderen Zeit des 20. Jahrhunderts. Zwischen 1940 und 1950 sank das Durchschnittsalter der Frauen bei der ersten Eheschließung von zunächst 23 Jahre deutlich auf 20,5 Jahre und bei Männern von knapp über 25 Jahre auf 24 Jahre.[257]

Bei Teenagern war es nicht ungewöhnlich, dass sie einen festen Freund an der Highschool hatten, den sie dann auch heirateten. Da Sex vor der Ehe damals verpönt war, stürzten sich junge Leute in die Ehe, sobald der Mann einen Job in Aussicht hatte. Eine Absolventin des Wellesley College aus dem Abschlussjahr 1954 erinnert sich, dass es damals angesagt war, sich spätestens im letzten Collegejahr zu verloben, mit dem Studienabschluss zu heiraten und so lange berufstätig zu sein, bis das erste Baby kam – üblicherweise ein bis zwei Jahre nach der Hochzeit.

Danach sollten die Frauen ihre Erfüllung im Familienleben, im Haushalt und – wie es die Lyrikerin Maxine Kumin ausdrückte – an »Wochenenden beim gezwungenen Austausch mit anderen Paaren« finden.[258] Freunde fand man unter anderen Müttern aus der Nachbarschaft und in Elternvereinen. Eine verheiratete Frau, die entschlossen war, ihr Studium fortzusetzen oder eine Karriere anzustreben, wurde als »karrieresüchtig« und möglicherweise auch bar jeglicher femininen Merkmale einer »richtigen Frau« angesehen. Willkommen zur Neuauflage der viktorianischen Definition von Weiblichkeit nach Art der 1950er!

Mit dem Wachstum der amerikanischen Vorstädte wuchsen auch für Hausfrauen die Möglichkeiten, neue weibliche Enklaven zu schaffen. Es war kein Problem, sich mit Frauen ähnlichen Alters, Einkommens und in ähnlichen Wohnverhältnissen anzufreunden. Viele knüpften Freundschaften über die Aktivitäten ihrer Kinder und führten diese Freundschaften auch dann noch fort, wenn die Kinder erwachsen waren, heirateten und selbst Kinder bekamen.

Die Gemeinschaften in den Vorstädten setzten sich in den 1950er-Jahren vorwiegend aus Weißen der Mittelschicht zusammen. Nichtweiße und Familien mit niedrigerem Einkommen waren von diesen Gruppen ausgeschlossen. Familien der Arbeiterklasse hatten ihre eigenen Freundschaftsstrukturen, die Mirra Komarovsky 1958 und 1959 untersuchte.[259] Sie erwähnte die strenge Trennung zwischen dem Arbeitsleben des Ehemannes und seinem Privatleben zu Hause. Die große Mehrheit der Ehefrauen hatte keinerlei Kontakt zu den Arbeitskollegen ihres Mannes. Egal, welche Freundschaften ihre Männer mit Arbeitskollegen schlossen: Die Ehefrauen wurden nicht miteinbezogen. Das unterschied sich drastisch von der Situation von Frauen erfolgreicher Männer in der Mittelschicht, deren gesellschaftliches Leben sich oft um die Karriere ihrer Ehemänner drehte. Aber viele Paare der Arbeiterklasse in Komarovskys Beispiel pflegten tatsächlich gesellschaftlichen Umgang mit anderen Paaren: 58 Prozent trafen einander wöchentlich oder einmal im Monat. Solche Freunde, die einander zum Teil noch aus der Grundschule oder der Highschool kannten, verabredeten sich abends zum Kartenspielen oder zum Fernsehen. Manchmal trafen sie sich auch zum Bowling, Schwimmen oder Wandern. Nur 17 Prozent bekamen nie Besuch von einem anderen Paar. Diese Statistiken verraten uns, dass das Ideal von Freundschaften unter Ehepaaren, wie es in *I Love Lucy* und *The Honeymooners* dargestellt wurde, tatsächlich auch für Arbeiterfamilien galt, wenn auch zu einem geringeren Prozentsatz als in sozial besser gestellten Gruppen.

Arbeiterehefrauen fanden Freundinnen unter den Frauen in einer ähnlichen Situation. Vielleicht gründeten sie Freizeitclubs mit sechs bis zehn Mitgliedern und besuchten einander abwechselnd zu Hause zum Kartenspielen und Nähen. Mitunter legten sie aus den Mitgliedsbeiträgen so viel Geld zur Seite, dass sie sich ein Abendessen in einem Restaurant oder einen Kinobesuch leisten konnten. Arbeiterfrauen waren aktive Mitglieder sogenannter »Mr-and-Mrs«-Kirchenvereine, von Elternvereinen, Bowlingclubs und Gesangsvereinen. Auf Komarovskys Liste von zehn nach der Beliebtheit geordneten Aktivitäten stand »Freunde zu sich nach Hause einladen« an dritter Stelle nach »Fernsehen gucken« und »mit den Kindern spielen«.

In den ersten Ehejahren bezeichneten Arbeiter und deren Ehefrauen ihren jeweiligen Partner als ihren liebsten Gefährten; nach sieben oder mehr Ehejahren gab die älter gewordene Ehefrau immer häufiger Freunden und Verwandten den Vorzug auf der Liste ihrer favorisierten Kontakte, während der älter gewordene Ehemann seine außerfamiliären Beziehungen einschränkte. Tatsächlich schienen Männer, wenn sie in die Jahre kamen, zunehmend auf die Freundschaft ihrer Ehefrauen zu setzen, selbst dann, wenn ihre Frauen zunehmend Freunde außerhalb des Familienkreises fanden.

1961 setzte Präsident John F. Kennedy eine Beratungskommission zur Lage der Frauen unter dem Vorsitz von Eleanor Roosevelt ein. 1963, ein Jahr nach Eleanors Tod, veröffentlichte die Kommission einen Bericht, der die diskriminierenden Praktiken gegenüber Frauen in der Regierung, in der Bildung und im Beruf dokumentierte und geeignete Gegenmaßnahmen empfahl. Daraufhin setzten einzelne Gouverneure ihre eigenen Kommissionen für Frauen ein. Wie schon bei den »Neuen Frauen« und frühen Feministinnen der Fall, sprachen Frauen wieder untereinander – und mit Männern – über die Barrieren, die ihnen die uneingeschränkte Beteiligung an der amerikanischen Gesellschaft verwehrten.

Im selben Jahr veröffentlichte Betty Friedan das Buch *Der Weiblichkeitswahn oder die Selbstbefreiung der Frau*, einen Bestseller, der die Konflikte thematisierte, mit denen sich Hausfrauen der Mittelschicht konfrontiert sahen. Friedans persönlich gehaltener Stil kam bei einer Generation weißer Vorstadtfrauen gut an, denen es allmählich dämmerte, dass das Leben mehr zu bieten hatte als den neuesten Westinghouse-Ofen. Später wurde Friedan Gründungsmitglied der National Organization for Women und treibende Kraft in der Frauenrechtsbewegung.

1968 demonstrierten radikale Feministinnen vor der Veranstaltungshalle, in der die Wahl zur Miss America stattfand. Der Protest richtete sich gegen den Schönheitswettbewerb mit dem Argument, dass dieser künstlich geschaffene Schönheitsstandards repräsentiere, die allen Frauen aufgezwungen werden. Die Demonstrantinnen warfen falsche Wimpern, hochhackige Schuhe und Hüfthalter in Mülltonnen, verbrannten aber entgegen anderslautenden Presseberichten keine Büstenhalter. Ungeachtet dessen war der Begriff »BH-Verbrennung« geboren, und die Frauenrechtsbewegung erlangte nationale Beachtung durch eine großenteils negative Presse. Carol Hanisch, eine der Organisatorinnen und Demonstrantinnen beschrieb, wie aus der Idee eine »bewusstseinsfördernde« Aktion entstand: »Wir beschlossen, im Saal herumzugehen und jede Frau zu fragen, was sie von dem Schönheitswettbewerb hielt ... Die konkreten Pläne für die Aktion entsprangen unserem gemeinschaftlichen Denken. Die ursprüngliche Planungsgruppe war sich einig, dass das Hauptargument der Demonstration die Aussage sein sollte, dass Schönheitswettbewerbe zum Schaden aller Frauen sind – zu dem der Miss America genauso wie zu unserem.«[260]

Bewusstseinsfördernde Gruppen wie diejenige, die zu dem Miss-America-Protest führte, hatten sich auf die Fahne geschrieben, dass das Private politisch ist – dass die persönlichen Probleme eines Menschen eng mit unseren gesellschaftlichen Strukturen verknüpft sind. Nein, Julia, dein Ehemann kommandiert dich nicht herum, weil du schwach bist. Er kommandiert dich herum, weil die Gesellschaft uns weismacht, dass Männer den Frauen überlegen seien und Männer bestimmen sollen, wo es langgeht. Nein, Patricia, du bist kein Monster, weil du Möbel bauen möchtest. Berufe sollten nicht auf der Grundlage des biologischen Geschlechts ergriffen werden, sondern entsprechend den individuellen Begabungen und Neigungen. Nein, Margaret, du bist nicht absonderlich, weil du keine Kinder haben möchtest. Wir brauchen die überholte Ansicht nicht hinzunehmen, dass nur Mütter »wahre« Frauen seien. Bewusstseinsfördernde Gruppen schufen eine neue Art von Freundschaft unter dem Banner von *Sisterhood* – Schwesterlichkeit.

Carol Hanisch verwendete den Begriff *Sisterhood* bereits in ihrer Analyse des Schönheitswettbewerbs zur Miss America. Sie war besorgt, dass der Protest »der Sache der *Sisterhood* geschadet« haben könnte, weil durch ihn schöne Frauen »als unsere Feindinnen statt als unsere mit uns leidenden Schwestern« wahrgenommen wurden.[261] Bei zukünftigen Aktionen wollte sie so viele Frauen wie möglich mit der klaren Botschaft einer allumfassenden Schwesterlichkeit erreichen.

1970 wurde von der Lyrikerin Robin Morgan eine Anthologie feministischer Schriften mit dem Titel *Sisterhood Is Powerful* herausgegeben. Ungeachtet der Attacken verschiedener Rezensenten, die den scharfen, kämpferischen und aufmüpfigen Ton der Autorinnen verrissen, wurde das Buch schnell zu einem Bestseller. Es motivierte auch viele Frauen, sich der Frauenrechtsbewegung anzuschließen und ihr Leben zu ändern.

Sisterhood wurde zum Schlagwort für Frauenfreundschaften und implizierte, dass alle Mädchen und Frauen, auch wenn sie weder blutsverwandt noch angeheiratete Verwandte seien, einander mit der Zuneigung und Loyalität von Schwestern begegnen sollten. Mit dem neu geprägten Slogan »Sisterhood is powerful« wurde der Begriff zu einem kühnen politischen Aufruf. Vereint als Schwestern konnten Frauen kollektiv einen gesellschaftlichen Wandel herbeiführen, der jeder einzelnen von ihnen zum Vorteil gereichte. Im Umkehrschluss hatte das, was jemand auf privater Ebene tat, politische Auswirkungen. Wenn eine Frau ihren Mann für die Kindererziehung oder zum Kochen einspannte, konnte das Private sich von einem einzigen Haushalt in die breitere Öffentlichkeit fortsetzen.

Mit ihren Slogans, Protestmärschen und bewusstseinsfördernden Aktionen machte die zweite Welle von Feministinnen auf die spezifischen Bedürfnisse von Mädchen und Frauen aufmerksam und behandelte viele Aspekte ihres Lebens – auch ihre Freundschaften – mit neuem Respekt. Es wurde nicht mehr als politisch korrekt hingenommen, wenn eine Verabredung mit einer Freundin abgesagt wurde, nur weil ein Junge angerufen und um ein Rendezvous gebeten hatte. Eine Frau konnte von ihrem Ehemann erwarten, dass er zu Hause bei den Kindern blieb, während sie mit einer Freundin ein Konzert besuchte. Frauenfreundschaften waren definitiv im Aufwind begriffen.

Die feministischen Theologinnen Carol Christ und Judith Plaskow gingen sogar so weit, die Frauenrechtsbewegung als »religiöse Erfahrung« zu bezeichnen. Sie gestalteten die Bewusstseinsförderung zu einem embryonalen Ritual um, das seine Mitglieder stärkte und ihnen ein gemeinschaftliches Sendungsbewusstsein gab, »die frohe Botschaft« zu verbreiten. Die traditionellen jüdisch-christlichen Ziele Erleuchtung, Selbsttransformation und Erlösung konnten innerhalb einer fest zueinander stehenden Gemeinschaft von Freundinnen aktiv verfolgt werden: »Einander ›Schwester‹ zu nennen, eine neue Freiheit zu spüren, einander zu berühren und zu umarmen, sind konkrete Ausdrucksformen der neuen Bande zwischen uns.«[262]

Natürlich wollten nicht alle Amerikanerinnen Schwestern sein, und viele wehrten sich gegen die Vorstellung, Frauenfreundschaften auf die gleiche Stufe mit Verwandtschaft zu stellen. Phyllis Schlafly führte die antifeministische Kampagne an und widmete ihre Energien dem Widerstand gegen deren Ziele. Insbesondere machte sie sich als Lobbyistin gegen die Verabschiedung des Equal Rights Amendment einen Namen, da sie die fundamentalen Unterschiede zwischen Männern und Frauen anerkannte und glaubte, dass eine völlige Gleichstellung von Frau und Mann für niemanden von Vorteil wäre. Schlafly lehnte den Grundsatz der Frauenrechtsbewegung ab, dass das persönliche Dilemma einer Frau mit der Gesellschaft zu tun habe und daher nur kollektiv gelöst werden könne. Für Schlafly waren feministische Schwestern gesichtslose Menschen, die nur die Konfrontation suchten und in ihrer negativen Weltsicht vielmehr gefangen statt befreit seien. Schlafly warb für eine andere Sichtweise, für die der »positiven Frau«, und gab mit ihrer Organisation, dem *Eagle Forum*, der eher konservativen Bevölkerung eine Stimme, die an den familiären Kräfteverhältnissen nichts auszusetzen hatte und nicht überzeugt war, dass Frauen unterdrückt wurden.

Trotz solcher Rückschläge infiltrierten feministische Ideen alle Gesellschaftsschichten. Eine Harris-Umfrage vom Dezember 1975 ergab, dass 63 Prozent der interviewten Frauen Veränderungen guthießen, die das Ziel hatten, den Status der Frauen zu verbessern. Auf der Liste der Organisationen, die die Ratifikation des Equal Rights Amendment unterstützten, standen nicht nur feministische Gruppen, sondern auch Mainstream-Organisationen wie die National Federation of Business and Professional Women's Clubs, die American Association of University Women, das National Council of Negro Women und der YWCA. Alle diese im späten 19. oder frühen 20. Jahrhundert gegründeten Frauenvereine hatten nichts von ihrer Schlagkraft eingebüßt und stritten unverdrossen für die Rechte von Frauen.

1977 fand die *International-Women's-Year*-Konferenz in Houston, Texas vor 2000 Delegierten und 20 000 Gästen statt. Drei First Ladys, Lady Bird Johnson, Betty Ford und Rosalynn Carter, unterstützten das Equal Rights Amendment. Sie hielten eine Fackel in die Höhe, die Läufer aus Seneca Falls gebracht hatten, dem Schauplatz der ersten Frauenrechtskonferenz 1848. Unter den Staffelläufern waren Susan B. Anthony II., der Tennisstar Billie Jean King, die Kongressabgeordnete Bella Abzug und Betty Friedan. Die Delegierten erhoben sich jeweils oder blieben sitzen, um ihre Stimme anzuzeigen. Nur einmal stand die gesamte Delegation auf, als der Antrag zur Abstimmung stand, ob es allen Frauen, verheiratet oder nicht, erlaubt werden sollte, Bankkonten zu eröffnen und Guthaben unter ihrem eigenen Namen zu verwalten. In wirtschaftlichen Belangen waren sich alle Frauen einig.

KAMERADSCHAFT UNTER GESCHIEDENEN FRAUEN

Carolyn See, geboren 1934, schrieb einen bemerkenswerten Bericht über eine Freundschaft, die in der Junior Highschool begann und ein halbes Jahrhundert lang dauerte. In dieser Zeit waren sie und ihre Freundin Jackie Joseph – wie so viele andere Mädchen und Frauen – von den Umwälzungen der zweiten Frauenbewegung geprägt. Carolyn und Jackie lebten als Mädchen bei ihren geschiedenen Müttern in einem Wohngebiet der unteren Mittelschicht in Südkalifornien. Sie beschreibt das so:

Jackie und ich hatten Folgendes gemeinsam: Wir waren allein auf der Welt, wohnten bei Müttern, die uns an einem guten Tag nicht sehr gern mochten. An schlechten Tagen hassten sie uns mit aller Macht … Was Jackie und ich gemeinsam hatten, war, dass wir arm waren, *so arm*! Meine Mutter arbeitete als Stenotypistin. Und wenn mein Dad das Kindergeld schickte, überließ er das normalerweise seiner Freundin, und zwar von deren Lohn als Kellnerin … Jackies Mutter besaß eine Zeit lang einen Spirituosenladen in der Skid Row. Dann fuhr sie uns – wir waren 14 Jahre alt – in die Stadt, damit wir dort für sie arbeiteten.

Das erlebte Elend als arme Töchter geschiedener Mütter schweißte die Mädchen zusammen. Und die Erfahrung, bei einer Mutter aufzuwachsen, die nicht willens oder nicht in der Lage war, den Schutz zu gewähren, den Kinder so dringend brauchen. Trotzdem waren sie gute Schülerinnen und freundeten sich mit zwei Schwestern, Joan und Nancy, an, deren reiche jüdische Familie ihnen einen bis dahin ungeahnten Luxus bot: Carolyn und Jackie borgten sich große Teile ihrer Schulgarderobe von Joan und Nancy. Die vier blieben mit Unterbrechungen die meiste Zeit ihres Lebens befreundet.

Mit fünfundzwanzig waren alle vier Freundinnen verheiratet – es waren die späten 50er-Jahre, als Frauen jung heirateten und erst dann zusammenzogen, wenn sie Mann und Frau waren. Anfang der 70er-Jahre waren von den vier Frauen drei geschieden, Carolyn bereits zum zweiten Mal. Carolyn und Joan taten sich als Geschiedene zusammen, vereint durch Lachen und Tränen:

Joan und ich lebten einige Jahre lang in dem Höllenland der Scheidung. (Was Frauen nicht sehr oft zugeben, ist, dass es eigentlich ganz lustig ist, sobald man sich einmal daran gewöhnt hat.) An vielen Abenden fuhren sie mit ihren drei Kindern und ich mit meinen beiden Kindern und irgendwelchen Freunden, mit denen wir mehr oder weniger verbandelt waren, in ein supergutes Restaurant, das China Palace hieß. Die Kids flitzten durch die Gegend, wir kicherten, lachten und alberten herum, und keiner meckerte uns an. Wir konnten spielen! Niemand konnte uns herumkommandieren!

Als Jackies Mann sich mit einer jüngeren Frau einließ, trennte auch sie sich von ihm. Sie war so sehr damit beschäftigt gewesen, ihre gemeinsamen Kinder großzuziehen, als Schauspielerin zu arbeiten, zu singen und sich um ihre sterbende Mutter zu kümmern, dass sie seine früheren Affären kaum registriert hatte. Nach ihrer Scheidung war sie entschlossen, die Einstellung der Leute gegenüber allein lebenden Frauen mit Kindern zu verändern, und gründete eine Gruppe namens LADIES (Life After Divorce Is Eventually Sane).

Mit belegter Stimme erzählt Carolyn von ihrer damaligen Situation: »Jackie, Joan und ich teilten das Schicksal vieler geschiedener Frauen – ohne Einkünfte und mit Kindern, die sich ganz schrecklich nach ihren Vätern sehnen und sich schämen, wenn sie (nur) mit dir allein gesehen werden.« Willkommen in der amerikanischen Gesellschaft der 1970er- und frühen 1980er-Jahre, als sich die Scheidungsrate um die 50 Prozent bewegte.

Eine Scheidung hatte oft die negative Konsequenz, dass den Frauen weniger Einkommen zur Verfügung stand als ihren Exehemännern und dass ihnen gleichzeitig die Hauptlast der Kindererziehung aufgebürdet wurde. Vielen Frauen – wie Carolyn, Jackie und Joan – war bald klar, dass das, was sie verdienten und was ihre Ehemänner ihnen für den Unterhalt der Kinder zu bezahlen hatten, oft nicht einmal für ein Dach über dem Kopf reichte.

Doch hatte eine Scheidung oft auch eine unerwartete, positive Konsequenz, dass sich nämlich unter den geschiedenen Frauen eine Art Kameradschaft entwickelte. Da nun niemand mehr Carolyn und Joan herumkommandieren konnte, konnten sie ungehindert das tun, was ihnen am meisten Spaß machte. Denn Spaß war nicht gerade das, was sie mit ihren Ehen assoziierten. Und Jackie fand kollektive Unterstützung bei LADIES, brachte die Gruppe ins Fernsehen und stellte ein Solidaritätsmodell für geschiedene Frauen vor: »Denkt dran!«, sagte sie. »Es ist für uns alle schlimm. Aber wir können uns von den uns zugefügten Kränkungen befreien, und wir können das System ändern.« Damit war das Private tatsächlich politisch geworden.

Carolyn heiratete noch ein drittes Mal, und dieses Mal traf sie die richtige Wahl. 1992 waren sie und ihr »wunderbarer Mann« neunzehn Jahre zusammen, und ihre Freundschaft mit Jackie hielt schon sechsundvierzig Jahre. In Carolyns Erinnerungen kündet ihre Wortwahl von den stürmischen Jahren der Frauenbewegung: *Patriarchat,* dieses feministische Schreckgespenst, hat den Weg in ihren Sprachschatz gefunden: »Dies ist die Geschichte einer Frauenfreundschaft in einem Patriarchat, nur mit dem Unterschied, dass Jackie und ich, als wir klein waren, uns nicht einmal einen Patriarchen hatten leisten können!«

Carolyn See fasst ihre lebenslange Freundschaft in einem bewegenden Fazit zusammen: »Ich betrachte es als ein Wunder, dass zwei verzweifelt arme, verzweifelt einsame Halbwaisen einen drögen Tag nach dem anderen in der Lage waren, eine Freundschaft aufzubauen, die ein halbes Jahrhundert währen kann (und noch darüber hinaus). Ich weiß, dass die Welt besser ist, weil Jackie Joseph in ihr lebt. Was bin ich für ein Glückspilz, sie kennen zu dürfen.«[263]

Die Frauenbewegung setzte wie nie zuvor in der Geschichte Amerikas bewusst auf Frauenfreundschaften. Während von den Freundinnen einer Frau in der Vergangenheit erwartet wurde, nur als Unterstützung für das Ehepaar und die Familie da zu sein, wurden Frauenfreundschaften nun offiziell als eigenständige menschliche Beziehungen akzeptiert. Die Bedeutung von Freundinnen für das persönliche Glück wie auch für das Wohlbefinden der Gesellschaft war bald unumstritten. Der Feminismus ermutigte Frauen, einander mit anderen Augen zu sehen und kollektiv für eine Gleichstellung mit Männern einzutreten.

Dazu brauchten sie das Engagement einer großen Anzahl von Frauen, die bereit waren, einander als Schwestern zu betrachten, und diese konnten nicht allein aus der in New York lebenden weißen Mittelschicht rekrutiert werden. Schwestern mussten auch anderswo in Amerika gefunden werden, unter schwarzen Frauen, Amerikanerinnen asiatischer Abstammung, Lateinamerikanerinnen und anderen farbigen Frauen. Wie Carolyn sollten sie lernen daran zu glauben, dass Freundinnen die Welt für jede von ihnen verbessern könnten, ungeachtet von Rasse, Religion, ethnischer Herkunft, sexueller Orientierung oder sozioökonomischem Status. Und in den 1970er- und 1980er-Jahren sah es eine Zeit lang so aus, als könnte diese Vision insbesondere für weiße Frauen der Mittelschicht Wirklichkeit werden.

SCHWARZE SCHWESTERN

Die Rassenzugehörigkeit innerhalb der Frauenbewegung war von Anfang an ein schwieriges Thema. Afroamerikanerinnen und andere farbige Frauen betrachteten sich nicht von vornherein als Schwestern der weißen Frauen und umgekehrt. Sie hatten guten Grund, der Idee einer Freundschaft mit Mitgliedern einer Rasse zu misstrauen, die ihre Vorfahren als Sklaven nach Amerika geschafft hatte und deren Nachkommen als Menschen zweiter Wahl behandelte. In den afroamerikanischen Gemeinden hatte es schon immer starke weibliche Netzwerke gegeben, auch wenn sie sowohl von schwarzen Männern als auch von der weißen Welt dominiert wurden. Während der turbulenten Bürgerrechtsbewegung der 1960er-Jahre galt die Loyalität der schwarzen Frauen in erster Linie ihrer eigenen Rasse – den Männern und Frauen, die auf den Straßen demonstrierten, sich demonstrativ auf »White-only«-Plätze in Drugstores und Bussen setzten und die Demütigung über sich ergehen ließen, von wütenden weißen Zuschauern ausgebuht und bespuckt zu werden. Es ist richtig, dass viele weiße Männer und Frauen den Afroamerikanern in ihrem Kampf zur Seite standen und sich seither Beziehungen zwischen den Rassen im Großen und Ganzen verbessert haben. Aber damals in den 1960er-Jahren, als die Bürgerrechtsbewegung in vollem Gang war, wurden die von weißen Feministinnen der Mittelklasse artikulierten Anliegen von den meisten schwarzen Frauen nicht mitgetragen.

Die afroamerikanischen Frauen mussten ihre eigenen Erfahrungen machen, bis sie erkannten, dass das Patriarchat für sie genauso unterdrückend war wie für die weißen Frauen. Als sie feststellten, dass sie von den schwarzen Männern, die politische Aktionen anführten, als reine Befehlsempfängerinnen behandelt wurden, öffneten sie sich zunehmend feministischen Ideen. Vielleicht konnte der Begriff *Sister*, der im afroamerikanischen Sprachgebrauch so weit verbreitet war, auf *Sisterhood* erweitert und damit auf eine breitere Basis gestellt werden. Vielleicht war es an der Zeit, geschlechtsspezifische Anliegen und Rassenthemen in Wettstreit treten zu lassen.

Die Literatur von schwarzen Frauen in den 1970er- und 1980er-Jahren offenbart eindeutig die Auseinandersetzung mit feministischem Gedankengut. Die bekannte Lyrikerin Nikki Giovanni spricht in ihrer Autobiografie *Gemini* (1971) das Thema männliche Dominanz offen an; der Schreibstil, dessen sie sich bedient, lehnt sich an den afroamerikanischen Jargon an:

Und manchmal sagst du: Das ist schon okay; und wenn er mich ausnutzt, was soll's? Mit 19 ist das cool. Vielleicht auch noch mit 23. Aber um 25 oder 30 herum sagst du, dass Männer und Frauen vielleicht nicht dazu geschaffen sind, miteinander zu leben. Vielleicht haben sie was anderes am Laufen, wo sie in der Paarungszeit zusammenkommen... aber wenn man zusammenlebt, muss man zu viele Spielchen mitmachen. Und die Vertrautheiten sind anscheinend immer noch seinem oder deinem besten Freund vorbehalten. Ich meine, das passiert einfach zu oft, als dass man es ignorieren kann. Bis sie heiraten, sind der Typ und das Mädchen unzertrennlich; dann hängt er mit seinen Freunden herum und sie mit ihren, oder sie sitzt allein zu Hause... Sie ist einfach nicht seine andere Hälfte.[264]

Giovannis Schlussfolgerung, dass Frauen sich weniger auf ihre Liebschaften oder Ehemänner als auf ihre Freundinnen verlassen können, fand ihren Widerhall bei einer ganzen Generation schwarzer Schriftstellerinnen wie Toni Morrison, Alice Walker, Gloria Naylor und Terry McMillan.

In Toni Morrisons Roman *Sula* von 1973 bildet die Freundschaft zwischen zwei Frauen das zentrale Thema, das das problematische Heranwachsen der Heldin in einer Stadt im Süden und ihre Heimkehr nach Jahren der Wanderschaft durch die großen Städte Amerikas verbindet. Ernüchtert von diversen Beziehungen mit Männern kommt Sula zu der Erkenntnis, dass »sie einen Freund gesucht hatte und... dass ein Liebhaber kein Kamerad sei und niemals einer sein könnte – für eine Frau«.[265] Wie in ihren anderen Büchern bietet Morrison auch in diesem Buch niemals tröstende Lösungen an. Ihre Frauen enden oft im Wahnsinn oder Tod. Selbst eine Freundschaft kann nicht immer erniedrigenden Umständen standhalten.

In einem Interview von 1983 reflektierte Morrison über das Novum des Themas Freundschaft in *Sula*:

Freundschaft zwischen Frauen ist etwas Besonderes, anderes, und wurde vor *Sula* nie schwerpunktmäßig in einem Roman dargestellt. Niemand sprach je über Frauenfreundschaften, es sei denn, sie waren homosexuell geprägt, und in *Sula* kommt Homosexualität nicht vor. Über Beziehungen zwischen Frauen wurde immer so geschrieben, als wären sie nur Nebenschauplätze irgendwelcher anderer Rollen, die sie spielten. Das ist bei Männern nicht so. Ich hatte den Eindruck, dass schwarze Frauen Freundinnen im althergebrachten Wortsinn haben; vielleicht trifft das nicht nur auf Schwarze zu, aber diesen Eindruck hatte ich jedenfalls. Ich hatte das Buch schon zur Hälfte fertig, als mir aufging, dass Freundschaft, literarisch gesehen, ein ziemlich zeitgenössischer Begriff ist.[266]

Nach *Sula* wurde Frauenfreundschaft zunehmend als Prisma benutzt, durch das schwarze Schriftstellerinnen ihre Geschichten konstruierten. Gloria Naylors Roman von 1982, *Die Frauen vom Brewster Place*, lieferte ein Porträt einer Gruppe von Frauen, die als direkte Nachbarn in einer Sackgasse in einer sozial benachteiligten Wohngegend leben. Die Beziehungen zwischen Müttern, Töchtern und Freunden werden vor einem wechselnden Hintergrund von Vätern, Liebhabern und Söhnen aufgezeigt, die kaum verfügbar sind, wenn die Frauen sie brauchen – mit Ausnahme von Ben, dem alternden Hausmeister und Säufer. In Naylors Welt gibt es schreckliche Grausamkeit, aber auch Momente erhabener Anmut. Wenn die junge Mutter Ciel in todesähnliche Apathie verfällt, nachdem ihre kleine Tochter während eines Streits mit dem nichtsnutzigen Kindesvater auf tragische Weise ums Leben kommt, holt Ciels ältere Freundin Mattie sie mit entschlossenen Liebesdiensten ins Leben zurück: Mattie wiegt Ciel und badet sie wie ein Baby. Sie bedient sich einer leidenschaftlichen, mütterlichen Liebe, die nicht zulässt, dass ihre Freundin stirbt.[267]

Der Akt des Wiegens und Badens erfolgt mit außerordentlicher Zärtlichkeit. Frauen tun das normalerweise für ihre

Babys und manchmal für die Alten, aber sich auf diese Weise um eine Freundin zu kümmern ist eher ungewöhnlich. Aber hier hat es etwas Natürliches, Notwendiges, es ist die Erweiterung einer Fürsorge, die traditionell mit Frauen assoziiert wird. Das soll nicht heißen, dass Männer dazu nicht in der Lage wären, oder umgekehrt, dass alle Frauen fürsorglich wären. Viele Männer kümmern sich um die physischen Bedürfnisse ihrer Babys, Ehefrauen, Geliebten und Patienten. Aber es ist meistens so, dass diese Art der Fürsorge üblicherweise den Frauen zufällt. Selbst unter weniger harten Umständen ist es nicht ungewöhnlich, dass Mädchen und Frauen einander die Haare waschen, die Nägel lackieren und den Rücken massieren. Oft herrscht in Frauenfreundschaften eine Körperlichkeit, die nicht sexuell sein muss und wie am Beispiel von Mattie und Ciel heilend wirken kann.

Alice Walker veröffentlichte 1982 ihren Roman *Die Farbe Lila*, der mit dem Pulitzerpreis ausgezeichnet wurde. Auch dieser thematisiert Frauenfreundschaften und den ständigen Kampf der Frauen, sich in einer männerdominierten Welt zu behaupten. Wie Sophia, eine der Hauptfiguren des Romans es erzählt: »Mein ganzes Leben hab ich kämpfen müssen. Ich musste gegen meinen Daddy kämpfen. Ich musste gegen meine Brüder kämpfen. Ich musste gegen meine Kusengs und meine Onkels kämpfen. Ein Mädchen is in einer Familie vor Männern nie sicher.«[268]

Doch Shug, eine weibliche Romanfigur, schafft es auszubrechen und ein relativ unabhängiges Leben als Bluessängerin zu führen. Sie schließt eine entscheidende Freundschaft mit der Hauptfigur des Romans, Celie, die in jeder Hinsicht das Gegenteil von Shug und Sophia ist. Celie ist sanftmütig und unterwürfig, zuerst ihrem Vater gegenüber, dann ihrem Ehemann, die beide sowohl ihre Arbeitskraft als auch ihre Sexualität ausnutzen. Celie und Shug werden Freundinnen, als Shug erkrankt und Celie sie gesund pflegt. Diese Krankenschwester-Patienten-Beziehung entwickelt sich zu einem schwesterlichen wie auch erotischen Verhältnis, in welchem Celie Shug in die Geheimnisse des weiblichen Körpers einweist. In einer Szene bringt Shug Celie dazu, ihre eigenen Genitalien in einem Spiegel zu betrachten. Diese Episode bringt die 70er-Jahre in Erinnerung, als *Our Bodies, Ourselves* (Unser Körper, unser Leben, 1980), ein revolutionärer feministischer Text, Frauen dazu ermunterte, ihren eigenen Körper, wenn nötig, mittels eines Spiegels zu erforschen.

Die transformative Freundschaft zwischen Celie und Shug ist eine von mehreren Beziehungen zwischen Frauen, die das Rückgrat von *Die Farbe Lila* bildet. Eine weitere Beziehung besteht zwischen Celie und ihrer Schwester Nettie, die zu Missionaren nach Afrika geschickt wird, nachdem sie sich den sexuellen Avancen von Albert, Celies Ehemann, widersetzt. Alberts Grausamkeit setzt sich auch lange nach dem Weggang von Nettie weiter fort: Er konfisziert alle Briefe, die sie an ihre arme, demoralisierte Schwester Celie schickt. Als eben diese Briefe durch eine Finte von Shug und Celie ans Tageslicht kommen, findet Celie endlich die Kraft, sich gegen Albert aufzulehnen und ihn zu verlassen. Bei allem Widerstand gegen männliche Unterdrückung, die diesen Roman spannend macht, ist er beileibe kein männerfeindliches Traktat. Walker hat eine mythische Saga geschaffen, in der Schwarze beiderlei Geschlechts durch das Verhalten von Frauen als Freundinnen zu ihrer Menschlichkeit und ihrem wahren Wesen finden.

Die Farbe Lila wurde 1985 verfilmt. Unter der Regie von Steven Spielberg mit Whoppy Goldberg in der Hauptrolle sowie Danny Glover und Oprah Winfrey in weiteren Rollen erntete der Film bei der Kritik höchstes Lob und wurde zum

Kassenschlager. Mehr als jedes andere Buch oder jeder andere Film seiner Zeit machte *Die Farbe Lila* Frauenfreundschaften zu einem Thema, das die Medien nicht länger ignorieren konnten. Frauenfreundschaft war nicht etwas, das schwarze oder weiße Frauen für sich gepachtet hatten; sie war eine Tatsache, die in den kommenden Jahrzehnten in zahllosen Romanen, Filmen und TV-Sendungen weltweit gewürdigt werden sollte.

FRAUENFREUNDSCHAFTEN IM FILM

Wenn Sie im Internet »Frauenfreundschaften im Film« suchen, werden Sie Auflistungen der zehn oder zwanzig oder fünfzig besten Filme zum Thema Mädchen- oder Frauenfreundschaften finden. Einige der am häufigsten zitierten Filme sind *Die Farbe Lila* (1985), *Freundinnen* (1988), *Pizza-Pizza* (1988), *Magnolien aus Stahl* (1989), *Thelma und Louise* (1991), *Verzauberter April* (1991), *Töchter des Himmels* (1993), *Warten auf Mr. Right* (1995), *Antonias Welt* (1995), *Ein amerikanischer Quilt* (1995), *Der Club der Teufelinnen* (1996), *Romy und Michele* (1997), *Die göttlichen Geheimnisse der Ya-Ya-Schwestern* (2002), *Eine für vier* (2005), *Volver* (2006), *Brautalarm* (2011), *Der Seidenfächer* (2011) und *Frances Ha* (2012). Eine Flut neuerer Streifen lässt vermuten, dass der Ruf nach Filmen zum Thema Frauenfreundschaften nicht abgeebbt ist. Viele dieser Filme waren zunächst erfolgreiche Romane, die sich von der belletristischen Massenware abhoben, welche oft als seichte Unterhaltungsliteratur abgetan wurde. Einige waren mit Afroamerikanern besetzt und andere mit Amerikanern asiatischer Abstammung, und wieder andere wurden in Ländern weit entfernt von Amerika produziert. Alle von ihnen erklärten Frauenfreundschaften zu einem wichtigen Faktor in der Welt von heute.

Diese Filme bestehen den Bechdel-Test, der drei Kriterien beinhaltet: 1.) In dem Film müssen mindestens zwei Frauen mitspielen, die sich 2.) miteinander über 3.) etwas anderes als über einen Mann unterhalten. Der Test wurde von Alison Bechdel in ihrem Comicstrip *Dykes to Watch Out For* (1983–2008) eingeführt und ist heute eine Art Losungswort für alle, die hoffen, realistischere Bilder von Mädchen und Frauen in die Medien zu bringen. Zu diesem Zweck haben sich einige Filme auf weniger attraktive Aspekte von Frauenfreundschaften konzentriert, wie sie besonders bei Teenies zu finden sind. *Girls Club*, eine Komödie von 2004, thematisierte, wie Cliquen einzelnen Mädchen übel mitspielen können, die nicht »in« oder beliebt sind. Basierend auf Rosalind Wisemans populärem Selbsthilfebuch für Eltern von Heranwachsenden *Queen Bees and Wannabes* traf das Thema einen Nerv. Einige Sozialwissenschaftler schreiben Grausamkeiten unter Mädchen deren »überragender sozialer Intelligenz« zu, die es ihnen erlaubt, Schwachstellen bei anderen Mädchen aufzudecken. Die meisten – aber nicht alle – Mädchen wachsen irgendwann aus dieser Phase heraus.[269]

FREUNDINNEN IM FERNSEHEN: VON DER
MARY TYLER MOORE SHOW BIS ZU *BROAD CITY*

In den 1950er-Jahren stellte *I Love Lucy* Freundinnen im Kontext zweier Ehepaare dar. Damals war die Gesellschaft noch nicht reif für zwei Freundinnen, die ohne die passenden Ehemänner im Wohnzimmer über den Bildschirm flimmerten. Erst in den 1970er-Jahren präsentierte das Fernsehen in *The Mary Tyler Moore Show* (deutscher Serienname *Oh Mary* und *Mary Tyler Moore*) eine Frau, deren Leben sich um ihre Arbeit und ihre Freundinnen dreht. Marys Entourage bestand aus ihrer besten Freundin Rhoda und einer nicht so liebenswerten, snobistischen Freundin namens Phyllis. Marys enge Beziehung mit Rhoda errang einen solchen Kultstatus, dass zwanzig Jahre nachdem die Show abgesetzt worden war, mit *Romy und Michele* 1997 eine urkomische Neuauflage dieser Frauenfreundschaft als Kinofilm produziert wurde, der ebenfalls Kultstatus erlangte.

Cagney & Lacey (1981) handelte von zwei energischen Polizistinnen in New York City, die einander in ihrem Berufs- und Privatleben unter die Arme greifen. Wichtig zu wissen: Eine von ihnen ist berufstätige Mutter und die andere ein Single, die virtuos zwischen ihren verschiedenen Affären laviert. Nachdem die Serie eingestellt wurde, mussten die Macher sie aufgrund anhaltender Zuschauerproteste wieder ins Programm nehmen, woraufhin sie noch sieben Staffeln lang lief.

Einen ganz anderen Ton, nämlich einen, in dem sich eine zukünftige Generation älter werdender Babyboomer wiederfand, schlug die Fernsehserie *The Golden Girls* (1985–1992) an, die vier Ruheständlerinnen präsentierte, die zusammen in einem Haus in einer Art Senioren-WG wohnen. Die Komödie drehte sich darum, wie diese »Girls« es anstellten, als Familie zusammenzuleben.

Die Serie *Seinfeld,* in Deutschland zum ersten Mal 1995 ausgestrahlt, brach mit der bis dahin gültigen Sitcom-Norm. Nach eigener Aussage geht es in dieser Sitcom »um nichts«. Sie handelt von einer Gruppe von Freunden Anfang dreißig und deren alltäglichen Interaktionen. Eine der Hauptdarstellerinnen, Elaine, ist mit dem Hauptdarsteller Jerry über den Status »gute Freunde« verbandelt. Die Hintergrundgeschichte ist die, dass Elaine und Jerry ursprünglich ein Paar waren, denen die sexuelle Chemie für eine heterosexuelle Romanze allerdings gefehlt hatte. Elaine, gespielt von Julia Louis-Dreyfus, und Jerry

Seinfeld, gespielt von sich selbst, reflektieren ebenso wie die beiden abgedrehten Kumpel Jerrys den gesellschaftlichen Wandel, der es Männern und Frauen erlaubt, eng miteinander befreundet zu sein.

In den 1990er-Jahren war das amerikanische Fernsehen reif für eine der beliebtesten Sitcoms aller Zeiten: *Friends*, die von 1994 bis 2004 in den USA lief (deutschsprachige Erstausstrahlung 1996). Im Kern handelt die Story von drei Frauen und drei Männern, allesamt Mitglieder einer Gruppe von Freunden, die wie eine Familie funktioniert. Für die Geschichte von Frauenfreundschaften ist *Friends* signifikant aufgrund der gleichberechtigten Stellung, der weiblichen und männlichen Charaktere. Anders als in *I Love Lucy*, wo die komisch anmutenden Schwächen einer Frau mit einer dominanteren männlichen Figur kontrastierten oder im Fall der allein lebenden jungen Karrierefrau Mary in *The Mary Tyler Moore Show*, die sich über die vorgegebenen Normen hinwegsetzte, spiegelt *Friends* die Art und Weise wieder, wie junge Menschen sich heute in Cliquen zusammenfinden.

Sex and The City (USA: 1998–2004; deutschsprachige Erstausstrahlung: 2001) handelt ebenfalls von einer Freundesclique, nur in diesem Fall einer rein weiblichen (und hin und wieder deren schwulen Freunde), die einander bei ihrer Suche nach einer neuen Liebe, nach Glück und neuen Schuhen zuverlässig unterstützen. *Grey's Anatomy* (in den USA seit 2005; deutschsprachige Erstausstrahlung 2006) setzt mit der Darstellung einer ernsthaften, engen Freundschaft zwischen zwei hervorragenden Medizinerinnen einen notwendigen Kontrapunkt. Wie eine Kritikerin es formulierte: »Wenn Merediths Ehemann das Gefühl hat, jemand Drittes läge mit im Ehebett, dann weiß er, dass es Cristina ist.«[270]

Online konnten Mädchen und Frauen zahllose Freundschaftsmodelle bei Komikerinnen finden, wie etwa bei Amy Poehler und Tina Fey und ihren Sketchen in der Comedyshow *Saturday Night Live*.

Nach dieser Comedyshow hob Poehler in der Fernsehserie *Parks and Recreation* Frauenfreundschaften erneut auf den Sockel. Ähnlich wie bei Mary und Rhoda vierzig Jahre zuvor steht im Mittelpunkt der zwischen 2009 und 2015 ausgestrahlten Serie die Beziehung zwischen Leslie, gespielt von Poehler, und ihrer besten Freundin Ann. Der Dialog strotzt vor denkwürdigen Einzeilern, wie etwa Anns Feststellung: »Lass niemals einen Ehemann die Rolle deiner besten Freundin spielen.«

Dank YouTube-Videos und neuer Fernsehserien können mittlerweile starke weibliche Talente öffentlich auf sich aufmerksam machen und kreative, oft urkomische Darstellungen von Frauenfreundschaften produzieren, die sich nicht um Männer drehen. So gelangen dem Duo Lennon Parham und Jessica St. Clair, die auch privat eng befreundet sind, kürzlich zwei hervorragende Beispiele. Ihr erster Vorstoß, der nach sechs Episoden aus dem Programm genommen wurde, war *Best Friends Forever*, und der zweite, der 2014 zum ersten Mal gesendet wurde, war *Playing House*. Die Darstellerinnen machen das, was beste Freundinnen machen: Eine setzt sich ins Flugzeug, um einer Freundin in einer akuten Notsituation beizustehen; eine zerrt die andere nach einem siebenstündigen Bad im wahrsten Sinne des Wortes aus der Wanne; eine benutzt den Busen der anderen als Mikrofon. Es stimmt schon: Einiges davon ist ziemlich schräg, aber es ist auch sehr witzig.

Broad City, eine Sitcom über moderne Frauen, die auch in den schwierigsten Phasen ihres Lebens Freundinnen bleiben, weckte nach dem ersten Auftritt 2009 auf YouTube das Interesse der Medien. *Broad City* ist eine komische Überzeichnung der im wirklichen Leben sehr engen Freundschaft zwischen Abbi Jacobson und Ilana Glazer, die »echte Kameradschaft« ausstrahlt.[271] Der *New Yorker* beschreibt diese »Bramance« (in Anspielung auf die »Bromance«, eine innige Freundschaft unter Männern) als ein »unprätentiöses Porträt einer Frauenfreundschaft, in der sie einander weder unterminieren, noch sich Gedanken um ihr Aussehen machen oder einander darüber definieren, mit wem sie schlafen. Die Liebesaffäre findet letztlich zwischen Abbi und Ilana statt.«[272]

NEUAUFLAGE DER SCHWESTERLICHKEIT

Wo immer wir hinschauen (und wir *schauen* hin!), entdecken wir Anzeichen dafür, dass amerikanische Mädchen und Frauen aufeinander bauen, wenn sie Kameradschaft und Beistand suchen, und das vielleicht mehr als je zuvor. *Schwesterlichkeit* mag nicht mehr die politische Signalwirkung der 1960er- und 1970er-Jahre haben, hat sich aber im Bewusstsein der Frauen als positive Kraft etabliert, zumal in der heutigen Zeit lebenslange heterosexuelle Partnerschaften immer seltener werden. Ob verheiratet, Single, geschieden oder verwitwet: Frauen finden bei ihren Freundinnen offene Ohren für ihre emotionalen Bedürfnisse und erhalten die emotionale Unterstützung, die sie benötigen.

Die Journalistin Chrisena Coleman präsentiert in ihrem Buch *Just Between Girlfriends* eine Reihe von Episoden, die die Bedeutung der Freundschaft im Leben zeitgenössischer Afroamerikanerinnen thematisieren. Ihre optimistischen Botschaften: »Wir können uns unsere Familie nicht aussuchen, aber gottlob unsere eigenen Freunde«; »Eine gute Freundschaft hat viel mit gutem Wein zu tun – mit zunehmender Reife wird sie immer besser«; »Wenn nichts anderes mehr hilft, rufe ich meine beste Freundin an. Sie kann wie niemand anderer meine Tränen trocknen und meine Ängste zerstreuen«; »Männer kommen und gehen, aber beste Freundinnen bleiben ein Leben lang.«

Wie Amerikanerinnen aller Ethnien – ob weiß, schwarz, Latina, asiatischstämmig, Ureinwohnerin oder andere – hat Coleman einen besonderen Freundeskreis, der sich regelmäßig trifft und sich *Sisters of the Yam* nennt. Sie veranstalten Geburtstagsfeiern für die fünf Mitglieder, die oft bei ihnen zu Hause stattfinden, manchmal aber auch auf Martha's Vineyard oder in irgendeinem Tanzschuppen. Ein Mitglied kommentierte den Wert der Gruppe aus ihrer Sicht: »Wir sind Schwestern und Freundinnen. Wir unterstützen einander und haben wirklich Spaß an unserem Netzwerk. Wir Yams sind immer füreinander da, um unser Leben angenehmer zu machen.«[273]

Schwestern und *Freundinnen*. Unzählige amerikanische Frauen würden heute wie selbstverständlich diese Begriffe wählen, wenn sie die Mitglieder ihres Freundeskreises beschreiben sollten. Zahllose Frauengruppen treffen sich wöchentlich oder monatlich zum Tennis oder Fahrradfahren, Baseball oder Yoga. Frauenkirchenchöre im ganzen Land sorgen für die sonntägliche Inspiration, während professionelle oder Amateur-A-cappella-Gruppen private und öffentliche Veranstaltungen bereichern. Gartenvereine für Frauen haben in den Vereinigten Staaten eine lange Tradition; dasselbe gilt für Literaturkreise, in denen Frauen rund um ein Buch zusammenkommen, das sie gemeinsam gelesen haben. Ehemalige Collegeabsolventinnen lassen es sich nicht nehmen, sich alljährlich an einem Ort zu treffen, auch wenn sie noch so weit voneinander entfernt leben.

Die *Dear Sisters' Literary Group*, ins Leben gerufen von

einer Gruppe intellektueller schwarzer Frauen, kam 1995 erstmals zu monatlichen Treffen zusammen, die abwechselnd bei den Mitgliedern zu Hause stattfanden. Altersmäßig rangierten die Frauen zwischen siebenundzwanzig und zweiundsiebzig und stuften sich selbst als Christen und »Womanist« ein. N. Lynne Westfield, eines der Gruppenmitglieder, definierte die Treffen als »laughfests« (Lachfeste). »Bei den Zusammenkünften ist es so, dass die Frauen miteinander statt übereinander lachen. Frauen lachen über Männer, Beruf, Weiße, Nachbarn, Pfarrer, Rasse, Geschlecht, Haustiere, Friseure und Garderobe.«[274] Gemeinsam zu lachen löst aufgestaute Ängste und gibt der Freude Ausdruck, die Westfield mit ihren afroamerikanischen Schwestern erlebt.

Der *Mothers' Study Club of Cambridge,* Massachusetts, ursprünglich von einer kleinen Gruppe Ehefrauen von Harvard-Professoren gegründet, beging 2014 sein 100-jähriges Bestehen. Ein Mitglied merkte an, dass sie enorme Hochachtung vor der Intelligenz, Sensibilität und Großzügigkeit der älteren Mitglieder empfindet – Frauen, die nicht die beruflichen Möglichkeiten hatten wie sie selbst und sich dennoch nach den Herausforderungen des Krieges, von Krankheiten, häufigen Umzügen und von Krisen, mit denen wir alle konfrontiert sind, profilieren konnten. Freundschaft über die Generationen hinweg ist nur eine von vielen Formen, in der sich Schwesterlichkeit zeigt.[275]

Sisterhood hat sich neben Begriffen wie *brotherhood, fellowship* und *fraternity* etabliert, mit denen ein Gemeinschaftsgefühl ausgedrückt wird – wenn schon nicht zwischen allen Menschen, wie die maskulinen Begriffe andeuten, so wenigstens zwischen allen Frauen. Was sich einst nur auf die Beziehung zwischen Blutsverwandten oder – weiter gefasst – einer Gemeinschaft von Frauen in einem religiösen Orden bezog, kann nun alle Frauen einbeziehen, die ihre Erfahrungen, Interessen oder Anliegen teilen. Nachdem *Sisterhood* nun den militanten Beigeschmack verloren hat, könnte sie heute allgegenwärtiger sein als fünfzig Jahre zuvor und auf ihre eigene Weise auch stärker.

TEIL III

Persönlicher Kontakt im 21. Jahrhundert

ZWÖLF

Freundtimität

»Der soziale Bereich wird von Frauen dominiert.«
— SHERYL SANDBERG, COO VON FACEBOOK, 2012

»Keiner von uns verwendet [E-Mail] ganz genauso
wie vor zehn Jahren; in noch einmal zehn Jahren
verwenden wir sie vielleicht gar nicht mehr.«
— MIRANDA JULY, KÜNSTLERIN, 2013

Ob es uns passt oder nicht: Die sozialen Medien haben die Art des Umgangs der meisten Menschen mit Freundschaften radikal verändert[276], und das trifft noch mehr auf Frauen zu als auf Männer.[277] Soziale Medien scheinen für Frauen deshalb wichtiger zu sein, weil sie den Zuneigungsbekundungen und dem Bedürfnis nach Selbstoffenbarung entgegenkommen – Eigenschaften, die oftmals für Frauenfreundschaften charakteristisch sind. Solche empathischen Äußerungen stehen im Gegensatz zu den Merkmalen von Männerfreundschaften, die im Großen und Ganzen ohne die vertraulichen Geständnisse auskommen können, die unter Frauen oft üblich sind.

Der zunehmende Mangel an frei verfügbarer Zeit trägt dazu bei, dass soziale Medien wie Pilze aus der Erde schießen. Selbst in Haushalten mit doppeltem Einkommen, in denen der Mann sich ernsthaft darum bemüht, einen gerechten Anteil an den Hausarbeiten zu schultern, fällt der Frau in den allermeisten

Fällen immer noch die »zweite Schicht« zu, nämlich die der Haushälterin und Mutter. Als Konsequenz daraus sind Frauen im 21. Jahrhundert die perfekten Multitasker. Soziale Medien stellen den Frauen, die die Haushalts- und Berufsfront unter einen Hut bringen und trotzdem wichtige Freundschaften aufrechterhalten wollen, entscheidende Hilfsmittel zur Verfügung. Wie die Facebook-Chefin Sheryl Sandberg bemerkt, sind es überwiegend Frauen, die auf Facebook »teilen«. Während Männer soziale Medien im Allgemeinen zum Recherchieren benutzen und dazu, ihren Status aufzupolieren, wird Sandberg zufolge »der soziale Bereich von Frauen dominiert«.[278]

NEUAUFLAGE: »AUF LEUTE ZUGEHEN UND KONTAKT HERSTELLEN«

Auch wenn »effiziente Freundschaft« sich vielleicht widersprüchlich anhört, so bieten soziale Medien viel beschäftigten Frauen doch die Möglichkeit, Freundschaften zu pflegen. Einige Freundinnen benutzen soziale Medien vielleicht für spontane Treffen, die zu Zeiten, als man einander noch hinterhertelefonieren musste, vermutlich nie zustande gekommen wären.

»Effektivität« ist auch etwas Gutes, wenn es darum geht, sich um Freundinnen zu kümmern, die weit entfernt leben. Menschen, die sich mögen, können via Bildschirm miteinander in Kontakt treten. Wenn enge Freundschaften unter Frauen die Wechselfälle des Lebens ungeachtet von Zeit und Distanz überstanden haben, wirkt ein kurzer Text oder ein Posting Wunder, auch wenn die Nachricht so banal ist wie: »Julia hat heute ihr Müsli aus ihrer roten Schüssel gegessen.« Und der Erfolg der Smartphone-Apps Instagram und Snapchat zeigt, dass ein spontan geschicktes Bild an einen Freund mehr sagen kann als tausend Worte.

Eine viel beschäftigte Frau drückte kürzlich die Gefühle von Millionen weltweit postenden, tweetenden und simsenden Frauen aus: »Ich simse den ganzen Tag lang mit engen Freunden ... Wir erzählen uns alles, weil wir zwar Rückmeldung, aber null Wertung wollen, es geht um Anerkennung und Zuneigung. Würde ich diese 500 SMS pro Woche gegen ein wöchentliches Treffen mit den dreien eintauschen? Bestimmt nicht, weil das ohnehin nicht zustande käme. Das ist nicht nur geografisch ein Ding der Unmöglichkeit, diese Real-Time-Chats wirken obendrein befreiend, weil sie die Einsamkeit zertreten wie Ungeziefer ...« [279]

IST DA JEMAND?

Abgesehen davon, dass soziale Medien helfen, langjährige Beziehungen aufrechtzuerhalten, eröffnen sie auch grenzenlose Möglichkeiten, neue Freundschaften zu knüpfen und zu pflegen. Wenn eine Frau mit den gesellschaftlichen Möglichkeiten in ihrem unmittelbaren Umfeld unzufrieden ist, könnte eine Internetseite sie zu genau der Gruppe von Technikfreaks, Strickbegeisterten, Näherinnen oder Raketenbau-Amateurinnen führen, von der sie schon immer geträumt hat. Diese gleichgesinnten Enthusiastinnen könnten entweder gleich um die Ecke wohnen oder auf der anderen Seite der Welt.

Einsamkeit betrifft natürlich Männer wie Frauen, aber historisch gesehen hatten Frauen, die ihren häuslichen Pflichten nachgehen mussten, stets weniger Möglichkeiten, Kontakte zu Menschen außerhalb ihres unmittelbaren Umfelds zu knüpfen. Soziale Medien bieten Frauen einen nie da gewesenen Zugang zu potenziellen Freundinnen. Ein Beispiel ist die Website-Gruppe *Moms Who Need Wine*. Das Wort *need* im Zusammenhang mit Alkohol kursiert als eine Art Insiderscherz unter den Frauen, die dieser Gruppe folgen. Die meisten ihrer Postings und Tweets befassen sich weniger mit tiefschürfenden Kommentaren von globaler Bedeutung. Sie äußern eher die typischen alltäglichen Erlebnisse und Frustrationen engagierter Mütter. Aber auf der Facebook-Seite der Gruppe und in ihren Twitter-Blogs riskieren sie nicht, von der Gesellschaft gerüffelt zu werden. Das alles ist nur für ihre Gruppe bestimmt, nämlich *Moms Who Need Wine*. Punktum.

Für Frauen, die sich für gemeinsame Aktivitäten jenseits von Kindererziehung und Wein interessieren, bieten soziale Medien so ziemlich jede denkbare Kombination aus Demografie, Sozioökonomie, Geschlechtsidentität und gemeinsamen Interessen, aus denen ein Freundeskreis entstehen kann. Und für den unwahrscheinlichen Fall, dass die gesuchte Gruppe nicht zu finden ist, ist es relativ einfach, selbst eine neue Facebook-Gruppe oder einen Twitter- oder Instagram-Hashtag ins Leben zu rufen.

Eine solche eng definierte, webbasierte Gruppe ist die amerikanische Seite SheWrites.com, die sich ausschließlich an Schriftstellerinnen wendet. Kamy Wicoff und Deborah Siegel begannen She Writes als virtuellen Salon, in dem Frauen, die sich leidenschaftlich für ein einziges gemeinsames Thema interessierten – ihre Schriftstellerei –, zusammenkommen und relevante Informationen austauschen können. Innerhalb dieses »Kreises von Wissen und Hilfestellung«[280] entwickeln sich Freundschaften oft online. Die Aufmachung der Seite bildet das ab, was Wicoff und ihre Schwester-*Salonnières* herausfanden, als sie sich persönlich trafen: »Unsere Mitglieder tauschen einander eher aus, als dass eine sich mit Megafon vor die ganze Gruppe stellt. Darum geht es bei unserer Seite. So wird diese Idee ins ganze Land hinausgetragen.«

Wicoff beobachtete, dass sich Freundschaften in virtuellen

Salons entwickeln, die weit über die Webseite hinausgehen. Als sie eine Entlastung von dem zunehmenden Zeitaufwand brauchte, den es sie kostete, um She Writes am Leben zu halten, erwiesen sich ihre Onlinekolleginnen als wahre Freundinnen: »Ich verbrachte so viel Zeit auf der Seite, um den Blog zu betreuen. Und ich wollte mich doch unbedingt wieder auf mein Schreiben konzentrieren... Also habe ich einen Aufruf gestartet: ›Ich brauche dringend Hilfe – könnte vielleicht eine von euch vorübergehend den Blog übernehmen, damit ich mich wieder meiner eigenen Arbeit widmen kann...?‹ Gehofft hatte ich auf ein paar wenige Antworten. Innerhalb [einer Woche] hatte ich siebzig Freiwillige!«[281]

VIRTUELL? REALITÄT?

Ein grundlegendes Merkmal der sozialen Medien ist die schwierige Definition von *Realität* in der *virtuellen Realität*. Selbst die Twitter-Nutzerin, die ihre Gedanken spontan und ungefiltert von sich gibt, präsentiert sich ihren Twitter-Followern als virtuelle Person. Oft sind – und das ist offensichtlicher – Täuschungen online auch beabsichtigt. Das Foto, das Sie für Ihr Onlinedatingprofil verwenden, könnte zwar Sie zeigen, aber mit zehn Kilo weniger auf den Rippen und fünf Jahre jünger – oder es könnte überhaupt nicht Sie zeigen.

Die Performancekünstlerin Miranda July untersuchte 2013 in einer Online-Installation die Idee, Persönlichkeiten in E-Mails zu definieren. In dem Projekt[282] brachte sie »normale« Prominente und weniger bekannte Leute dazu, ihr echte E-Mails zur Verfügung zu stellen, die sie in ihrem täglichen Leben verschickt hatten. Dann mailte July einen Satz dieser einstmals privaten Botschaften an Leute, die sich im Rahmen des Projekts die Mails zuschicken ließen.

Auf ihrer Website schrieb July über die Kunst der Online-privatsphäre:

Ich habe schon immer versucht, meine Freunde zu überreden, mir E-Mails weiterzuleiten, die sie an andere Leute geschickt haben – an ihre Mutter, ihren Freund, ihren Manager –, je alltäglicher, umso besser. Wie sie sich in einer E-Mail verhalten, ist so intim, fast schon obszön – ein flüchtiger Blick auf sich selbst aus ihrem eigenen Blickwinkel heraus ... Privatsphäre, die Kunst der Privat-sphäre schält sich heraus ... keiner von uns verwendet [E-Mail] ganz genauso wie vor zehn Jahren; in noch einmal zehn Jahren verwenden wir sie vielleicht gar nicht mehr.[283]

Die Art und Weise, wie wir unsere Privatsphäre online ge-stalten – was zu enthüllen wir bereit sind und was wir nicht preisgeben – und wie wir unser Profil manipulieren, wirkt sich ganz klar auf die Beschaffenheit unserer Internet-freundschaften aus. Die »Wahrheit« ist schwerer fassbar als je zuvor. Auch wenn Menschen im persönlichen Kontakt an-dere vielleicht manipulieren oder anlügen: Je mehr sensori-sche Stimuli wir von Angesicht zu Angesicht erhalten, desto besser kann uns unser Bauchgefühl helfen, die Wahrheit he-rauszufinden.

Joe Navarro, ein früherer FBI-Spezialagent bei der Spiona-geabwehr, der es sich zur Lebensaufgabe gemacht hat, zu be-obachten, wie Menschen nonverbal kommunizieren, drückt es so aus:

Nonverbale Verhaltensweisen machen etwa 60 bis 65 Prozent der gesamten zwischenmenschlichen Kommunikation aus ... Nonver-bale Kommunikation kann ... die wahren Gedanken eines Men-schen, Gefühle und Absichten verraten. Aus diesem Grund wer-

den nonverbale Verhaltensweisen manchmal als *tells* bezeichnet ...
die Körpersprache ist oft ehrlicher als die verbalen Behauptungen
eines Menschen.[284]

Heute haben SMS, Online-Chats und Tweets uns in vielen unserer Interaktionen der mannigfachen Möglichkeiten an sensorischen Signalen beraubt, wie Artikulation, Gestik, Körpersprache, Berührung und Geruch. Der Verlust dieser wichtigen
sensorischen Hinweise verbirgt bestimmte Wahrheiten, die im
wirklichen Leben viel schwieriger zu verschleiern sind. Für
Frauen sind die sozialen Medien nützlich zum Festigen von
Freundschaften, doch die tiefe Empathie, die sich einstellt,
wenn sie einer Freundin ins Gesicht schauen und sie einander
vielleicht in den Arm nehmen, geht beim Blick auf den Bildschirm verloren.

Dazu kommt noch, dass die sozial Minderbemittelten,
und dazu gehören Teile der jüngeren Internetgeneration, den
Unterschied zwischen Onlinefreundschaften und Freundschaften im richtigen Leben oft missverstehen oder nicht begreifen.[285] Realität in sozialen Netzwerken ist, dass sie Platt-
formen für Onlineprofile anbieten, über die diese mit anderen
Onlineprofilen interagieren können. Wichtig ist, dass solche
Beziehungen mit einem Klick auf »Gefällt mir nicht mehr«,
»Entfolgen« oder »Blockieren« beendet werden können. Eine
Beziehung so zu beenden konstituiert eine moralisch leicht-
fertige Handlung. Auf jeden Fall widerspricht das ganz und
gar Ciceros Rat, dass eine Freundschaft »eher allmählich er-
löschen als jäh erstickt werden sollte«. Der Respekt, den wir
einer Freundschaft zollen sollten, auch wenn diese sich erschöpft hat, wie Cicero es forderte, sah nicht die oberfläch-
liche Verbindung voraus, die einer Facebook-Freundschaft
innewohnt.

Jeder Aspekt einer Online-Kommunikation hat Sonnen- und Schattenseiten. Nicht nur sind sensorische Signale ausgeschaltet, das einsame, quasi »unbeobachtete« Kommunizieren online führt dazu, dass Oberflächlichkeit, Gehässigkeit und Hass allzu oft die Oberhand gewinnen. Andererseits kann der Bildschirm auch helfen, Barrieren zu überwinden: Botschaften der Liebe und Hilfsbereitschaft, die von Angesicht zu Angesicht vielleicht nur schwer über die Lippen kommen, sind online schnell geschickt. Diese neuen Freundschaftswelten sind, ob das nun gut ist oder schlecht, stets nur einen Klick weit entfernt.

2013 verkündete Facebook, dass der Internetzugang ein Menschenrecht sei. Das mag sein. Aber vollmundige Ankündigungen allein machen aus Vernetzung noch keine Verbundenheit, eine Tatsache, die bei vielen Frauen dazu führt, die sozialen Netzwerke im Internet wieder ins reale Leben zu überführen. Frauen gehen online, um Freundschaften offline zu pflegen.

ONLINE GEHEN, UM OFFLINE ZU KOMMEN

Trotz der erstaunlichen Breite von Online-Gruppen hat sich das menschliche Grundbedürfnis nach kreatürlichem Kontakt mit anderen Menschen nicht in Luft aufgelöst. Der persönliche Kontakt hat nach wie vor für viele Frauen Vorrang. Folglich gewinnen Seiten für persönliche Freundschaften immer mehr an Popularität.

Scott Heiferman, Gründer und CEO von Meetup.com, das er in New York in der Folge von 9/11 ins Leben rief, sagt dazu: »Unser Ziel war es, eine Webplattform zu schaffen, die Menschen hilft, lokale Gemeinschaften zu jedem für sie wichtigen Thema zu bilden, das Internet dazu zu verwenden, um offline zu gehen und einander persönlich zu treffen.«[286] Meetup. com ist die größte Seite, die sich lokalen, platonischen Zusammentreffen verschrieben hat; die Mitgliedszahlen deuten darauf hin, dass der persönliche Kontakt für sehr viele Leute von eminenter Bedeutung ist.

Obwohl Meetup.com selbst nicht geschlechtsspezifisch ist, entstehen unter diesem Dach viele Gruppen ausschließlich von und für Frauen in den unterschiedlichsten Zusammensetzungen hinsichtlich Alter, Ethnien und Interessen. Der Unterschied zu den meisten anderen Internetgruppen besteht darin, dass Meetup.com-Teilnehmer einander persönlich treffen und im selben geografischen Gebiet leben. So können etwa Lesbierinnen, die Freundschaften mit gleichgesinnten Frauen suchen, in der Butch-Stud-Gruppe in Berkeley, Kalifornien fündig werden. Und ein paar Meilen weiter gibt es die »East Bay lesbian friendly activity group over 40«. Diese Mädels interessieren sich für Gruppenaktivitäten wie Fahrradfahren, Wandern, Kleine-Hunde-spazieren-Führen und gemeinsame Abendessen. Andere Frauen in den Vereinigten Staaten, die gleichgesinnte Freundinnen suchen, könnten es beispielsweise bei Sista's Book Social Club oder Bay Area Divas of Color versuchen, um für Amerika nur zwei der unzähligen Gruppen mit spezifischen Interessen zu nennen.

Es gibt Meetup-Gruppen speziell für Latinas, Afroamerikanerinnen, Asiatinnen, Ingenieurinnen, Künstlerinnen, für alte und für junge Frauen. Wichtig ist, dass Frauen ohne Rücksicht auf Ethnie, Geschlechtsidentität oder kulturellen Hintergrund potenzielle Freundinnen mit gemeinsamen Interessen finden können.

Mehrere Existenzgründer gingen noch einen Schritt weiter und legten den Fokus nicht auf gleiche Interessen wie es Meetup.com tut, sondern schufen Webseiten, die in erster

Linie auf Freundschaften ausgerichtet sind. Potenziell gibt es einen gigantischen Zielmarkt für Frauen, die ernsthafte, asexuelle Freundschaften mit anderen Frauen suchen. Drei der größten Seiten für diesen Markt sind in Amerika GirlFriendCircles.com, GirlfriendSocial.com und SocialJane.com.

Diese speziell auf Freundinnen zugeschnittenen Seiten haben einen großen Bedarf bei den heutigen Frauen festgestellt: Selbst wenn zwei Frauen bereits Freundinnen sind, kann ihnen das Leben einen Strich durch die Rechnung machen: Freundinnen ziehen weg, Kinder gehen aus dem Haus, Ehepartner lassen sich scheiden, Menschen sterben. Aus vielerlei Gründen wünschen Frauen sich oft eine neue Freundin. Und etablierte soziale Kanäle, die es für eine Partnersuche gibt, sprechen nicht unbedingt Frauen an, die sich platonische Freundschaften mit anderen Frauen wünschen. Einer anderen alleinstehenden Frau in einer Bar einen Drink zu spendieren vermittelt eine sexuelle Botschaft. Auf eine unbekannte, fröhliche Frauengruppe zuzugehen und zu versuchen, sich ihr anzuschließen, wird zumindest als seltsam empfunden, wenn nicht noch als Schlimmeres.

Vielleicht hat eine Frau früher einmal enge Freundinnen gehabt, steht aber jetzt am Übergang in eine neue Lebensphase mit leeren Händen da. Dann stellt sich die Frage: Wie können Freundinnen einander in der schnelllebigen Zeit von heute finden?

Janis Kupferer, Gründerin von SocialJane.com, erinnert sich an ihre Einsamkeit in einer Stadt, in die sie aus beruflichen Gründen umgezogen war. Sie durchforstete die Seite von Match.com, einer Partnervermittlung, las hier und da Profile von Frauen und wünschte sich, sich mit einigen dieser Frauen anzufreunden. Warum, fragte sie sich, gibt es keine Seite für platonische Freundschaften mit Frauen?[287] Und gründete

SocialJane.com, eine Seite, auf der Frauen ganz genau definieren können, welche potenzielle Freundin sie gerne kennenlernen würden. Wenn Sie eine Laufpartnerin suchen, die Latina ist, oder eine berufstätige Afroamerikanerin, die einen Dackel hat, oder eine, die die Romane von Nabokov auf Russisch gelesen hat, werden Sie vielleicht auf einer der Girlfriend-Seiten oder unter »Suche Freundin« fündig.

Die Tausende von Frauen, die sich auf Freundschaftsseiten angemeldet haben, wollen richtigen Kontakt mit richtigen Frauen in Echtzeit. Auf den ersten Blick funktionieren die Seiten wie Onlinepartnervermittlungen. Kandidatinnen stellen ihre Profile ein, zählen auf, was sie bei einer Freundin suchen. Dann stöbern sie entweder selbst in den Profilen und stellen den Kontakt her, wenn sie glauben, etwas Passendes gefunden zu haben, oder aber die Dienstleister schlagen Frauen mit ähnlichen Profilen innerhalb eines vorgegebenen geografischen Gebietes vor. Die amerikanische Seite GirlFriendCircles organisiert Treffen zum Kennenlernen in kleinen Gruppen, normalerweise in einem Café, um den Kandidatinnen mehrere Alternativen zu bieten.

Bis jetzt haben Seiten für Freundschaften mit Frauen den Globus nicht gerade mit exponentiellem Wachstum überschwemmt. Dennoch glaubt Shasta Nelson, die Gründerin von GirlFriendCircles, dass das Genre sich über kurz oder lang ähnlich wie die Onlinepartnerschaftsvermittlung entwickeln wird.

Als die Onlinepartnersuche begann, blies der Idee viel Gegenwind ins Gesicht. »So dringend nötig habe ich es nun auch wieder nicht«, wurde gesagt. Bei den Freundschaftsseiten heißt es anfangs: »Wie? Ich soll für Freundinnen zahlen?« Aber genauso, wie die Leute sich früher geschämt haben, online auf Partnersuche zu gehen, ist es jetzt fast unnormal, nicht registriert zu sein, wenn man Leute kennenlernen will. Die Freundschaftsseiten für Frauen werden dieser Entwicklung folgen.[288]

Ein Mitglied von GirlFriendCircles berichtete in einem Blog der Seite von ihrem persönlichen Erfolg bei der Suche nach Freundinnen. Shoshana führte ihre Entscheidung, der Frauengruppe beizutreten, auf die Tatsache zurück, dass sie ihren festen Freund über eine Onlinepartnervermittlung gefunden hatte:

Als ich im vergangenen Oktober in Mexiko auf Urlaub war und dort meinen dreißigsten Geburtstag feierte, unterhielt ich mich mit meinem Freund darüber, wie schwierig es für mich war, meine Freundinnen nicht um mich zu haben. Ich wuchs in Orange County auf, bin nun aber schon etliche Jahre in Los Angeles – erstaunlich, wie eine so geringe Entfernung Freundschaften zusetzen kann. Zwischen der Graduate School und vielen Jahren Vollzeit im Beruf, als ich keine Zeit hatte, auszugehen und Leute zu treffen / Freundschaften zu schließen, spürte ich, dass mir etwas fehlt. Mein Freund hat nette Freunde, mit denen ich gern zusammen bin, aber ich hatte wirklich das Bedürfnis, auch selbst welche zu haben. Eher spaßeshalber merkte er an, dass es eine Seite ähnlich wie eine Partnervermittlung geben sollte, über die man Freunde finden kann (wir hatten uns knapp vier Jahre zuvor bei JDate kennengelernt). Also zückte ich mein iPad und suchte auf Google. Ich fand GirlFriendCircles.com, mir gefiel, was ich sah, und ich beschloss, mich dort anzumelden, sobald ich wieder in L. A. bin.[289]

Demnach könnten soziale Medien den Frauen, die Freundinnen suchen, durchaus einen Anreiz geben, das Internet zu benutzen, um offline zu gehen. Soziale Medien werden sich entwickeln, bis der »nächste große Renner« sie ersetzt. Wir können sicher sein, dass Frauen ihre Freundschaften weiterhin neu erfinden werden, wenn neue Technologien das kulturelle Paradigma erneut verschieben.

DREIZEHN

Geben und Nehmen:
Freundschaft in der Marktwirtschaft

»Ich weiß noch, wie Kellie sich über den Schreibtisch beugte und sagte:
›Mach, was du willst, aber schmeiß nicht hin. Du schaffst das …‹
Das ist so ein Schlüsselmoment … Für mich war das enorm wichtig.«
— KIRSTIN GROOS RICHMOND, MITGRÜNDERIN REVOLUTION FOODS

»Von Freundschaften können wir vielleicht sagen, dass es dabei nicht um
Diversifikation oder Rendite geht, sondern um einen Sinn …
Genau dieses nicht wirtschaftliche Merkmal ist es, das in einer
Gesellschaft bedroht ist, in der ein jeder von uns auf seine oder ihre
Ressourcen reduziert wird und nur auf Schlagworte wie Besitztum, Shop-
ping, Wettbewerb und Wachstum zurückgreifen kann.«
— TODD MAY, »FRIENDSHIP IN AN AGE OF ECONOMICS«,
NEW YORK TIMES ONLINE, 2010

—

Freundinnen kümmern sich umeinander in einem ständigen Kreislauf von Geben und Nehmen. Da vielen Frauen
heute immer weniger freie Zeit bleibt,[290] bietet die Marktwirtschaft die Möglichkeit, einige der Bedürfnisse, die früher von
Freunden und der Familie erfüllt wurden, zu stillen. Dazu gehören beispielsweise die Fürsorge für Kranke und Alte, Konzepte für Lebensformen in Wohngemeinschaften oder Interaktionen zwischen einer Mentorin und ihrem Schützling im
beruflichen Leben. Zweifellos gibt es wirtschaftliche Beweg-
gründe für diese Leistungen, aber viele davon charakterisie-

ren auch Freundschaften unter Frauen, wie wir in unterschiedlichsten Epochen und kulturellen Zusammenhängen gesehen haben.

GLEICH UND GLEICH

Auf die eine oder andere Weise haben wirtschaftliche Gegebenheiten Auswirkungen auf die meisten Aspekte unseres Lebens – wo wir leben, wen wir kennen, was wir machen. Aber können wir wirklich alle unsere menschlichen Beziehungen auf die Ökonomie, auf die Spielregeln der sogenannten »dismal science« herunterbrechen?[291] Gott sei Dank nicht. Empathie, Loyalität und Zuneigung – das bleiben unschätzbare Gefühle, die Menschen aneinander binden. Dennoch beeinflussen wirtschaftliche Belange die Auswahl unserer Freunde. Unter sonst gleichen Bedingungen neigen Menschen dazu, sich denjenigen zuzuwenden, die sie als ihnen ähnlich betrachten. Der Sozialwissenschaftler Nicholas Christakis, der dieses Phänomen »Homophilie« nennt, sagt es so: »Ob Hell's Angels oder Zeugen Jehovas, Drogensüchtige oder Kaffeetrinker, Demokraten oder Republikaner, Briefmarkensammler oder Bungeespringer – wir suchen Menschen, die unsere Interessen, Geschichte und Träume teilen. Gleich und gleich gesellt sich gern.«[292]

Im Großen und Ganzen tendieren wir dazu, Freundschaften mit Menschen einer ähnlichen sozioökonomischen Klasse zu schließen. Das liegt vor allem daran, dass wir einander zu üblichen Zeiten an üblichen Orten kennenlernen und überlappende Lebensinteressen entdecken. Und auch wenn wir uns bemühen, nicht an die Vermögenswerte unserer Freunde zu denken, können finanzielle Unterschiede besonders dann zu einem Bruch mit den Freunden führen, wenn sich deren

Schicksal wendet, ob zum Guten oder zum Schlechten. (Wie wir bei Mercy Otis Warren und Abigail Adams gesehen haben: Als die Adams' zu mehr Wohlstand kamen, war Mercy Otis Warren vergrämt.) Einmal abgesehen von dem neueren Phänomen von Freundschaften, die sich aus sozialen Medien ergeben, und einigen wenigen dauerhaften Brieffreundschaften, die sich allen Widrigkeiten zum Trotz halten, werden die meisten Freundschaften von wirtschaftlichen Faktoren beeinflusst.

EINE HAND WÄSCHT DIE ANDERE ...

Wir haben festgestellt, dass Frauen im Laufe der Geschichte aus gemeinsamen Interessenlagen heraus Freundschaften schlossen, beginnend mit Maria und Elisabeth in der Bibel, deren Schwangerschaften der Grund für ihre Beziehung waren. Die Nonnen des Mittelalters einte ihr Glauben und ihre körperlichen Bedürfnisse in den abgeschotteten Klöstern. Gleichermaßen freundeten sich die *Salonnières* des 17. Jahrhunderts auf der Grundlage ihrer elitären gesellschaftlichen Stellung und ihrer gemeinsamen literarischen Interessen an. Im frühen Amerika taten Frauen sich zusammen, um einander bei großen oder kleinen Verrichtungen im Haushalt zu unterstützen. Im 19. Jahrhundert trafen sie sich, um einander einerseits anzuregen, ihren Geist zu bilden, und um andererseits den Unterdrückten und Schwachen zu helfen. Das Vermächtnis von Freundschaften, die in gemeinsamen Selbsthilfegruppen entstanden, setzt sich bis heute ungebrochen in unzähligen Bürgerinitiativen und Gruppen zur persönlichen und beruflichen Weiterbildung fort.

Viele Frauen ergreifen die Initiative, wenn sie ihren Freunden unter die Arme greifen wollen; oft erweisen sie ihnen von sich aus Gefälligkeiten und machen kleine Geschenke, ohne eine Gegenleistung zu erwarten. Aber unabhängig davon, ob das gewürdigt wird oder nicht: Hier kommt Aristoteles' unausgesprochener Freundschaftskodex ins Spiel: ein unablässiger Kreislauf des »manus manum lavat« – eine Hand wäscht die andere.

Todd May, ein zeitgenössischer politischer Philosoph, betrachtet Beziehungen im Zusammenhang mit Konsumverhalten und Unternehmertum. Seiner Ansicht nach hat sich jede Beziehung – ob politisch, gesellschaftlich oder privat – zu einer Art »Markt« entwickelt.[293] Mit dieser trostlosen Einschätzung dessen, was der Freundschaft zugrunde liegt, klingt bei May die Theorie des Selbstinteresses von La Rochefoucauld aus dem 17. Jahrhundert nach.

Konsumverhalten, behauptet May, wirkt wie eine süchtig machende Droge, die Menschen davon abhält, sich um andere zu kümmern, denn es richtet das Augenmerk einer Person auf flüchtiges Vergnügen. Das »High« eines Konsumenten lässt wie bei einer Droge allmählich nach und muss regelmäßig aufgefrischt werden.[294] Und zu unternehmertypischen Verhaltensweisen gehört es, andere Menschen zum eigenen Vorteil zu benutzen.

Mays Sorge, dass Marktmechanismen Freundschaften zerstören, ist vielleicht doch ein wenig übertrieben. Selbst wenn wir manchmal oberflächlich, materialistisch und ehrgeizig sind und gern shoppen gehen, heißt das nicht, dass wir nicht dennoch in der Lage sind, einen Freund zu würdigen oder Beziehungen zu kultivieren, die auf Zuneigung und Vertrauen gegründet sind.

FREUNDSCHAFT AM ARBEITSPLATZ

Wie Männer, so schließen auch viele Frauen Freundschaften am Arbeitsplatz, und diese Beziehungen erweisen sich später oft als unverzichtbar für ihr Berufsleben. Eine Freundin am

Arbeitsplatz wird Ihnen im Mahlstrom der Bürointrigen den Rücken stärken. Und weil sie mit Ihnen gemeinsam an vorderster Front gekämpft hat, können Sie auf ihr Mitgefühl zählen, wenn Sie Ihren Arbeitsstress bei ihr abladen, womit andere in Ihrem Freundeskreis nicht dienen können.

Heute machen viele Menschen keinen Unterschied zwischen Freundschaften mit Kollegen und mit privaten Freunden. Sheryl Sandberg, COO bei Facebook und davor in einer Führungsposition bei Google in dessen Start-up-Phase, findet, dass berufliche Freundschaften privat sein sollten: »Ich glaube daran, sich ganz und gar in den Beruf einzubringen... Das heißt nicht, dass mir alle Leute alles über ihr Privatleben erzählen müssen. Aber ich gebe ziemlich viel von meinem preis.« Nicht alle Mitarbeiter Sandbergs sind ihre Freunde, aber eine ihrer langjährigen Kolleginnen stellte fest: »Die Leute, mit denen sie beruflich befreundet ist, sind auch privat ihre Freunde.«[295]

In eine ganz andere Richtung weisen andere Kommunikationsexperten, die sich mit Umgangsformen am Arbeitsplatz befassen: Sie mahnen zur Vorsicht, denn wenn eine Freundschaft mit Arbeitskollegen in die Brüche geht, kann mehr schiefgehen als nur die Freundschaft selbst; das beginnt damit, dass man jemandem tagtäglich über den Weg läuft, den man lieber nicht sehen möchte. Gravierender wären mögliche Racheakte, die zum Verlust des Arbeitsplatzes führen könnten. Eine weitere Falle lauert, wenn ein Mitarbeiter unabsichtlich Details aus dem Privatleben einer Freundin erzählt, die für fremde Ohren nicht geeignet sind.

Freundschaften am Arbeitsplatz zwischen einer Vorgesetzten und ihren Mitarbeiterinnen sind unabhängig von ihrem Rang immer mit Einschränkungen verbunden, ob es nun eine unausgesprochene Übereinkunft bei der täglichen Zusammenarbeit ist oder eine Absprache, Arbeit und Privates strikt zu trennen. Selbst wenn die Vorgesetzte und ihre Mitarbeiterin kein Problem mit ihrer Freundschaft haben, könnten andere Kollegen mit Eifersucht reagieren, besonders dann, wenn die betreffende Mitarbeiterin als obrigkeitshörig wahrgenommen oder der Vorgesetzten Günstlingswirtschaft unterstellt wird. Freundschaften zwischen Vorgesetzten und Mitarbeitern fehlt die Gleichheit, die Aristoteles als notwendige Eigenschaft einer echten Freundschaft betrachtet. Vielleicht ergibt es hier mehr Sinn, den Begriff »Gleichheit« bei Aristoteles gegen »Wechselseitigkeit« auszutauschen. Auch wenn zwei Menschen einander niemals in allen Aspekten ihres Lebens ebenbürtig sein können, so kann eine echte Freundschaft trotz Rang- und Vermögensunterschieden funktionieren, solange jeder das, was er zu bieten hat, in einem selbstlosen Prinzip von Geben und Nehmen in die Beziehung einbringt.

OUTSOURCING, WECHSELSEITIGKEIT UND FREUNDSCHAFT

Auf ähnliche Weise entstehen Freundschaften zwischen dem Käufer und dem Verkäufer einer Dienstleistung, wenn viel beschäftigte Menschen private Hilfeleistungen »outsourcen«, die früher vielleicht Freunde erbracht haben. Arlie Hochschild bemerkte in *The Outsourced Self. Intimate Life in Market Times*:

Angesichts der Berufstätigkeit von Frauen und der Tatsache, dass alle Amerikaner länger arbeiten und seltener sichere Jobs haben, wurde der Druck auf moderne Familien immer größer … Ohne die Gemeinschaft vergangener Zeiten, auf die sie zurückgreifen konnten … konzentrierten sich Menschen zunehmend auf die eine verbleibende Alternative – den Markt.[296]

Der Markt für Hilfskräfte umfasst mittlerweile Betreuer, Haushälter, Fahrer, Handwerker, Grabpfleger, Personal Trainer, Köche, Ersatzmütter, Leihgroßmütter, Auftragsplattformen... Es gibt nichts, was es nicht gibt. Eine Fülle von Onlineressourcen entstand mit dem Ziel, uns mit hilfswilligen Menschen in Kontakt zu bringen, die gegen Bezahlung das für uns erledigen, was wir erledigt haben möchten. Während wir früher »auf gut Glück« Leute akquiriert haben, wie einige Onlinepartnervermittlungsagenturen die vorsintflutliche Partnersuche auf Partys gern charakterisieren, überlassen wir die Prüfung und Vorauswahl jetzt anderen. Das Outsourcing weitet sich sogar zu einem Markt aus, der Ersatzlösungen für echte Freundschaften anbietet: »Für alle, die allein sind, bietet eine Dienstleistung mit der salopperen Bezeichnung Rent-a-Friend einen gemieteten ›Kumpel‹, mit dem man ins Kino, ins Fitnessstudio oder essen gehen, Fotos sortieren oder Ausflüge machen kann – sexuelle Dienste sind ausgeschlossen.«[297]

Einen Schönheitssalon zu besuchen ist eine weitverbreitete Form des Outsourcing einer ehemals privaten Tätigkeit. Wie manch eine Frau und ihre Friseurin oder Nagelpflegerin wissen, bereiten häufige Besuche und körperlicher Kontakt einen fruchtbaren Boden für Freundschaften, und sei es nur die Art, die Aristoteles eine Freundschaft um des Nutzens willen bezeichnet hätte. Besonders im Rahmen von Dienstleistungen für die persönliche Körperpflege kann zwischen der Dienstleisterin und ihrer Kundin eine wichtige Beziehung entstehen. Shelley Taylor zitiert umfangreiche Forschungen zum Fellpflegeverhalten bei Primaten, also die Art und Weise, wie sie das Fell eines Gefährten nach Parasiten durchkämmen: »Die Fellpflege hält den Pelz eines Freundes sauber und attraktiv und ist auch eine sehr beruhigende, als angenehm empfundene Tätigkeit.«[298] Während die moderne Frau ihren Besuch beim Friseur oder bei der Nagelpflegerin möglicherweise nur ungern als eine Behandlungsform ansehen möchte, die aus der Entfernung von Parasiten entstanden ist, so kann die körperliche Vertrautheit doch eine ähnliche sein. Heutzutage hat niemand mehr eine Kammerzofe, die diese Dienstleistungen erbringt, weshalb wir uns diesen kleinen Luxus leisten und uns manchmal mit unseren Friseurinnen, Fitnesstrainerinnen oder Yogalehrerinnen anfreunden.

Outsourcing wird in unserem von Doppelbelastung geprägten Leben gerade zu einem wichtigen Medium für den Aufbau von Beziehungen. Leah Busque, CEO der Auftragsplattform TaskRabbit, war selbst verblüfft über die exponentielle Entwicklung ihrer Website, als immer mehr Menschen ihr Konzept eines »Marktes« zwischen Menschen aufgriffen, die Besorgungen erledigt haben wollten, und anderen, die bereit waren, diese zu erledigen. Dabei waren mehr als nur wirtschaftliche Überlegungen im Spiel. Etwas wie Freundschaft bestimmt die wichtigsten Transaktionen von TaskRabbit. Wie so etwas abläuft, beschrieb Leah Mitte 2014:

Hier in San Francisco gibt es eine Mutter, deren 20-jähriger Sohn in Boston lebt … Nun musste ihr Sohn schon in diesem Alter eine Chemotherapie über sich ergehen lassen … Sie hatte nicht das Geld … um zu ihm zu fliegen und ihm während der Behandlung beizustehen. Also wandte sie sich an TaskRabbit. Sie fand eine Frau, die ihren Sohn eine Woche lang jeden Tag im Krankenhaus besuchen konnte, ihm etwas zu essen brachte, eine Kuscheldecke schenkte, sich Tag für Tag eine halbe Stunde lang zu ihm setzte und danach mit ihr telefonierte und sie auf dem Laufenden hielt, beispielsweise darüber, wie er sich wirklich fühlte. Die Frau, die den Job in Boston annahm, war selbst Mutter. Und die Beziehung, die diese beiden Mütter von einem Ende des Landes zum anderen aufbauten, war unglaublich. Und ich erkannte, dass das, was wir aufgebaut hatten, nicht nur … Botengänge und Besorgungen waren. In Wahrheit definierten wir die Vorstellung davon um, wer unsere Nachbarn sind, auf wen wir uns verlassen können.[299]

In diesem und in vielen anderen Fällen ist Gleichheit weniger wichtig als Wechselseitigkeit. Wenn es in einer Beziehung zwischen zwei Menschen um alltägliche Interaktionen geht, die auf Sympathie, Empathie, emotionaler Vertrautheit, gemeinsamer Fürsorge und gleichen Wertvorstellungen beruhen, dann entsteht eine bestimmte Art von Freundschaft ohne Rücksicht darauf, wer der Käufer und wer der Verkäufer ist.

Heute erfinden Frauen ihre Freundschaften neu, um ihre Bedürfnisse in einer veränderten Gesellschaft zu erfüllen. Oft passiert es, dass Mütter mit Tagesmüttern eine tiefe Bindung eingehen, wenn sie ihnen die Fürsorge für das Kostbarste in ihrem Leben anvertrauen. Solche Beziehungen tragen viele Merkmale einer Freundschaft – Vertrauen, Loyalität, Lachen, gemeinsame Liebe zu einem Kind. Natürlich müssen zwischen Arbeitgeberin und Arbeitnehmerin angemessene Arbeitszeiten, die Bezahlung und sonstige Leistungen vertraglich vereinbart sein. Aber selbst im Rahmen dieser wichtigen wirtschaftlichen Bedingungen kann eine solche Beziehung sich durchaus zu einer gegenseitigen, liebevollen Freundschaft entwickeln, deren Fundament stärker ist als alle wirtschaftlichen Interessen.

Lesen Sie dazu das folgende Beispiel:[300] 2013 nahm in einer sozial besser gestellten Gemeinde in Nordkalifornien eine unbefangene Plauderei zwischen einer viel beschäftigten Berufstätigen und ihrer Putzfrau, die einmal wöchentlich zu ihr kam, eine unerwartete Wendung: Marisol hatte schon mehr als zehn Jahre für Kathy gearbeitet. Sie plauderten gern miteinander, wenn sie die Abläufe durchsprachen, und Marisol freute sich, dass sie Kathy ein wenig Spanischunterricht geben konnte. Sie wussten einige Dinge voneinander – Marisol zweifellos mehr von Kathy als umgekehrt, da sie ja Kathys Haus sauber machte, auch wenn Kathy immer ernsthaft Interesse zeigte, wenn Marisol von ihrer Familie und ihren Freizeitaktivitäten erzählte.

Einmal beklagte Marisol sich eher unbeabsichtigt über ihren Ehemann: Sie hatte zwei Karten für ein ausverkauftes Konzert eines Latino-Superstars ergattert, und ihr Mann wollte sie nicht begleiten. Kathy zeigte Verständnis für Marisols Ärger und riet ihr, eine Freundin mitzunehmen und ihre bessere Hälfte zu Hause zu lassen. Marisol erwähnte noch kurz, dass ihr Gatte es nicht gern sah, wenn sie ohne ihn ausging, wollte ihren Rat aber befolgen. In der folgenden Woche erstattete sie wieder Bericht und fügte seufzend hinzu, dass auch keine ihrer Freundinnen Lust hatte mitzugehen. »Was ist denn mit denen los?«, entrüstete sich Kathy. »Sind sie verrückt? Also, ich würde sofort mitkommen.«

Marisols Gesicht hellte sich auf: »Tatsächlich? Das ist ja super!« Und Kathy, die ihr einen Freundschaftsdienst erweisen wollte, ließ sich nicht lange bitten.

Am Abend des Konzerts kam Marisol bei Kathy vorbei, um sie abzuholen. Als Kathy mit der für die weißen Vorstadtbewohner üblichen Konzertkluft erschien – Designerjeans, dazu eine Jacke mit Ziernähten und Stiefel –, schüttelte Marisol, die selbst ein sexy Lamékleid mit hochhackigen Riemchensandalen trug, den Kopf. Sie nahm Kathy am Arm und erklärte: »Wir werden in Ihrem Kleiderschrank nachsehen.« Den Inhalt des Kleiderschranks kannte Marisol ebenso gut wie Kathy. Sie kramte ein fast vergessenes, tief ausgeschnittenes Top heraus, den einzigen Gürtel mit Klunkern, den Kathy besaß, und Kathys einziges Paar hochhackige Schuhe. Als Kathys Umwandlung vollendet war (inklusive Auffrischung ihres Make-ups), betrachtete Marisol ihr Werk, als hätte sie das Beste aus einem hoffnungsvollen Fall herausgeholt und beeilte sich, mit Kathy zum ausverkauften Kongresszentrum zu kommen. Dort war bereits die Hölle los. Den ganzen Abend über war kein einziges englisches Wort zu hören. Fast alle Frauen unter den 86 000 Konzertbesuchern trugen schillernde Cocktailkleider mit gewagten Dekolletés. Die Musik war laut, die Stücke lang und allesamt tanzbar. Kathy amüsierte sich königlich.

War das ein gelungener Abend unter Freundinnen? Ja. Werden Kathy und Marisol enge Freundinnen werden? Wahrscheinlich nicht. Ihre Positionen auf den unterschiedlichen Sprossen der sozialen Leiter sprechen dagegen, dass sie viel Zeit in ihrem Leben gemeinsam verbringen werden, und die wirtschaftliche Ungleichheit der Beziehung Arbeitgeberin/Arbeitnehmerin wird immer eine Barriere zwischen ihnen sein. Aber während die Beziehung zwischen Kathy und Marisol vielleicht nicht die aufrichtigste und tiefste sein mag, bleibt sie für beide eine wichtige Verbindung – eine Verbindung, die viele Frauen im Lauf der Geschichte und in unserem geschäftigen, hektischen Leben als eine Form von Freundschaft dankbar annehmen.

RITUALISIERTE FREUNDSCHAFTEN AM ARBEITSPLATZ: DIE MENTORIN

Der Begriff *Mentor* ist heutzutage besonders bei ehrgeizigen jungen Frauen ein gern benutztes Wort. Es ist ein Begriff, der in den vergangenen Jahrhunderten weit verbreitet war und dessen Bedeutung irgendwann abhandenkam. Wie Altphilologen wissen, war Mentor ein alter Mann, dem Odysseus seinen Sohn Telemachus zu Beginn des Trojanischen Krieges in Obhut gab. Als Athene kam, um Telemachus beizustehen, tarnte sie sich als Mentor, um bei den Bewerbern um seine Mutter Penelope keinen Verdacht zu erregen. So verkleidet machte Athene dem jungen Mann Mut und beriet ihn. Die moderne Verwendung des Begriffes »Mentor« begann um das 18. Jahrhundert herum mit dem Protagonisten in François Fénelons Roman *Les aventures de Télémaque*. Ein fundamentaler Aspekt der ursprünglichen Geschichte, der in den nachfolgenden Jahrhunderten verloren ging, ist der, dass Mentor einst eine außerordentlich mächtige Göttin war.

Mentoring, wie es im modernen Geschäftsleben üblich ist, hilft jungen Mitarbeitern, diejenigen Eigenschaften zu entwickeln, die sie für eine Beförderung brauchen. Auch wenn diese Beziehung von Ungleichheit geprägt ist, bedient sich die Mentorin ihrer persönlichen Erfahrung, um ihren Schützling bei Problemen am Arbeitsplatz wirkungsvoll zu beraten. Ist das in vielerlei Hinsicht nicht auch eine Art Freundschaftsdienst?

Die Entstehungsgeschichte eines schnell wachsenden, jungen Unternehmens namens Revolution Foods liefert dafür ein Paradebeispiel. Kristin Groos Richmond, eine der beiden Gründerinnen (Freundinnen seit der Zeit ihres gemeinsamen Betriebswirtschaftsstudiums), stellte mitten in der hektischen Start-up-Phase fest, dass sie schwanger war. Ihre Mentorin gab ihr einen Ratschlag, der ihr Leben verändern sollte: »Ich weiß noch, wie Kellie sich über den Schreibtisch beugte und sagte: ›Mach, was du willst, aber schmeiß nicht hin. Du schaffst das. Wenn du das anpackst und deiner Leidenschaft folgst, wirst du obendrein noch eine bessere Mutter sein … es wird dich begeistern und erfüllen, und das wirst du an deine Kinder weitergeben …‹ Das ist so ein Schlüsselmoment … für mich war das enorm wichtig.«[301]

Glücklicherweise ist die berufliche Förderung von Frauen ein Unternehmensziel vieler Vorgesetzter im öffentlichen und privaten Bereich, und Frauen erhalten zunehmend das Mentoring und das Sponsoring, um ihnen das Rüstzeug für eine aussichtsreiche Karriere zu geben. Die meisten Experten, die Unternehmensführung/Executive Management studieren, unterscheiden zwischen Mentoring und Sponsoring. Wie Sylvia Ann Hewlett vom Center for Talent Innovation anmerkt, »zeigt Sponsoring – im Gegensatz zu Mentoring, seinem schwächeren Verwandten – einen messbaren Unterschied bei der beruflichen Karriere. Mentoring, darüber müssen wir uns klar sein, ist eine relativ lockere Beziehung. Mentoren fungieren als Resonanzboden … geben Ratschläge nach Bedarf, und sie geben Unterstützung und Anleitung auf Anforderung; als Gegenleistung erwarten sie sehr wenig.«[302]

Mentoring erfüllt zwar viele Merkmale einer Freundschaft um des Nutzens willen, wie Aristoteles sie definiert hat, jedoch fehlt ihr die Gleichheit, zumindest in der Anfangszeit. Wenn die Mentorin ihre Unterstützung anbietet, sieht sie in ihrem Schützling vielleicht die junge Frau, die sie selbst einmal war. Das ist eine allzu reizvolle Versuchung für jemanden, der sich im Berufsleben bereits profiliert hat. Wenn sich die Beziehung zwischen der Mentorin und ihrem Schützling im Lauf der Zeit vertieft, fällt vielleicht die Dynamik »Erfahrene-Unerfahrene« weg, und was bleibt, sind nicht nur die äußeren Anzeichen einer Freundschaft, sondern eine echte Freundschaft.

Sponsoring ist im Hinblick auf Freundschaften viel eindeutiger als Mentoring. Beim Sponsoring geht es überwiegend um eine formale Geschäftsbeziehung. Hewlett beschreibt das darin enthaltene, klar definierte Geben und Nehmen so:

Um voranzukommen, müssen Frauen sich einen Sponsor zulegen – einen Vertreter in einer Machtposition –, der ihnen hilft, sich aus dem sogenannten »marzipan layer« zu befreien, dieser klebrigen, zähen Schicht im Mittelmanagement, in der so viele engagierte und talentierte Frauen stagnieren... Im Gegensatz [zu Mentoren] investieren Sponsoren viel mehr in ihre Schützlinge, geben Anleitung und kritisches Feedback, weil sie an sie glauben... Sponsoren treten für die Interessen ihrer Schützlinge ein, stellen Kontakte zu wichtigen Akteuren und Positionen her. Dabei achten sie darauf, selbst gut dazustehen. Und gerade weil Sponsoren Risiken auf sich nehmen, erwarten sie herausragende Leistungen und Loyalität.[303]

FREUNDSCHAFT AM ARBEITSPLATZ; MODELL DRITTE WELT

In weiten Teilen der Geschichte der westlichen Welt waren Frauen überwiegend damit beschäftigt, ihren Körper und ihre Seele für das Wohl ihrer Familien einzusetzen. Die Notwendigkeit, für Essen, Unterkunft und Bekleidung zu sorgen, beanspruchte ihren gesamten Tagesablauf. Gleiches gilt heute noch überall auf der Erde für die Armen am Rand der Gesellschaft.

2011 lebten nach Schätzungen der Weltbank 1,2 Milliarden Menschen oder 17 Prozent der Weltbevölkerung in extremer Armut.[304] 70 Prozent davon waren Frauen.[305] In Entwicklungsländern konzentrieren sich die Wirtschaftsräume in Dörfern und städtischen Gebieten oft auf die Arbeit einheimischer Frauen und deren Freundeskreis. Frauen halten die wirtschaftlichen Zügel dieser Gemeinschaften in der Hand, denn sie übernehmen Verantwortung für das Wohlergehen ihrer Kinder. Im Lauf der letzten zwei Jahrzehnte hat diese Situation bei sozial engagierten Unternehmern und bei führenden Finanzorganisationen einen Nerv getroffen, und zwar in Form von Mikrokrediten: Sie verleihen außerordentlich kleine Geldbeträge an Arme in den Städten und auf dem Land und unterstützen damit die Gründung, den Aufbau und den Erhalt profitabler Kleinstunternehmen. Laut Opportunity International gehen 93 Prozent aller Mikrokredite an Frauen.[306] Den Mikrokreditgebern ist nicht entgangen, dass der beste Weg, Rückzahlungsausfälle zu vermeiden, darin besteht, Kredite nicht an Einzelpersonen, sondern an Gruppen von Frauen zu vergeben, die freundschaftlich miteinander verbunden sind.

In einer solchen »Treuhandgruppe« verfolgt jede Geschäftsfrau ihre eigene unternehmerische Vision. Eine kauft vielleicht eine Nähmaschine und das notwendige Material, um Kleidungsstücke in Heimarbeit zu nähen und sich gleichzeitig um ihre kleinen Kinder kümmern zu können. Eine andere webt vielleicht traditionelle Textilien für den Verkauf. Sie betreiben Läden, kleine Bauernhöfe, Schönheitssalons und Veterinärkliniken, um nur einige der unzähligen Geschäftszweige zu nennen. Die Treuhandgruppen verfügen über einen internen Überwachungsmechanismus. Die Frauen in der Gruppe unterstützen einander mit ihrem Geschäfts-Know-how und bürgen füreinander, weshalb keine zusätzlichen Sicherheiten erforderlich werden. Wenn ein Mitglied mit den monatlichen Raten in Schwierigkeiten kommt, kennt die Gruppe die Gründe – etwa ein Krankheitsfall in der Familie, eine defekte Maschine oder ein Ungleichgewicht in den Lagerbeständen. Die Gruppe baut Rücklagen für Notfälle auf, um einzelnen Mitgliedern über solche Engpässe hinwegzuhelfen. Die Kreditnehmerin behält ihren Kredit, ihr Geschäft bleibt unangetastet, und der Kreditgeber hat keine Einbußen. Der Schmierstoff dieses starken Wirtschaftsmotors? Vertrauen unter den Freundinnen.

Die letzten Jahrzehnte haben gezeigt, dass die Frauen der Babyboomergeneration ihre Männer um fünf bis zehn Jahre überleben und damit einen jahrhundertelangen Trend fortsetzen.[307] Ein großer Prozentsatz dieser älteren Frauen sind Singles; entweder haben sie ihren Partner durch Tod oder Scheidung verloren oder von vornherein nie geheiratet. Ab einem Alter von etwa 50 Jahren beschließen viele weibliche Singles Nägel mit Köpfen zu machen: Sie wollen sicherstellen, dass sie den Rest ihres Lebens so würdig und glücklich wie möglich verbringen. Für einige von ihnen bedeutet das, dass sie in altersgerechtes Wohnen investieren. Fast eine halbe Million weibliche Babyboomer lebt bereits mit einer Mitbewohnerin zusammen, und der Trend zu solchen Wohnformen steigt sprunghaft an.

Allgemeine Parameter, die sich für ein gemeinsames Wohnen abzeichnen, deuten darauf hin, dass Frauen dieser Altersgruppe bestimmte Bereiche gern gemeinsam nutzen, wie etwa Wohnzimmer und Küche. Die meisten sind der Überzeugung, dass ihre Hausgemeinschaft konfliktfrei und angenehm funktionieren kann, wenn sorgsam ausgearbeitete und einvernehmlich geregelte Rahmenbedingungen vorliegen – etwa, wer was wann sauber macht und ob Übernachtungsgäste erlaubt sind. Sehr wichtig für die meisten Teilnehmerinnen an solchen gemeinschaftlichen Wohnprojekten ist ein genau definierter privater Bereich.[308] Viele Juristen und Finanzberater raten selbst guten Freundinnen dringend an, formelle Verträge mit Regelungen für die unzähligen Wechselfälle des Lebens abzuschließen, die selbst die bestgemeinten Vorsätze zunichtemachen können. Inzwischen gibt es jede Menge Webseiten, die

Frauen helfen, vernünftige Entscheidungen zur Strukturierung von Verträgen für langjährige Wohn-/Hausgemeinschaften zu treffen. Auf jeden Fall berücksichtigt werden sollten die Finanzen, der gesellschaftliche Umgang miteinander, Gesundheitsthemen und emotionale Bedürfnisse.

Solche »Golden Girls«-Vereinbarungen führen oft dazu, dass Frauen in deutlich besseren Gegenden wohnen können, als sie es sich allein leisten könnten. Die Lebenshaltungskosten reduzieren sich auf einen Bruchteil dessen, was für einen Einpersonenhaushalt aufgebracht werden müsste. Das war bei Karen Bush, Louise Machinist und Jean McQuillin der Fall, die als Koautorinnen *My House Our House* schrieben, einen informativen Rückblick auf ihre Erfahrungen bei der Gründung einer Wohngemeinschaft in einer vornehmen Gegend, die sie sich einzeln nie hätten leisten können.[309]

Unabhängige Frauen mögen überrascht sein, wenn sie zum Schluss kommen, dass es sehr sinnvoll sein kann, ihren Haushalt mit einer langjährigen Freundin zusammenzulegen. Penny, 59, und Kathy, 52, setzten dieses wirtschaftliche Prinzip in die Tat um. Seit ihren Scheidungen 15 Jahre zuvor waren sie Busenfreundinnen und träumten manchmal von einer Wohngemeinschaft, obwohl beiden ihre Privatsphäre heilig war. Doch dann brauchte Kathy wegen einer aus dem Ruder gelaufenen Renovierung für mehrere Wochen eine Übernachtungsmöglichkeit. Penny war sofort bereit, ihrer Freundin zu helfen, aber die Modernisierung zog sich schließlich über neun Monate hin. Das Ergebnis: Die beiden besten Freundinnen stellten fest, dass sie für eine Wohngemeinschaft wie geschaffen waren. Penny erklärte es so: »In diesen neun Monaten fanden wir heraus, dass jede von uns so viel Zeit für sich allein hatte, wie sie wollte. Es kam uns einfach idiotisch vor, weiterhin für zwei Haushalte zu bezahlen.«[310]

Variationen solcher Modelle sind etwa Wohngemeinschaften mit zuvor unbekannten Mitbewohnerinnen, die über eigens darauf spezialisierte Onlineportale gesucht werden können.[311] Manchmal sind solche Arrangements bewusst so angelegt, dass sie einer oder beiden Parteien eine Rücktrittsmöglichkeit bieten. Das erleichtert vielen Frauen die Entscheidung, es mit einer Mitbewohnerin zu versuchen, und gibt ihnen die Möglichkeit, sich wieder auseinanderzudividieren, sollte sich die Konstruktion als nicht tragbar erweisen. Übergangsweise in einer Wohngemeinschaft zu leben kann für frisch verwitwete oder geschiedene Frauen ein Segen sein, wenn sie vielleicht über einen bestimmten Geldbetrag verfügen, sich gleichzeitig aber noch mit einer Vielzahl unverarbeiteter Emotionen herumschlagen. Eine bezahlbare Wohnform, die nicht sofort mit Vorleistungen verbunden ist, gibt einer Frau in einer Übergangsphase genügend Luft, sich in ihre neue Situation hineinzufinden und vernünftige finanzielle Entscheidungen zu treffen.

Und es überrascht nicht wirklich, dass aus vielen solchen zeitlich begrenzten, unabhängigen Wohnformen oft wunderbare Freundschaften entstehen. Selbst für sehr zurückgezogene Menschen kann es deutlich zum Stressabbau beitragen, wenn sie wissen, dass jemand da ist, falls sie erkranken oder bei einem kleineren Notfall Hilfe brauchen sollten. Margaret Mead wird folgende Aussage zugeschrieben: »Eines der ältesten menschlichen Bedürfnisse ist es, jemanden zu haben, der sich fragt, wo du bist, wenn du nachts nicht nach Hause kommst.«

Obwohl der Trend gerade erst Fahrt aufnimmt, definieren Frauen in dieser Situation zugleich auch Frauenfreundschaften neu: »Wir sind inzwischen mehr als Freundinnen … eher wie drei Schwestern, die sich gut vertragen, gern zusammen sind und dennoch ihrer eigenen Wege gehen.«[312] Während das traditionelle Familienmodell allmählich die Vorherrschaft verliert, bilden Wohngemeinschaften von Freundinnen eine Art von Ersatzfamilie.

Auch wenn wir so tun, als blieben die kostbarsten Beziehungen in unserem Leben unberührt von wirtschaftlichen Erwägungen, so bestimmt unsere soziale und finanzielle Situation doch die Art und Weise, wie wir Freundschaften schließen. Die wesentlichen Merkmale einer Frauenfreundschaft haben sich über die Jahrhunderte nicht verändert, wenngleich die Methoden, um Freundinnen zu finden und zu behalten, sich heute ganz anders darstellen. Frauen arbeiten heutzutage weit entfernt von ihrem Zuhause, sie sind als permanente Multitasker geforderter als je zuvor, und sie finden kreative Wege, die Karten mit Umsicht zu spielen, die das Leben ihnen ausgeteilt hat.

VIERZEHN

Können Frauen und Männer
»nur Freunde« sein?

*»Affären passieren, und wenn auch nur der Verdacht aufkeimt,
dass Sex im Spiel sein könnte, gibt es Klatsch.«*
— SYLVIA ANN HEWLETT, CENTER FOR TALENT INNOVATION, 2013

*»Es ist nur Sex. Was ist daran so kompliziert?
Es geht einfach nur darum, dass zwei Leute, die einander
attraktiv finden, miteinander regelmäßig das Intimste tun, was man
miteinander tun kann. Es ist wirklich nichts dabei!«*
— GEORGIA WISDOM, »10 RULES FOR FRIENDS WITH BENEFITS«, 2014

*H*arry und Sally, der Kultfilm von Rob Reiner und Nora Ephron mit Billy Crystal und Meg Ryan, fand aus vielen Gründen Anklang bei der damaligen Generation, doch dessen zentrale Frage ist eine zeitlose: Können Männer und Frauen »nur« Freunde sein? Für diejenigen, denen es irgendwie gelungen ist, dieses epochale Kulturgut von 1989 zu verpassen: Harry sagt Nein und erklärt dazu: »Ständig funkt der Sex dazwischen.« Allerdings haben wir festgestellt, dass heterosexuelle Freundschaften eine feste, wenn auch komplizierte Rolle in der Geschichte der Freundschaften spielen, die Frauen schließen. Wie bei romantischen Freundschaften zwischen zwei Frauen reicht die Bandbreite bei Freundschaften zwischen einer Frau und einem Mann ebenfalls von eindeutiger Asexualität bis hin zu aktiver Erotik.

Ein Freundespaar am platonischen Ende der Skala wird feststellen, dass es anderen gegenüber ständig wiederholt, sie seien »nur gute Freunde«. Dass solche Beteuerungen überhaupt notwendig sind, wirft ein bezeichnendes Licht auf die traditionelle gesellschaftliche Erwartung, dass Beziehungen zwischen einem Mann und einer Frau zwangsläufig sexuell sind und sexuelle Beziehungen wichtiger sind als platonische. Auch heute noch wird eher davon ausgegangen, dass eine Beziehung zwischen einem Mann und einer Frau eine Liebesbeziehung oder eine sich anbahnende Partnerschaft ist als eine freundschaftliche Beziehung. Denken Sie an Liebeskomödien, angefangen bei *Viel Lärm um nichts* bis hin zur TV-Serie *Friends*, die auf der Prämisse beruhen, dass die zunächst freundschaftliche Beziehung eines Paares unweigerlich mit einer Verlobung oder zumindest im Bett endet.

Sperriges kulturelles oder religiöses Gepäck aus der Kindheit kann einer Freundschaft zwischen einem Mann und einer Frau im Weg stehen.[313] Insbesondere fundamentalistische Sekten wettern gegen den Umgang von Männern und Frauen außerhalb ihrer Familien. Wie es einer von vielen muslimischen Scheichs auf YouTube ausdrückt, der eine Trennung von Mädchen und Jungen befürwortet: »Ein Junge kann keine Freundschaft mit einem Mädchen haben, es sei denn, er hat Probleme mit seinen Hormonen.«[314] Ein subtilerer Druck auf Freundschaften zwischen Jungen und Mädchen wird oft schon durch Hänseleien auf den Schulhöfen ausgeübt.[315] Mit fortschreitendem Alter werden diese Barrieren dann noch verstärkt durch den üblichen Klatsch und Eifersüchteleien. Geschlechtsneutralität bei Freundschaften ist, obwohl zunehmend üblich, ebenso wenig eine Selbstverständlichkeit wie Gleichberechtigung am Arbeitsplatz. Vielleicht sogar noch weniger – denn während Gesetze für Chancengleichheit verabschiedet und Beschäftigungsquoten und Lohntarife messbar sind, widersetzt sich eine Freundschaft objektiven Messwerten.

Zeitgenössische Sozialwissenschaftler berichten von Schwierigkeiten, das Wesen asexueller Freundschaften zwischen Frauen und Männern zu bestimmen. Eine Studie legt nahe, dass der Mann in solchen Beziehungen sich die Tür für eine eventuelle spätere sexuelle Partnerschaft offen hält (wie bei Harry der Fall), während die Frau die Freundschaft durch eine rosarote, asexuelle Brille sieht (wie Sally, bis sie sich eines anderen besinnt).[316]

Auf der anderen Seite des Spektrums wird Freundschaft in der westlichen Kultur heute als wichtiger Bestandteil einer guten Ehe betrachtet. Das ist eigentlich nichts Neues. Selbst in klassischen Zeiten gingen einige wenige Philosophen tatsächlich davon aus, dass in der Ehe eine Art Freundschaft entstehen könnte. Wie wir festgestellt haben, machte Aristoteles geltend, dass Ehemänner und Ehefrauen von Natur aus freundschaftlich zusammenleben können. Montaigne schloss sich zwei Jahrtausende später der Auffassung an, dass eine gute Ehe mehr einer Freundschaft ähnelt als einer Liebesbeziehung. Die Kameradschaftsehe kam in der französischen und englischen Oberschicht des 18. Jahrhunderts in Mode. In den Vereinigten Staaten ist heute vorrangig Gleichberechtigung zwischen den Ehepartnern das Ideal. Eine Vielzahl von Ehegelübden enthält die Aussage, dass die Ehegatten in erster Linie beste Freunde sind. Mit Sicherheit hoffen Ehepaare darauf, gemeinsam und in kameradschaftlicher Verbundenheit alt zu werden.

Platonische Beziehungen mit Männern waren immer schon Teil der Geschichte von Frauenfreundschaften. Um nur ein Beispiel zu nennen: Teresa von Ávila schrieb im 16. Jahrhundert über ihre enge Freundschaft mit einem Priester, der ihr von seiner amourösen Liaison mit einem seiner weiblichen Pfarrkinder erzählte. Die Geschichte knistert förmlich vor sexueller Spannung. Aber Teresa überschritt niemals den schmalen Grat zwischen Freundschaft und Liebesbeziehung.

Einer der ersten Belege in England für die Verwendung des Begriffes *platonisch* als Beschreibung einer augenscheinlich asexuellen Beziehung findet sich im Titel des 1631 von Sir William Davenant verfassten Theaterstücks *The Platonick Lovers*. Anfangs sind die Protagonisten Eurithea und Theander platonische und intellektuell ebenbürtige Freunde. Doch dann enden sie als unterwürfige Frau und dominanter Ehemann. Die Auffassung, dass die Sexualität in Freundschaften zwischen Männern und Frauen nicht im Zaum gehalten werden kann, hat von Davenant bis hin zu Harry ihre überzeugten Verfechter.

Dennoch gibt es in der heutigen Zeit beachtliche Möglichkeiten für gemischtgeschlechtliche Freundschaften. Für uns ist es selbstverständlich, Frauen und Männer nebeneinander zu sehen: in Schulen, in der Schlange an der Supermarktkasse, am Arbeitsplatz, in Kriegsgebieten und auf dem Spielplatz in der Nachbarschaft. In allen diesen Situationen treffen Menschen aufeinander. Wir knüpfen enge Beziehungen mit Kollegen am Arbeitsplatz – mit Leuten, mit denen wir zum Teil mehr Stunden verbringen als mit unseren Familien. Wir freunden uns mit unseren männlichen Mitbewohnern im Studentenwohnheim an, mit unseren Teamkollegen, Klassenkameraden, Waffenbrüdern und -schwestern und mit anderen Eltern. Vielleicht verabschieden wir uns kulturell doch allmählich von Harrys Auffassung, dass Freundschaften zwischen Männern und Frauen unrealistisch seien.

HERDENTRIEB AM COLLEGE: MIT DEM STROM SCHWIMMEN

Junge Leute von heute, die überkommene kulturelle Gepflogenheiten infrage stellen, haben ein neues Paradigma geschaffen: Gruppen von Mädchen und Jungen, die weit über die Kinderzeit hinaus bis in ihre 20er- oder 30er-Jahre als Freunde verbunden sind. Selbst wenn die Mitglieder dieser Gruppen irgendwann einen Partner finden und heiraten (viel später im Leben als ihre Eltern und Großeltern[317]), setzen sich diese Freundschaftsgruppen heutzutage immer noch aus Männern und Frauen, Singles und Paaren, Lesbierinnen und Schwulen, Bisexuellen, Transsexuellen und Heterosexuellen zusammen.

Für viele Erwachsene bleiben Freundschaften, die in der Schule und im College geschlossen werden, ausgesprochen stabile Beziehungen. Falls die Freunde in engem Kontakt bleiben, fungieren sie als Prüfstein für spätere Beziehungen, die im Laufe eines Lebens geschlossen werden. Während kulturelle Voreingenommenheiten weiterhin dem ungehinderten Aufstieg von Frauen im Beruf entgegenstehen, können Männer an Hochschulen und Universitäten die Kompetenz und die potenzielle Teamfähigkeit ihrer gleichermaßen gut ausgebildeten Kommilitoninnen nicht mehr einfach ignorieren. Heute sind Frauen den Männern in den Bachelor-Studiengängen der Hochschulen sowie in den Studiengängen für Medizin und Jura zahlenmäßig überlegen. Folglich haben Frauen, die auf die Universität gehen, mehr Chancen denn je, wichtige Freundschaften sowohl mit Männern als auch mit Frauen zu schließen.

TITLE IX

Das Gesetz *Title IX* des *United States Education Amendment* von 1972 verbietet eine geschlechtsbezogene Diskriminierung in allen Programmen der Schulen und Universitäten, die staatliche Gelder erhalten. Das gilt auch für Sportangebote. Angesichts der Milliarden von Dollar, die in Fußball- und Basketballprogramme für Männer fließen, brachte Title IX eine enorme, noch nie da gewesene Aufwertung der Mädchensportarten an der Highschool und an den Universitäten mit sich. Mädchenmannschaften erhielten endlich eine ernsthafte finanzielle Unterstützung, und Millionen von Frauen hatten erstmals Zugang zu den bisher männlich dominierten Mannschaftswettbewerben. Allerdings verfügten nur wenige Schulen über die finanziellen Mittel, um Mädchen- und Jungensport gleichermaßen zu fördern. Um Geld zu sparen, wurden gemischte Mannschaften in Sportarten mit wenig Körperkontakt aufgebaut. Gemischte Teams haben sich insbesondere auf Highschoolniveau bei Sportarten wie Skifahren, Surfen, Schwimmen, Langlauf, Leichtathletik, Triathlon, Bogenschießen, Golf und Karate bewährt. Die Athleten messen sich in Ausscheidungskämpfen mit Vertretern ihres eigenen Geschlechts, aber nach dem Training und auf gemeinsamen Reisen nehmen Mädchen wie Jungen großen Anteil an der Leistung der Gruppe als Ganzes. Und sie lernen, sich als Mannschaftskameraden wertzuschätzen. Die Freude über Siege, der Schmerz nach Niederlagen, die harten Trainingsbedingungen und die Zeit, die sie an der Seitenauslinie oder im Bus als große, gemischtgeschlechtliche Gruppe verbringen, schweißt sie zusammen. Aktivitäten abseits des Sports oder der Schule haben die Geschlechtertrennung ebenfalls aufgehoben – man denke nur an Schachclubs, Debattierclubs, Roboterclubs und was es sonst noch gibt.

Was Frauenfreundschaften anbelangt, verschaffte Title IX den Frauen in allererster Linie einen Vorgeschmack auf die Bedeutung von Mannschaftserfahrungen bei gemeinsam erbrachten Leistungen. Erst dadurch wurde eine Vielzahl von Mädchen in die Lage versetzt, ihre eigenen sportlichen Fähigkeiten und die anderer Frauen wertzuschätzen. Und die Jungs konnten ihre Perspektive dahingehend verändern, dass sie in den Mädchen auf dem Spielfeld nicht mehr nur Cheerleader, sondern Mannschaftskameradinnen sahen. Alles in allem schuf dieses Gesetz eine breite Basis für Freundschaften im sportlichen Bereich – vor seinem Erlass in erster Linie ein Privileg von Männern.

Mit dem Title IX waren sportliche Aktivitäten für Mädchen nicht nur viel leichter zugänglich; Mädchen und Jungen in gemischten Teams bekamen auch mehr Gelegenheiten, einander als Mitglieder einer Mannschaft statt als geheimnisvolle Vertreter »der anderen Seite« kennenzulernen. Die Kameradschaft des Teams schwappte wie von selbst auch auf andere Aspekte des Lebens über – vom Klassenzimmer in die Vorstandsetagen. Im 21. Jahrhundert ist es einfacher geworden, wenn auch noch immer nicht selbstverständlich, als Mädchen in ehemals männerdominierten Bereichen in der Wissenschaft, im Ingenieurwesen, als Stand-up-Comedian oder in der Mathematik voranzukommen. Es gibt jede Menge Mädchen, die, sofern man ihnen die Chance lässt, genauso gut Software designen und programmieren können wie die schlauesten Jungs. Zunehmend ergreifen sie traditionell männliche Berufe, was ihnen

Gelegenheit gibt, am Arbeitsplatz auf Augenhöhe Freunde beiderlei Geschlechts zu finden.

»GEMISCHT« HEISST: AUCH JUNGS

Junge Frauen des 21. Jahrhunderts sind mit gemischten Mannschaften aufgewachsen und sind dann am College ganz selbstverständlich und ohne mit der Wimper zu zucken, in koedukative Studentenwohnheime gezogen. Für diejenigen, die die sexuelle Revolution miterlebt hatten, ging der Übergang nicht so nahtlos vonstatten. Gemeinsame Wohnheime, die in den frühen 1970er-Jahren aufkamen, waren zunächst nach Stockwerken getrennt und hatten in jedem Flur einen überaus wachsamen Aufpasser. Nach Stockwerken getrennte Wohnheime verwandelten sich schon bald in gemeinsam bewohnte Zimmer auf demselben Stockwerk, dann zu gemeinsamen sanitären Anlagen. Heutzutage lassen viele Colleges eine gemischte Belegung der Zimmer zu. Junge Leute halten das üblicherweise für normal, wenngleich koedukative Unterkünfte immer noch umstritten sind.[318]

Was ist eigentlich aus all diesen randalierenden Hormonen geworden, die die Hochschulverantwortlichen hatten bändigen wollen? Sie sind immer noch da und sorgen dafür, dass von Zeit zu Zeit die Umgebung des Campus vor sexueller Energie geradezu vibriert. Das Fazit ist, dass viele Freundschaften zwischen Mädchen und Jungen nach einem Bier zu viel, einem grandiosen Ausflug zu zweit auf einem Fahrrad oder einem allzu tiefgründigen Gespräch auf der spiegelglatten Freundschaftsskala abrutschen können und dann aus der platonischen Beziehung unversehens eine erotische wird. Der Ausgang eines solchen Szenarios ist allerdings durchaus offen. Jungen Frauen von heute sind ihre Freundschaften wichtig –

sowohl mit Frauen als auch mit Männern. Wenn also Freundschaften bei jungen Leuten heutzutage intim werden – ausgenommen die schreckliche Variante einer Vergewaltigung –, gibt es vier wahrscheinliche Ergebnisse: 1) Die Beziehung kann zu einer Liebesbeziehung werden; 2) die jungen Leute können einander eingestehen, dass ihr erotisches Abenteuer ein einmaliger Ausrutscher gewesen ist, und ihre Freundschaft da fortsetzen, wo sie unterbrochen wurde; 3) sie können das Gefühl haben, einander viel zu nahegekommen zu sein, und brechen die Freundschaft ab; 4) sie können beschließen, »friends with benefits« zu werden, das heißt, weiterhin miteinander zu schlafen und zu versuchen, emotionale Komplikationen zu umschiffen.

FREUNDE MIT GEWISSEN VORZÜGEN

»Friends with benefits« – Freunde mit gewissen Vorzügen – ein Etikett, das immer häufiger bemüht wird, bedeutet, wie eine Online-Ratgeberkolumne verrät: »Es ist nur Sex. Was ist daran so kompliziert? Es geht einfach nur darum, dass zwei Menschen, die einander attraktiv finden, miteinander regelmäßig das Intimste tun, was man miteinander tun kann. Es ist wirklich nichts dabei!«[319]

Es stellt sich heraus, dass bei »Freunden mit gewissen Vorzügen« in den meisten Fällen die Freundschaft die Nase vorn hat.[320] Bei Mädchen herrscht ohnehin weitgehende Übereinstimmung darüber, dass Sex ohne Liebe eher früher als später langweilig wird. Eine Erstsemesterstudentin berichtete, dass sie und ihr bester Freund, ein junger Mann, es mit einer Liebesbeziehung versuchten, was aber nicht klappte, und dass es ihnen danach gelang, wieder »nur« Freunde zu sein. Angesichts ihrer gemeinsamen Leidenschaft für ausgedehnte Fahrradtouren wusste das Mädchen ihre Freundschaft auch danach noch zu schätzen: »Ich bin so froh, dass wir es ausprobiert haben. Denn jetzt brauchen wir nicht mehr darüber nachzudenken und können unbeschwert miteinander Spaß haben.« Ebenjene Sportlerin merkte an, dass sie im Allgemeinen lieber mit Jungen als mit Mädchen befreundet sei, da sie es nicht leiden könne, wenn Mädchen »mich genau unter die Lupe nehmen und nach Schwachstellen suchen. Sie können so passiv-aggressiv sein.«[321]

Frauen wird oft vorgeworfen, passiv-aggressiv zu sein – die Eigenschaft, die es einem erlaubt, verbale Spitzen abzuschießen und sich dabei völlig harmlos zu geben. Die männliche Aggressivität wird oft als direkter Angriff dargestellt. Wie man diese Geschlechtsstereotype auch bewerten mag: Dieser jungen Frau ist ein freundlicher Wettbewerb mit Männern eindeutig lieber als die verschleierten Kampfansagen, die sie bei anderen Frauen wittert.

Andererseits neigen einige Männer von Natur aus dazu, weibliche beste Freunde zu haben. Als einer dieser Männer und seine Liebste sich nach acht Jahren zum Heiraten entschlossen, fungierten seine beiden besten Freundinnen als seine Trauzeugen. Sie trugen andere Kleider als die Brautjungfern, farblich aber mit dem Brautkleid abgestimmt. Und die Trauzeuginnen standen in der Kirche an der Seite des Bräutigams.

Hochzeitsplaner stellen fest, dass immer mehr Männer lieber Frauen als Trauzeugen nehmen. Andersherum ist das eher unüblich. Während viele Frauen für ihre männlichen Kumpel sehr gern Trauzeugin spielen, gibt es wenige Männer, die bereit sind, mit einem Blumenbouquet in der Hand die Brautjungfer zu ersetzen, so lieb ihm die Braut auch sein mag. Diese eigentlich überholte Doppelmoral scheint hier noch immer zu greifen:

Während es für eine Frau einen Schritt vorwärts bedeutet, eine traditionell männliche Rolle zu übernehmen, betrachten viele Männer es immer noch als Rückschritt, traditionelle Frauenrollen auszufüllen.

GEMISCHTGESCHLECHTLICHE FREUNDSCHAFTEN AM ARBEITSPLATZ

Da die heutigen jungen Frauen in ihrer Schulzeit verstärkt Freundschaften mit Männern gepflegt haben, sind sie besser auf den Wettbewerb in männerdominierten Bereichen vorbereitet. Und in vielen Unternehmen sind die männlichen Neulinge eher bereit, ihren Kolleginnen zu helfen, als es Männer in der Vergangenheit waren. Die meisten Söhne von Müttern, die nach der feministischen Revolution erwachsen wurden, haben im Gegensatz zu früheren Generationen gelernt, Frauen als gleichberechtigt zu betrachten. Im Gegenzug ebnet die Gleichstellung am Arbeitsplatz den Weg für gemischtgeschlechtliche Freundschaften im Erwachsenenalter. Spätere Generationen junger Frauen und Männer werden vermutlich Bauklötze staunen, wenn sie erfahren, dass solche Freundschaften irgendwann als ungewöhnlich angesehen wurden.

Wir haben festgestellt, dass Freundschaften am Arbeitsplatz uns insbesondere in Gestalt von Mentoring oder Sponsoring den Weg durch die Berufswelt ebnen können. Und dennoch kann es noch weit bis ins 21. Jahrhundert hinein passieren, dass »der Sex dazwischenfunkt«. Das geschieht in einem viel breiteren Kontext, als Harry es für je möglich gehalten hätte. In den letzten Jahren haben die Medien verstärkt das Thema Gleichstellung der Frau am Arbeitsplatz aufgegriffen. Die Diskussionen werden von der Frage beherrscht, weshalb Frauen nicht entsprechend ihrer Zahl und ihren Fähigkeiten in die höchsten Ränge des Managements vordringen. Einige Antworten verweisen auf sexuelle Fallstricke, wenn Männer in leitenden Positionen (die zum gegenwärtigen Zeitpunkt die meisten Sponsoren stellen) jüngere Frauen unter ihre beruflichen Fittiche nehmen. Sylvia Ann Hewlett vom *Center for Talent Innovation* beschreibt das so:

> Am Arbeitsplatz wird es immer sexuelle Spannungen geben. Affären passieren, und wenn auch nur der Verdacht aufkeimt, dass Sex im Spiel sein könnte, gibt es Klatsch … Sex – oder dessen Phantom – spukt beim Sponsoring immer in den Köpfen der Leute herum, und deshalb vermeiden Männer und Frauen oft berufliche Partnerschaften aus Angst, zensiert, gefeuert oder verklagt zu werden, obwohl diese Partnerschaften wichtig wären, um Karriereziele zu erreichen.[322]

Je mehr Mädchen und Jungen in einem geschlechtsneutralen Umfeld aufwachsen, umso stärker werden ihre Ansichten zu Freundschaften die Arbeitsplätze der Zukunft beeinflussen. Und wie bei den meisten kulturellen Veränderungen wird dieser Prozess wahrscheinlich auch hier immer wieder ins Stocken geraten, etwa nach dem Motto »Zwei Schritte vor, ein Schritt zurück«.

FAG HAGS, LESBROS UND FREUNDSCHAFTEN, DIE IN KEINE FORM PASSEN

In den letzten Jahrzehnten des 20. Jahrhunderts bezog sich der abwertende Begriff »Fag Hag« – »Schwulenmutti« – auf ein Mädchen oder eine Frau, die im Allgemeinen lieber mit schwulen Männern ihre Zeit verbrachte als mit Frauen. Diese Wortschöpfung spiegelte die wachsende Verbreitung solcher

Freundschaften wider – zumindest durch das undifferenzierte Auge der öffentlichen Wahrnehmung. Was die meisten Leute nicht realisierten, war, dass solche Freundschaften nicht neu waren. Seit Menschengedenken gibt es enge Freundschaften zwischen Frauen und schwulen Männern, und zwar unabhängig davon, ob sie sich der sexuellen Orientierung ihrer Freunde bewusst sind oder nicht. Doch in den 1970er- und 1980er-Jahren outeten sich deutlich mehr Menschen und bekannten sich in aller Öffentlichkeit zu ihrer sexuellen Identität. Frauen, die mit diesen Männern eng befreundet waren, konnten nun ehrlicher und offener mit ihnen kommunizieren.

In den 1990er-Jahren nahmen Freundinnen von schwulen Männern dem verletzenden Beigeschmack des Begriffs »Schwulenmutti« die Spitze, indem sie sich ironisch selbst so nannten. Und um die Gleichstellung der Geschlechter auch für Freunde von Frauen zu sichern, gesellten sich fortan auch sogenannte »Lesbros« zu den Stammgästen in Lesbenkneipen. Die so bezeichneten Männer bevorzugen die Gesellschaft ihrer lesbischen Freundinnen, die sich mit ihren Kumpels wiederum oft in einschlägigen Männerlokalen treffen. Diese Vermischung von sexuellen Identitäten über Freundschaftsgrenzen hinaus wurde im Fernsehen bald schon überstrapaziert, insbesondere nachdem in Sitcoms wie *Will & Grace* und *Sex in the City* attraktive heterosexuelle Frauen als enge Freundinnen attraktiver schwuler Männer auftraten. Solche Serien, die dieses Thema auf absurde Weise weichspülten, machten in Amerika schwule Menschen für den Mainstream leichter verdaulich. Wie die meisten Sitcoms verloren die Serien irgendwann den Reiz, und Gleiches geschah auch mit »Fag Hag« und anderen ironischen Etikettierungen für Beziehungen zwischen Heterosexuellen und ihren sexuell anders orientierten Freunden. Was einst eine gesellschaftlich unkonventionelle Bezie-

hung war, wurde zu einem Klischee. 2009 besiegelte Thomas
Rogers, ehemals Redakteur beim Internetmagazin Salon.com,
das Schicksal von »Fag Hag«:

> Wenn sich heutzutage eine erwachsene Frau als »Fag Hag« bezeich-
> net, habe ich immer das Gefühl, dass sie mit einem Designerlabel
> um sich wirft oder mir zu verstehen geben will, dass sie berühmte
> Leute kennt – so eine Art gesellschaftliches Imponiergehabe…
> Und was wird jetzt aus den fabelhaften, in Schwule vernarrten
> Heteros von einst? … Nun, hoffentlich besinnen sie sich irgend-
> wann auf eine präzisere Bezeichnung. Zum Beispiel »Freund«.[323]

DIE GESCHIEDENE

Über weite Strecken der modernen Geschichte knüpften verheiratete Frauen des Mittelstandes Freundschaften über den
gesellschaftlichen Status ihrer Ehemänner und deren Kontakte.
Als wir Freundschaften in der Mitte des 20. Jahrhunderts betrachteten, herrschte stillschweigende Übereinkunft darüber,
dass die Freunde des Ehemannes – und die Ehefrauen seiner
Freunde – auch die Freunde seiner Frau waren. Natürlich gab
es abhängig von der Persönlichkeit der Beteiligten auch andere
Beziehungsformen zwischen zwei Paaren. Und wenn die Ehefrauen in solchen Paarbeziehungen Glück hatten, verstanden
sie sich auf Anhieb.

In den späten 1960er- und in den 1970er-Jahren ließ der Hype
um Freundschaften zwischen zwei Zweierbeziehungen deutlich nach, was zum Teil dem Aufkommen der »freien Liebe«
geschuldet war und der Lockerung der sexuellen Moralvorstellungen. Und mit der Verschiebung der kulturellen Normen landeten einige der befreundeten Paare irgendwann zusammen im
Bett. Dieser Trend zum Partnertausch, wie er in dem Film *Bob*

& Carol & Ted & Alice (1969) thematisiert wurde, sprengte zusammen mit einem neu entdeckten Hang zu ehelicher Untreue die alte Vorstellung von zwei netten, miteinander befreundeten Ehepaaren. Aus einer Vielzahl komplexer Gründe hat die Ehe ihren Platz als stabile gesellschaftliche Struktur nie mehr wiedererlangt. Heute scheitern in den USA 50 Prozent der ersten Ehen, eine Statistik, die erhebliche Auswirkungen auf Frauenfreundschaften hat.[324]

Wenn Ehepaare sich scheiden lassen, bringen sie ihre gemeinsamen Freunde in erhebliche Gewissenskonflikte. Es ist undenkbar, seine besten Freunde nicht zu einer Party einzuladen, aber da sie nun geschieden sind: Wen soll man einladen? Die Exehefrau? Den Exehemann? Alle beide? Und wenn beide Geschiedenen wieder heiraten: Soll man dann die neue Partnerin wie selbstverständlich als Ersatz für die ausgebootete Freundin übernehmen? Oder, noch schlimmer, beide neu verheirateten Paare zu sich nach Hause einladen?

Viele geschiedene Frauen ziehen nach der Trennung bei der Neugestaltung ihrer sozialen Kontakte den Kürzeren. Auch heute noch vermittelt der Begriff *Geschiedene* im Zusammenhang mit einer Frau einen leicht missbilligenden Beigeschmack. (Dagegen wird das männliche Pendant *Geschiedener* so gut wie nie benutzt.) Für Frauen, die sich in ihrer Ehe auf gemeinsame Freunde konzentriert haben, kann sich das verheerend auswirken.

Glücklicherweise gibt es im 21. Jahrhundert neue Möglichkeiten für geschiedene Frauen, Freundschaften zu schließen. Viele Online-Foren, die Gruppentreffs in Verbindung mit einer bestimmten Aktivität organisieren, werden von unzähligen Menschen besucht, die sich Kontaktmöglichkeiten wünschen, ohne nach einem Partner Ausschau zu halten. Und auch wenn niemand gern daran denkt, dass eine Ehe vielleicht auch scheitern könnte, sind nicht zuletzt die hohen Scheidungsraten mit verantwortlich dafür, dass es immer mehr Möglichkeiten gibt, in einer Freundschaft mit Frauen in ähnlichen Situationen Trost zu finden.

NEUE FREUNDE FINDEN, ABER DIE ALTEN BEHALTEN

Während die Dauerhaftigkeit einer Ehe durchaus infrage gestellt wird, ist der Wert, den man auf lebenslange Freunde legt, keineswegs erlahmt. Viele Menschen stellen in der Mitte des Lebens fest, dass sich alte gemischtgeschlechtliche Cliquen aus der Jugendzeit wieder treffen und gelegentlich einen draufmachen wollen. Babyboomer, die in ihrer Jugendzeit in den 1970er- und 1980er-Jahren in koedukativen Studentenwohnheimen gelebt haben, halten dank der neuen Kommunikationsmöglichkeiten ihre Freundschaften mit der ganzen Clique problemlos aufrecht. Eine Frau, die 1988 ihr Studium beendete, schreibt über ihre Mitbewohner und Mitbewohnerinnen, die immer noch eine wichtige Rolle in ihrem Freundeskreis spielen:

Unsere Freundschaften werden im Lauf der Zeit immer wieder aufgefrischt, sei es bei einer Beerdigung ... bei Besuchen zu Hause oder auf Facebook, wo wir uns noch immer zu unseren unterschiedlichen Lebensentwürfen austauschen ... Deshalb gebührt dir Dank, liebes Housing Office ... für zwei Stockwerke mit Männern und eines für Frauen, für so viele Tränen und so viel mehr Lachen. Freunde sind die Familie, die wir selbst wählen.[325]

Gemischtgeschlechtliche Freundschaften sind in Amerika eindeutig im Aufwind. So gesehen hatte Harry nicht ganz unrecht. Sex kompliziert Freundschaften – und verwandelt freundschaftliche oft in erotische Beziehungen. Doch gehört es zu den schönsten Seiten einer Freundschaft, dass sie es nicht nötig hat, sich sprachliche Beschränkungen aufzuerlegen. Warum sollen wir den Begriff »nur gute Freunde« benutzen, wenn wir einen Freund einfach Freund nennen können?

EPILOG

Frauenfreundschaft: Was bleibt

Indem wir Freundschaften von Frauen unter einem kultur-historischen Ansatz betrachtet haben, wurden wir Zeuginnen einer bemerkenswerten Entwicklung: von beinahe unsichtbar bis hin zu fast ikonischer Bedeutung. Über mehr als zwei Jahrtausende, von etwa 600 v. Chr. bis etwa 1600, wurden Frauenfreundschaften von den männlichen Verfassern der schriftlichen Überlieferung ignoriert, kleingeredet oder unverhohlen verunglimpft. In den vergangenen vier Jahrhunderten jedoch, in denen Frauen Zugang zu Bildung, sozioökonomischen Ressourcen und Bürgerrechten bekamen, wurden ihre Freundschaften zunehmend wahrgenommen, so sehr, dass Freundinnen heute, sowohl für Frauen als auch für Männer vorbildhaft sind.

Was macht Frauen als Freundinnen so besonders? Was hat die Jahrhunderte in unterschiedlichen Szenarien, Sprachen und Kulturen überdauert? Gibt es Charakteristika von Frauenfreundschaften, die trotz unterschiedlicher Ausprägungen in unterschiedlichen Milieus universell Gültigkeit haben? Welche Gemeinsamkeiten können wir bei den Freundschaften zwischen zwei englischen »Gossips« des 16. Jahrhunderts, zwei französischen Aristokratinnen des 17. Jahrhunderts, zwei Frauen der amerikanischen Elite des 18. Jahrhunderts, einem deutschen oder amerikanischen Liebespärchen des 19. Jahrhunderts, zwei afroamerikanischen oder feministischen »Sisters« des 20. Jahrhunderts und zwei berufstätigen Frauen des 21. Jahrhunderts finden? Aus den vielen in diesem Buch vorgestellten Beispielen haben wir die folgenden vier Ingredienzen herausgefiltert, die aus unserer Sicht für Freundschaften von Frauen unerlässlich sind.

Zuneigung

Frauenfreundschaften sind von einem emotionalen Kern geprägt, dessen Intensität in einem Bereich zwischen Empathie und Wohlwollen bis hin zu Leidenschaft und Liebe angesiedelt ist. Das Wort *Zuneigung* trifft, wie wir glauben, auf jedes Beispiel zu, das wir behandelt haben. Ohne Zuneigung – definiert als ein wohlgesinntes oder zärtliches Gefühl für die andere Person – findet Frauenfreundschaft nicht statt.

Offenheit

Die Freundin einer Frau ist jemand, mit der sie ohne Angst vor Repressalien offen reden und Mitgefühl und Unterstützung erwarten kann. Ja, Freundinnen reden – sie tratschen; sie vertrauen einander Geheimnisse an; sie erzählen einander Dinge, die ihre Eltern, Ehemänner oder Kinder nicht erfahren sollen. Vor langer Zeit beschwerte sich ein Mann bei einer der Autorinnen dieses Buches bitterlich: »Frauen erzählen einander *alles*!« Heute könnte er vielleicht eher geneigt sein, sich die Frage zu stellen, weshalb er mit 65 Jahren so wenige Freunde hat.

Physische Nähe

Freundinnen berühren einander, sie umarmen sich, sie küssen sich (wenngleich üblicherweise nicht auf den Mund). Sie streichen einander über den Rücken, waschen sich gegenseitig die Haare, lackieren einander die Fingernägel. Sie tauschen Klamotten aus und machen sich gegenseitig schick. Sie kümmern sich um die Kranken und Sterbenden. Aus welchen Gründen auch immer – Anlage oder Umwelt – tendieren Freundinnen normalerweise zu einem viel stärkeren körperlichen Kontakt als männliche Freunde. Männer umarmen einander zwar oder klopfen einander auf den Rücken, und schwule Paare halten in toleranten Gegenden manchmal Händchen, aber in den Vereinigten Staaten verzichten heterosexuelle Männer normalerweise auf die innigen Umarmungen, die für Frauen so typisch sind.

Wechselseitige Unterstützung
Frauen bauen aufeinander: Das fängt an, wenn sie noch Mädchen sind, und setzt sich fort als berufstätige Frauen, Mütter, Geschiedene oder Witwen. Schulmädchen fragen einander, wie sie sich anziehen sollen, wie sie einen Jungen, in den sie verliebt sind, auf sich aufmerksam machen können und wie sie sich auf das nächste Examen vorbereiten sollen. Berufstätige Frauen zählen auf ihre Freundinnen, wenn sie einen Rat brauchen, wie sie sich beruflich verbessern oder eine Gehaltserhöhung erreichen können, ganz zu schweigen davon, wie sie mit sexueller Belästigung umgehen sollen.

Mütter verlassen sich darauf, dass die eine für die andere einspringt – um etwa ein Kind von der Schule abzuholen oder eine halbe Fußballmannschaft zum Match zu chauffieren. Frauen, die in Scheidung leben, suchen bei ihren Freundinnen Mitgefühl und Unterstützung. Singles, Geschiedene und Witwen treffen sich regelmäßig zum Tennis, zum Fahrradfahren oder in Buchclubs; sie machen gemeinsam Ferien; und manchmal beschließen sie auch, in einer Zweier- oder Gruppen-Wohngemeinschaft zusammenzuleben. Frauen haben sich traditionell schon immer zusammengetan, um einander zu helfen, mit Schwierigkeiten zurechtzukommen und ihr Leben zu meistern.

Wir haben den Weg von Frauenfreundschaften kreuz und quer durch die Geschichte der westlichen Welt bis zum Amerika von heute verfolgt. Freundschaft, definiert als eine persönliche Beziehung basierend auf gegenseitiger Zuneigung, Empathie, Wechselseitigkeit und Unterstützung, ist für Frauen heute ein wichtiger und geschätzter Bestandteil ihres Lebens. Im Gegensatz zur Ehe ist Freundschaft nicht gesetzlich verankert, beinhaltet keine wirtschaftlichen Verpflichtungen, hat keine Kinder großzuziehen, keine Versprechen für »gute und schlechte Zeiten« abzugeben. Doch während viele amerikanische Ehen an unerwarteten Riffen zerbrechen, wie etwa vereinnahmende Berufe, nachlassende sexuelle Energie, nicht zähmbare Kinder und finanzielle Rückschläge, haben Freundschaften Hochkonjunktur.

Die amerikanische Gesellschaft verabschiedet sich allmählich von der Vorstellung, dass ein Ehepartner alle Bedürfnisse eines Menschen erfüllen kann. Freunde springen dort ein, wo es vor, in und nach einer Ehe hakt. Sie können die Rettung in einem Leben sein, das geprägt ist von zu viel Arbeit, zu viel Stress und weniger Engagement für den erweiterten Familienkreis.

Wir sehen eine Zukunft der Freundschaft voraus, in die mindestens drei der Aspekte einfließen werden, die als »feminin« gelten: Zuneigung, Selbstoffenbarung und wechselseitige Abhängigkeit. Diese Eigenschaften schleichen sich bereits in die öffentliche Debatte ein, wenn Männer fragen, ob es wirklich notwendig ist, Emotionen zu unterdrücken und ihre Lippen zu verschließen, um männlich zu wirken.

Einige Männer, die sich ihre Ehefrauen, ihre Kolleginnen und ihre Freundinnen zum Vorbild nehmen und mehr Persönliches von sich preisgeben, haben entdeckt, dass sie Reaktionen bei anderen Männern hervorrufen, die für ihre Beziehungen und ihre Karrieren von Wert sein können. In der Vergangenheit vertraten Männer vielleicht die Ansicht, sie könnten ihren Machterhalt am besten sichern, indem sie sich als autarke, starke Kerle präsentierten; aber heute ist es bei einigen – vielleicht bei gar nicht so wenigen – nicht ungewöhnlich, ihre Gefühle offener zu artikulieren und ihre Abhängigkeit von ihren Freunden, Kollegen und auch ihren Ehefrauen zuzugeben.

Freundschaft als eine offenherzige, emotionale Verbindung zwischen zwei oder mehreren Menschen zu sehen entfernt sich von der überkommenen maskulinen Definition, die Kameradschaft, Solidarität und Bürgersinn betonte. Das Bild von Männern, die Seite an Seite als Soldaten kämpfen oder als Mitglieder einer Sportmannschaft Aufstellung nehmen, ist nicht verschwunden, hat sich aber erweitert und umfasst auch Männer, die – wie Frauen – einander ihr wahres Gesicht zeigen, einander ihre intimsten Sorgen verraten und einander zum Zeichen der Zuneigung in den Arm nehmen.[326]

Ebenso wie Männer einige Aspekte ihrer Freundschaften »feminisiert« haben, so haben auch Frauen mittlerweile militärische und öffentliche Ämter übernommen, die einst nur Männern vorbehalten waren. Nun stehen sie Seite an Seite als Kampfgefährten mit anderen Männern und Frauen und sitzen neben ihren Kollegen im Senat und im Repräsentantenhaus. Aristoteles' Vision von einer Gesellschaft, basierend auf Männerfreundschaften, hat sich zu einer Gesellschaft entwickelt, die beide Geschlechter umfasst, Männer wie Frauen, die dem Bürgerwohl verpflichtet sind.

Frauen wie Männer haben eine neue Arena betreten, in welcher gemischtgeschlechtliche Freundschaften immer üblicher werden. In Schulen, Universitäten und am Arbeitsplatz, in Kirchen, Clubs und Dienstleistungsunternehmen und schließlich auf Webseiten und Online-Treffs mischen sich Männer und Frauen inzwischen mit einer Selbstverständlichkeit, die ihre viktorianischen Vorfahren schockiert hätten. Partnerinnen, Partner und einfach nur Freunde bilden die neue Grenzlinie, an der Amerikaner versuchen, jenseits der Grenzen geschlechtsspezifischer Stereotype erfüllende Beziehungen zu schaffen.

Unsere Geschichte deutet darauf hin, dass es weiterhin Frauen sein werden, die vorleben, was Freundschaft bedeutet. Angesichts der Unwägbarkeiten, die eine Ehe begleiten, ist es wahrscheinlich, dass Freundschaften den Frauen auch in Zukunft die Stütze geben werden, die sie früher nur innerhalb ihrer Familien gefunden haben. Wir können davon ausgehen, dass immer mehr weibliche Singles in Wohngemeinschaften leben und ältere Frauen ihre Haushalte zusammenlegen werden. In unseren utopischen Fantasien stellen wir uns eine Welt vor, in welcher die Stärken des freundlichen Geschlechts der Gesellschaft zu einer höheren Aufmerksamkeit für das Wohlbefinden eines jeden Menschen führen werden.

Danksagung

Wir sind dankbar für die Hilfe vieler freundlicher Menschen, die zu diesem Projekt beigetragen haben. An der Stanford University danken wir den Wissenschaftlerinnen Susan Groag Bell, Edith Gelles und Karen Offen vom Michelle R. Clayman Institute for Gender Research; der Wirtschaftswissenschaftlerin und emeritierten Professorin Myra Strober; der emeritierten Professorin für Englisch Barbara Gelpi; der Professorin Jane Shaw, der Dekanin für Religiöse Studien an der Stanford University und Mattie Taormina von den Special Collections of the Stanford University Libraries. Judith C. Brown, emeritierte Professorin für Geschichte an der Wesleyan University, und die Historikerin Allida Black gaben hilfreichen Rat für spezifische Kapitel. Einblicke in soziale Medien erhielten wir von Kamy Wicoff, Gründerin von SheWrites.com, Shasta Nelson, Gründerin von GirlFriendCircles.com, und Ivory Madison, Gründerin von RedRoom.com. Die Unternehmensberaterin Anne Litwin erläuterte uns ihre Perspektive. Irvin Yalom las und kritisierte das gesamte Manuskript. Paul, Julia und Gracie Brown beseelten unser Verständnis von Freundschaft im 21. Jahrhundert. Besonderer Dank geht an Gail Winston, unsere Lektorin bei Harper Collins, und an Sandra Dijkstra, unsere Literaturagentin, die dieses Buch zur Vollendung führte. Natürlich sind die selbstlosen Frauen, die ihre Geschichten der Freundschaft erzählten, zu zahlreich, um jede von ihnen namentlich zu erwähnen.

Anmerkungen

1 Shelley E. Taylor: *The Tending Instinct: How Nurturing Is Essential to Who We Are and How We Live* (New York: Henry Holt, 2002).

2 Dr. Louann Brizendine (Autorin von *Das weibliche Gehirn,* Hoffmann und Campe, 2007 und *Das männliche Gehirn,* Hoffmann und Campe, 2010), persönliche Unterredung mit der Autorin, 2013.

3 Zum Beispiel Peter M. Nardi (Hrsg.): *Men's Friendships* (London: Sage Publications, 1992).

4 Geoffrey L. Greif: *Buddy System: Understanding Male Friendships* (New York: Oxford University Press, 2009).

5 Pauline Nestor: *Female Friendships and Communities: Charlotte Brontë, George Eliot, Elizabeth Gaskell* (New York: Oxford University Press, 1985).

6 Gertrude Franklin Horn Atherton: *The Conqueror: Being the True and Romantic Story of Alexander Hamilton* (New York: The MacMillan Company, 1904).

7 Clive Staples Lewis: *The Four Loves* (dt. Ausg.: *Was man Liebe nennt: Zuneigung, Freundschaft, Eros, Agape,* Dorothee Degen-Zimmermann (Übers.), Basel, Gießen: Brunnen-Verlag, 1979).

8 Leon Battista Alberti: *Vom Hauswesen* (Della Famiglia), Walter Kraus (Übers.), München: Deutscher Taschenbuchverlag, 1986).

9 Michel de Montaigne, *Essays,* Rudolf Noack (Hrsg.), J. J. C. Bode (Übers.) (Leipzig: Verlag Philipp Reclam jun., 1973).

10 Aus Carolyn James und Bill Kent: »Renaissance Friendships: Traditional Truths, New and Dissenting Voices« in: Barbara Caine (Hrsg.): *Friendship: A History* (Oakville, Ontario: Equinox, 2009), S. 149.

11   Edith Gelles: *First Thoughts: Life and Letters of Abigail Adams,* Kapitel 3 (New York: Twayne, 1998).

12   »Ngram Viewer«: Google Books books.google.com/ngrams; Jean-Baptiste Michel et al.: »Quantitative Analysis of Culture Using Millions of Digitized Books« (*Science* online, 16. Dezember 2010).

13   Hiob 2:13 (Lutherbibel 1984): die-bibel.de/online-bibeln/luther-bibel-1984/bibeltext/, nachfolgend im Text zitiert.

14   Willis Barnstone (Übers.): »Miryam of Magdala« in: *The Restored New Testament* (New York: Norton, 2009), S. 583.

15   Elaine Pagels: *The Gnostic Gospels* (New York: Random House, 1979); Karen King: *The Gospel of Mary of Magdala: Jesus and the First Woman Apostle* (Santa Rosa, CA: Polebridge Press, 2003).

16   Ein Beispiel aus jüngster Zeit: Todd May: »Friendship in an Age of Economics«, *New York Times*, 4. Juli 2010; Ray Pahl: *On Friendship* (Cambridge, Großbritannien: Polity Press, 2000).

17   David Konstan: *Friendship in the Classical World* (Cambridge, Großbritannien: Cambridge University Press, 1977), S. 1.

18   Eva Österberg: *Friendship and Love, Ethics and Politics: Studies in Mediaeval and Early Modern History* (New York: Central European University Press, 2010), S. 26.

19   Diese und die vorhergehenden Zitate stammen alle aus dem Buch VIII und IX der *Nikomachischen Ethik* von Aristoteles (München: Deutscher Taschenbuch-Verlag, 1991), Olof Gigon (Übers.), Buch IX S. 328, 325, Buch VIII S. 284, 290, 301, 302.

20   Epikur: *Wege zum Glück,* Rainer Nickel (Hrsg. und Übers.) (Düsseldorf/Zürich: Artemis & Winkler Verlag, 2006), S. 111.

21   Vatikanische Spruchsammlung 23, ebd.

22   Vatikanische Spruchsammlung 39, ebd.

23   *Plutarchs moralische Abhandlungen.* Joh. Fried. Sal. Kaltwasser (Übers.) (Frankfurt am Main: Johann Christian Hermann 1784), S. 58.

24   Dieses und die vorangegangenen Zitate von Cicero sind aus M. Tullius Cicero: *Gespräche über Freundschaft, Alter und die Freiheit der Seele, Laelius über die Freundschaft*, Marion Giebel (Übers. und Hrsg.) (Stuttgart: Philipp Reclam jun., 2009).

25   Constant J. Mews: »Cicero on Friendship« in *Friendship: A History*, Barbara Caine (Hrsg.) (Oakville, Ontario: Equinox, 2009), S. 67–71.

26   Einführung zu: *Friendship in the Middle Ages and Early Modern Age*, Albrecht Classen und Marilyn Sandidge (Hrsg.) (Göttingen: De Gruyter, 2010), S. 11.

27   Dieses und die vorhergehenden Zitate von Aurelius Augustinus in: *Die Bekenntnisse des heiligen Augustinus*. Otto F. Lachmann (Übers.) (Leipzig: Phillip Reclam jr. 1888), Viertes Buch, viertes, sechstes und siebtes Kapitel.

28   Christoph Kardinal Schönborn, Erzbischof von Wien: Einführungsrede am Thomas Aquinas College, Kalifornien, 8. Juni 2002.

29   Walter Fröhlich (Übers.): *The Letters of Saint Anselm* (Kalamazoo, MI: Cistercian Publications, 1990), 1:285.

30   Fröhlich: *The Letters of Saint Anselm*, 1:285.

31   ebd.: 1:210.

32   Brian Patrick McGuire: *Friendship and Community: The Monastic Experience 350–1250* (Ithaca: Cornell University Press, 2010), S. 214.

33   ebd., S. 194.

34   George Lawless (Hrsg.): *Augustine of Hippo and His Monastic Rule* (Oxford: Oxford University Press, 1987), S. 81.

35   Jo Ann Kay McNamara: *Sisters in Arms: Catholic Nuns through Two Millennia* (Cambridge, MA: Harvard University Press, 1996), S. 76.

36   Bernadette J. Brooten: *Love Between Women: Early Christian Responses to Female Homoeroticism* (Chicago: University of Chicago Press, 1996), S. 350–351.

37   Silvia Evangelisti: *Nuns: A History of Convent Life 1450–1700* (Oxford: Oxford University Press, 2007), S. 30–31.

38   Philippe de Navarre: *Les Quatre Ages de l'Homme*, zitiert in: *Not in God's Image: Women in History from the Greeks to the Victorians*, Julia O'Faolain und Lauro Martines (Hrsg.) (New York: Harper and Row, 1973), S. 167.

39   Fiona Maddocks: *Hildegard of Bingen: The Woman of Her Age* (New York Doubleday, 2001), S. 17–24.

40   Hildegard von Bingen: *Scivias, Wisse die Wege. Eine Schau von Gott und Mensch in Schöpfung und Zeit.* Walburga Storch (Hrsg.) (München: Pattloch Verlag, 1991).

41   Walburga Storch: *Hildegard von Bingen. Im Feuer der Taube. Die Briefe.* Erste vollständige Ausgabe. (Augsburg: Pattloch Verlag, 1997), Brief 12.

42   ebd., Brief 64.

43   ebd., Brief 13.

44   Julie Ann Smith: *Ordering Women's Lives: Penitentials and Nunnery Rules in the Early Medieval West* (Burlington, VT: Ashgate, 2001), S. 191–192.

45   M. Colman O'Dell: »Elisabeth of Schönau and Hildegard of Bingen: Prophets of the Lord« in *Peace Weavers: Medieval Religious Women*, Lillian Thomas Shank und John A. Nichols (Hrsg.) (Kalamazoo, MI: Cistercian Publications, 1987), 2:88.

46   Storch: *Hildegard von Bingen,* Brief 201r.

47   ebd., Brief 100.

48   ebd., Brief 157.

49   ebd., Briefe 140 und 140r.

50   ebd., Brief 150.

51   Kurt Ruh: *Geschichte der abendländischen Mystik, Bd. II Frauenmystik und Franziskanische Mystik der Frühzeit* (München: Verlag C. H. Beck, 1993).

52   Ann Marie Caron: »Taste and See the Goodness of the Lord: Mechtild of Hackeborn« in: Buch Zwei der *Hidden Springs: Cistercian Monastic Women*, John A. Nichols und Lillian Thomas Shank (Hrsg.) (Kansas City, MO: Cistercian Publications, 1995), S. 509–524.

53   Evangelisti: *Nuns*, S. 72.

54   ebd., S. 80–81.

55   Evangelisti, *Nuns*, S. 60.

56   Penelope D. Johnson: *Equal in Monastic Professions: Religious Women in Medieval France* (Chicago: University of Chicago Press, 1991), S. 121.

57   Judith C. Brown: *Immodest Acts: The Life of a Lesbian Nun in Renaissance Italy* (New York: Oxford University Press, 1986), S. 4.

58   ebd., S. 117–118.

59   Teresa von Ávila: *Das Buch meines Lebens*, Gesammelte Werke Band 1, Ulrich Dobhan OCD, Elisabeth Peeters OCD (Hrsg. und Übers.) (Freiburg: Herder Verlag, 7. Aufl. 2013).

60   Teresa von Ávila: Die *Wohnungen der inneren Burg* (Freiburg: Herder Verlag, 2005).

61   Teresa von Ávila: *Das Buch meines Lebens.*

62   ebd.

63   ebd.

64   Alison Weber: »›Little Angels‹: Young Girls in Discalced Carmelite Convents (1562–1582)« in: *Female Monasticism in Early Modern Europe*, Cordula van Wyhe (Hrsg.) (Burlington, VT: Ashgate, 2008), S. 212.

65   Evangelisti: *Nuns*, 76; Alison Weber und Amanda Powell (Hrsg.), *Book for the Hour of Recreation* (Chicago: University of Chicago Press, 2002), S. 43.

66   Irene Leicht: *Marguerite Porete – eine fromme Intellektuelle und die Inquisition,* Freiburger theologische Studien (Freiburg: Herder-Verlag, 1999).

67   Herbert Grundmann: *Religiöse Bewegungen im Mittelalter* (Berlin: 1935; Hildesheim: 1961). Zitiert wurde aus der Hildesheimer Ausgabe.

68   Octavio Paz: *Sor Juana Inés de la Cruz oder Die Fallstricke des Glaubens*, Maria Bamberg (Übers.), Fritz Vogelsang (Versübertragungen) (Frankfurt am Main: Suhrkamp Verlag, 1994), S. 146.

69   Sor Juana Inés de la Cruz: *La Respuesta: Mit ausgewählten Gedichten*, Electa Arenal und Amanda Powell (Übers.) (New York: The Feminist Press at the City University of New York, 1994), S. 11; siehe auch Sor Juana Inés de la Cruz, *Obras Completas*, Alfonso Méndez Plancarte (Hrsg.) (Mexico: Fondo de Cultura Económica), 1:240–242.

70   Sor Juana Inés de la Cruz: *Redondilla 91, Selected Works,* Edith Grossman (Übers.) (New York: W. W. Norton, 2014), S. 30.

71   Emanuel van Meteren: *Album*, zitiert in: Germaine Greer: *Shakespeare's Wife* (New York: HarperCollins, 2007), S. 30.

72   Melinda Jay: *Female Friendship Alliances in Shakespeare,* (Doktorarbeit, Florida State University, 2008).

73   William Shakespeare: *As You Like It*, 1.3.69–72. The Come-
      dies of Shakespeare, Volume Two (New York: The Modern Li-
      brary, 1959), deutsche Übersetzung: http://www.gutenberg.org/
      cache/epub/7041/pg7041.html.

74   Peter Ackroyd: *Shakespeare: The Biography* (London: Chatto
      and Windus, 2005), S. 29.

75   Sara Mendelson und Patricia Crawford: *Women in Early Mo-
      dern England, 1550–1720* (Oxford: Oxford University Press,
      1998), S. 240–242.

76   Ann Rosalind Jones: »Maidservants of London: Sisterhoods
      of Kinship and Labor« in: *Maids and Mistresses, Cousins and
      Queens: Women's Alliances in Early Modern England*, Susan
      Frye und Karen Robertson (Hrsg.) (New York: Oxford Univer-
      sity Press, 1999), S. 21–23.

77   Greer: *Shakespeare's Wife*, S. 129.

78   Antonia Fraser: *The Weaker Vessel* (New York: Alfred A. Knopf,
      1984), S. 337; Germaine Greer und andere (Hrsg.): *Kissing the
      Rod: An Anthology of Seventeenth-Century Women's Verse* (New
      York: The Noonday Press, 1988), S. 186.

79   Katherine Philips: »*L' Amitié*« in: Greer: *Kissing the Rod*, S. 189–
      190. Gedichte von Philips in englischer Sprache gibt es online
      unter Luminarium.org.

80   Katherine Philips: »On Rosiana's Apostasy and Lucasia's
      Friendship« in: Greer: *Kissing the Rod*, S. 194–195.

81   Katherine Philips: »Friendship's Mysteries, to my dearest Luca-
      sia« in: Greer, *Kissing the Rod*, S. 193.

82   Katherine Philips: »To My Excellent Lucasia, On Our Friend-
      ship« in: *Poems Between Women: Four Centuries of Love, Ro-
      mantic Friendship, and Desire*, Emma Donaghue (Hrsg.) (New
      York: Columbia University Press, 1997), S. 3.

83   Zitiert in Fraser: *The Weaker Vessel*, S. 338.

84   Zitiert in Linda W. Rosenzweig: *Another Self: Middle-Class
      American Women and Their Friends in the Twentieth Century*
      (New York: New York University Press, 1999), S. 21.

85   Jane Harrison: *Reminiscences of a Student's Life* (London: Ho-
      garth Press, 1925).

86   Valerie Traub: »›Friendship So Curst‹: Amor Impossibilis, the

Homoerotic Lament and the Nature of Lesbian Desire« in: *Lesbian Dames: Sapphism in the Long Eighteenth Century*, John C. Beynon und Caroline Gonda (Hrsg.) (Burlington, VT: Ashgate Publishing, 2010), S. 10. Traubs Kapitel gibt wertvolle Einblicke in Katherine Philips, ihre Kohorte und Freundschaft als literarischer Topos.

87 Zitiert in Rosenzweig: *Another Self*, S. 15.

88 Beynon und Gonda: *Lesbian Dames*, S. 30–34.

89 Elizabeth Robinson Montagu an Sarah Robinson, 18. September 1750, zitiert in Susan S. Lanser: »Tory Lesbians: Economies of Intimacy and the Status of Desire« in: Beynon und Gonda: *Lesbian Dames*, S. 173.

90 Laurel Thatcher Ulrich: *Good Wives: Image and Reality in the Lives of Women in Northern New England 1650–1750* (New York: Knopf, 1982), S. 9.

91 ebd., S. 121–122.

92 Zitiert in Georges Mongrédien: *Les Précieux et les Précieuses* (Paris: Mercure de France, 1963), S. 72–84.

93 Madeleine de Scudéry: *Artamène ou le Grand Cyrus*, zitiert in: ebd., S. 119–122.

94 Myriam Maître: *Les précieuses. Naissance des femmes de lettres en France au XVIIe siècle* (Paris: Honoré Champion, 1999), S. 281.

95 Madeleine de Scudéry: *Artamène ou le Grand Cyrus*, zitiert in: Mongrédien: *Les Précieux et les Précieuses*, S. 121–122.

96 Madeleine de Scudéry: *Clélie*, zitiert und besprochen in: Roger Duchêne: *Les Précieuses ou comment l'esprit vint aux femmes* (Paris: Fayard, 2001), S. 30–31.

97 Jacqueline Quenau und Jean-Yves Patte: *L'Art de vivre au temps de Madame de Sévigné* (Paris: NiL editions, 1996), S. 160.

98 La Fayette an Sévigné, 24. Januar 1692: *OEuvres Complètes* (Paris: La Pléiade, 2014), S. 1082.

99 Denise Mayer: *Une Amitié parisienne au Grand siècle: Mme. de Lafayette et Mme. de Sévigné, 1648–1693* (Seattle: Papers on French Seventeenth-Century Literature/Biblio 17, 1990), S. 46–47.

100 La Fayette an Ménage, Sonntagabend, August 1660, in: La Fayette: *OEuvres Complètes*. S. 92.

101 Zitiert in: Quenau und Patte: *L'Art de vivre*, S. 208.

102   La Fayette an Ménage, 17. Juli 1657, in: La Fayette, *OEuvres Complètes*. S. 902.

103   *Divers Portraits* (Caen, 1659). Diese Sammlung von Porträts wurde von verschiedenen Autoren verfasst.

104   Dieses und die vorangegangenen Zitate stammen aus La Fayette: *OEuvres Complètes*, S. 3–5.

105   Sévigné an den Marquis de Pomponne, 1. August 1667, in: Madame de Sévigné, *Correspondance*, 1 (Paris: La Pléiade, 1972), S. 87.

106   Sévigné an Grignan, 8. Juli 1672, ebd., S. 550.

107   La Fayette an Sévigné, 14. Juli 1673, in: La Fayette, *OEuvres Complètes,* S. 983.

108   La Fayette an Sévigné, 4. September 1673, in: ebd., S. 983.

109   La Fayette an Sévigné, ebd.

110   Mayer: *Une Amitié parisienne*, S. 93–94.

111   Sévigné an Grignan, 6. März 1680, in: Mme. de Sévigné, *Correspondance*, 2 (Paris: La Pléiade, 1974), S. 860.

112   Sévigné an Grignan, 15. März 1680, in: *Madame de Sévigné Briefe*, Theodora Von der Mühll (Hrsg. und Übers.) (Insel-Verlag 1966).

113   Sévigné an Grignan, 17. März 1680, in: ebd.

114   La Fayette an Ménage, Mai 1684, in: La Fayette: *OEuvres Complètes,* S. 1027.

115   La Fayette an Ménage, September 1691, in: ebd., S. 1057.

116   Sévigné an Grignan, 26. Februar 1690, in: *Mme. de Sévigné, Correspondance*, 3 (Paris: La Pléiade, 1978), S. 847.

117   Sévigné an Guitaut, 3. Juni 1693, in: *Madame de Sévigné Briefe*, Theodora Von der Mühll (Hrsg. und Übers.) (Insel-Verlag 1966).

118   Marilyn Yalom, Kapitel 1 in: *Wie die Franzosen die Liebe erfanden: Neunhundert Jahre Leidenschaft,* Michaela Meßner (Übers.) (München: Graf Verlag, 2013).

119   Linder Kerber: »The Republican Mother and the Woman Citizen: Contradictions and Choices in Revolutionary America« in: *Women's America, Refocusing the Past*, Linda Kerber und Jane Sherron De Hart (Hrsg.) (New York: Oxford University Press, 2000), S. 112–120.

120 Edith Gelles: »*First Thoughts*«: *Life and Letters of Abigail Adams* (New York: Twayne Publishers, 1998), S. 35.

121 Abigail an Mercy, Dezember 1773, zitiert in: Edith Gelles: *Abigail and John: Portrait of a Marriage* (New York: William Morrow, 2009), S. 39.

122 Caroline Winterer: *The Mirror of Antiquity* (Ithaca: Cornell University Press, 2007), S. 8.

123 Gelles: »*First Thoughts*«, S. 47–48.

124 ebd., S. 14–18.

125 ebd., S. 51.

126 Kate Davies: *Catherine Macaulay and Mercy Otis Warren: The Revolutionary Atlantic and the Politics of Gender* (Oxford: Oxford University Press, 2005), S. 195. Siehe auch Edith Gelles: *Portia: The World of Abigail Adams* (Bloomington, IA: Indiana University Press, 1992), S. 3–4.

127 Gelles: »*First Thoughts*«, S. 60.

128 ebd., S. 168.

129 ebd., S. 60.

130 Davies: *Catherine Macaulay and Mercy Otis Warren*, S. 2.

131 Catherine Macaulay: »An Address to the People of England, Scotland and Ireland on the Present Important Crisis of Affairs«, Dezember 1774, zitiert in: ebd., S. 1.

132 Warren an Macaulay, Dezember 1774, zitiert in: *Catherine Macaulay and Mercy Otis Warren*, S. 1.

133 Macaulay an Warren, 15. Juli 1785, zitiert in: ebd., S. 20.

134 Siehe zum Beispiel Darline Levy, Harriet Applewhite und Mary Johnson (Hrsg.): *Women in Revolutionary Paris, 1789–1795* (Urbana: University of Illinois Press, 1980); Anne Soprani: *La Révolution et les Femmes de 1789 à 1796* (Paris: MA Editions, 1988); Marilyn Yalom: *Blood Sisters: The French Revolution in Women's Memory* (New York: Basic Books, 1993).

135 Levy, Applewhite und Johnson: *Women in Revolutionary Paris*, S. 215.

136 »Les Souvenirs de Sophie Grandchamp« im Anhang zu: *Mémoires de Madame Roland*, Claude Perroud (Hrsg.) (Paris: Plon Nourrit et Cie, 1905), 2: S. 461–497.

137   Claude Perroud: *Mémoires de Madame Roland* (Paris: Mercure de France, 1987), S. 155.

138   Dieses und das vorhergehende Zitat stammen aus: »Les Souvenirs« in Perroud: *Mémoires*, S. 492–495.

139   Nancy Cott: *The Bonds of Womanhood: »Woman's Sphere« in New England, 1780–1835* (New Haven: Yale University Press, 1977, Neudruck 1997), S. 160.

140   Alison Oram und Annmarie Turnbull (Hrsg.): *The Lesbian History Sourcebook: Love and Sex Between Women in Britain from 1780 to 1970* (London: Routledge, 2001), S. 55.

141   Anna Seward: *Llangollen Vale, with Other Poems* (London: G. Sael, 1796; Open Library, 2009), S. 6, https://openlibrary.org/works/OL2067573W/Llangollen_vale_with_other_poems.

142   John D'Emilio und Estelle Freedman: *Intimate Matters: A History of Sexuality in America* (New York: Harper & Row, 1988), S. 192–193.

143   Carroll Smith-Rosenberg: »The Female World of *Love* and Ritual« in: *Disorderly Conduct: Visions of Gender in Victorian America* (New York: Oxford University Press, 1985), S. 76.

144   Angela Steidele: *Geschichte einer Liebe: Adele Schopenhauer und Sibylle Mertens* (Berlin: Insel Verlag, 2010).

145   Anna Jameson: *Visits and Sketches at Home and Abroad* (London: Saunders and Otley, 1835), 1: S. 60.

146   Adele an Ottilie, 1814, in: Steidele: *Geschichte einer Liebe*, S. 44.

147   Ottilie an Adele, Juli 1814, in: Steidele: *Geschichte einer Liebe*, S. 45.

148   ebd., S. 63.

149   Adele an Ottilie, 8. Juni 1828, in: Steidele: *Geschichte einer Liebe*, S. 80.

150   Adele an Ottilie, 1. Juli 1829, in: Steidele: *Geschichte einer Liebe*, S. 86–87.

151   Jameson: *Visits and Sketches*, 1: S. 60.

152   Steidele: *Geschichte einer Liebe*, S. 101.

153   Sibylle an Adele, 8. März 1836, ebd., S. 145–146.

154   Fanny Lewald: *Römisches Tagebuch 1845/46*, Heinrich Spiero (Hrsg.) (Leipzig: Klinkhardt & Biermann, 1927), S. 57, zitiert in: Steidele: *Geschichte einer Liebe*, S. 215.

155 Anna an Ottilie, 9. August 1845, in: Steidele, *Geschichte einer Liebe*, S. 214.

156 George Sand: *Geschichte meines Lebens* (Hannover: HZ-Verlag, 2005), Band III.

157 ebd., S. 59.

158 ebd., S. 63, 55, 56 f.

159 ebd., S. 69 f.

160 ebd., S. 59.

161 Erna Olafson Hellerstein, Leslie Parker Hume und Karen M. Offen (Hrsg.): *Victorian Women: A Documentary Account of Women's Lives in Nineteenth-Century England, France, and the United States* (Stanford, CA: Stanford University Press, 1981), S. 89.

162 Dorothy Wordsworth: »Irregular Verses« in: *Poems Between Women: Four Centuries of Love, Romantic Friendship, and Desire*, Emma Donoghue (Hrsg.) (New York: Columbia University Press, 1997), S. 38–41.

163 Christina Rossetti: »Gone Before« in: Donoghue, *Poems Between Women*, S. 65–66.

164 Frances Osgood: »The Garden of Friendship« in: Donoghue, *Poems Between Women*, S. 53–54.

165 Anya Jabour: *Scarlett's Sisters: Young Women in the Old South* (Chapel Hill, NC: University of North Carolina Press, 2007), S. 70–76.

166 ebd., S. 73.

167 ebd., S. 79.

168 ebd., S. 71.

169 William R. Taylor und Christopher Lasch: »Two ›Kindred Spirits‹: Sorority and Family in New England, 1839–1846« in: *History of Women in the United States, Band 16, Women Together: Organizational Life*, Nancy F. Cott (Hrsg.) (New Providence: K. G. Saur, 1994), S. 93.

170 Case an Edgarton, 18. Oktober 1839, in: ebd., S. 85.

171 Edgarton an Case, 8. Januar 1840, in: ebd., S. 94.

172 Edgarton an Case, in: ebd., S. 98.

173 Lillian Faderman: »Nineteenth-Century Boston Marriage as a Possible Lesson for Today« in: *Boston Marriages: Romantic but*

Asexual Relationships Among Contemporary Lesbians, Esther D. Rothblum und Kathleen A. Brehony (Hrsg.) (Amherst, MA: University of Massachusetts Press, 1993), S. 32.

174 Helena Whitbread (Hrsg.): *No Priest but Love: The Journals of Anne Lister from 1824–1826* (Ottley, UK: Smith Settle, 1992); Helena Whitbread (Hrsg.): *The Secret Diaries of Miss Anne Lister (1791–1840)* (London: Virago, 2010).

175 Sonntag, 6. Januar 1822 in: Whitbread: *The Secret Diaries*, ebd., S. 194.

176 Donnerstag, 16. März 1826 in: Whitbread: *No Priest but Love*, S. 163.

177 8. Januar 1834; 10. Februar 1834; 27. Februar 1834; 23. Mai 1834 in: Jill Liddington: *Female Fortune: Land, Gender and Authority, The Anne Lister Diaries and Other Writings, 1833–36* (New York: Rivers Oram Press, 1998), S. 86, 92, 95, 107.

178 ebd., S. 242.

179 Eliza Schlatter an Sophie Dupont, 24. August 1834, in: Carroll Smith-Rosenberg: *Disorderly Conduct*, S. 73.

180 Die in diesem Kapitel zitierten Briefe stammen aus den Unterlagen von Mary Hallock Foote, MO115, Dept. of Special Collections, Stanford University Libraries, Boxes 1–4.

181 ebd., Box 1, 8. Februar 1870.

182 ebd., 28. September 1873.

183 Das alles führte zu lebhaften Debatten unter Wissenschaftlern: Lillian Faderman und Esther Rothblum vertreten die Ansicht, dass viele romantische Freundschaften in der Vergangenheit asexuell waren und es häufig noch sind, während Terry Castle an der fleischlichen Spezifität lesbischen Verlangens festhält, »an dessen unkorrigierbar laszivem Drang zum Körper einer anderen Frau«, nicht nur heutzutage, sondern auch in der Vergangenheit. Lillian Faderman: *Surpassing the Love of Men: Romantic Friendship and Love Between Women from the Renaissance to the Present* (New York: William Morrow, 1981); Rothblum und Brehony: *Boston Marriages*; Terry Castle: *The Apparitional Lesbian: Female Homosexuality and Modern Culture* (New York: Columbia University Press, 1993), S. 11.

184 William Wordsworth: »To the Lady E. B. and the Hon. Miss P.«

(1824), *The Complete Poetical Works of William Wordsworth* (Cambridge, MA: The Riverside Press, 1904), S. 640.

185 Edith White: »Memories of Pioneer Childhood and Youth in French Corral and North San Juan, Nevada County, California. Mit einer kurzen Erzählung des späteren Lebens, berichtet von Edith White, Immigrantin aus 1859, an Linnie Marsh Wolfe, 1936« in: Christiane Fischer (Hrsg.): *Let Them Speak for Themselves: Women in the American West 1849–1900* (Hamden, CT: Archon, 1977), S. 274–275.

186 Benita Eisler (Hrsg.): *The Lowell Offering: Writings by New England Mill Women (1840–1845)* (New York: W. W. Norton, 1997), S. 150.

187 Patricia Cooper und Norma Bradley Allen: *The Quilters: Women and Domestic Art: An Oral History* (Lubbock, TX: Texas Tech University Press, 1999), S. 29.

188 Marguerite Ickis: *The Standard Book of Quilt Making and Collecting* (New York: Dover Publications, 1959), S. 259.

189 Pamela A. Parmal und Jennifer M. Swope (Hrsg.): *Quilts and Color: The Pilgrim/Roy Collection* (Boston: MFA Publications, 2013), S. 82. Siehe auch Martha Schwendener: *The New York Times*, 20. Februar 2015, C20.

190 Joanna L. Stratton: *Pioneer Women: Voices from the Kansas Frontier* (New York: Simon & Schuster, 2013), Kindle Edition, eBook Position 2840.

191 Jean V. Matthews: *The Rise of the New Woman: The Women's Movement in America 1875–1930* (Chicago: Ivan R. Dee, 2003), S. 17.

192 Im Jahre 1860 verkündete das beliebteste Frauenmagazin jener Epoche, das *Godey's Lady's Book*: »Die Perfektion der Fraulichkeit ... ist die Ehefrau und Mutter, der Mittelpunkt der Familie, jener Magnet, der den Mann zum häuslichen Altar zieht, der ihn zu einem zivilisierten Menschen macht ... Die Ehefrau ist in der Tat das Licht des Heims.« Zitiert in: Tiffany K. Wayne: *Women's Roles in Nineteenth-Century America* (Westport, CT: Greenwood Press, 2007), S. 1.

193 Virginia Woolf persiflierte die populäre Bezeichnung des »Engels im Haus« 1931 in einer Vorlesung: »Diese Person war

voll inniger Einfühlsamkeit. Sie war unendlich liebenswürdig. Sie war gänzlich selbstlos. Sie war unübertroffen in den schwierigen Künsten des Familienlebens. Täglich opferte sie sich auf. … Vor allem … war sie keusch.« Virginia Woolf: »Berufe für Frauen« in: *Der Tod des Falters* (Frankfurt am Main: S. Fischer Verlag, 1997), S. 226.

194 Carolyn J. Lawes: *Women and Reform in a New England Community, 1815–1860* (Lexington, KY: University Press of Kentucky, 2000), S. 64.

195 ebd.

196 Erica Armstrong Dunbar: *A Fragile Freedom: African American Women and Emancipation in the Antebellum City* (New Haven, CT: Yale University Press, 2008), S. 61.

197 ebd., S. 6c.

198 Clifford M. Drury: »The Columbia Maternal Association« *Oregon Historical Quarterly* 39 (Juni 1938), zitiert in: Sandra Haarsager: *Organized Womanhood: Cultural Politics in the Pacific Northwest, 1840–1920* (Norman, OK: University of Oklahoma Press, 1997), S. 37.

199 William W. Fowler: *Woman on the American Frontier* (S. S. Scranton and Company, 1878; New York: Cosimo Inc., 2005).

200 »Athens of America Origin«, Celebrate Boston, http://www.celebrateboston.com/culture/athens-of-america-origin.htm.

201 Bruce A. Ronda: *Elizabeth Palmer Peabody: A Reformer on Her Own Terms* (Cambridge, MA: Harvard University Press, 1999), S. 156.

202 ebd., S. 187.

203 Margaret Fuller Ossoli: *Woman in the Nineteenth Century and Kindred Papers Relating to the Sphere, Condition and Duties, of Woman* (1844), eBook Position 1243.

204 Margaret Fuller an Sophia Ripley, 27. August 1839: »On the nature of the proposed Conversations«, American Transcendentalism Web, http://transcendentalism-legacy.tamu.edu/authors/fuller/conversationsletter.html.

205 Joan von Mehren: *Minerva and the Muse: A Life of Margaret Fuller* (Amherst, MA: University of Massachusetts Press, 1995), S. 116.

206 Fuller: *Woman in the Nineteenth Century*, Position 1200.

207 Megan Marshall, *Margaret Fuller: A New American Life* (Boston: Houghton Mifflin Harcourt, 2013), S. 167.

208 ebd., S. 181.

209 ebd., S. 61, 92–93.

210 Charles Capper: *Margaret Fuller: An American Romantic Life, Volume II: The Public Years* (New York: Oxford University Press, 2007), S. 19.

211 Robert Hudspeth (Hrsg.): *The Letters of Margaret Fuller* (Cornell: Cornell University Press, 1987), 4: S. 132.

212 »Neben der kostenfreien Mittelschule gab es unzählige Abend-schulen; und die meisten Kirchen schufen über ›Gesellschafts-zirkel‹ Möglichkeiten, sich weiterzubilden.« Daniel Dulany Addison: *Lucy Larcom: Life, Letters, and Diary* (Cambridge, MA: The Riverside Press, 1895), S. 7.

213 Lucy Larcom: *A New England Girlhood Outlined from Memory* (New York: Houghton Mifflin, 1889), S. 196.

214 Murolo: *The Common Ground of Womanhood*, S. 24.

215 ebd., S. 158.

216 *Woman's Era* 1:19 (Dezember 1894), zitiert in: Maude Thomas Jenkins: »The History of the Black Woman's Club Movement in America« (Promotionsarbeit, Columbia University Teacher's College, 1984), S. 51.

217 Maxine Seller (Hrsg.): *Immigrant Women* (Albany: State University of New York Press, 1994), S. 191.

218 Dieses und die vorangegangenen Zitate stammen aus Elizabeth Cady Stanton: *Achtzig Jahre und mehr*, Petra Altschuh-Riederer (Übers.) (Aachen: ein-FACH-Verlag, 2012), S. 166–183.

219 Jean V. Matthews: *The Rise of the New Woman: The Women's Movement in America, 1875–1930* (Chicago: Ivan R. Dee, 2003), S. 11.

220 William H. Chafe: *The Paradox of Change: American Women in the Twentieth Century* (New York: Oxford University Press, 1991), S. 99.

221 Dieses und die vorangegangenen Zitate, beginnend mit dem Abschnitt »Collegefreundinnen«, stammen aus Linda W. Rosenzweig: *Another Self: Middle-Class American Women and*

Their Friends in the Twentieth Century (New York: New York University Press, 1999), S. 40, 41, 51–56.

222 Die Scrapbooks von Hazel Traphagen und Jette Johnson liegen in der Abteilung für Special Collections in den Bibliotheken der Stanford University.

223 Matthews: *The Rise of the New Woman*, S. 97.

224 ebd., S. 98.

225 Mary Beth Norton et al.: *A People, A Nation* (Boston: Houghton Mifflin, 2005), S. 512.

226 Chafe: *The Paradox of Change*, S. 13.

227 »The Story of a Sweatshop Girl: Sadie Frowne«, *The Independent*, 25. September 1902, zitiert in: *Plain Folk: The Life Stories of Undistinguished Americans*, David M. Katzman und William M. Tuttle jr. (Hrsg.) (Urbana: University of Illinois Press, 1982), S. 48–57.

228 Elizabeth Dutcher: »Budgets of the Triangle Fire Victims«, *Life and Labor*, September 1912, S. 266–267.

229 Thomas Jesse Jones: *Sociology of a New York City Block* (New York, 1904), S. 108–109, zitiert in: Kathy Peiss: »Gender Relations and Working-Class Leisure: New York City, 1880–1920« in: *»To Toil the Livelong Day«: America's Women at Work, 1780–1980*, Carol Groneman und Mary Beth Norton (Hrsg.) (Ithaca, NY: Cornell University Press, 1987), S. 104.

230 Dieses und die vorausgegangenen Zitate, beginnend mit »Nur zu gut sind mir die Unsicherheit…«, sind aus Jane Addams: *Zwanzig Jahre sozialer Frauenarbeit in Chicago,* Else Münsterberg (Übers.) (München: C. H. Beck'sche Verlagsbuchhandlung Oskar Beck, 1913).

231 Blanche Wiesen Cook: »Female Support Networks and Political Activism« in: *A Heritage of Her Own*, Nancy F. Cott und Elizabeth H. Pleck (Hrsg.) (New York: Simon and Schuster, 1979), S. 415–420.

232 Gioia Diliberto: *A Useful Woman: The Early Life of Jane Addams* (New York: Scribner, 1999); Jean Bethke Elshtain: *A Useful Woman: Jane Addams and the Dream of American Democracy* (New York: Basic Books, 2002); Louise W. Knight:

Citizen: Jane Addams and the Struggle for Democracy (Chicago: University of Chicago Press, 2005).

233 Dieses und die vorhergehenden drei Zitate stammen aus Hilda Satt Polacheck: *I Came a Stranger: The Story of a Hull-House Girl* (Chicago: University of Chicago Press, 1989), S. 52, 167–168.

234 Zitiert in: Anne Firor Scott: *The Southern Lady: From Pedestal to Politics, 1830–1930* (Chicago: University of Chicago Press, 1970), S. 230.

235 Chafe: *The Paradox of Change*, S. 104.

236 Dieses und die vorhergehenden Zitate, beginnend mit »unsichtbar verbunden durch das einzigartige Band«, sind von Vera Brittain: *Testament of Friendship* (New York: Seaview Books, 1981), S. 84, 109–112, 114, 117, 145, 146, 2.

237 Dieses und die vorhergehenden Zitate sind von Kristie Miller und Robert H. McGinnis (Hrsg.): *A Volume of Friendship: The Letters of Eleanor Roosevelt and Isabella Greenway, 1904–1953* (Tucson: Arizona Historical Society, 2009), S. 20, 190, 202, 261, 2.

238 Blanche Wiesen Cook: *Eleanor Roosevelt, Volume I: 1884–1933* (New York: Viking, 1992), S. 292–293.

239 Doris Kearns Goodwin: *No Ordinary Time: Franklin and Eleanor Roosevelt: The Home Front in World War II* (New York: Simon & Schuster, 1994), S. 208.

240 Joseph P. Lash: *Love, Eleanor: Eleanor Roosevelt and Her Friends* (Garden City, NY: Doubleday & Company, Inc., 1982), S. 85.

241 Gail Collins: *America's Women: 400 Years of Dolls, Drudges, Helpmates, and Heroines* (New York: Harper Perennial, 2003), S. 362.

242 Lash: *Love, Eleanor*, S. 112.

243 Maurine H. Beasley: *Eleanor Roosevelt: Transformative First Lady* (Lawrence: University Press of Kansas, 2010), S. 136.

244 Dieses und das vorhergehende Zitat sind von Blanche Wiesen Cook: *Eleanor Roosevelt, Band 2: The Defining Years, 1933–1938* (New York: Viking, 1999), S. 527–528, 533.

245 Lash: *Love, Eleanor*, S. 116–119.

246 Rodger Streitmatter (Hrsg.): *Empty Without You: The Intimate Letters of Eleanor Roosevelt and Lorena Hickok* (New York: Free Press, 1998), S. 16–22.

247 Lorena Hickok: *Reluctant First Lady* (New York: Dodd Mead, 1980).

248 Goodwin: *No Ordinary Time*, S. 122.

249 ebd., S. 123.

250 Das bekannteste der vielen Bücher Lashs über Eleanor trägt den Titel: *Eleanor and Franklin: The Story of Their Relationship, Based on Eleanor Roosevelt's Private Papers* (New York: Norton, 1, 1971, und 2, 1973), dessen erster Band ihm einen Pulitzerpreis einbrachte.

251 Allida M. Black: »Persistent Warrior: Eleanor Roosevelt and the Early Civil Rights Movement« in: *Women in the Civil Rights Movement: Trailblazers and Torchbearers, 1941–1965*, Vicki L. Crawford, Jacqueline Anne Rouse und Barbara Woods (Hrsg.) (Bloomington: Indiana University Press, 1993), S. 243.

252 Allida M. Black: *Casting Her Own Shadow: Eleanor Roosevelt and the Shaping of Postwar Liberalism* (New York: Columbia University Press, 1996), S. 116.

253 Unterschiedliche Herangehensweisen zum Paar als historisches Konstrukt finden Sie in: *Inside the American Couple: New Thinking/New Challenges*, Marilyn Yalom und Laura L. Carstensen (Hrsg.) (Berkeley: University of California Press, 2002).

254 Gail Collins: *America's Women: 400 Years of Dolls, Drudges, Helpmates, and Heroines* (New York: Harper Perennial, 2003), S. 362.

255 Diane Johnson: *Flyover Lives* (New York: Viking, 2014), S. 42–43.

256 Wallace Stegner: *Zeit der Geborgenheit,* Chris Hirte (Übers.) (München: dtv, 2011).

257 »Median Age at First Marriage by Sex: 1890–2010« (Diagramm), United States Census Bureau, www.census.gov/hhes/socdemo/marriage/data/acs/ElliottetalPAA2012figs.pdf.

258 Maxine Kumin: »Our Farm, My Inspiration«, *American Scholar*, Winter 2014, S. 66.

259 Mirra Komarovsky: *Blue Collar Marriage* (New York: Vintage Books, 1962).

260 Carol Hanisch: »A Critique of the Miss America Protest« (1968) in: *Women's America: refocusing the past*, Linda K. Kerber und

Jane Sherron De Hart (Hrsg.) (New York: Oxford University Press, 2004), 6. Auflage, S. 577.

261 ebd.

262 Carol P. Christ und Judith Plaskow (Hrsg.): *Womanspirit Rising: A Feminist Reader in Religion* (New York: Harper & Row, 1979), S. 204.

263 Dieses und die vorhergehenden Zitate sind aus Carolyn See: »Best Friend, My Wellspring in the Wilderness!« in: *Between Friends: Writing Women Celebrate Friendship*, Mickey Pearlman (Hrsg.) (New York: Houghton Mifflin Company, 1994), S. 56–73.

264 Nikki Giovanni: *Gemini* (New York: William Morrow, 1971), S. 37.

265 Toni Morrison: *Sula* (New York: Knopf, 1974), S. 5.

266 Claudia Tate (Hrsg.): *Black Women Writers at Work* (New York: Continuum, 1983), S. 118.

267 Gloria Naylor: *Die Frauen von Brewster Place,* Sibylle Koch-Grünberg (Übers.) (München: Droemer Knaur, 1996).

268 Alice Walker: *Die Farbe Lila*, Helga Pfetsch (Übers.) (Bergisch-Gladbach: Bastei Lübbe, 2011), S. 42.

269 Margaret Talbot: »Girls Just Want to Be Mean«, *New York Times Magazine*, 24. Februar 2002, www.nytimes.com/2002/02/24/magazine/girls-just-want-to-be-mean.html.

270 Rebecca Raber: »The 10 Best Female Friendships in Television History«, TakePart, www.takepart.com/photos/10-best-female-friendships-television-history/-10-the-mary-tyler-moore-show-mary-and-rhoda.

271 Dave Itzkoff: »Taking an Express to Cult Fame«, *The New York Times*, 13. Januar 2015.

272 Nick Paumgarten: »Id Girls«, *New Yorker*, 23. Juni 2014, S. 40.

273 Dieses und die vorhergehenden Zitate sind aus Chrisena Coleman: *Just Between Girlfriends: African-American Women Celebrate Friendship* (New York: Simon & Schuster, 1998), S. 68–70, S. 61.

274 N. Lynne Westfield: *Dear Sisters: A Womanist Practice of Hospitality* (Cleveland: Pilgrim Press, 2001), S. 65.

275 *The Mother's Study Club: The First Century 1914–2014* (Concord, NH: Town & Country, 2013), S. 200–207.

276 85 % der Erwachsenen in den Vereinigten Staaten und fast 40 % der Weltbevölkerung haben Zugang zum Internet. »Internet users per 100 inhabitants 2006–2013« (Tabelle), International Telecommunications Union, in »Global Internet Usage,« Wikipedia, en.wikipedia.org/wiki/Global_Internet_usage (am 3. Juni 2013). Siehe auch das Pew Internet and American Life Project von 2013 und 2014, www.pewinternet.org.

277 Online werden Frauen als Gruppe ihrem Ruf als das kommunikativere Geschlecht gerecht. So benutzen beispielsweise 71 % der Frauen gegenüber 62 % der Männer soziale Netzwerke im Internet. Und allmonatlich besuchen 40 Millionen mehr Frauen als Männer Twitter. Männer dominieren eher technische Sites, aber die großen Sites, zugeschnitten auf allgemeine Kommunikation und Austausch sind im Verhältnis von etwa 40 % Männer zu 60 % Frauen verteilt. Frauen stellen überwiegend die Inhalte bei Pinterest (79 %), Goodreads (70 %) und Blogger (66 %). »Report: Social network demographics in 2012«, Pingdom, royal.pingdom.com/2012/08/21/report-social-network-demographics-in-2012/.

278 Jenna Goudreau: »What Men and Women Are Doing on Facebook«, Forbes, forbes.com/2010/04/26/popular-social-networking-sites-forbes-woman-time-facebook-twitter.html.

279 http://www.tericase.com/?p=183#more-183

280 Kamy Wicoff (Gründerin, SheWrites.com): Interview mit der Autorin, 19. August 2013.

281 ebd.

282 Gesponsert vom Magasin 3, Stockholm Konsthall.

283 Miranda July: We Think Alone, http://wethinkalone.com/about/.

284 Joe Navarro und Marvin Karlins: *What Every Body Is Saying: An Ex-FBI Agent's Guide to Speed-Reading People* (New York: William Morrow, 2008), Kindle e-book, Position 149–193.

285 Eine Begleiterscheinung ist, dass junge Spieler von Gewaltvideo- und -onlinespielen zwischen scheinbarer und echter Aggression vielleicht nicht unterscheiden können.

286 Teri Evans: »Reaping Success Through Stranger Meetups«, *Wall Street Journal* online, 21. November 2010. http://www.wsj.com/articles/SB10001424052748704170404575624733792905708.

287 Rebecca Tuhus-Dubrow: »Women Can Connect, Click by Click«, *New York Times*, 13. Juli 2012.

288 Shasta Nelson (Gründerin von GirlFriendCircles.com), Gespräch mit der Autorin, 5. September 2013.

289 Shoshana K.: »A Success Story: Shoshana Is Making Friends in L. A.«, Shasta's Friendship Blog, GirlFriendCircles, girlfriendcircles.com/blog/index.php/2013/07/a-success-story-girlfriendcircles-make-friends-la/.

290 »Die Erwerbsquote – der Prozentsatz der arbeitenden oder Arbeit suchenden Bevölkerung in Amerika – aller Mütter mit Kindern unter 18 Jahren lag 2013 bei 69,9 %«. »Employment Characteristics of Families Summary«, United States Bureau of Labor Statistics, 25. April 2014, http://www.bls.gov/news.release/famee.nro.htm.

291 Eine Thomas Carlyle zugeschriebene Wortschöpfung, der die Wirtschaftstheorie von Thomas Malthus aus dem 18. Jahrhundert als »dismal« bezeichnete – dass nämlich das Bevölkerungswachstum die Nahrungsmittelversorgung unausweichlich übersteigen würde. Thomas Carlyle: *Chartism*, 2. Edition (London: James Fraser, 1840), S. 109.

292 Nicholas A. Christakis, J. H. Fowler: *Die Macht sozialer Netzwerke: wer uns wirklich beeinflusst und warum Glück ansteckend ist*, Jürgen Neubauer (Übers.) (Frankfurt am Main: Fischer-Taschenbuch-Verlag, 2011).

293 »Da Marktrationalität im Mittelpunkt von Neoliberalismus steht, erstreckt sich der Markt auf unser ganzes Leben. Nicht nur alle unsere wirtschaftlichen, sondern auch unsere politischen, gesellschaftlichen und privaten Beziehungen werden zu Märkten.« Todd May: *Friendship in an Age of Economics: Resisting the Forces of Neoliberalism* (Lanham, MD: Lexington Books, 2012), S. 30.

294 May: »Friendship in an Age of Economics«.

295 Ken Auletta: »A Woman's Place: Can Sheryl Sandberg Upend Silicon Valley's Male-Dominated Culture?«, *New Yorker*, 11. Juli 2011.

296 Arlie Hochschild: *The Outsourced Self: Intimate Lives in Market Times* (New York: Metropolitan Books, 2012), S. 8–9.

297 Hochschild: *The Outsourced Self*, S. 195–196.

298 Shelley Taylor: *The Tending Instinct: How Nurturing Is Essential for Who We Are and How We Live* (New York: Henry Holt, 2002), S. 94.

299 Leah Busque: talk at ecorner, Stanford University's Entrepreneur's Corner, Mai 2014. http://ecorner.stanford.edu/authorMaterialInfo.html?mid=3349.

300 Wie es der Autorin berichtet wurde. Die Namen wurden geändert.

301 Revolution Foods, das sich den Kampf gegen die Epidemie der Fettleibigkeit zum Ziel gesetzt hat, indem es Schulkindern gesunde Mahlzeiten zur Verfügung stellt, kam 2012 auf die CNNMoney-Liste der hundert am schnellsten wachsenden innerstädtischen Unternehmen. Das *Inc.-Magazin* setzte das Unternehmen an die sechste Stelle auf seiner Liste der innovativsten Foodunternehmen, und seine Gründer »schafften es auf die Fortune-Liste ›40 Under 40‹ ›junger Senkrechtstarter, die die Wirtschaft aufmischen‹.« Kim Girard: »Expanding the Menu«, *BerkeleyHaas*-Magazin, Herbst 2013, S. 11.

302 Sylvia Ann Hewlett: »Mentors Are Good. Sponsors Are Better«, *New York Times*, 13. April 2013.

303 Hewlett: »Mentors Are Good. Sponsors Are Better«.

304 »World Bank Group: Working to End Extreme Poverty and Hunger«, World Bank, http://www.worldbank.org/mdgs/poverty_hunger.html.

305 »Approach to Microfinance«, Opportunity International, http://opportunity.org/what-we-do/microfinance.

306 ebd.

307 »New England Centenarian Study«, Boston University School of Medicine, http://www.bumc.bu.edu/centenarian.

308 Karen M. Bush, Louise S. Machinist und Jean McQuillin: *My House Our House: Living Far Better for Far Less in a Cooperative Household* (Pittsburgh: St. Lynn's Press, 2013), S. 56–58.

309 ebd.

310 Sarah Mahoney: »The New Housemates«, *AARP The Magazine*, Juli 2007, www.aarp.org/home-garden/housing/info-2007/the_ new_housemates.

311 Informationen zu Wohngemeinschaften, etwa eine hilfreiche Liste von Ressourcen und wertvolle Ratschläge, finden Sie in: Bush, Machinist und McQuillin: *My House Our House*. Ein gutes Onlineportal für Informationen zu Wohngemeinschaften in den USA ist Women for Living in Community, www.womenli-vingincommunity.com.

312 Bush, Machinist und McQuillin: *My House Our House*, S. 169.

313 Eine Diskussion über Geschlechtertrennung in der kindlichen Sozialisierungsphase finden Sie in: Eleanor E. Maccoby: *Psychologie der Geschlechter: Sexuelle Identität in den verschiedenen Lebensphasen*, Elisabeth Vorspohl (Übers.) (Stuttgart: J. G. Cotta'sche Buchhandlung Nachf., 2000).

314 Sheikh Assim L. Alhakeem: »Is Friendship Between Man and Woman Allowed in Islam?«, www.youtube.com/watch?v=Z8h XwIQG2sw.

315 »Kinder ›hänseln‹ einander, wenn … jemand einen Angehörigen des anderen Geschlechts ›gern hat‹ oder in ihn ›verliebt‹ ist, und vermutlich verhindern diese Hänseleien weitere gemischtgeschlechtliche Annäherungsversuche.« Maccoby: *Psychologie der Geschlechter*, S. 355.

316 Adrian F. Ward: »Men and Women Can't Be ›Just Friends'«, *Scientific American*, 23. Oktober 2012, http://www.scientificamerican.com/article/men-and-women-cant-be-just-friends/.

317 »Median Age at First Marriage, 1960–2011« (Diagramm), Pew Research Center, http://www.pewsocialtrends.org/2011/12/14/ barely-half-of-u-s-adults-are-married-a-record-low/.

318 Bradley Blankenship: »Gender-Blind Housing: College Men and Women Living Together«, Kinsey Confidential, 20. September 2011, http://kinseyconfidential.org/genderblind-housing-college-men-women-living/.

319 Georgia Wisdom: »10 Rules for Friends with Benefits«, Thought Catalog, 8. Februar 2013, http://thoughtcatalog.com/georgiawisdom/2013/02/10-rules-for-friends-with-benefits/.

320 »[Im Jahr 2000] befragten Forscher zum Abschluss einer Stu-

die 309 Collegestudenten (etwa je zur Hälfte Männer und Frauen) zu sexuellen Aktivitäten im Zusammenhang mit platonischen Freundschaften mit dem anderen Geschlecht ... 51 % der Befragten hatten Sex mit einem Freund/einer Freundin des anderen Geschlechts, ohne an eine feste Liebesbeziehung zu denken ... Bei 44 % derjenigen, die sexuell aktiv waren, verwandelte sich die Freundschaft irgendwann zu einer Liebesbeziehung.« Michael Monsour: *Women and Men as Friends: Relationships Across the Life Span in the 21st Century* (Mahwah, NJ: Lawrence Erlbaum Associates, 2002), S. 138–139.

321 Gespräch mit der Sportlerin im Oktober 2013.

322 Sylvia Ann Hewlett: »As a Leader, Create a Culture of Sponsorship«, *Harvard Business Review*, 8. Oktober 2013, https://hbr.org/2013/10/as-a-leader-create-a-culture-of-sponsorship.

323 Thomas Rogers: »Ladies: I'm Not Your Gay Boyfriend«, *Salon*, 18. August 2009, http://www.salon.com/2009/08/18/rogers_fag_hag/.

324 *National Health Statistics Reports* Nummer 49, 22. März 2012.

325 Linda Dodge Reid: »The Family We Choose«, *Stanford-Magazin*, September/Oktober 2013.

326 Es gab Zeiten, da waren französische Männer für Amerikaner etwas sonderbar, weil sie einander auf beide Wangen küssten. Amerikanische Touristen, die griechische Männer Hand in Hand spazieren gehen sahen, runzelten die Stirn. Das hat sich gelegt. Wir gewöhnen uns daran, die Rituale des Küssens und Umarmens auch bei Männern zu beobachten – und an Orten, wo es das vorher noch nie gegeben hat. Zum ersten Mal in der Geschichte adaptieren chinesische Familienmitglieder und Freunde die westliche Art der Umarmung, nachdem diese Gewohnheit über Jahre verboten war. Lesen Sie den Artikel vom 9. Mai 2014 in *The New York Times* mit dem Titel: »Cautious Chinese Gain Comfort with Hugs«:
»[Auf dem Flughafen von Peking] begrüßte ein jüngeres chinesisches Paar ein älteres Paar mit einer Umarmung. Zuerst umarmten sich die Frauen, dann tat es ihnen der junge Mann nach und nahm den älteren Mann linkisch in die Arme. Hier umar-

men sich unterschiedliche Altersstufen und Geschlechter, wobei die Frauen den Anfang machen und die Männer (verlegen) ihrem Beispiel folgen.«

Personenregister

Patricia Clough

Vom Vergnügen, eine ältere Frau zu sein

224 Seiten, btb 74792
Aus dem Englischen von Rike May

**Habe ich schon gesagt, dass meine Mutter meinen Vater
verlassen hat?
In ihren Siebzigern ist sie mit einem anderen Mann
durchgebrannt, einem achtzigjährigen Witwer.**

Noch nie haben sich ältere Menschen so jung gefühlt, noch
nie waren sie so aktiv und haben dabei so gut ausgesehen.
Einerseits. Andererseits stellt die Erfolgsautorin Patricia
Clough zu Recht fest: »Vor Jahren standen wir Frauen auf und
wehrten uns gegen eine Welt, die uns allein aufgrund unseres
Geschlechts für minderwertig hielt. Heute haben wir es mit
einer Gesellschaft zu tun, die uns den Wert abspricht, weil
wir alt sind.«
»Vom Vergnügen, eine ältere Frau zu sein« erzählt von
Frauen, die sich nicht damit zufrieden geben wollen, ihren
Lebensabend auf dem Schaukelstuhl im Kaminzimmer zu
verbringen, von Frauen, die es geschafft haben, sich von den
gängigen Vorurteilen des Alters loszusagen, um noch einmal
einen ganz neuen Lebensabschnitt zu beginnen und so
beeindruckende Lebensentwürfe für die späten Jahre liefern.

btb

Gloria Steinem

My Life on the Road

384 Seiten mit Abbildungen, btb 75703
Aus dem Amerikanischen von Eva Bonné

Gloria Steinem ist eine Ikone der modernen Frauenrechtsbewegung.

Sie ist klug, elegant und charmant. Eine Kämpferin mit Leidenschaft und Stil. Ein Vorbild für Frauen seit fünf Jahrzehnten. Hillary Clinton verehrt sie genauso wie die Schauspielerin Emma Watson. Lange vor Facebook-Chefin Sheryl Sandberg hat Gloria Steinem Frauen den Glauben an sich selbst gegeben. Sie hat provoziert, Mut gemacht und alte Rollenbilder über den Haufen geworfen. Auch heute noch, mit über achtzig Jahren, ist Gloria Steinem ein Star, der Frauen jeder Generation begeistert. In MY LIFE ON THE ROAD erzählt Steinem von einem rastlosen Leben, ausgefüllt mit Reisen und unvergesslichen Begegnungen.

»Eine der wichtigsten Frauen unserer Zeit.«
Diane von Furstenberg

»Steinem zeigt, dass in uns allen eine Kämpferin steckt – wir müssen nur unsere Sachen packen und ihr folgen.«
Lena Dunham

btb

IRVIN D. YALOM

btb